普通高等学校"十三五"市场营销专业规划教材

郝渊晓 主编

现代广告学

（第二版）

主　编：李景东
副主编：赵春雷　崔文丹　郭晓云
　　　　刘晓红　樊建锋

·广州·

版权所有　翻印必究

图书在版编目（CIP）数据

现代广告学/李景东主编；赵春雷，崔文丹，郭晓云，刘晓红，樊建锋副主编. —2版. —广州：中山大学出版社，2015.8

（普通高等学校"十三五"市场营销专业规划教材/郝渊晓主编）

ISBN 978-7-306-05395-4

Ⅰ.①现… Ⅱ.①李… ②赵… ③崔… ④郭… ⑤刘… ⑥樊… Ⅲ.①广告学—高等学校—教材 Ⅳ.①F713.80

中国版本图书馆 CIP 数据核字（2015）第 186718 号

出版人：徐　劲
策划编辑：蔡浩然
责任编辑：蔡浩然
封面设计：林绵华
责任校对：杨文泉
责任技编：何雅涛
出版发行：中山大学出版社
电　　话：编辑部 020-84111996，84113349，84111997，84110779
　　　　　发行部 020-84111998，84111981，84111160
地　　址：广州市新港西路135号
邮　　编：510275　　传　真：020-84036565
网　　址：http://www.zsup.com.cn　E-mail:zdcbs@mail.sysu.edu.cn
印 刷 者：广东省农垦总局印刷厂
规　　格：787mm×1092mm　1/16　19.75 印张　457 千字
版次印次：2010 年 3 月 1 版　2015 年 8 月 2 版　2018 年 1 月第 3 次印刷
印　　数：7001～9000 册　　定　价：36.90 元

如发现本书因印装质量影响阅读，请与出版社发行部联系调换

内容提要

本书系统介绍了现代广告学的基础理论、市场营销与现代广告、广告经营管理、国际广告和新型广告媒体发展趋势等内容,对广告心理策略、广告产品策划、广告创意与表现、广告媒体策略、广告预算策略、广告效果评估、广告的宏观管理等广告运作实务进行了阐析。

本书内容新颖,案例典型,体现了理论性与实践性的统一,适合高等院校市场营销、工商管理和广告学专业的学生做教材,亦可作为广告从业者和广告研究人员的参考用书。

普通高等学校"十三五"市场营销专业规划教材
编写指导委员会

学术顾问	贾生鑫	（中国高等院校市场学研究会首任会长，现顾问，西安交通大学教授）
	李连寿	（中国高等院校市场学研究会原副会长，现顾问，上海海事大学教授、教学督导）
	符国群	（中国高等院校市场学研究会副会长，北京大学光华管理学院营销系主任、教授）
主　　任	周　南	（香港城市大学市场营销学系主任、教授，武汉大学长江学者讲座教授）
常务副主任	郝渊晓	（中国高等院校市场学研究会常务理事、副秘书长，西安交通大学经济与金融学院教授）
	张　鸿	（西安邮电大学经济与管理学院院长、教授）
	蔡浩然	（中山大学出版社编审）
副主任	王正斌	（西北大学研究生院常务副院长、教授）
	庄贵军	（西安交通大学管理学院市场营销系主任、教授）
	李先国	（中国人民大学商学院教授）
	惠　宁	（西北大学经济管理学院副院长、教授）
	董千里	（长安大学管理学院系主任、教授）
	侯立军	（南京财经大学工商管理学院院长、教授）
	王君萍	（西安石油大学经济管理学院院长、教授）
	马广奇	（陕西科技大学管理学院院长、教授）
	周建民	（广东金融学院职业教育学院副院长、教授）
	靳俊喜	（重庆工商大学教务处处长、教授）
	侯淑霞	（内蒙古财经大学商务学院院长、教授）
	孙国辉	（中央财经大学商学院院长、教授）
	成爱武	（西安工程大学图书馆馆长、教授）
	靳　明	（浙江财经大学《财经论丛》副主编、教授）
	董　原	（兰州商学院工商管理学院院长、教授）
	徐大佑	（贵州财经大学工商管理学院院长、教授）
	胡其辉	（云南大学经济学院教授）
	秦陇一	（广州大学管理学院教授）
	闫涛尉	（山东大学威海分校科技处处长、教授）
	周筱莲	（西安财经学院管理学院营销系主任、教授）
	张占东	（河南财经政法大学经贸学院院长、教授）

普通高等学校"十三五"市场营销专业规划教材编写委员会

主　编　郝渊晓（中国高等院校市场学研究会常务理事、副秘书长，西安交通大学经济与金融学院教授）

副主编　张　鸿（西安邮电大学经济与管理学院院长、教授）
　　　　　董　原（兰州商学院工商管理学院院长、教授）
　　　　　杨树青（华侨大学工商管理学院教授）
　　　　　费明胜（五邑大学管理学院教授、博士）
　　　　　蔡继荣（重庆工商大学商务策划学院教授、博士）
　　　　　邓少灵（上海海事大学副教授、博士）
　　　　　李雪茹（西安外国语大学教务处处长、教授）
　　　　　肖祥鸿（上海海事大学副教授、博士）
　　　　　彭建仿（重庆工商大学商务策划学院市场营销系主任、教授、博士）
　　　　　李景东（内蒙古财经大学商务学院实践教学指导中心主任、教授）

委　员

郝渊晓	张　鸿	董　原	杨树青	费明胜	蔡继荣	邓少灵
李雪茹	刘晓红	肖祥鸿	彭建仿	徐樱华	邵燕斐	赵玉龙
李　霞	赵国政	郭　永	邹晓燕	薛　颖	梁俊凤	葛晨霞
常　亮	余　啸	郝思洁	张　媛	何军红	史贤华	王素侠
薛　楠	吴聪治	许惠铭	李竹梅	崔　莹	王文军	刘　仓
李　燕	张芳芳	樊建锋	宋小强	荆　炜	郭晓云	关辉国
赵　彦	周美莉	高　帆	杨丹霞	周　琳	韩小红	周　勇
赵春秀	马晓旭	高　敏	崔文丹	蒋开屏	卢长利	符全胜
祝火生	高维和	赵永全	迟晓英	张晓燕	任声策	甘胜利
李　琳	陈　刚	李景东	张　洁	唐家琳	胡　强	赵春雷
关　青	包迎春	王　磊	张守莉	孙梅红		

总　序

党的"十八大"以来,我国经济发展逐步告别高增长的发展模式,进入经济增长速度换挡期、结构调整阵痛期、刺激政策消化期三期叠加的"新常态"发展阶段,同时将继续"坚定不移地推进经济结构调整、推进经济的转型升级",努力打造全新的"中国经济的升级版"。随着宏观环境的变化,科学技术的发展,特别是大数据、云计算、电子商务、移动通信技术等广泛应用,出现了诸如微营销、电子商务购物、网络团购等许多新的营销工具,这些新情况需要引起理论界和企业实务界的高度关注。

在这样的大背景下,高校市场营销专业如何培养能够适应未来市场竞争的营销人才,就成为理论工作者必须思考的问题。提高营销人才培养质量,增强学生对市场竞争的应变能力和适应能力,一方面必须进行教学方法改革,注重对学生的能力培养;另一方面要加快教材建设,更新教材内容,吸收前沿理论与知识,总结我国企业营销实践经验,以完善营销学教材体系。

为实现营销人才培养与指导企业实践融合的目标,为适应高校在"十三五"期间市场营销、贸易经济、国际贸易、电子商务、工商管理、物流管理、经济学等专业的教学需要,在中山大学出版社的建议下,由西安交通大学经济与金融学院教授、中国高等院校市场学研究会常务理事及副秘书长、西安现代经济与管理研究院副院长郝渊晓,牵头组织对2009年出版的"普通高等学校'十一五'市场营销专业规划教材"进行全面修订,出版新版的"普通高等学校'十三五'市场营销专业规划教材"。该系列教材一共10本,分别是:《市场营销学》(第2版)、《公共关系学》(第2版)、《消费者行为学》(第2版)、《现代广告学》(第2版)、《商务谈判与推销实务教程》、《分销渠道管理学教程》、《营销策划学教程》、《网络营销学教程》、《市场营销调研学教程》、《国际市场营销学教程》。

本次教材的修订,我们坚持的基本原则和要求是:尽量吸收最新营销理论的前沿知识、方法和工具;更换过时的资料数据,采用最新资料;充实国内外最新案例。本系列教材的编写,汇集了我国30多所高校长期从事营销学教学和研究的专业人员,他们有着丰富的教学及营销实践经验,收集了大量的有价值的营销案例,力图整合国内外已有教材的优点,出版一套能适应营销人才知识更新及能力提升要求的精品教材。

作为本系列教材的主编，我十分感谢中山大学出版社对教材出版的关心和支持，我也十分感谢每本书的作者为编写教材所付出的艰辛劳动。在教材的编写中，虽然我们尽了最大努力，但由于水平有限，书中难免还有错误和不足之处，恳请同行和读者批评指正。

郝渊晓

2014年10月于西安交通大学经济与金融学院

目　录

第一章　广告学导论 ……………………………………………………………… (1)
　第一节　广告的概念和特征 ……………………………………………………… (1)
　　一、广告的概念 …………………………………………………………………… (1)
　　二、广告的构成要素 ……………………………………………………………… (2)
　　三、广告的特征 …………………………………………………………………… (3)
　第二节　广告的分类 ……………………………………………………………… (6)
　　一、按广告内容划分 ……………………………………………………………… (6)
　　二、按广告目的划分 ……………………………………………………………… (7)
　　三、按广告诉求方式划分 ………………………………………………………… (7)
　　四、按广告媒体划分 ……………………………………………………………… (8)
　　五、按广告影响范围划分 ………………………………………………………… (9)
　第三节　广告的起源和发展 ……………………………………………………… (9)
　　一、国外广告发展历程 …………………………………………………………… (9)
　　二、中国广告发展历程 …………………………………………………………… (13)
　第四节　现代广告学的研究对象 ………………………………………………… (20)
　　一、广告学的学科性质 …………………………………………………………… (20)
　　二、广告学的研究对象 …………………………………………………………… (21)
　案例　上海韩束化妆品有限公司：品牌重塑，稳健创新 ……………………… (23)
　本章小结 …………………………………………………………………………… (28)
　关键概念 …………………………………………………………………………… (29)
　思考题 ……………………………………………………………………………… (29)
　参考文献 …………………………………………………………………………… (29)

第二章　市场营销与现代广告 …………………………………………………… (30)
　第一节　市场营销中的广告 ……………………………………………………… (30)
　　一、市场营销观念与广告诉求 …………………………………………………… (30)
　　二、市场营销组合中的促销策略 ………………………………………………… (33)
　　三、广告在市场营销中的地位 …………………………………………………… (36)
　第二节　整合营销传播中的广告 ………………………………………………… (39)
　　一、整合营销传播理论的基本内容 ……………………………………………… (39)
　　二、广告作为营销传播手段的基本特征 ………………………………………… (40)
　　三、营销传播的模式 ……………………………………………………………… (42)
　　四、整合营销传播的新趋势 ……………………………………………………… (44)

第三节　现代广告的功能 (45)
　　一、广告的经济功能 (46)
　　二、广告的社会文化功能 (47)
案例　HP数码相机的整合营销传播推广 (48)
本章小结 (50)
关键概念 (51)
思考题 (51)
参考文献 (51)

第三章　广告策划 (52)
第一节　广告策划概述 (52)
　　一、广告策划及其作用 (52)
　　二、广告策划的原则 (54)
第二节　广告策划的类型和程序 (57)
　　一、广告策划的类型 (57)
　　二、广告策划的程序 (58)
第三节　广告策划书的编写 (60)
　　一、广告策划书的作用及内容要点 (60)
　　二、广告策划书编写的基本格式 (61)
案例　蒙牛酸酸乳的广告策划 (66)
本章小结 (68)
关键概念 (68)
思考题 (68)
参考文献 (68)

第四章　广告调研 (69)
第一节　广告调研概述 (69)
　　一、广告调研的概念和特点 (69)
　　二、广告调研的作用 (70)
第二节　广告调研的内容和程序 (71)
　　一、广告调研的内容 (71)
　　二、广告调研的程序 (74)
第三节　广告调研的方法 (77)
　　一、广告调研的常用方法 (77)
　　二、广告调查问卷的设计 (84)
案例　成美营销顾问公司关于"王老吉"的广告调研 (88)
本章小结 (90)
关键概念 (90)

思考题 …………………………………………………………………… (90)
　　参考文献 ………………………………………………………………… (90)

第五章　广告心理策略 …………………………………………………… (91)
　第一节　广告感觉与知觉 ………………………………………………… (91)
　　一、感觉与广告策略 …………………………………………………… (91)
　　二、知觉与广告策略 …………………………………………………… (93)
　第二节　广告注意 ………………………………………………………… (96)
　　一、注意及其特征 ……………………………………………………… (96)
　　二、注意的形式 ………………………………………………………… (97)
　　三、引起注意的广告策略 ……………………………………………… (97)
　第三节　广告兴趣与动机激发 …………………………………………… (99)
　　一、产生广告兴趣的对策 ……………………………………………… (99)
　　二、动机激发 …………………………………………………………… (101)
　第四节　广告记忆与广告联想 …………………………………………… (103)
　　一、广告记忆及策略 …………………………………………………… (103)
　　二、广告联想及策略 …………………………………………………… (106)
　第五节　购买行为与广告策略 …………………………………………… (107)
　　一、购买行为的实现：情绪和意志 …………………………………… (108)
　　二、购买行为模式及广告对策 ………………………………………… (109)
　案例　卡萨帝——唤醒家人的爱 ………………………………………… (111)
　本章小结 …………………………………………………………………… (113)
　关键概念 …………………………………………………………………… (113)
　思考题 ……………………………………………………………………… (113)
　参考文献 …………………………………………………………………… (113)

第六章　广告经典理论与策略 …………………………………………… (114)
　第一节　USP 理论与策略 ………………………………………………… (114)
　　一、USP 理论的产生 …………………………………………………… (114)
　　二、USP 策略要点 ……………………………………………………… (115)
　　三、USP 策略的理论基础 ……………………………………………… (115)
　　四、USP 理论的发展 …………………………………………………… (116)
　第二节　品牌形象理论与策略 …………………………………………… (116)
　　一、品牌形象理论的产生 ……………………………………………… (116)
　　二、品牌形象策略要点 ………………………………………………… (117)
　　三、品牌形象的塑造 …………………………………………………… (117)
　第三节　定位理论与策略 ………………………………………………… (120)
　　一、定位理论的产生 …………………………………………………… (120)

二、广告定位的原则 ……………………………………………… (121)
　　三、广告定位的策略 ……………………………………………… (122)
　第四节　产品生命周期理论与策略 …………………………………… (127)
　　一、产品生命周期理论 …………………………………………… (127)
　　二、不同生命周期阶段的广告策略 ……………………………… (128)
　案例　小米手机的市场推广策划 ……………………………………… (130)
　本章小结 ………………………………………………………………… (132)
　关键概念 ………………………………………………………………… (132)
　思考题 …………………………………………………………………… (133)
　参考文献 ………………………………………………………………… (133)

第七章　广告主题、创意与表现 ……………………………………… (134)
　第一节　广告主题 ……………………………………………………… (134)
　　一、广告主题的概念 ……………………………………………… (134)
　　二、影响广告主题选择的因素 …………………………………… (134)
　　三、广告主题的表现形式 ………………………………………… (136)
　第二节　广告创意的原则与技巧 ……………………………………… (138)
　　一、广告创意的概念和原则 ……………………………………… (139)
　　二、广告创意思维的形态 ………………………………………… (142)
　　三、广告创意的技巧 ……………………………………………… (144)
　第三节　广告表现的形式 ……………………………………………… (147)
　　一、直陈式 ………………………………………………………… (147)
　　二、情感式 ………………………………………………………… (147)
　　三、恐惧式 ………………………………………………………… (148)
　　四、悬念式 ………………………………………………………… (148)
　　五、幽默式 ………………………………………………………… (149)
　　六、晕光式 ………………………………………………………… (149)
　　七、广告表现的"3B"要素 ……………………………………… (150)
　案例　成功的创意广告 ………………………………………………… (151)
　本章小结 ………………………………………………………………… (153)
　关键概念 ………………………………………………………………… (153)
　思考题 …………………………………………………………………… (153)
　参考文献 ………………………………………………………………… (153)

第八章　广告文案、构图与色彩 ……………………………………… (154)
　第一节　广告文案 ……………………………………………………… (154)
　　一、广告文案的定义和构成 ……………………………………… (154)
　　二、广告标题 ……………………………………………………… (157)

三、广告正文 …………………………………………………… (158)
　　四、广告语的创作 ……………………………………………… (160)
第二节　广告构图 …………………………………………………… (163)
　　一、广告构图的定义及作用 …………………………………… (163)
　　二、广告构图原理 ……………………………………………… (164)
第三节　广告色彩 …………………………………………………… (167)
　　一、广告色彩与心理效应 ……………………………………… (167)
　　二、广告色彩对消费心理的影响 ……………………………… (170)
　　三、广告色彩的运用技巧 ……………………………………… (171)
案例　借助广告语塑造消费新理念 ………………………………… (172)
本章小结 ……………………………………………………………… (174)
关键概念 ……………………………………………………………… (174)
思考题 ………………………………………………………………… (174)
参考文献 ……………………………………………………………… (174)

第九章　广告媒体策略 …………………………………………… (175)
第一节　广告媒体概述 ……………………………………………… (175)
　　一、广告媒体的定义和特征 …………………………………… (175)
　　二、广告媒体的功能和类型 …………………………………… (177)
　　三、主要广告媒体特征分析 …………………………………… (179)
第二节　广告媒体的评价和选择 …………………………………… (190)
　　一、广告媒体的评价标准 ……………………………………… (190)
　　二、广告媒体的评价指标 ……………………………………… (192)
　　三、广告媒体的选择依据 ……………………………………… (194)
第三节　广告媒体组合与广告发布策略 …………………………… (196)
　　一、广告媒体组合 ……………………………………………… (196)
　　二、广告发布策略 ……………………………………………… (199)
第四节　新型广告媒体研究 ………………………………………… (201)
　　一、新型广告媒体的概念及类型 ……………………………… (202)
　　二、新型广告媒体特点分析 …………………………………… (203)
　　三、新型广告媒体的发展趋势 ………………………………… (213)
案例　野马汽车的媒体组合策略 …………………………………… (214)
本章小结 ……………………………………………………………… (216)
关键概念 ……………………………………………………………… (216)
思考题 ………………………………………………………………… (216)
参考文献 ……………………………………………………………… (216)

第十章　广告预算 ·· (217)

第一节　广告预算概述 ···································· (217)
一、广告预算的目的 ···································· (217)
二、广告预算的内容 ···································· (218)
三、影响广告预算的因素 ································ (219)

第二节　确定广告预算的方法 ································ (222)
一、营销比率法 ·· (222)
二、竞争对抗法 ·· (223)
三、目标达成法 ·· (224)
四、量力而行法 ·· (225)
五、投资预算法 ·· (225)

第三节　广告预算的分配策略 ································ (226)
一、时间分配策略 ······································ (226)
二、区域分配策略 ······································ (227)
三、产品分配策略 ······································ (227)
四、媒体分配策略 ······································ (228)

案例　特仑苏的广告预算 ···································· (228)
本章小结 ·· (229)
关键概念 ·· (229)
思考题 ·· (229)
参考文献 ·· (229)

第十一章　广告效果评估 ······································ (230)

第一节　广告效果概述 ···································· (230)
一、广告效果的概念、特征及其意义 ······················ (230)
二、广告投入与广告效果的关系 ·························· (233)

第二节　广告传播效果的评估 ································ (237)
一、事前评估 ·· (237)
二、事中评估 ·· (238)
三、事后评估 ·· (239)

第三节　广告销售效果的评估 ································ (241)
一、市场实验法及其运用 ································ (241)
二、广告销售效果的指标评估 ···························· (242)

案例　瑞贝卡假发广告投放效果评估 ·························· (244)
本章小结 ·· (244)
关键概念 ·· (245)
思考题 ·· (245)
参考文献 ·· (245)

第十二章　广告公司经营 (246)

第一节　现代广告公司概述 (246)
一、广告经营业与广告公司 (246)
二、广告公司的发展沿革 (248)
三、现代广告公司类型的划分 (250)
四、我国广告公司的类型 (253)

第二节　广告公司的经营与管理 (254)
一、广告公司的经营业务 (254)
二、广告公司的机构设置与职能划分 (256)
三、广告公司的经营管理 (257)

第三节　广告人才培养 (261)
一、广告从业人员应具备的素质 (261)
二、广告人才的培养 (264)

案例　阳光广告有限责任公司的组织结构变革 (267)
本章小结 (268)
关键概念 (268)
思考题 (268)
参考文献 (268)

第十三章　广告的宏观管理 (269)

第一节　广告宏观管理概述 (269)
一、广告宏观管理的概念 (269)
二、广告宏观管理的内容 (269)
三、广告宏观管理的作用 (271)

第二节　广告业的法律管理 (273)
一、广告立法的基本原则 (273)
二、广告法律管理的特点 (274)
三、中国广告业的法律管理体系 (275)

第三节　广告业的消费者监督与行业自律 (276)
一、广告业的消费者监督与消费者组织 (277)
二、广告行业自律 (278)
三、中国广告业的伦理道德建设 (281)

案例　违法广告为何屡禁不止 (282)
本章小结 (283)
关键概念 (283)
思考题 (283)
参考文献 (283)

第十四章 国际广告 …………………………………………………… (284)

第一节 国际广告概述 ……………………………………………… (284)
一、国际广告的概念 …………………………………………… (284)
二、国际广告与国内广告的区别 ……………………………… (284)
三、国际广告的特殊性 ………………………………………… (285)
四、国际广告的作用 …………………………………………… (287)
五、国际广告业的发展状况与趋势 …………………………… (288)

第二节 国际广告调查 ……………………………………………… (290)
一、国际广告调查概述 ………………………………………… (290)
二、国际广告调查的内容 ……………………………………… (290)

第三节 国际广告的策划与实施 …………………………………… (292)
一、国际广告策划的全球化与本土化 ………………………… (292)
二、国际广告策划应注意的问题 ……………………………… (293)
三、国际广告的实施 …………………………………………… (294)

案例 丰田汽车在中国的广告风波 ………………………………… (296)
本章小结 ……………………………………………………………… (297)
关键概念 ……………………………………………………………… (297)
思考题 ………………………………………………………………… (297)
参考文献 ……………………………………………………………… (298)

后　　记 ………………………………………………………………… (299)

第一章 广告学导论

本章学习目标

学完本章以后，应掌握以下内容：①了解广告的概念和基本特征；②了解广告的种类；③了解国内外广告的发展历程以及广告业的发展趋势；④了解现代广告学的学科性质及其研究对象。

第一节 广告的概念和特征

进入21世纪以来，随着全球经济一体化和市场竞争的加剧，人们对广告有了更深刻的认识。广告宣传不仅是商品信息的简单传递，更是商品价值的"二度创造"，广告在引导消费，广告在创造时尚，广告不仅满足了人们对商品信息的客观需求，也创造了人们对商品消费的精神追求。

一、广告的概念

（一）"广告"一词的来历

"广告"这个词是英文 Advertising 的译名，是个外来词。

据考证，英文 Advertising 来源于拉丁语——Adverture，其原意是吸引人注意，带有通知、诱导、披露的意思。后来，Adverture 在1300—1475年演变为 Advertise，其含义也得以拓宽：使某人注意到某件事或通知别人某件事，以引起他人的注意。17世纪中后期，英国开始了大规模的商业活动，广告一词由此得以流行，受到人们的青睐。随着历史的推进和人们对广告认识的加深，原来带有静止意义的名词 Advertise，被人们赋予了现代意义，转化为具有活动色彩的词汇 Advertising，其意义已不单指某一个广告，更多的是指一系列的广告活动。也有人考证说，英文 Advertising 来源于法语，意思是通知或报告。无论源于何处，"广告"这个词（Advertising）作为社会的一个基本概念得以确定，并被广泛地运用于社会生活之中。

在我国古汉语中没有"广告"这个词，《康熙字典》和《辞源》都没有"广告"这个词。在20世纪初到20世纪20年代左右，"广告"一词被翻译后引入我国。所以说，"广告"一词是个"舶来品"。

（二）什么是广告

广告的定义随着时代的变迁而不断演变，目前国内外较流行的广告定义主要有以下几种：

美国市场营销协会对广告的定义是：广告是由明确的广告主在付费的基础上，采用非人际的传播形式对概念、商品或服务进行宣传、介绍的活动。

哈佛管理丛书的《企业管理百科全书》的定义是：广告是一项销售信息，是指一群视听大众为了付费的广告主的利益，去寻求有效的说服来销售商品、服务或观念。

我国广告学界给广告下的定义中比较流行的是唐忠朴等人在《实用广告学》一书中的定义：广告是一种宣传方式，它通过一定的媒体，把有关商品、服务的知识或情报有计划地传递给人们，其目的在于扩大销售、影响舆论。

本书认为，所谓广告，就是广告主以付费的方式通过媒体向受众传递信息，以求达到一定经济目的并负有责任的信息传播活动。

二、广告的构成要素

广告一般可分为商业广告和非商业广告。商业广告是以赢利为目的的商业信息传播活动，这种广告只登载有关促进商品或劳务销售的经济信息。非商业广告是指除了商业广告以外的各种广告，包括政府公告、教育通告、文化、市政、社会福利等团体的启事、声明、布告等。现代广告学主要研究的是商业广告。通常情况下，一则完整的广告往往包括以下构成要素。

（一）广告主

所谓广告主，是指为推销商品或服务，自行或委托他人设计、制作、代理发布广告的法人、其他组织或者个人。明确广告主的意义主要有两个方面：

（1）明确广告主，可以让消费者了解广告的真实动机，以便理性判断广告内容的真实性及对自己的适用性，确保商业活动的公平性。

（2）明确广告主，便明确了广告的受益主体和责任主体，有利于广告活动中对广告主体的激励机制和约束机制。

（二）广告信息

广告信息即广告内容，主要包括商品、企业和观念广告。

商品广告是指以宣传单一或系列商品为主要对象的广告，广告中主要传递一些有关商品的性能、质量、用途、购买信息等内容。

企业广告，即以宣传企业历史、企业实力、企业文化、企业荣誉等内容的广告，意在树立良好的企业形象。

观念广告是指力求从新的视角赋予商品新的理解或概念，以改变人们原有对商品的消费习惯和认识。观念广告是广告信息中思想最深刻、意义最深远的一种广告类型，能使广告发挥更高层次的作用。

观念广告常见的类型有：①树立某种消费观念，引导和带动商品销售；②改变某种消费观念，为某种商品的销售铺平道路；③为品牌或品牌形象附加一个概念，形成与其他品牌的差异；④进行品牌定位，即在消费者心目中确定一个品牌竞争的方位。

（三）广告费用

广告费用即进行广告活动所需付出的费用，这是商业广告的一个重要特征。广告费用主要由媒介购买费用与广告制作费用两部分组成。媒介购买费用主要用于购买各种媒介的版面、时间、空间的费用，如报纸、电台、电视等。广告制作费用则包括广告创意、设计、制作、实施的各项费用。

对于广告费用的理解应注意以下列两个方面：

（1）广告费用有绝对费用与相对费用的差别。对广告费用的投入，我们不仅要考虑到它的绝对费用，即一次广告活动的投资总额，还应考虑到它的相对费用，即一次广告活动的千人成本，向每千人传播广告信息的费用。绝对费用低的广告，其相对费用可能很高，如一个发行量较小的杂志广告；相反，绝对费用高的广告，其相对费用可能很低，如覆盖范围广的电视广告。

（2）广告费用具有不变费用的性质。在一定时期内，广告费用是一次性投入的，只有随着商品销量的增加，单位商品的广告成本才会随之下降；反之，广告若没有对商品销售产生促进作用，则造成广告投入的浪费。

（四）广告受众

广告受众是指广告意图影响之对象，这要根据企业营销策划中所确定的目标市场而定。企业生产的产品或提供的服务，因其性能、用途、价格、销售方式等种种原因所限，只能适合一定区域一定阶层的目标消费者；因而广告也要服务于目标市场营销战略，针对特定的广告受众进行精准的广告投放。

（五）广告媒体

广告媒体是指广告信息传递的载体、工具和手段。广告媒体选用的恰当与否，不仅关系到广告传播的到达率、注目率，也涉及广告费用的高低。因此，广告媒介策略成为广告活动中的一项重要策略。随着我国媒体市场资源的急剧扩张，新兴媒体的不断出现，媒体策略运用的创意时代已经到来。以较低的成本，有效地进行媒体资源的选择与组合，善于挖掘利用别人没有使用的媒体，力求媒体发布的创新与突破，这是现代广告媒体运用的核心。

三、广告的特征

广告作为市场经济中的一个重要促销手段，不管其形式如何转换，都具有以下共同特征。

(一) 广告是以盈利为目的的一种经济活动

以尽可能低的广告投入获取尽可能高的广告效益，这是商业广告最本质的特征。但在现实的广告创作过程中，不少创作者过于追求广告的艺术表现，而忽视了广告的商业功能，致使巨额的广告投资换来的是公众的不知所云。这是一种巨大的浪费。当然，作为一种特殊的商业活动，广告的产出与其他商业活动的产出存在着很大的区别。

1. 广告最重要的产出就是创造名牌

广告通过策划完成对产品价值的"二度创造"，赋予产品新的市场价值，以帮助一个商品完成从产品到商品的飞跃。正如著名广告大师奥格威的一句名言："每一广告都是对品牌形象的长期投资。"广告的这一作用在现代市场经济条件下极为重要。这是因为，在传统经济条件下，生产是处于核心地位的，只要有产值就会有利润，无需顾忌消费者的好恶取舍及市场变化。但随着产品的无限多样性发展和商业流通机制的成熟，消费者的利益成了企业关注的焦点，由"卖什么"过渡到"怎么卖"和"为什么卖"，以广告为重要组成的营销手段取代了旧有的生产、销售模式的核心地位。在这里，生产部门赋予了产品的第一重价值。而广告则根据消费者心理和市场需要，塑造产品个性和品牌形象，开发产品的潜在功能，确立产品在市场竞争中的方位，从而创造了产品的附加值，创造了产品的第二重价值和生命。万宝路、可口可乐等众多品牌产品的畅销，都是广告长期投资进行品牌形象塑造的结果。

2. 广告能为广告主的产品或服务带来长期稳定的销售效果

任何企业都不会满足于短期的销售增长。由于每一次广告宣传所产生的广告效果，都具有一定的时效性，因而持续不断的广告宣传就成为现代企业着眼于长期收益的必然选择。

3. 广告经济效益的模糊性

通常一种经济活动的产出，或称为经济效益，是可以准确测量的，但广告效益的测量却很难精确。这主要是由以下原因造成的：①在现代企业广告宣传中，有相当一部分广告是形象广告。而形象广告的目的从来都不是为了直接即时地推动产品销售的增长。因此，在相当长的一段时间里，我们无法感到这种广告明显的经济效果，而且即使有，也无法准确测量。②导致商品销售增长的因素很多，然而在众多因素中，广告对产品销售增长起了多大作用，这在技术上还很难精确测算。虽然这种测算随着科学技术和调查技术的进步已成为可能，但是费用很大。③广告是一种通过艺术表现形式来实现商业目的的经济活动。广告艺术表现的有效性不可能完全量化为经济指标，它更多的是一种心理效应的增长。

(二) 广告属于非个体性传播

商业广告是通过大众传播媒体进行传播的广告活动。所谓大众传播媒体，就是少数人向多数人进行信息传播的物质或工具，广告借助大众媒体进行信息传播，这是与推销、直销等个体性信息传播的本质区别。所谓个体传播，是一个人同另一个人，或者一个人同另几个人、十几个人之间的口头或书信交流。个体传播可以是面对面的，也可以是非面对面的。个体传播是人们获得信息的主要方式之一,也是公众最易信服的一种信息传播方式。但是,个体传播有一个重大的局限性,即传播过程中信息容易失真。其原因在于,每一个人在接收信息时,都要对接收到的信息进行判断、重组,把自己的理解、期待等不自觉地加入其中,再将经过加工的信息传播给他人。所以,个体传播的信息每经过一个人,就会加入一些新的成分或失去一些原有的成分。现实生活中,个体传播是消费者获得商品信息,并对其影响最重要的信息来源。然而在商品经济发达的社会,这种信息传播的方式对企业产品销售却不一定带来积极的影响。这是因为商家无法控制个体传播的范围、速度、内容,只能靠产品本身的质量来扩大影响,推销方式过于被动。因此,以大众传播为特征的广告传播就成为现代企业的必然选择。

广告传播具有以下一些明显不同于个体传播的特点:

1. 广告信息在传播过程中几乎不失真

处于不同地区、不同环境中的人,通过不同的方式接收到的同一类媒体上推出的广告,其内容都是相同的,而且都与原设计的广告内容一样。个别的信息失真,是由接收单位的问题造成的,如某户电视信号出现故障,画面不清晰,接收效果不好,或报纸上的广告印刷不清楚等。

2. 广告的传播速度快、范围广

大众传媒的特点就是利用高科技手段使得媒体的影响范围更大、传播速度更快,这也正是广告选择与之合作的重要利益点。

3. 广告的相对成本低

借助大众传播媒体传播广告时,平均到每一个接收广告信息的人身上,所花费用比个体传播要少很多。

(三)广告是可控的传播活动

现代广告具有科学的运作流程,从广告调研、广告策划、广告创意、广告设计、广告制作、广告发布、广告评估都具备缜密的计划和严格的测评。广告表现中的每一个细节都是集体智慧的结晶,广告运作的每一个环节都要经过严格的考核,因此能在最大程度上保证广告活动的可控性,确保广告表现的精益求精。在广告主体的合作上,往往以合同形式保障各自的法律责任、义务和权利,从而排除了广告执行中的随意性和不可控性。

(四)广告是讲究说服的艺术

广告不仅要传递信息更要说服人们购买,因此,以艺术的表现手法和巧妙的创意构思表现广告内容,就成为说服消费者的关键环节。但是,广告的艺术表现需注意以下方面:

(1)广告的艺术表现形式必须服务于广告商品的特点及广告主题的需要。如果广告艺术表现无助于商品信息的传播和广告主题的深化,则必然是一则无效的广告。

(2)广告的艺术表现形式应是大众喜欢和易于理解接受的。如果广告的创意表现晦涩、难懂,公众不知所云,则广告不仅不能说服公众,相反会产生厌烦情绪。

(3) 广告的艺术表现必须建立在客观真实的基础上。艺术表现可适度夸张，但不能毫无根据，不能欺骗受众、误导消费者。世界各国制定的广告法规，几乎都把禁止欺骗性广告列为最重要的条款。

（五）广告信息传递要准确、集中

有效的广告传播必须根据目标受众的特点整合广告主题、创意表现、媒介策略，同时在信息传播的过程中不能将产品信息面面俱到地予以传播，必须实现广告信息的简洁、准确、重点突出，才能使受众清晰识别并印象深刻，从而提高广告信息的传播效果。

第二节 广告的分类

随着媒介技术的发展、市场环境的复杂和广告表现的多样，广告分类呈现出复杂性和交叉性的特点。由于分类标准不同、界定角度各异，导致广告种类划分有很多种方法。本书对广告的分类是按照一般的习惯分类法，基本反映出当今广告的主要类别。

一、按广告内容划分

（一）产品广告

产品广告是指为了提高某种产品的知名度、促进销售，针对现实及潜在消费者，利用与销售直接有关的表现形式，说服其购买产品的广告活动。它是能直接产生促销效果的广告形式，是商业广告的主流。

（二）企业广告

企业广告是指为了提高企业知名度，树立和维持企业的信誉和形象，从而达到最终销售商品目的的广告活动。它能造成一种间接的、但较长久的蕴藏性效果。

（三）综合性广告

综合性广告是产品广告与企业广告融合的广告形式，通常是把企业及其所推出的一种或几种商品有机地综合在一起进行广告宣传。这种广告既有商品广告的特点，也有企业广告的特点。

（四）观念广告

观念广告通过广告信息传播，加强对消费者的教育培训，帮助消费者建立或改变对某一企业及产品的认识或印象，从而有利于广告受众对企业及产品的接受和认可。作为企业面向社会进行全方位信息交流的一种方式，这类广告在不断增多。

二、按广告目的划分

(一) 开拓性广告

开拓性广告主要是指新产品处于导入期与成长期前期,由于新产品尚不为消费者所熟悉,广告重点在于介绍新产品的功能、特点、使用方法等,以期引起消费者的兴趣,促使其购买使用新产品,从而实现开拓市场的目的。此时它主要解决消费者"我为什么要购买"这一问题。

(二) 竞争性广告

竞争性广告主要指产品处于成长期后期与成熟期的广告。这一阶段,新产品已广为人知,且竞争品牌增加,广告将着重介绍产品的独特优势,引导消费者认牌选购,以使其在竞争中取胜,扩大市场占有率。此时它主要解决消费者"我究竟要购买哪一品牌产品"这一问题。

(三) 维持性广告

维持性广告主要指产品处于衰退成熟期时,广告主要提醒消费者记住品牌商标,努力延长寿命,维持原有的市场份额。

三、按广告诉求方式划分

按照广告诉求方式来分类,是指广告借用什么样的表达方式以引起消费者的购买欲望并采取购买行动的一种分类方法。它可以分为理性诉求广告、感性诉求广告与情理结合诉求广告。

(一) 理性诉求广告

理性诉求广告是指广告诉求定位于受众的理智动机,通过真实、准确、公正地传达广告企业、产品、服务的客观情况,使受众经过分析、判断、推理等思维过程,理智地作出决定。

(二) 感性诉求广告

感性诉求广告是指广告诉求定位于受众的情感动机,通过表现与广告企业、产品、服务相关的情绪与情感因素来传达广告信息,以此对受众的情绪与情感带来冲击,使他们产生购买产品或服务的欲望和行为。

(三) 情理结合诉求广告

情理结合诉求广告是指一种结合上述两种广告的优点并同时弥补各自不足而出现的第三种广告。在广告诉求中,既采用理性诉求传达客观的信息,又使用感性诉求引发受众的情感,结合二者的优势,以达到最佳的说服效果。

四、按广告媒体划分

这是最常见的一种分类形式。它是根据商业广告所采用媒体的自然属性的不同对广告进行划分。

（一）印刷品广告

印刷品广告，即以印刷方式表现广告内容的广告。其形式主要有报纸广告、杂志广告、包装广告、邮寄广告、招贴画广告、传单广告等。印刷品广告是现代广告宣传中应用最广泛、最基本的一种广告形式，即使在广告活动中没有被作为主体形式，常常也因用于辅助广告而不可或缺。几乎任何一次广告活动都少不了印刷品广告。印刷品广告的特点是承载信息量大，便于保存和重复阅读。如果印刷品的发行量很大，则广告传播效果相当可观，且费用相对较低。

（二）电波广告

电波广告，即以电波方式传播内容的广告。它主要包括电视、广播以及近几年随着现代信息技术发展出现的互动媒介广告，它以像、声、文、图的整体数量流为基础，因此大多同时具有电视、互联网、音响、打字机、传真机和电话等多种媒体功能。它的最大特点是，允许信息接收者控制信息并能作出反应，实现人机对话。互动媒介广告是现代广告未来发展的方向，因为它们常常集多种媒介功能于一身。因此，常规的分类方法有时很难对它们作出恰当的界定。电波广告的共同特点是：传播速度快、时效性强、传播范围广，且费用相对较高。

（三）户外广告

户外广告是指在街道、车站、码头、建筑物等公共场合按规定允许设置、张贴的招牌、海报、条幅、路牌、灯箱等宣传广告。

（四）交通广告

交通广告是指以交通工具及交通设施作为广告媒体的广告，如汽车广告、地铁广告、轮船广告、飞机广告等。交通广告具有制作简单，收费较低，能利用人们在途中的空白心理，形成较高的注意率和记忆等优点。

（五）网络广告

网络广告是以互联网作为传播媒体的广告，其覆盖范围广泛，信息容量大，形式多样，能实现信息的交互传递，现已成为企业和广告代理商普遍看好的媒体且发展迅速。

（六）珍惜品广告

珍惜品广告是指在具有一定保留价值或赏玩价值的物品上进行的广告。如年历上印的广告，利用一些小工艺品做成的广告，等等。

五、按广告影响范围划分

（一）国际性广告

国际性广告又称全球广告，是指选择具有国际性影响力的广告媒介进行广告发布的活动。随着全球经济一体化进程的加快及互联网在全球范围的普及，国际性广告将成为国际市场竞争的重要手段而日益受到人们的重视。

（二）全国性广告

全国性广告是选择全国性的传播媒介，如报纸、杂志、电视和广播等发布广告，其目的是通过全国性广告激起国内消费者的普遍反响，产生对广告产品的需求。

（三）区域性广告

区域性广告是选择区域性广告媒介，如省报、省电台、电视台等进行广告发布，其传播范围在一定的区域范围之内。此类广告多是为配合差异性市场营销策略而进行的。

（四）地方性广告

地方性广告的传播范围较之区域性广告更窄，市场覆盖范围更小。这类广告通常选择地方性传播媒介，如地方报纸、路牌、霓虹灯等，广告主多为地方性企业，产品主要在地方范围内进行销售。这类广告的目的是促使人们使用地方性产品。

此外，按广告表现形式还可划分为图片广告、文字广告、表演广告、演说广告、情节广告和标志广告等。

第三节　广告的起源和发展

广告是商品经济的产物，它是伴随着社会经济的发展而发展的。日本神户高等学校教授中山静指出："广告不是社会制造的，而是自然产生的。"广告起源最直接、最重要的动因就是人们在商品交易和其他商业活动中产生了更广泛地告知信息的需求。

一、国外广告发展历程

（一）古代广告的起源与发展

1. 古代巴比伦、古代埃及的广告

公元前3000—2000年，在古代巴比伦已有了楔形文字。它是用芦苇、骨头、木棍、金属等东西在潮湿的粘土板上刻文字，然后晒干制成瓦片保存起来。其中记载着国王修建神殿、战胜碑等事件。这些记载反映了这个时代的商业已经比较发达，当时商人们雇佣叫卖人为他们宣传，店铺的门外挂着商业招牌。

公元前 1000 年左右，在古埃及首都特贝散发的"广告传单"是迄今发现并保存下来的世界上最早的广告物，现保存在大英博物馆内。传单纸是用芦苇纤维制成的，内容是悬赏寻找逃走的奴隶：

一个叫谢姆的男奴隶，从善良的织布匠哈甫家逃走了，首都特贝一切善良的市民们，谁能把他领回来的话，有赏。谢姆身高 5 英尺 2 英寸，红脸，茶色眼珠，谁能提供他的下落，就赏给半个金币，如果谁能把谢姆送到技艺高超的织布匠哈甫的店铺来，就赏给他一个金币。

古代埃及也专门雇叫卖人在码头上叫喊商船到岸时间。船主还雇人穿上前后都写有商船到岸时间和船内装载货物名称的背心，让他们在街上来回走动，据说夹身广告员就是从这时开始的。

2. 古希腊、古罗马的广告

公元前 8 世纪到 6 世纪，位于巴尔干半岛的古希腊奴隶制社会形成。在古希腊 200 多个城邦中，雅典的工商业最发达，最早的叫卖广告就出现于这时。例如，古代雅典就有这样的一首化妆品叫卖诗：

为了两眸晶莹，为了两颊绯红，为了人老珠不黄，也为了合理的价钱，每一个在行的女人都会购买埃斯克里普托制造的化妆品。

在公元前 1 世纪以前，古希腊和古罗马的店铺门口就开始悬挂招牌。公元前 79 年，古罗马的庞贝镇因火山爆发而被火山熔岩吞没。大自然凝固了这段历史，忠实地记录下了庞贝镇当时的生活实况。这一时期，正是我国的战国时代。当时，该镇商店的招牌是很先进的，店外围墙上种有长青藤的店铺是酒店，画有牛的地方是牛奶厂，画有骡子拉磨磨面的是面包房，画有水壶把的地方是茶馆。店铺门口旁边的白墙壁是用来写广告的。白墙上的广告内容如下：

一队造营官的武士，在 5 月 31 日进行比武，同时也斗野兽，有遮阳光的蓬子。在阿里安的玻利安住宅区，格纳维斯的不动产从 7 月 15 日开始出租。房子是带有住宅的店铺和供骑士们居住的房间，如要租用时，向格纳维斯的奴隶提出申请。

此时，在北非的昔兰尼（Cyrene）市也出现了世界上较早的广告物——硬币。在逃跑的奴隶身上打上烙印（印记广告）的做法也至少有 3000 年的历史。

在中世纪的欧洲，口头广告也得到了很大的发展。1141 年，法国路易斯七世批准发证，同意卜莱省（Berry）由 12 人组成的口头做广告的团体成为省内口头广告的垄断组织。这个团体的负责人与特定的酒店签订合同，在酒店里吹笛子招揽顾客。可以说，这是最早的将口头广告合法化的做法。法王奥古斯塔（Prilip Augustus）于 1258 年公布法令，保障叫卖人权益，规定了叫卖人的报酬。

（二）近代广告的形成与发展

1445 年，德国人古腾堡（Johann Gutenberg）发明了铅活字印刷，开辟了西方印刷广告新纪元。1472 年，英国人卡克斯顿（William Caxton）在伦敦教会前张贴了一张长 12.5 厘米、宽 17.5 厘米的招贴式广告，内容是告知市民如何廉价获取宗教仪式书籍。这则被大多数广告专家认定为最早的印刷广告，现在英国还保存着两张。17 世纪开始，欧洲逐渐出现了排字印刷的报纸，而且很快被用作广告媒介。报纸广告的出现，是广告发展的一次飞跃，为世界各地的广告带来了新的发展机会，此后报纸广告长期作为广告形式的主流。

世界上最早的报纸于 1609 年出现在德国，最早刊登广告的报纸于 1612 年出现在法国，1622 年，在英国 Weekly of London 这份报纸上，第一次刊登出有关书籍的广告。这个时期除了报纸媒介外，还出现了类似广告代理店的机构。1610 年，英国出现了最早的广告代理店，这是詹姆士一世让两个骑士建立的。1645 年 1 月 15 日，The Weekly Account 杂志第一次开辟了广告专栏，登出了广告。在此之前，类似广告的意思大多使用"Warning"（预告）这个词。到 19 世纪，报纸的发行量开始上升，广告量也随之增加，广告形式由文字广告发展为插图广告。非常有名的就是沃伦鞋油广告，配了一幅"一双用沃伦鞋油擦过的光亮皮鞋，一只猫正吃惊地怒视着皮鞋上自己的影子"的漫画。这则很吸引人的成功的广告使沃伦发了财，而且这则产品广告刊登了 20 年之久。

（三）现代广告的兴起与发展

进入现代广告阶段，美国在世界广告业中头把交椅的地位是公认的。时至今日，无论是人均广告费，还是广告营业总额，乃至广告费用总额占国民生产收入的比例，美国均居全球首位。

美国的广告兴起于 18 世纪初期，早在独立战争以前就有了报纸广告。1704 年创刊的《波士顿新闻通讯》，在创刊号上就登出了广告。虽然美国第一则报纸广告刊出的准确日期无法确定，但人们习惯上认为《费城报》的出版人本杰明·富兰克林是美国广告之父。

进入 19 世纪后半叶，技术革新使机器取代了许多手工劳动，生产能力的迅速提高，意味着不得不将产品运往远处，这段时期是积极销售时代，流动的推销员招徕生意、接受订货，然后向其代表的批发商发回有价值的需求信息。大约在 19 世纪六七十年代，在纽约、费城、芝加哥和波士顿等大城市市场上出现了第一批大众零售商——百货商店，为了确保其利润，这些商店几乎普遍采用一个价格、大批量和大转手的战略。由于这些战略更接近消费者，使得百货商店比早先的批发商更依赖于广告。这直接推动了现代广告和广告代理的产生与发展。当时的许多例子说明，一家大零售商，常常是广告代理的主要客户。

大多数广告史学家认为，俄尔尼·帕尔墨（Volney Palmer）是美国第一位广告代理人。他从为各类报纸拉广告起家，1841 年在费城建立了自己的广告代理店，1845 年和 1849 年又分别在波士顿和纽约开办了分理处。他通过收集各种报纸资料，向广告主无偿提供一些咨询服务，然后作出广告预算，有时也替广告主制作简单的广告。起初，他从报社收取25%的广告佣金，到他去世时，由于其他广告代理店的竞争等多种原因，他的佣金已降为15%。

乔治·P. 罗厄尔（George P. Rowell）为现代广告的稳定发展作出了贡献。帕尔墨很注重报纸，而罗厄尔对所有的媒体都感兴趣，并且试图改进广告代理店提供的服务。他预测广告主的需求，买下大量的版面，然后将版面分割成小块出售给广告主以赚取利润。出版商也愿意以低价将版面出售给他，让他充当中间人。罗厄尔的广告代理店是第一个向媒体垫付费用的代理店，而不像别人那样等到广告主付费后才支付给媒体费用。罗厄尔的另一重要贡献是他于1879年编辑的"美国报纸索引"。该"索引"介绍了美国当时的5411家报纸，包括它们的发行量。1888年，罗厄尔创办了美国第一本以广告为主要内容的杂志《印刷品》或译为《印刷者的墨汁》（Printer's Ink）。

近似现代概念的广告代理公司，最先出现在美国费城。1869年，一个年仅20岁的年轻人F. 魏兰德·艾耶（F. Wayland Ayer）向他的父亲借了250美元和他的名义（担心客户认为他年轻不可信，只好借其父的名义），开设了艾耶父子广告公司。起初，他也与别人一样只是一个广告掮客，给媒体招徕广告从中赚取佣金。1890年，艾耶设计了一份报价单，并告诉客户自己购买版面的真实价格，加上一定比例的佣金，就是他的专卖价。这时，他站在客户的角度向报社讨价还价，也为客户设计、撰写文案，建议和安排合适的媒介并制作广告。艾耶父子广告公司被广告历史学家称为"现代广告公司的先驱"。他们和其中的一个客户国民饼干公司的合作非常密切，对企业推销的每个步骤都要提出建议，协调销售和广告的关系。这种合作，使艾耶采用了"非竞争价格"方针，后来，这成了广告业中的一种标准做法。到1902年，艾耶设立了一个组织严密的机构，专门为国民饼干公司和标准石油公司策划公关活动。在经历了广告代理仅限于为客户购买版面和撰写文稿的阶段后，广告代理业务的范围迅速扩大了。

随着媒介环境的日益复杂，广告代理商开始推销报纸、杂志的版面。人们把杂志发展成广告媒体归功于J. 沃尔特·汤普逊（J. Walter Thompson），当他1869年加入卡尔顿的广告代理店时，卡尔顿正专注于宗教宣传，汤普逊说服他向一般性杂志发展，尤其是针对妇女的杂志。结果，在19世纪末，当其他广告代理商还在依据报纸"名单"兜售生意时，汤普逊已几乎垄断了一般性杂志这块领地。随着广告量的增长（大部分来自百货商店），使得广告之间为赢得公众注意产生了竞争，广告代理商开始注意到拙劣的广告作品有损于广告代理的形象。到1900年，大多数广告代理商都将业务范围扩大到文稿写作；其中，霍普金斯作为一名研究人类本性的学者，认为人具有喜欢购物的天性，但是又常常缺乏购买东西的理由，于是他就开创了简洁、直接的广告形式，即人们常说的"理由"文稿。霍普金斯的研究和实践，为现代广告的发展补充了丰富的内容。

随着商业和许多企业的迅速发展，在20世纪20年代，推销员和广告被当作英雄看待，人们普遍认为广告创造了许多惊人的成绩。1929年，美国发生了影响全球的经济大崩溃，接着几年的经济萧条，全美有1/4的人口失业，广告费由1929年的34亿美元降到1933年的13亿美元，许多广告公司宣告破产。由于商业活动的不景气，人们开始质疑广告的作用和功效，许多广告主认定减少广告预算是一条相对不错的削减成本的出路。在经济困难时期,客户向广告公司提出了更苛刻的要求,让他们提供超出文稿、创作、媒体以及调查以外的服务。大萧条期间广告公司面临着重大危机。"二战"期间,美国广告支出总额虽然还在下降,但广告中的爱国主题却广得人心,广告业也适时地成立了军事广告委员会。1942年,根据美国国会的一条法案创建了美国护士团,1944年需招募6.5万名妇女,广告委员会依据"护理是一项骄傲的工作"的主题策划了这项广告活动。第一年,有23.7万名妇女申请受训,两年内,申请人数达44.6万名,大大超过了护士团的接纳能力。"二战"后,由于许多广告主转向国外,试图从国外市场寻求利益,广告公司也就随之转向国外,出现了国际广告。

二、中国广告发展历程

广告是商品经济的产物,是伴随着社会经济的发展而发展的。我国作为四大文明古国之一,广告起源早,发展历史长,但广告业的发展历程却是蜿蜒曲折的。

(一) 中国广告业的萌芽

广告起源最直接、最重要的动因就是人们在商品交易和其他商业活动中产生了需要广泛告知信息的需求。在原始社会后期,由于社会生产力的发展,出现了农业与牧业、农业与手工业的两次社会大分工,社会产品逐渐有了剩余,就逐渐有了商品生产和交换,广告也就产生了。中国最古老的广告形式是由口头叫卖、吆喝声逐渐发展而形成的各种形式的销售现场广告。随着中国古代商品经济的发展,广告的形式也逐渐丰富起来。

1. 从原始社会末期到春秋末期的广告

与原始社会经济相比,奴隶制社会的经济有了显著发展。广告的主要形式是口头广告、实物广告和标记广告。广告活动的主体以商、贾为主,商是指走街串巷、贩运叫卖的商人,贾则指有固定营业场所的坐商。这一时期是中国广告的最初萌芽时期,广告形式简单,广告技法单一。

2. 从战国至隋朝时期的广告

战国时期是中国统一的封建国家逐步形成的时代,也是中国封建制度开始确立的时期。从战国到隋朝时期,封建的政治、经济、文化处于迟缓的发展状态中,广告的发展也是比较缓慢的。在这一阶段,新出现的广告形式不多,以悬帜广告、悬物广告、商品命名广告为主,但广告表现的方法、技巧有了不少改进。例如,出现在战国时期的悬帜广告,起着招徕顾客的作用,只要人们眼力所及,都能看到迎风飘动的旗帜。悬帜广告的出现不但说明了当时已具备了生产这种广告形式的物质条件,如织、染、缝制技术等,而且说明了当时商人广告意识的增强。同时,商人们开始懂得研究顾客心理,在广告诉求中能够抓住顾客的心理状态,投其所好,取得良好的广告宣传效应。例如,著名的"马价十倍"故事就发生在这一时期,不仅开创了采用名人广告形式的先河,而且有效地迎合了人们对权威人物的信赖这一心理特征,最终取得良好的市场效果。

3. 唐宋至元时期的广告

唐代是中国封建社会的鼎盛时期,尤其是从贞观到开元天宝年间,社会安定,经济空前繁荣。由于商业的发展,对外贸易的扩大,商业组织规模的壮大,以及经营技术的显著提高,促使广告成为必要的信息桥梁,广告形式增多,广告制作技术提高,广告表现的艺术性加强。在这一时期,灯笼广告兴起,它一般是在夜间悬挂于店铺的门前,灯笼上用文字表明其商号商业的性质,在夜间点烛放亮起到招牌广告和悬帜广告的作用;同时,旗帜广告得到进一步的发展,旗帜广告以酒旗使用最多;最初的酒旗用青白二色布制作,后来发展到用五彩酒旗绣上图案或店名,尺寸可大可小(如图1-1所示)。

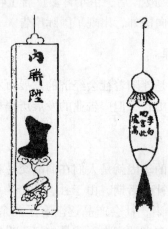

图1-1 唐宋时期的广告

两宋时期总体来说经济发展较快,商业繁荣,广告形式丰富多彩,广告表现技巧提高,广告创意艺术品位增加。在这一时期,招牌广告遍及城乡,都市商店几乎每家都有自己的招牌名称;音响广告把声音与音乐相结合,将人类原始的吆喝叫卖声与歌谣、快板、词曲相结合,使之更加悦耳动听并更具诱导性。特别要指出的是这一时期出现了印刷术,伴随着印刷术的发明和使用,具有近代广告特点的印刷广告也出现了,广告得到了更广泛的应用和发展。图1-2是现存于中国历史博物馆的北宋时期济南刘家功夫针铺的铜板广告。

图1-2 北宋时期济南刘家功夫针铺的铜板广告

与前两阶段相比，元代印刷广告得到了进一步的发展。1985年8月，湖南省沅陵县挖掘一座1306年以前的元代墓葬中，出土了两张印有商品广告的产品包装纸，该包装纸一尺余见方，完整无缺，质地较好，正面和背面皆印有清晰的图案、花边和文字。这说明了印刷广告在元代已有相当的水平，广告表现达到了图文并茂的程度。

4. 明清时期的广告

从明代中叶以来，知识分子开始涉足广告领域，以自己的文字专长直接为商业广告服务；他们题写招牌文字、撰写广告对联、推销新书新作等，使明清时代的广告表现具有浓郁的知识性和趣味性的特点，并形成了中国独特的民族风格，典型代表就是文字广告中的招牌广告和商业对联广告。在这一时期，印刷业有了较为明显的进步和发展，书籍广告、年画广告和包装广告在当时颇为流行。

总之，在原始社会后期中国广告开始萌芽，在漫长的封建社会里，中国古代广告的发展是缓慢的。

(二) 中国广告业的艰难发展

印刷术的发明和使用，不但为广告提供了一种先进的传播手段，使它的传播范围得到空前的扩大，也打破了广告缓慢发展的状态，使广告在世界各地都出现了飞跃。17世纪开始，欧洲逐渐出现了排字印刷的报纸，而且很快被用作广告媒介。报纸广告的出现，是广告发展的一次飞跃，为世界各地的广告带来了新的发展机会，此后报纸广告长期作为广告形式的主流。

1. 鸦片战争时期的广告

鸦片战争时期，中国逐步沦为半封建半殖民地社会，西方列强为达到经济侵略的目的，必须运用各种广告手段来倾销洋货，他们带来了报纸、杂志、路牌、霓虹灯以及橱窗陈列等新的广告形式，影响了中国民族工商业者对广告的认识和运用，促进了中国近代广告的发展。这一时期，广告媒介种类增多，宣传范围不断扩大，广告内容愈加广泛，广告技巧也有很大提高。同时，广告主体开始丰富，广告主与广告经营者逐渐分离，广告代理商开始出现，并且广告代理商由最初的报馆广告代理人演变为后来的各种广告社和广告公司。1840年第一次鸦片战争失败后，上海等五个城市被辟为通商口岸，外国"洋货"大量通过口岸城市向内地倾销，洋人也开始在口岸城市投资设厂，报纸广告随即在上海等地大量涌现，具有代表性的报纸有《申报》、《上海新报》和《万国公报》等。当时这些报纸主要

图1-3 《申报》

刊登船期广告和市场行情、货物广告，其目的都是为了推销舶来品和劳务服务，沟通中外商业行情。特别是1872年由英商安纳斯·美查等人创办的《申报》，成为中国现代报纸开端的标志，是一家以盈利为主要目的的商业报纸（如图1-3所示）。

2. 五四运动至20世纪30年代中期的广告

1919年五四运动，使中国的历史进入了现代史时期，从这一时点延伸到整个20世纪20年代，广告的发展主要有三个特点：一是广告媒介多样化发展。除报刊广告持续发展外，广播广告、路牌广告、橱窗广告、霓虹灯广告也发展较快，此外，车身广告、宣传册广告、样品广告也陆续出现。二是广告代理业出现了。随着广告业的发展，中国广告代理业和有关组织如广告社和广告公司也出现了。许多有实力的中外企业为了加强竞争，都自办广告部，没有条件设立广告部的企业，只好委托广告代理商设计和制作广告，促使了早期广告社和广告公司的产生。由于创立广告社不需要很多资金和设备，广告公司和广告社的数量增长很快，促进了广告代理业的发展。1927年，上海有6家广告社组织成立了"中华广告公会"，这是广告同业最早的组织，主要是为解决同业之间的纠纷和争取共同的利益。三是广告学的研究和教育产生并发展。20世纪20年代初，一些大学在新闻学专业下开设了广告学课程；1918年，北京大学新闻学研究会成立，这是中国最早的广告研究团体；1918年6月，商务印书馆出版了甘永龙编译的《广告须知》，这是中国最早出版的广告学研究专著；1919年12月，徐宝璜先生出版了中国第一部比较系统、全面的新闻学著作《新闻学》，全书共十四章，在第十章"新闻纸之广告"中对广告进行专章探讨；1927年，新闻界名人戈公振出版了《中国报学史》，利用丰富的广告史料，较系统地论述了关于广告学的理论和观点，并着重论述了广告的政治思想和文化价值。

从20世纪30年代到抗日战争前夕，是旧中国广告业的鼎盛时期，广告的作用逐渐被社会人士和工商业界所重视，世界广告业的新技术、新材料不断传进中国，广告业发展呈现出繁荣景象，被称为"十里洋场"的上海成为各国商人经商的基地，也是旧中国广告业繁荣的缩影。在这一时期，广告媒介继续得到丰富和发展，霓虹灯和车船广告相当流行，广告路牌分布在铁路沿线和城市要道，书籍广告蓬勃发展；广告公司专业水平提高，开始研究消费者心理，追求广告的艺术性和实用性的结合，广告公司运作趋向专业化。

3. 抗日战争至新中国成立前的广告

抗日战争爆发后，商业广告逐渐萧条，同时期中国共产党主办的广告业务则具有较浓郁的政治色彩。抗日战争胜利后，原来停刊的报纸相继复刊，各种宣传媒介又活跃起来，商业广告逐渐恢复旧观。这一时期，广告作品的制作更加讲究，彩色图画被引入广告作品，报纸广告的版面位置越来越好、版面面积越来越大，无线电、电影、霓虹灯等广告形式有了显著发展，全国各大中城市普遍开设了广告公司或广告社，广告学的教学和研究得到促进和发展，中国的广告业已初具规模（如图1-4所示）。

（三）中国广告业的停滞发展

新中国成立以后，广告业的发展经历了一段曲折的历

图1-4　新中国成立前的广告

程。20世纪50年代至60年代初期，随着生产的发展，广告有了一定的发展。但十年动乱期间，广告被看作资本主义的工具，遭到严重摧残。

1. 国民经济恢复时期的广告

1949—1952年是中国国民经济恢复时期，在这一时期，人民政府加强了对广告业的管理，颁布了新的广告管理法规，加强了对广告行业的领导。这一时期，广播广告倍受重视，发展很快，一些大城市的广播电台开办了专门的商业广播电台，增设了广告节目，播放经济、文化和社会的广告，从而大大活跃了城乡物资交流，减少了国家事业费开支。同时，许多实用、低价、针对性强的广告形式也被广泛采用，如目录、说明书、橱窗广告、年画、包装盒、包装袋、书签、扇子、日历等广告形式，对加强流通和整个国民经济复苏发挥了积极的作用。

2. 社会主义改造时期的广告

1953—1956年是社会主义改造时期，这一时期国家实行统购包销的政策，生产和经销全部以国家指令性计划为准，市场不存在竞争，企业也就不需要广告，广告业受到了冲击。在这一阶段，国家对广告行业全部实行了公私合营，把分散的各自经营的私营广告公司改造成为国营的广告公司。例如，上海市对原有旧广告社进行调整合并，组成由上海市商业局领导的上海市广告装潢公司和由上海市文化局领导的上海市美术设计公司；北京市组成由文化局领导的北京市美术公司。同时，为了加强广告管理，许多地方政府对原有的广告管理法规做了补充和修改，有的发布了新的广告管理法规，或者改进了管理办法；等等。例如，1954年，武汉市人民政府公布了《武汉市广告管理暂行办法》，对广告管理的范围、广告发布的审批程序、广告收费标准等做了具体的规定；1954年3月，广州市修订公布的《广告管理暂行办法》分十章三十八条，涉及的范围更加广泛，内容更加具体，管理政策更加严明；1955年，天津市公用局修订了《天津市广告管理暂行办法》，实行广告登记收费的管理办法和刊播广告的审批制度。

3. 社会主义改造基本完成后的广告

1957—1965年是社会主义改造基本完成后的时期，从中国共产党的"八大"会议提出以经济建设为中心的指导思想后，工农业生产得到发展，广告业也随之有了一定的发展。这一时期，广告业的发展主要表现在三个方面，即为对外经济交往服务、为方便人民生活服务、为政治宣传服务。而广告形式也灵活多样，在原有媒介的基础上发展了传单、票板、海报、标签、日历、火柴盒等形式，并且允许在火车站内陈设广告，甚至在车厢内及售货员提箱上都可以做广告，广告媒介范围扩大。

4. "文化大革命"期间的广告

1966—1976年是中国的"文化大革命"时期，在十年"文革"期间，一场错误的政治运动使中国的国民经济面临崩溃的边缘。在错误的思想路线指导下，广告被视为"资本主义的产物"，是"崇洋媚外的舶来品"，是"资本主义社会腐朽与浪费的表现"。中国广告事业受到了前所未有的破坏：所有的广告基本停顿，户外广告倍受摧残，许多传统的老字号、牌匾被当作"封、资、修的黑货"被砸烂，许多广告媒体被取缔或受到限制，大量的广告从业人员离开了广告行业，广告管理工作停顿了，工商行政管理部门和其他广告管理部门及机构被撤消，大批与广告制作有关的工厂转产，广告管理的档案和历史资料被销毁或散失。

（四）中国广告业的转型与变革

这一历史阶段可以追溯为从1976年10月至1990年。这一阶段是广告业从停滞向快速发展的过渡时期，不但恢复了广告业的市场地位，而且各种配套措施的出台为中国广告业的高速发展打下了良好的基础。

1. 中国广告业的转型

1976年10月，中国政府采取果断措施，结束了"文化大革命"的十年动乱，中国开始进入新的历史发展时期。社会逐渐稳定，商品经济开始复苏。1978年12月，中国共产党第十一届三中全会决定全党工作的重点转移到"以经济建设为中心"上来，贯彻"对内搞活经济，对外实行开放"的政策，为广告事业的恢复和发展创造了条件。这一时期，商品生产得到发展，国民经济逐渐活跃，广告事业开始恢复发展。1980年，国务院决定由工商行政管理总局管理全国广告，中国广告管理从此结束了过去的分散状态进入统一管理时期。1982年2月6日，国务院颁布了《广告管理暂行条例》，这是中国第一部全国性、综合性的广告管理法规，它标志着中国的广告管理进入了一个规范、法制的管理时期。

2. 中国广告业的变革与发展

（1）中国广告业的恢复发展。从1979年初开始，在全国范围内逐步恢复了广告业务。1979年11月，中共中央宣传部发出《关于报刊、广播、电视台刊登和播放外国商品广告的通知》，进一步鼓励广告业的发展。广告行业的规模不断扩大，1979年以前全国经营广告的公司不到10家，1990年全国已有11123家广告经营单位。广告营业额大幅度增加，1981年广告营业额为11800万元，占国内生产总值的0.024%，1990年广告营业额为250173万元，占国内生产总值的0.135%，广告营业额增长了20倍，广告营业额占国内生产总值的比例增长了4.625倍。

（2）广告行业组织的成立和发展。1981年8月21日中国对外贸易广告协会成立，该协会由全国对外经济贸易系统的专业广告公司和报刊、出版社等兼营广告的单位，以及专业进出口总公司、工贸进出口的广告宣传部门联合组成。它从成立之日起，就采用多种形式推动对外经贸广告行业提高经营管理水平，积极组织会员单位参加国际广告业务交流。1982年2月，中国广告学会成立，随即同有关单位一起，举办了全国第一届广告装潢设计展览，先后在北京、沈阳、武汉、上海、广州、重庆、西安进行巡展，受到了普遍欢迎。同年8月，中国广告学会邀请相关领域的专家、教授在山西太原举行了第一次广告学术座谈会。1983年12月，中国广告协会在北京成立，这是全国性的广告行业组织，其章程规定：中国广告协会在国务院有关部门的指导下，负责对全国广告经营单位进行指导、协调、咨询、服务活动以及开展国际广告交往活动。由于中国经营广告的单位分别隶属于不同的部门，需要加强联系和协作，因此，通过协会对全国广告经营单位在业务上进行指导和协调，开展咨询服务，对推动中国广告事业的健康发展是非常必要的。1985年9月，中国对外贸易广告协会会刊《国际广告》杂志在上海创刊。1987年5月13日，中国广告协会和中国对外贸易广告协会共同组成国际广告协会中国分会。1987年6月16—20日，第三届世界广告大会在北京人民大会堂举行，这次盛大的专业广告会议对全球经济贸易的发展产生了很大的推动作用。

（五）中国广告业的高速发展

从1991年始，中国广告业保持高速发展的势头，广告经营额大幅增长，广告专业化水准不断提高，广告法规和广告管理体系初步形成，广告教育和研究初见成效。

1. 广告行业规模不断扩大

中国国内生产总值在1991年为21660.06亿元，到2013年达到56.88万亿元人民币，经济的快速发展也带动了广告经营额的大幅增长。1991年中国广告经营额为35.09亿元，到2013年，中国广告经营额突破5000亿元，已经成为全球第二大广告市场。1991年，全国广告经营单位为11769户，广告从业人员为134506人，广告从业人员人均广告费为26088元；2013年，全国广告经营单位达45万户，从业人员200多万人。

2. 广告法规和广告管理体系初步形成

1994年10月27日，第八届全国人民代表大会常务委员会第十次会议通过了《中华人民共和国广告法》（以下简称《广告法》），自1995年2月1日起施行。《广告法》的实施，标志着中国广告业在法制化轨道上更进了一步，也由此形成了一套比较系统、完备的以《广告法》为核心、以《广告管理暂行条例》和《广告管理暂行条例实施细则》为补充的广告监督管理法制体系。

根据《广告法》第六条规定，县级以上人民政府工商行政管理部门是广告监督管理机关；根据《广告法》第二十七条、第三十四条规定，特殊商品的行政主管部门和所有的广告经营者以及广告发布者是广告审查机关。根据这些规定，形成了一套比较完整的广告业的审查、监督和管理体系。

3. 广告教育和人才培养初见成效

1983年6月，中国第一个广告学专业在厦门大学新闻传播系创办，并于1984年9月招收第一批本科生，从而使中国的高层次广告专业人才的培养走上正规教育的发展轨道。随后，北京广播学院新闻系和深圳大学大众传播系也分别于1989年、1990年相继开设了广告学专业。1993年，北京广播学院新闻系广告专业开始招收广告研究方向的硕士生；1995年，厦门大学新闻传播系也开始招收广告研究方向的硕士生，继而把广告教育推进到一个新的阶段。由于广告学是一门在多边缘学科基础上发展起来的综合性学科，涉及经济学、市场学、传播学、美学、统计学、文学等诸多学科和领域，其传播方式又以科学与艺术相结合的形式来表现，因此，中国的广告教育在现阶段呈现出经贸型、艺术型、新闻传播型等多元化的结构模式。

广告教育除校内正规教育之外，还有一个重要的任务就是培训在职人员，提高从业人员的素质。从1994年1月起，国家工商局对广告专业人员进行"广告专业技术岗位资格"培训。进入21世纪，初步形成以广告人才培训中心为骨干，面向全行业，多层次、多形式相配合的人才培养系统和教育网络；初步形成一支以高级人才为骨干，中级人才为主体，技术等级构成合理的广告专业技术队伍。

第四节 现代广告学的研究对象

广告活动是一种经济活动，必然服从一般商业活动规律，即以尽可能小的投入，获取最大的收益。因此，现代广告学的研究对象就是揭示如何进行成功广告的一般规律及其方法与技巧。对于现代广告学的研究，我们力图建立在当今广告理论与实践发展的基础之上，对现代经济和技术条件下的广告运行规律、特征和技术进行探讨。

一、广告学的学科性质

现代广告学是一门综合性的边缘学科，它不仅涉及经济学和管理学，而且还涉及心理学、传播学、社会学和政治学，同时，广告活动又是通过文学、美学、音乐等艺术手段来进行的。

（一）什么是广告学

广告学是一门独立的学科，它具有规范性、典型性、独立性的学科属性。它研究的出发点，首先是把广告看作一种本质上属于经济活动，而又依赖于大众传播的社会实践。广告学又被称为"商业传播学"、"现代广告学"、"广告艺术学"，由此产生出来的分支也有"广告心理学"、"广告文案学"、"广告制作学"、"广告策略学"、"广告管理学"……虽然它们的侧重点不同，但无非都是为了研究广告活动的一些基本知识、基本原理和基本规律。例如，"广告策略学"就是研究如何从广告的经营立场出发，为配合企业的整合营销计划，对广告活动进行分析、规划、决策、控制、执行、评估等一系列活动的总和。

因此，广告学是通过广告现象研究整个广告活动的本质和规律的一门独立学科，其中包括广告的特性、广告的历史、广告战略、广告构成、广告创意、广告创作、广告传播、广告效果、广告管理、广告的发展等理论和实践的内容。

（二）广告学的学科性质

广告学是研究广告活动的本质和规律的学科，而由于广告活动的特殊性和广告研究的规律性，便形成了广告学科的边缘性、综合性和交叉性。

1. 广告学的边缘性

对广告学的边缘性的理解，主要是由于这门学科既是一门科学又是一门艺术，或者说它渗透着科学与艺术，或者说它介乎于科学与艺术之间。

（1）广告是一门科学。广告学中研究的广告的特质、历史、战略、构成、创意、创作、传播、效果、管理、发展……都是对广告的基本概念、基本知识、基本理论进行系统的梳理、总结和提高，从而探索出广告活动的规律，形成一定的广告基本原理，揭示出广告在整个商品销售中作为一种本质上是经济活动的一系列普遍规律。从这点来说，广告学是属于社会科学领域的经济科学。

(2) 广告是一门艺术。广告必须依赖于大众传播，通过各种艺术表现和造型，调动几乎一切艺术媒介作为广告活动的手段，以求实现广告的最佳效果，吸引人们去欣赏。在这个意义上，又构成一定的审美活动。例如，广告制作在图案、图画、色彩等方面都必须运用艺术原理，而广告所传递的商品信息一般都要通过艺术形态去表现。往往一幅好的广告画或广告摄影就是一件艺术品，一句好的广告用语或一首好的广告歌，也可能成为一句流行用语或一首流行曲。从这点上来说，广告属于一门艺术。所以说，广告学是一门边缘科学，介乎于科学与艺术之间。

2. 广告学的综合性

广告学和其他学科有着密切的关系。例如，它和经济学、心理学、营销学、社会学、企业管理学、新闻、文学等学科有关，也涉及绘画、摄影、书法、雕塑、音乐、戏剧、影视、工艺美术、装潢设计、建筑等艺术，也离不开生物学、数学、化学、物理学、电学、光学等自然科学原理。所以说，广告学是一门综合性学科。

3. 广告学的交叉性

广告学与其他学科交叉，而成为新的交叉学科，是现代广告学发展的一种趋势。例如，广告学与写作学交叉而成为"广告写作学"，广告学与语言学交叉而成为"广告语言学"，广告学与公共关系学交叉而成为"公关广告学"，广告学与心理学交叉而成为"广告心理学"，等等。所以说，广告学是一门交叉学科。特别是与一些新兴学科建立了这种交叉关系。

总之，广告学是一门具有边缘性、综合性和交叉性的独立学科，是一门本质上属于社会科学领域的经济管理学科。

二、广告学的研究对象

广告作为一门学科，虽然历史较短，但是和其他学科一样，也有自己特殊的研究对象，需要揭示广告的矛盾运动、内在机制和基本范畴与规律。广告学是研究人类广告现象及其规律的科学，它以广告历史发展规律、广告基本理论、应用操作机制和现代广告管理作为自己的研究对象。

（一）研究广告历史发展规律及其趋势

作为一门科学，广告学要通过对广告历史变迁的科学透视来分析和认识广告的基本历史态势、广告发展的社会因素和现代化的发展趋势。研究广告学，应通过历史考察，从总体宏观上把握人类古代广告现象和现代广告事业的基本表现，以及现代广告事业区别于传统广告现象的主要特征。

1. 广告的历史变迁

根据不同历史时期人类进行广告宣传所依赖的主体媒介的差异，广告专家一般认为广告和广告业经历了三个基本发展阶段，即以钱币、口头叫卖、实物招示为主的古代广告时期，以印刷广告为主的近代广告时期，以现代电子技术为主的现代广告时期。

2. 现代广告事业的表现

以电视为主体媒介的现代广告事业，突破了传统广告仅仅"广而告之"的模式，其区别于传统广告的主要表现有以下三个方面：①拥有大量的现代广告媒介，呈现出异彩纷呈而又以大众传媒为主要媒介的可喜局面。②拥有大批的广告从业人员和广告经营单位；这些人员和单位以广告运作作为自己的专门职业和职能，使得广告行业尽显风采。③拥有巨大的广告市场。现代广告事业在全球迅猛发展的客观条件之一，就是存在巨大的广告需求市场。

3. 现代广告发展的社会条件

在广告学的研究中，不仅要分析广告的历史轨迹，而且还应深入分析广告发展的社会原因，了解推动广告业发展的各种因素。现代广告的发展，得益于以下几种社会现象。

(1) 市场经济的发展和繁荣。在市场经济条件下，由于"买方市场"的出现，竞争日益激烈，企业为了使自己的产品能够在琳琅满目的商品陈列中脱颖而出，引起公众的高度重视，提高产品的知名度，创造良好的经营环境，于是选择了广告这个竞争的利器。可以说，市场经济的发展，是广告业繁荣的决定性因素。

(2) 社会生产力水平的提高。这直接导致了社会经济的繁荣、人们收入的普遍提高，以及消费需求的增强，出现了大规模生产、大规模流通、大规模消费的现代生活模式。而维系这个社会生活模式的正常运转，需要大规模的宣传，这是广告得以发展的现实条件。

(3) 科学技术的突飞猛进。这是现代广告繁荣的技术前提。科学技术尤其是现代化的传播技术的发展，为广告的发展创造了许许多多现代化的制作工具和传播手段。

(4) 广告社会地位的提高。这是广告迅猛发展的内在原因。一般而言，一个事物能否得到发展，取决于它在社会中作用的大小。就广告这一特殊事物而言，也是这样，广告的普及与繁荣，主要取决于人们对广告作用的理解，以及由此而形成的对广告社会地位的高度肯定。

(二) 研究广告的基本范畴与理论

范畴是任何一门学科趋向成熟的基本条件。所谓范畴，就是描述、研究某一学科所必需的基本概念，它们往往相互对立，构成一对对互向式的关系，成为该学科的理论框架。研究广告学，我们也应研究广告学的基本范畴。一般而言，广告学的基本范畴主要有以下几对：广告主体（广告主、广告经营单位）与广告客体（公众），广告信息与广告符号，主题创意观与活动策划观，创作设计观与艺术操作观，广告传播与公众接收，等等。对这些范畴的研究，是人们从事广告工作的认识论基础，是人们策划广告宣传活动的方法论。

在广告学的理论研究方面，我们需要从宏观上探讨现代广告的基本性质、社会功能、分类、表现形式与方法、结构关系、构成要素、运作过程、规律、原则等。在此基础上，我们需要看重研究现代广告的基本运作原理与方法，其中包括创意理论、策划理论、设计理论、公众理论、媒体理论、效果理论以及定位理论、诉求理论、承诺理论、目标市场理论、广告文案理论、心理理论、促销理论、宣传理论、文化理论等，这些基本理论，是我们把握现代广告学科研究对象的基本依据。

(三) 研究广告的传播规律与运作机制

从某种角度来看，广告是一种关于广告主与公众相互关系的特殊社会经济活动，体现着广告主与公众之间的社会关系、心理关系和服务关系。在这个过程中，广告主作为整个广告运动的创意者、策划者，始终发挥着主导作用。而公众作为广告作品的接受者，也积极、深刻地影响着广告主及其创作制作模式的选择。因此，我们研究广告的运作规律，就必须探讨广告主与公众之间的相互关系。广告主通过广告媒体，把广告信息内容转换为传播符号进行传播，同时期望公众积极认可广告所传递的信息、内容，并自觉地参与到广告宣传活动之中，按照广告所倡导的观念、模式安排自己的生活，实现广告的社会价值。这就出现了广告主与公众之间的相互影响、协调控制机制。

(四) 研究现代广告的管理

广告作为市场经济的先导产业，涉及了多重利益关系，如广告主的利润、广告经营单位的利益、公众的利益等，而且数额比较庞大。由于广告是直接通过信息来影响公众思维的，一些不法商人往往利用不实广告欺诈公众，误导公众吃亏上当，不仅直接侵害了公众的利益，而且还会影响国家的经济生活秩序。因此，为了保证公众利益不受广告侵害，需要加强研究广告管理，以促进广告工作的科学性、规范化进程。

在广告管理的研究中，需要重点研究广告管理工作的规范原则、广告的法规管理、行政管理、社会监督管理、广告经营者自我管理，以及国内外广告管理比较等问题。通过对这些问题的研究，就可以完善广告业的管理机制，进一步促进广告业的繁荣。

案例　上海韩束化妆品有限公司：品牌重塑，稳健创新

上海韩束化妆品有限公司（以下简称韩束）2002年成立于上海，同年创建韩束品牌。凭借稳健卓越的生产，创新优质的产品，奉行着多元、乐观、创新、冒险的企业精神，韩束成为国内全渠道营销的代表性企业。

一、案例背景

自2002年来，中国化妆品市场几度变幻，在国内外市场众多品牌冲击下，韩束稳健创新，十年发展不断突破。2012年，韩束进驻屈臣氏，占地75000平方米的上海奉贤韩束产业园动工建设。品牌荣获《女友》百万读者最爱美妆大赏"年度最具性价比产品奖"，荣获中华人民共和国商务部《中国经贸》颁发的"2012中国化妆品年度最佳护肤品牌"奖项。继2010年崔智友代言韩束后，2012年，巨星林志玲倾情代言韩束，为韩束开启骄傲新十年。

二、品牌面临的挑战

韩束一路稳健走来的十年，亦是化妆品市场与互联网飞速发展的十年。品牌竞争日益激烈，国内外知名大品牌与层出不穷的新品牌不断强势攻占网络传播阵地与互联网渠

道。目标受众的触觉系统和消费习惯发生前所未有的变化,她们开始更多地倾听来自互联网的声音,频繁地参与社会化媒体的互动,乃至使用互联网进行购买,并做后续的评价和分享。化妆品市场、品牌推广与渠道正在被重构。韩束旧有的官方网站与营销渠道面临市场环境的巨变和传播方式的变革,要想在这场重构战中占取关键一位,韩束需要重新构建自身的网络传播阵地,通过新的传播媒介进行品牌推广与互动。在这个过程中,一方面,要挖掘韩束多年积累的品牌沉淀,引导舆论方向;另一方面,要与时俱进地进行品牌塑造和阵地构建,寻求更深入更广阔的传播,实现横向与纵向的深度挖掘;此外,要以更亲和的方式刺激目标受众的互动,增强用户体验,让品牌理念直达受众感官。

三、解决方案

(一)响应式网站建设,开启多屏时代

首先,采用目前最流行的响应式布局 HTML 5 + CSS 3.0 解决多个终端的问题,响应式布局可以为不同终端的用户提供更加舒适的界面和更好的用户体验,随着现在各种终端的快速发展,做出一些能够适应不同分辨率、不同平台、不同屏幕大小的网页尤为重要,这不仅使得网站适应不同终端的能力更强,同时也为用户带来更好的体验。

其次,以用途为主题的方式设计产品,创造用户从实际的使用场景出发,快速解决客户对产品的诉求。

韩束旧有网站的 banner 图片采用 Flash 图片展示，视觉效果佳，但 Flash 的弊端也很明显，加载速度慢、不兼容移动设备，安全也存在问题。为了解决如上问题，又不失图片原有质感，新网站采用目前最前沿的 Jquery 脚本实现 banner 图片的渐变切换，确保优秀的交互又不失动感！

页面设计以浏览者的阅读习惯为依归，图片和文字交相呼应，大大增强页面内容的可读性。

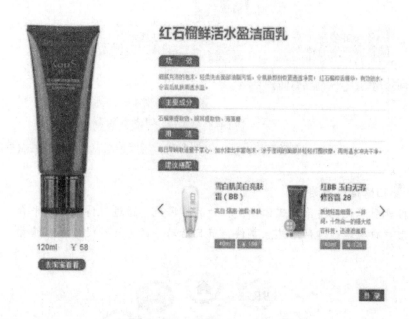

（二）IWOM 管理，沉淀和重塑品牌形象

在经过深入的消费者调察后，策划组发现韩束作为高端的专业补水保湿美妆品牌，目标受众活跃于相对集中的主题网站、论坛，博客和微博为她们倾向性较高的社会化互动平台。另外，她们在选择购买前，出于安全和个人习惯的考虑，会使用百度知道平台和问答平台搜集初步信息。因此，韩束根据目标受众的习惯和品牌采取针对性策略。

1. 网络品牌构建目标

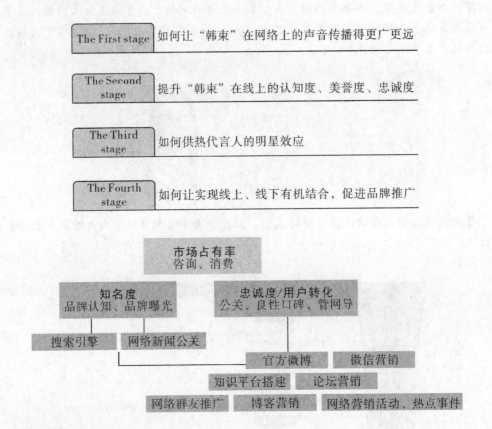

2. 网络口碑推广策略

依托搜索引擎优化技术及媒体库，拉升品牌曝光，通过微博、知识平台、BBS、PR塑造良好用户口碑。通过网络热点事件、节日活动等话题活动提升顾客销量。

3. 平台整合

平台整合如下图所示。

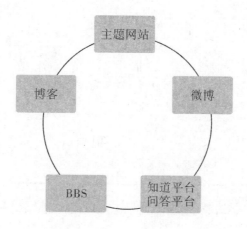

4. 微博互动

配合韩束在热门电视节目《非诚勿扰》中的投放，韩束的微博经过针对性、精细化地动作和维护，粉丝数骤增，凭借韩束微博本身品牌的曝光和微博内容的吸引力，化妆达人的推荐，微博活动的红人转发，截至12月25日圣诞节，短短几个月的时间里，韩束粉丝数已经达到10万余人。

5. 市场反馈

（1）韩束的百度指数在2013年达到了顶峰。

（2）通过各大门户网站、垂直类媒体、BBS、WIKI、微博等平台，大面积曝光韩束品牌以及时尚美容护肤。

（3）化妆达人对产品试用的正面评价，引导更多用户对韩束品牌的关注，从而提升产品销量。

（4）曝光量预估450万。

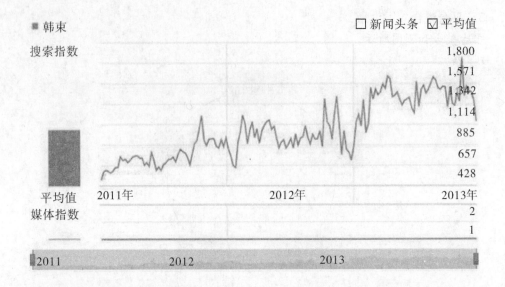

(5) 微博粉丝增加8万，其中，达人粉丝占20%。
(6) 新闻收录率100%，媒体首页/频道页推荐70%，搜索引擎首页展示率70%。

(参见梅花网，http://www.meihua.info/knowledge/case/1840)

[链接思考]
(1) 基于韩束案例，试述广告的基本特征。
(2) 根据广告的影响作用，分析韩束广告的传播效果。

本章小结

广告是广告主以付费的方式通过媒体向受众传递信息，以求达到一定经济目的并负有责任的信息传播活动。广告的基本要素包括广告主、广告信息、广告费用、广告对象和广告媒体。广告具有以盈利为目的、属于非个体性传播、可控的传播活动、讲究说服的艺术和对特定的对象传达准确的信息等特点。

广告可划分为不同的种类，按广告内容可划分为产品广告、企业广告和观念广告；按广告目的可划分为开拓广告、竞争广告和维持广告；按诉求方式可划为分理性广告、感性广告和情理结合广告；按广告媒体可划分为印刷广告、电波广告、户外广告和网络广告等。现代广告学的研究对象就是揭示如何进行成功广告的一般规律及其方法与技巧。广告既是科学，又是艺术，是一门综合性的边缘学科。

广告的发展经历了以实物、叫卖、幌子、招牌等为主体的古代广告时期，以报刊为主体的近代广告时期，直至以报纸、杂志、广播、电视为主体的现代广告时期。改革开放以后，我国广告业迅猛发展，近年来呈现出更加繁荣发展的态势。

步入21世纪，国际广告的发展呈现出新的趋势，主要体现为广告对社会经济发展和企业营销活动的作用不断增强和提高，广告新观念形成，广告运作随着经济和电子科技信息传播手段的发展而不断进步，广告逐渐全球化、国际化。

关键概念

广告　广告主　广告对象　广告信息　产品广告　企业广告　观念广告　开拓广告　竞争广告　理性广告　感性广告

思考题

(1) 什么是广告？广告的基本特征有哪些？
(2) 什么是企业广告？在什么情况下需要做企业广告？
(3) 广告的种类是如何分类的？不同种类的广告各有何作用？
(4) 简述我国广告的产生和发展历程。
(5) 21 世纪广告业发展有何趋势？
(6) 广告学的研究对象是什么？研究内容有哪些？
(7) 简述广告学的学科理论基础。

参考文献

［1］陈培爱. 中外广告史［M］. 北京：中国物资出版社，2002
［2］范鲁彬. 中国广告 25 年［M］. 北京：中国大百科全书出版社，2004
［3］杨海军. 中外广告史新编［M］. 上海：复旦大学出版社，2009
［4］苗杰. 现代广告学［M］. 5 版. 北京：中国人民大学出版社，2011

第二章 市场营销与现代广告

本章学习目标

学完本章以后，应掌握以下内容：①了解市场营销观念演变中的广告诉求理念；②了解广告在市场营销中的作用和地位；③了解整合营销传播理论的主要观念；④了解现代广告的功能。

现代广告就其理论基础而言，是建立在市场营销学、消费行为学和传播学研究之上的，对现代广告学的研究必须以市场营销作为基本出发点，通过对消费者的有效传播和沟通帮助实现营销目标。

第一节 市场营销中的广告

无论广告观念怎样演变，一个不可更改的事实是广告是营销的一个组成部分，它是因为营销需求而存在的。这一前提决定了广告本身所具有的市场营销定性，因此从销售角度观察广告或者从传播角度观察广告，都只是对广告营销本质的一种具体表达。

一、市场营销观念与广告诉求

(一) 市场营销的哲学思想

作为一个引进的概念，国内学者对市场营销（marketing）的理解也各不相同。本书采用的是菲利普·科特勒的表述，即市场营销是通过创造和交换产品及价值，以获得个人或群体满足欲望和需要的社会管理过程。这个定义中包含了一些核心要素：需要、欲望和需求；产品；价值和满足；交换和交易；市场；营销和营销者。从中可以看出，市场营销是建立在消费者（欲望和需求）—供应者（产品和满足）—市场（流通与交换）这样一个三维结构之间的活动。这里值得注意的是，现代营销把消费者的欲望和需求作为整个活动过程的出发点，企业的任务是提供满足这种欲望和需求的产品，而要达到这二者的统一又不能脱离市场和交换，可以说市场制约了营销目标的实现。这种认识与以往一个明显的不同就在于，在营销时代，需求和市场变成了领先一步的要素，产品只是它的追随者。这种具有革命性的营销观念，是现代市场发展的必然结果，它包含了超越营销现象之上的哲学含义，所以我们简单地把现代营销哲学概括为：需求对应模式。这种以需求为导向的营销追求并不是一朝一夕突然而来的，它是市场发展演变的必然结果。

市场营销哲学，是企业进行经营决策、组织和管理市场营销活动的基本指导思想。它是一种观念，一种态度，或一种企业思维方式。任何企业的营销管理都是在特定的指导思想或观念指导下进行的。确立正确的市场营销观念，对企业经营成败具有决定性意义。

美国通用电器公司是最早应用现代营销的一个企业。在开始树立市场导向的观念时，该公司总经理改变了本公司的经营态度，首先将原来的一个"电扇电毯部"改为"家庭舒适化服务部"。当时，许多同行很不理解，认为这个名称不伦不类，这种做法莫名其妙，此事一时传为笑谈。但是公司总经理和该部门经理心里都明白，这不是部门名称的简单改变，而是为了满足消费者对家用电器的需要，使他们的家庭生活更舒适、更方便。确立这种营销观念之后，这个部门根据消费者的需求大力发展各种家用电器，产品品种迅速增加，除了继续生产经营电扇电毯以外，又陆续推出了各种电灶、电器调湿气、电动吸尘器和各种照明设备等新产品，销售额迅速增加，企业获得了巨额利润。此时，原来持嘲笑态度的同行们才恍然大悟，争相学习通用电器公司的营销态度，树立市场导向的营销观念。

（二）市场营销观念演变过程中的广告诉求

自20世纪初以来，市场营销管理的指导思想经历了一个漫长的演变过程：最初以"生产观念"和"产品观念"为指导思想；继而以"推销观念"为指导思想；"二战"后，又逐渐演变为"市场营销观念"；到20世纪70年代，有些学者提出了"社会市场营销观念"。广告活动也与市场营销以一种和谐的包容关系相互伴随着发展而成熟。

1. 生产观念指导下的广告诉求

生产观念是在卖方市场条件下产生的，在西方盛行于19世纪末20世纪初，是一种最古老的市场营销观念。这种观念认为，消费者欢迎那些可以随处买到的和价格低廉的产品，企业应当组织和利用所有资源，集中一切力量提高生产效率和扩大分销范围，增加产量，降低成本。显然，生产观念是一种重生产、轻营销的指导思想。以生产观念指导营销活动的企业，称为生产导向企业。其广告诉求的基本核心为："我们生产什么，就卖什么。"

20世纪初，美国福特汽车公司制造的汽车供不应求，亨利·福特曾傲慢地宣称："不管顾客需要什么颜色的汽车，我只有一种黑色的。"福特公司1914年开始生产的T型车，就是在"生产导向"经营哲学的指导下创造出奇迹的。使T型车生产效率趋于完善，降低成本，使更多人买得起。到1921年，福特T型车在美国汽车市场上的占有率达到56%。

中国香港HNH国际公司营销耐克斯（Naxos）标签，为我们提供了一个当代生产观念的例子。耐克斯标签是在当地市场用低成本销售经典音乐磁带的供应品，但它迅速走向了世界。耐克斯的价格比它的竞争者（宝丽金和EMI）便宜1/3，因为它的管理费只有3%（大音乐制作公司为20%）。耐克斯相信，若它比其他公司的价格低40%就有利润，它希望用低价与削价政策来扩大市场。

2. 产品观念指导下的广告诉求

产品观念是与生产观念并存的一种市场营销观念，都是重生产轻营销。产品观念认为，消费者喜欢高质量、多功能和具有某些特色的产品。因此，企业管理的中心是致力于生产优质产品，并不断精益求精，日臻完善。在这种观念的指导下，公司经理人常常迷恋自己的产品，以至于没有意识到产品可能并不迎合时尚，甚至市场正朝着不同的方向发展。他们在设计产品时只依赖工程技术人员而极少让消费者介入。其广告诉求的基本核心为："我们能够生产最优质的产品。"

下一代电脑（Next）在1993年投资花费了2亿美元，出厂1万台后便停产了。它的特征是高保真音响和带CD-ROM，甚至包含桌面系统。然而，谁是感兴趣的顾客，定位却是不清楚的。因此，产品观念把市场看作生产过程的终点，而不是生产过程的起点；忽视了市场需求的多样性和动态性，过分重视产品而忽视顾客需求。当某些产品出现供过于求或适销不对路而产生积压时，却不知产品为什么销不出去，最终导致"市场营销近视症"。

杜邦公司在1972年发明了一种具有钢的硬度，而重量只是钢的1/5的新型纤维。杜邦公司的经理们设想了大量的用途和一个10亿美元的大市场。然而，这一刻的到来比杜邦公司所预料的要长得多。因此，只致力于大量生产或精工制造而忽视市场需求的最终结果是其产品被市场冷落，使经营者陷入困境。

3. 推销观念指导下的广告诉求

推销观念产生于资本主义经济由"卖方市场"向"买方市场"的过渡阶段。盛行于20世纪30—40年代。推销观念认为，消费者通常有一种购买惰性或抗衡心理，若听其自然，消费者就不会自觉地购买大量本企业的产品，因此，企业管理的中心任务是积极推销和大力促销，以诱导消费者购买产品。执行推销观念的企业被称为推销导向企业。其广告诉求的基本核心为："我们卖什么，就让人们买什么。"

在推销观念的指导下，企业相信产品是"卖出去的"，而不是"被买去的"。他们致力于产品的推广和广告活动，以求说服、甚至强制消费者购买。他们收罗了大批推销专家，做大量广告，对消费者进行无孔不入的促销信息"轰炸"。如美国皮尔斯堡面粉公司的口号由原来的"本公司旨在制造面粉"改为"本公司旨在推销面粉"，并第一次在公司内部成立了市场调研部门，派出大量推销人员从事推销活动。

但是，推销观念与前两种观念一样，也是建立在以企业为中心的"以产定销"，而不是满足消费者真正需要的基础上。因此，前三种观念被称为市场营销的旧观念。

4. 市场营销观念指导下的广告诉求

市场营销观念是以消费者需要和欲望为导向的经营哲学，是消费者主权论的体现。形成于20世纪50年代。市场营销观念认为，企业的一切计划与策略应以消费者为中心，正确确定目标市场的需求与欲望，比竞争者更有效地提供目标市场所要求的满足。

市场营销观念的产生，是市场营销哲学的一种质的飞跃和革命，它不仅改变了传统的旧观念的逻辑思维方式，而且在经营策略和方法上也有很大突破。它要求企业营销管理贯彻"顾客至上"的原则，将管理重心放在善于发现和了解目标顾客的需要上，并千方百计去满足它，从而实现企业目标。因此，企业在决定其生产经营时，必须进行市场调研，根据市场需求及企业本身条件选择目标市场，组织生产经营，最大限度地提高顾客满意程度。执行市场营销观念的企业被称为市场导向企业。其广告诉求的基本核心为："顾客需要什么，我们就生产什么。"

当时，美国贝尔公司的高级情报部所做的一个广告，称得上是以满足顾客需求为中心任务的最新、最好的一个典范，该广告内容为："今天，我们的中心目标必须针对顾客。我们将倾听他们的声音，了解他们所关心的事，我们重视他们的需要，并永远先于我们自己的需要，我们将赢得他们的尊重。我们与他们的长期合作关系，将建立在互相尊重、信赖和我们努力行动的基础上。顾客是我们的命根子，是我们存在的全部理由。我们必须永远铭记，谁是我们的服务对象，随时了解顾客需要什么、何时需要、何地需要、如何需要，这将是我们每一个人的责任。现在，让我们继续这样干下去吧，我们将遵守自己的诺言。"

从此，消费者至上的思潮为西方资本主义国家普遍接受，保护消费者权益的法律纷纷出台，消费者保护组织日益强大。根据"消费者主权论"，市场营销观念相信，决定生产什么产品的主权不在生产者，也不在于政府，而在于消费者。海尔集团从实践中总结出来诸多实用性的市场理念，例如，"用户永远是对的"，"只有淡季的思想，没有淡季的市场"，"市场唯一不变的法则是永远在变"，"海尔，为您着想"，等等。

5. 社会营销观念指导下的广告诉求

社会营销观念是以社会长远利益为中心的市场营销观念，是对市场营销观念的补充和修正。从 20 世纪 70 年代起，随着全球环境被破坏、资源短缺、人口爆炸、通货膨胀和忽视社会服务等问题的日益严重，要求企业顾及消费者整体利益与长远利益的呼声越来越高。西方市场营销学界提出了一系列新的理论及观念，如人类观念、理智消费观念、生态准则观念等。其共同点都是认为，企业生产经营不仅要考虑消费者的需要，而且要考虑消费者和整个社会的长远利益。这类观念统称为社会营销观念，其广告诉求的基本核心为：以消费者和社会公众的长期福利作为企业的根本目的与责任。例如，伊利集团"心灵的天然牧场"，海尔集团"海尔，为您着想"，创维集团"不闪的才是健康的"，等等，都是基于社会营销观念下的广告诉求。

广告观念是与营销观念相互伴随着发展的，现代营销的核心价值是对需求的确认。广告承担着营销沟通任务，在这种沟通中，广告表现出了自己传播特性，并形成了现代广告中基本的营销沟通方式。

二、市场营销组合中的促销策略

（一）市场营销 4Ps 组合理论

1960 年，麦卡锡提出了著名的 4Ps 组合。麦卡锡认为，企业从事市场营销活动，一方面要考虑企业的各种外部环境，另一方面要制定市场营销组合策略，通过策略的实施，适应环境，满足目标市场的需要，实现企业的目标。麦卡锡绘制了一幅市场营销组合模式图（如图 2-1 所示），图的中心是目标顾客，即目标市场，中间一圈是四个可控要素：产品（Product）、地点（Place）、价格（Price）、促销（Promotion），即 4Ps

组合。

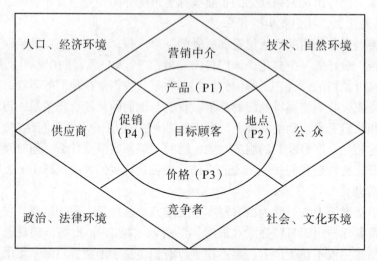

图 2-1 4Ps 组合模式图

在图 2-1 中，产品就是考虑为目标市场开发适当的产品，选择产品线、品牌和包装等；价格就是考虑制定适当的价格；地点就是要通过适当的渠道安排运输储藏等，把产品送到目标市场；促销就是考虑如何将适当的产品，按适当的价格，在适当的地点通知目标市场，包括销售推广、广告、培养推销员等。图 2-1 中的外圈表示企业外部环境，它包括各种不可控因素，含经济环境、社会文化环境、政治法律环境等。麦卡锡指出，4Ps 组合的各要素将要受到这些外部环境的影响和制约。

市场营销组合指的是企业在选定的目标市场上，综合考虑环境、能力、竞争状况对企业自身可以控制的因素，加以最佳组合和运用，以完成企业的目的与任务。市场营销组合是企业市场营销战略的一个重要组成部分，是指将企业可控的基本营销措施组成一个整体性活动。市场营销的主要目的是满足消费者的需要，而消费者的需要很多，要满足消费者需要所应采取的措施也很多。因此，企业在开展市场营销活动时，就必须把握住那些基本性措施，合理组合，并充分发挥整体优势和效果。

市场营销组合是制定企业营销战略的基础，做好市场营销组合工作可以保证企业从整体上满足消费者的需求。市场营销组合是企业对付竞争者强有力的手段，是合理分配企业营销预算费用的依据。

（二）关于促销组合

1. 促销的含义

促销（Promotion）是企业通过人员和非人员的方式，沟通企业与消费者之间的信息，引发、刺激消费者的消费欲望和兴趣，使其产生购买行为的活动。促销具有以下几层含义：

（1）促销工作的核心是沟通信息。企业与消费者之间达成交易的基本条件是信息沟通。若企业未将自己生产或经营的产品和劳务等有关信息传递给消费者,那么,消费者对此则一无所知,自然谈不上认购。只有将企业提供的产品或劳务等信息传递给消费者,才能引起消费者注意,并有可能产生购买欲望。

(2) 促销的目的是引发、刺激消费者产生购买行为。消费者购买欲望又与外界的刺激、诱导密不可分。促销正是针对这一特点,通过各种传播方式把产品或劳务等有关信息传递给消费者,以激发其购买欲望,使其产生购买行为。

(3) 促销的方式有人员促销和非人员促销两类。人员促销,亦称直接促销或人员促销,是企业运用推销人员向消费者推销商品或劳务的一种促销活动,它主要适合于消费者数量少、比较集中的情况下进行促销。非人员促销,又称间接促销或非人员推销,是企业通过一定的媒体传递产品或劳务等有关信息,以促使消费者产生购买欲望、发生购买行为的一系列促销活动,包括广告、公关和营业推广等。它适合于在消费者数量多、比较分散的情况下进行促销。

2. 影响促销组合的因素

促销组合是指企业根据产品的特点和营销目标,把人员促销和非人员促销两大类中的人员推销、广告、公共关系和营业推广等四种具体形式有机地结合起来,综合运用,形成一个整体的促销策略。由于各种促销方式都有其优点和缺点,在促销过程中,企业常常将多种促销方式同时并用。

蒙牛,是一个国人尽知的响当当的大型乳制品企业,也是中国诞生较迟的乳制品市场竞争的角逐者。在成就蒙牛今日事业的过程中,一系列的营销策略功不可没。其中的促销策划更是处处充满新鲜和刺激,使蒙牛成为中国乳制品行业中最具有活力的企业之一。蒙牛的促销策略主要体现在以下几个方面:①巧用公关、抓住热点、制造轰动。中国第一次载人飞船神舟五号成功发射并着陆的那一刻,许多人都注意到了,在央视的直播节目中,关于神舟五号的贴片广告中,频频出现蒙牛牛奶的广告。要知道,神舟五号承载了多少中国人遨游太空的梦想!②连篇不断地推出"中国宇航员"指定饮用牛奶的广告。在各地的销售终端,悬挂有航天标志的POP广告更是把视觉冲击的影响力带到了顾客的面前。③启动了包括新产品试用和赠品助威的促销攻势。在电视、报纸、杂志、互联网、路牌等广告媒体上,关于蒙牛的各种积极的软、硬广告向各类顾客涌来,使零售商、经销商、顾客目不暇接。经过与神舟五号的成功"联姻",使蒙牛成为中国乳制品行业最年轻、最有市场影响力的三大企业之一。

影响促销组合的因素较多,主要应考虑以下几个因素:

(1) 促销目标。它是企业从事促销活动所要达到的目的。在企业营销的不同阶段,为适应市场营销活动的不断变化,要求有不同的促销目标。因此,促销组合和促销策略的制定,要符合企业的促销目标,根据不同的促销目标,采用不同的促销组合和促销策略。如在一定时期内,某企业的营销目标是在某一市场迅速增加销售量,扩大企业的市场份额。企业的促销目标强调的是近期效益,属于短期目标。促销组合则应选择和配置更多的广告+营业推广。若企业的营销目标是在该市场树立企业形象,为其产品今后占领市场、赢得有利的竞争地位奠定基础,则企业需要制订一个较长远的促销组合方案,建立广泛的公共关系则非常重要,与之配合的应是广告宣传。

(2) 产品性质。不同性质的产品,购买者和购买目的就不相同,因此,对不同性质的产品必须采用不同的促销组合和促销策略。一般说来,在消费者市场,因市场范围广而更多地采用拉式策略,尤其以广告和营业推广形式促销为多;在生产者市场,因购买者购买批量较大,市场相对集中,则以人员推销为主要形式。

(3) 产品市场生命周期。促销目标在产品市场生命周期的不同阶段是不同的,这决定了在市场生命周期各阶段要相应选配不同的促销组合,采用不同的促销策略。以消费品为例,在投入期,促销目标主要是宣传介绍商品,以使顾客了解、认识商品,产生购买欲望。广告起到了向消费者、中间商宣传介绍商品的功效,因此,这一阶段以广告为主要促销形式,以营业推广和人员推销为辅助形式。在成长期,由于产品打开销路,销量上升,同时也出现了竞争者,这时仍需加强广告宣传,但要注重宣传企业产品特色,以增进顾客对本企业产品的购买兴趣,若能辅之以公关手段,会收到相得益彰之佳效。在成熟期,竞争者增多,促销活动以增进购买兴趣与偏爱为目标,广告的作用在于强调本产品其他同类产品的细微差别。同时,要配合运用适当的营业推广方式。在衰退期,由于更新换代产品和新发明产品的出现,使原有产品的销量大幅度下降。为减少损失,促销费用不宜过大,促销活动宜针对老顾客,采用提示性广告,并辅之以适当的营业推广和公关手段。

(4) 市场特点。目标市场条件不同,促销组合与促销策略也有所不同。从市场地理范围大小看,若目标市场是小规模的本地市场,交易额大,买主比较集中,应以人员推销为主,配合以广告策略进行组合;而对广泛的全国甚至世界市场进行促销,买主不集中,则多采用广告形式。从市场类型看,消费者市场因消费者多而分散,多数靠广告等非人员推销形式;而对用户较少、批量购买、成交额较大的生产者市场,则主要采用人员推销形式。

(5) 促销预算。企业能够用于促销活动的费用总是有限的。因此,在满足促销目标的前提下,要做到效果好而费用低。

三、广告在市场营销中的地位

(一) 广告是一种主要的促销方式

在市场营销中,人员推销、公共关系、营业推广和广告是促销组合的四个基本方式,这些不同的促销方式各有自己独立的特色。

1. 人员推销

人员推销是指企业运用推销人员直接向顾客推销商品和劳务的一种促销活动。当销售活动需要更多地解决问题和说服工作时,人员推销是最佳选择。人员推销与其他传播方式最显著的不同就在于,其信息是直接从发送者流向接收者的,因此使发送者能够即时地收到并评价接收者的反馈信息。这种传播过程是典型的双向传播(在两个人或者两个群体之间),它可以使信息更加灵活地组织、具有更多的个性化色彩,从而也更好地满足接受方的特定需求和需要。但人员推销的最大局限就是推销半径小,当市场广阔而又分散时,推销成本较高,所需人力、物力、财力和时间量大;同时,推销人员的培养和管理也比较困难。

2. 公共关系

公共关系是指企业在从事市场营销活动中正确处理企业与社会的关系,以便树立企业的良好形象,从而促进产品销售的一种活动。建立和保持企业与社会的关系在企业营销活动中具有重要的作用。公共关系首要的任务是树立和保持企业的良好形象,争取广大消费者和社会公众的信任和支持。一个企业除了生产优质产品和搞好经营管理之外,还必须重视创建良好的形象和声誉。在现代社会经济生活中,一旦企业拥有良好的形象和声誉,就等于拥有了可贵的资源,就能获得社会广泛的支持和合作。否则,就会产生相反的不良后果,使企业面临困境。

公共关系属于一种长效促销方式,其活动成本较少,而其效果十分明显,通过公共关系活动能消除顾客对产品的疑义,获取信赖。但现实中擅长公关关系的专家要比单纯的营销专家和广告专家更难寻找,再加上公关宣传活动在许多方面受到的限制,其操作难度往往比广告等其他促销手段更大。

3. 营业推广

营业推广又称销售促进,是指能够刺激顾客需求,吸引消费者购买而采取的特种促销手段。营业推广不像广告、人员推销、公共关系那样作为一种常规性的促销活动出现,而是用于短期的及对购买行为的额外刺激和奖励,其着眼点在于解决某些更为具体的促销问题,因而是非规则性、非周期性地使用和出现的。

营业推广的优势在于不仅可以抵御和击败竞争对手的促销活动,刺激消费者购买,而且能够加速新产品进入市场的过程,在短期内迅速地为新产品开辟道路。但营业推广的影响面较小,时效较短,它只是广告和人员销售的一种辅助的促销方式;同时,若过分渲染或长期频繁使用,容易使顾客对卖者产生疑虑,反而对产品或价格的真实性产生怀疑。

4. 广告

广告是指一种面向目标市场和社会公众的支付费用的传播行为,它由商业组织或个人通过不同的媒体或途径进行。在市场促销组合中,非人员推销的最有效的方式便是广告,这也是国际上通用的促销方式之一。公共关系、广告、人员推销和营业推广都能从不同侧面对促销产生影响,但广告具有比较普遍的适用性。

广告通常具有以下特点:

(1) 传播面广。广告是借助大众媒体传播信息的,它的公众性和普及性赋予广告突出的"广而告之"的优点。广告主可以通过电视、报纸、广播、杂志等大众传媒在短期内迅速地将其信息告之众多的目标消费者和社会公众,这是人员推销等其他促销方式方法所无法比拟的。

(2) 传递速度快。广告是利用大众媒体传递信息的,大众传媒是一种迅捷的信息传播途径。它能使广告主发布的信息在很短的时间内传达给目标消费者。在现代信息化社会,它是一种富有效率的促销方式。

(3) 表现力强。广告是一种富有表现力的信息传递方式。它可以借助各种艺术形式、手段与技巧，提供将一个企业及其产品感情化、性格化、戏剧化的表现机会，增大其说服力与吸引力。

(4) 广告费用支出具有投资的特点，属于资本性的支出。广告费用作为一种投入，产出的效益虽不是直接的，但通过广告促进了销售，带来了利润。广告不仅能够产生即时效果，而且还能形成累积效应，是一项长期投资。

上述特点决定了广告在市场营销中具有独特的地位。市场营销观点认为，广告不是简单地向消费者推销产品，而是以满足消费者的需求为前提，符合消费者的近期利益和长远利益为导向的。由此决定了广告的主要任务之一是要实现生产者和消费者的沟通。通过这样一种沟通，使消费者认识、了解厂商的产品和服务的全部利益并产生好感，从而促进消费者产生消费需求和购买行为，使广告成为一种积极的营销手段。

（二）广告活动是营销战略的重要组成部分

毫无疑问，广告主做广告的主要目的就是为了促销，但广告并非仅仅是为促销。广告是一种社会文化现象，是一种公共关系形式，广告的主要作用是沟通。实现企业和公众之间的良好沟通，这是广告业一个永恒的工作主题。并且，广告战略是市场营销战略决策的一个重要组成部分，广告战略和策略从属并服从于更高层次的营销战略。企业实施营销战略的过程中，广告对市场细分、产品差异化和市场定位，以及扩大市场份额、培育品牌形象等方面发挥着重要的作用。

事实上，广告战略规划目标本身也应包括销售增长目标、产品推广目标、市场扩展目标和企业形象目标等几个方面。其中，销售增长目标是企业广告活动最根本的战略目标，企业希望通过广告活动使企业产品的销售增长。以销售增长为目标的广告战略一般注重对消费者购买欲望的刺激。

产品推广目标是希望通过广告活动，使企业的某一种产品及其品牌为目标市场的消费者接受，以扩大产品的影响。所以，以产品推广为目标的广告战略一般注重于产品和品牌知名度与美誉度的提高，很注重广告的覆盖面和目标市场消费者对广告的接触率。这类广告战略目标比较适用于企业新产品的宣传。

市场扩展目标是通过广告活动拓展新的市场，吸引新的消费者。以市场扩展为目标的广告战略一般注重于在新的消费群体中树立产品和企业的形象。注重于对这些消费者消费观念的改变。而企业形象目标则是期望通过广告活动，使企业整体的知名度和美誉度有所提高，扩大企业的影响。所以，以企业形象为目标的广告战略不单纯追求短期内产品销售量的增长，而注重同目标市场消费者之间的信息和情感沟通，努力增强目标市场消费者对企业的好感。值得注意的是：企业的广告战略目标在一段时间内可能是多元的，而不是单一的。在这种情况下，要分清主次，分清近期与长远，兼顾好主次，协调好近期目标与长远目标。

第二节　整合营销传播中的广告

整合营销传播理论从 20 世纪末传入我国，理论界和企业界对该理论是否适用于当今中国曾进行过大量探讨。但近年来我国企业大量运用整合营销的实例表明，整合营销思想在实践中已被广泛运用。

一、整合营销传播理论的基本内容

（一）整合营销传播理论产生的背景

4P 营销组合反映了企业对各种可控营销因素的灵活搭配、整合应用的思想，成为传统营销战略和策略的基础。但在 20 世纪后期，这种以产品为导向、由内向外的营销模式受到了挑战。1990 年，美国北卡罗莱纳大学教授劳特朋（Robert F. Lauterborn）提出 4C 营销模式，即消费者的欲望和需求（Consumer wants and needs）、消费者为获取满足而支付的成本（Cost）、购买的方便性（Convenience）、沟通（Communications），营销的重点转向了消费者，顾客需要的满足代替了产品，顾客成本取代了价格，购买方便性取代了渠道，沟通取代了促销，营销理念由"消费者请注意"变为"请注意消费者"。随着产品策略、价格策略和渠道策略的日益同质化，传播策略因其能够提供真正的差异化而逐渐成为市场营销的核心。

20 世纪末，整合营销传播之父——美国西北大学教授唐·舒尔茨（Don E. Schultz）进一步提出了 5R 理论，即与顾客建立关联（Relevance）、注重顾客感受（Receptivity）、提高市场的反应速度（Responsive）、关系营销越来越重要（Relationship）、赞赏回报是营销的源泉（Recognition），他认为营销的核心应该从交易转向顾客关系的建立。整合营销传播的中心思想是：围绕品牌，发出同一个声音，组合并协调使用各种营销传播工具来满足顾客需求。在这种理念下，营销即是传播，市场营销要通过对消费者进行有效的、统一的传播来提供符合要求的交换，最终目的是要建立与利益相关者之间的良好关系。这样一来，就改变了传统市场营销以交换为中心的定义，转变为以关系为中心，建立、维护和发展与顾客之间的长期关系成为整合营销传播的目的。

图 2-2　唐·舒尔茨

（二）整合营销传播的主要观念

整合营销传播理论的内涵是：以消费者为核心，重组企业行为和市场行为，综合协调地使用各种形式的传播方式，以统一的目标和统一的传播形象来传递一致的产品信息，实现与消费者的双向沟通，迅速树立产品品牌在消费者心目中的地位，建立长期关系，更有效地达到广告传播和产品销售目标。

传统的营销传播只是突出单一的宣传主题。相比较而言有一定的局限性。例如，卖矿泉水的就只是宣传其矿泉水有多么好，含有这种微量元素或那种矿物质等，可是顾客已经不再买账。可见，传统营销的起点是"产品"（Product），营销的主动权掌握在生产商手中，一切从产品出发。而4C则完全是以消费者需求为中心，每一个环节都是建立在对消费者需求的确认之上。需求观念的确立，至少从几个方面引导企业在竞争中占据了主动。

（1）它使得企业行为能够得到积极呼应。在一个普遍过剩的市场背景下，消费者往往带有一种前所未有的冷漠。企业虽然通过蛊惑人心的创意包装产品、诱导消费，但消费者早已司空见惯，对广告的反应也变得麻木，往往只对那些真正适应自己需要的一部分信息给予回应。在这样一种市场格局中，寻求积极的市场回应就变成了企业市场营销和广告策划的一大任务。对于广告信息传播而言，如惯用的 AIDA 广告传播模式，其每一个要素的后面所隐藏的永远不变的角色就是需求。具体而言，注意（Attention）产生于需求；兴趣（Interest）也一样，消费者最感兴趣的是与自己需求相关的对象；至于欲望（Desire）则更是需求的直接产物；最后的结果是行为（Action），消费者的每一步购买行为都产生于需要。

（2）企业对需求的把握由被动转为主动。多元选择的市场上，商品制造商、销售商与作为商品流通终端的消费者，发生了一个彻底的角色转变。在这个交换过程中，操纵交换的主动权已经不再属于前者，而是转化到消费者手中。这种角色转变，从静态上看是生产者永远处在被动的追随状态。但从动态上看，企业对市场需求的适应，其实分为两个不同层次：一种是对显性需求的满足，即对市场上比较明朗化的产品要求采取措施，实现营销目标；另一种则是对潜在需求的把握，它往往隐藏在显性需求之后，但却预示了一种必然趋势。一般企业认识市场上的显性需求比较容易，但要把握隐性需求却并非易事。因此，当具有远见的企业真正洞察了先机，能够从纷乱的市场格局中发现潜在需求，无疑将领先一步，甚至有可能在自己的需求明朗化之后，率先建立市场壁垒，成为市场领袖。

（3）对需求的把握作为一种营销战略规划，有助于企业的长远利益。如果一个企业放弃了长远利益，而只注重于局部的阶段性的利益，那么，这个企业无疑是短命的。没有一个经营者希望自己的企业是短命的，但是在具体操作中，却又一次次地失误，其中很重要一个原因就是，经营者缺乏长期经营的战略规划，往往在不知不觉中，坠入局部利益和短期行为的陷阱。

二、广告作为营销传播手段的基本特征

营销的各种要素虽然不断演变，但是其中的营销传播却始终作为一个基本要素占据着显著位置，不论是把它叫作促销也好、推广也好，都标志着营销过程中，市场交换的双方需要经过信息传播才能够完成营销任务。按照传统的营销概念，营销传播（或者说促销）工具主要有四种形式，即广告、营业推广、公共关系、人员推销，统称之为促销组合。在以往的广告策划中，对广告之外的其他各种促销形式，习惯上总是作为独

立于广告的补充形式来看待,没有给予足够的重视。但是在市场环境和信息环境剧烈变化的今天,纯粹广告越来越失去了昔日的信息沟通力度。整合营销传播作为一种全新的广告观念,其中最突出的特征就是要求把各种传播因素协调一致。因此,全面的广告思维应该是一种包含各种营销传播方式的整体视角,我们也可以把它看作一种泛广告思维。以这种思维来看待广告,首先必须了解广告作为营销传播手段的一些基本特征。

(一) 广告传播的诱导性

广告传播的诱导性是指广告信息作为外界刺激,使受众引起预期的观念改变和购买行为,这是一个可以通过多种手段诱导实现的心理渗透过程。它包括观念的传播、情绪的传播和行为的传播。

广告传播的直接目的是要让接触广告的人了解并接受广告中包含的信息。要实现这一过程,一种情况是在较短的时间内直接通过广告制作的奇特的画面、语言、音响、色彩等引起受众的强烈兴趣;另一种是通过潜移默化逐步诱导而达成的。诱导受众逐步接受广告宣传的内容,包括接受广告中主张的消费观念、价值观念和生活方式,以一种无形的力量使受众对广告传播者的观点意见趋于认同。诱导力的大小取决于信息的诱导性强弱的程度。策划制作广告的一切努力几乎同提高广告诱导力有关,所以诱导性原理被人们视为指导广告策划、制作传播的重要依据。

(二) 广告传播的二次创造性

广告传播的二次创造性是指广告传播是一个完整的创造性过程。这种创造性不仅表现在传播者在广告的设计制作、选择传播途径等方面,还体现在广告信息的接受者方面。广告信息的接受者会通过再造想象,在接受传播信息的过程中发挥创造性。信息接受者接受信息的过程同样也是一个创意的思维过程,它可以面对无数信息,根据自己的生活经验加以选择性的注意,选择性的理解,选择性的记忆,而后通过想象、联想等一系列心理活动,作出自己的判断和反应。所以从人的创造性发挥的角度来说,广告传播是一个二次创造过程。广告传播者应该深刻了解广告传播过程中二次创造性原理,对制作并传播广告信息是有积极意义的。

(三) 广告传播的文化同一性

信息在传播中能否被接受或接受程度,决定于双方共同的经验区域的大小。共同的经验区域越大、越广阔,传播就越容易,接受程度就越高。也就是说,广告传播的效果同传受双方的文化状况密切相关。广告传播客观上要求传播者与接受者有共同的文化基础。文化作为潜在的支配者、诱导者时时刻刻促进或制约着广告传播过程的实现及其效果。

从文化角度来看,广告传播是一种文化活动。要实现有效的传播,广告信息的制作者、传播者与其接受者应具备共同的价值观念,类似的行为模式以及其他文化方面的共同性。这种共同性越多,传播的效果就越佳。它可以根据文化背景共同性的大小确定广告传播方式,同时应注意广告中文化水准要与受众的文化水准相适应。广告制作者应有极强的文化意识,要清醒地看到广告传播在本质上也是一种文化交流,时时从文化的角度去观察广告信息接受者的情况,从文化的角度去调查广告传播成败的深层次的原因。

三、营销传播的模式

(一) 沟通模式

促销组合中的每一个要素都是为了传播信息。公司广告和促销战略得以实现的前提,就是与现有的或未来的消费者进行有效的信息传播。因此,进行广告和促销策划就必须要理解传播过程和传播模式。关于传播虽然有过多种不同定义,比如信息传递、思想交流、思想发送方与接收方之间的思想统一或归一过程等,但归根结底,"传播是指人类通过符号和媒介交流信息,以期发生相应变化的活动"。而营销传播不过是传播形式在市场营销过程中的具体应用。从对传播的理解可以看出,任何传播得以实现的前提是,双方必须具有某一个共同的想法,而且这种想法要能够准确地从一方传达到另一方。这是一个看上去简单之极的形式,但实际上许多传播却远远没有达到目的,其原因在于看似简单的传播过程通常都是十分复杂的。而成功地传播要取决于多种因素,诸如讯息本质、受众解释、讯息接受环境等。除此之外,接收方对于信源和用以传递讯息的媒介的感知也会影响传播效果。同样的语言、画面、色彩,对于不同的受众也许就有不同的意义。例如,在中国的北方,"饭"可能包括一日三餐各种饮食(当然也包括面条);但在南方,也许"饭"就特指"米饭"。而这些都涉及传播过程中的一些基本特征,我们可以从传播模型中加以认识。

传播学家施拉姆把信息看作一种基本符号,传播的实现必须是双方经验领域所共有的,他认为:"信息源能编码,信息传播终端能解码,只能以各方所具有的经验为条件。"按照这种理解,科特勒在《营销管理》中总结了由九个要素组成的严格的营销沟通模式,其中两个要素表示沟通的主要参与者——发送者和接受者;另外两个要素表示沟通的主要工具——信息和媒体;还有四个要素表示沟通的主要职能——编码、解码、反应和反馈;最后一个要素属于系统中的干扰,是噪音。上述各种要素可以通过一个具体的模式表示。(如图 2-3 所示)

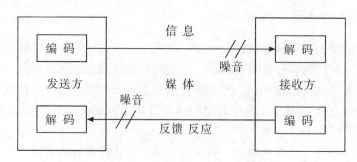

图 2-3 营销传播的沟通模型

营销传播当然也不能脱离一般传播模式,它也是在这样一种模式背景下进行的。其中，发送方作为信源，可以是个人（推销员、代言人等），也可以是团体（公司、组织等）；信息发送者选择一定的符号形式（语言、图像、声音等）来代表其所传达的信息，传播过程即宣告开始，这个过程叫作编码。编码之后就是信息开发，它包含了信息发送方希望传达的信息或意义，这种信息必须采用适合相应信道传播的传递方式（广告文案、影视广告等），符号学在这里具有特别的价值。经过编码和开发的信息，要送达接收方必须有一个信息通道，这就是我们所说的传播媒介。传播通道有人员的和非人员的（人员推销、大众媒介等）两种类型；接收方作为发送方与之分享信息的人，一般是目标市场上的消费者或者是营销设定的潜在消费对象，也称之为受众。这些对象在接收信息时，必须把发送方的信息符号还原为一种可以确切感知的思想，这个过程就是解码过程。从发送到接收是一个正向流通过程，从而完成了传播中的信息传达。

但实际上的信息传播过程并不这么简单。无关因素的影响很容易使信息接收受到歪曲或者干扰，这种外来的扭曲和干涉就是噪音，在广告信息传达中，噪音来源于各个方面（媒体本身和媒体之间、技术的非技术的等），噪音的发生也可能来自于发送方和接收方经验领域的不相重叠；接收方在感知到信息之后所作出的举动被称为反应，反应的范围很广，既可以是无法直接观察的过程（如在记忆中储存信息等），也可以是直接行为（如拨打电话等）。在接收方的反应中，被传递回发送方的那一部分信息，就是反馈信息（如消费者对产品的怀疑或者赞赏等），这些信息往往是营销人员最感兴趣的信息，它不仅使营销传播流程闭合为环状，而且使发送方可以监控其所发送信息的解码和接收过程。

（二）反应模式

基于营销沟通中目标市场（信息接收方）所具有的特别意义，营销传播非常注重对反应的认识。在制定营销传播计划时，最重要的一个步骤也许就是理解反应过程，即消费者在做出某一特定行为，如购买某一产品之前所经历的心理活动，以及广告促销对这些活动的影响。反应层次模型就是描述消费者从对公司、产品、品牌一无所知到实际决定购买行为所必须跨越的几个阶段。有关的模式很多，我们简要列举四个，如表2-1所示：

表2-1 营销传播的反应模式

阶　段	AIDA模型	效果层次模型	创新扩散模型	信息处理模型
认知阶段	注意	注意 了解	意识	展示 注意 理解
情感阶段	兴趣 欲望	喜欢 偏好 确信	兴趣 评价	接受 记忆
行为阶段	行动	购买	试用 采纳	行为

AIDA模型认为，购买者要依次经过"注意（Attention）、兴趣（Interest）、欲望（Desire）、行动（Action）"四个阶段。营销沟通必须抓住消费者的注意力，然后再引起他们对公司产品或者品牌的兴趣，强烈的兴趣会使其产生拥有或使用的欲望，最终导

致消费者作出购买承诺或采取行动。

效果层次模型则假定,消费者从意识到产品或品牌的存在到实际购买要经过一系列步骤,其基本的假设就是,广告发布之后不会立即导致购买,消费者只有完成前一个层次反应后才会进入下一个层次,这种模式现在已经成为广告目标效果衡量的理论基础。

创新扩散模型是在技术创新传播理论基础上演化而来的,它描述了消费者在采用一个新产品中的各个阶段,认为评价一个新产品最好的方法就是在实际中使用它,只有这样才能评判其优劣,所以要通过演示、样品等形式鼓励其试用。

信息处理模型假定,处于说服性传播情境(如广告)中的接收方是信息处理者或问题解决者,与其他模型突出不同的是"记忆"因素,即接收方对其认为有价值或与自己有关、并已经理解的那部分信息在记忆中加以保留,为今后的购买决策提供参考。

不同的营销传播模型反映了研究者对营销沟通信息作用模式的不同理解,似乎每一种都有所侧重,在进行营销沟通和广告策划时,一定要根据具体情况作出适当的判断。

四、整合营销传播的新趋势

整合营销传播的新趋势表现在传播理念、传播方式和传播工具三个方面。

(一) 传播理念的变化趋势

1. 从战术型传播到战略型传播

在整合营销的理念指导下,我国的广告主比以往更强调从战略高度来制订传播计划,围绕企业核心竞争力和品牌核心价值,整合内外营销资源,系统地运用各种营销工具和手段,有计划、有步骤地开展营销活动,注重市场的长期培育和品牌实力的提升。如联想集团推出了全球品牌新标识、成为奥运赞助商、收购IBM全球PC业务等系列战略性活动,有力地打造了联想集团国际化品牌形象。

2. 从交易型传播到关系型传播

传统的交易型传播的目的是促进销售,重点在产品宣传、品牌认知,交易达成也就是传播活动大告成功之时;关系型传播则视交易为双方合作关系的开端,"顾客关系管理"和会员俱乐部形式在我国企业界的流行,表明关系型的传播沟通得到重视。

(二) 传播方式的变化趋势

1. 从功能性传播到情感性传播

随着我国媒体数目的迅速增长和信息量的加大,仅仅宣传产品的功效、质量或者价格的广告或促销已经难以吸引顾客的眼球,缺乏创意、诉求点雷同的沟通方式只能让消费者退避三舍,沟通的关键转向能否触动消费者的情感。无论广告、促销还是事件营销,企业在设计和实施过程中纷纷考虑能否满足消费者的情感需要。"运动无限、沟通无限"、"中国平安、平安中国"等广告语之所以广为传诵,凭的就是情感的力量。

2. 从单向沟通传播到双向沟通传播

从单向沟通传播到双向沟通传播,与直复营销近年来在我国的广泛运用有很大关系,直复营销是一种互动的营销系统,运用一种或多种广告媒介在任意地点产生可衡量的反应或交易。直复营销者通过特定的媒介如电视、目录、邮件、广播、电话、互联网络等向目标顾客传递营销信息，顾客则通过电话、邮件、互联网络对企业进行回应。这种双向互动性使得企业可以针对不同顾客进行个性化营销，而且可以建立顾客数据库，以规划新的营销活动。

3. 从大众传播到分众传播

楼宇或电梯液晶电视、液晶移动电视、社区媒体、手机短信等分众媒体，由于针对性强、关注度高、成本低等优点得到了快速发展。城市高收入阶层的生活方式决定了他们与传统媒体的接触率和关注度都比较低，而分众传播正好能实现对该核心目标消费群的重度覆盖。从事分众传播的广告公司倾向于在特定区域和特点空间挖掘品牌与消费者的接触点，如在机场、地铁、公交车、火车、高尔夫球场等地点发布广告，以构建更加细分、更加垂直、点对点的分众媒体平台，用最少的成本把信息传递给广告主需要达到的人群，使广告主的投资更趋于精确化。

（三）传播工具的整合趋势

1. 媒体广告和终端促销相整合

大型商超的崛起使得零售终端成为市场争夺的焦点，企业的终端促销也在强大的竞争和资金压力下推出如下措施：一是将促销和品牌维护相结合。很多广告主改变了过去促销活动过于重视短期利益、忽视品牌建设的做法，在促销时精心策划促销主题以服务于品牌的维护。尽管非价格促销难以产生与价格促销等同的短期效果，但从长远看能巩固和强化品牌形象。应使用与品牌核心价值清晰联系的非价格促销以增强品牌形象。二是利用多种媒体进行促销活动。除了传统的打折、赠券、返款、赠品、抽奖之外，还利用互联网络的虚拟社区、手机短信等传播促销信息，将促销与现场演示、支持公益事业相结合，显现出直接、参与、互动、时效的特点。

2. 媒体广告与公共关系相整合

公共关系不直接宣传产品或品牌，而是通过对企业形象策划与传播、公益活动、危机处理、良好的媒介关系等来树立良好的企业与品牌形象，从而建立与利益相关者包括政府、股东、消费者、供应商、经销商、媒体、内部员工等的正面关系，具有可信度高、成本较低的优点。例如，杭州民生药业在2005年禽流感爆发时向卫生部捐助了200多万份健康知识宣传品，此举得到全国100余家新闻媒体的大量报道；同仁堂进入社区开设"健康大课堂"；华北制药投放公益广告"请合理使用抗生素"；等等。这些公益性活动扩大了品牌认知度，树立了良好的企业形象。

第三节 现代广告的功能

随着生产力的提高，商品经济的发展，商品交换范围迅速扩大。市场的扩展使供应者和购买者之间的距离扩大，买卖双方的关系由直接变为间接，也就难以相互了解。同时，商品种类也越来越丰富。消费者在迅速膨胀的市场信息面前，购买的目的性与指向性变得不太明确。企业在激烈的市场竞争面前，对市场的控制也显得越来越不牢固。于是通过广告来宣传商品，向消费者传递信息，吸引他们有目的地购买自己的商品，便成为现代企业市场营销不可缺少的手段之一。广告的作用日益明显，广告功能也更加丰富。

一、广告的经济功能

（一）传递商品信息，引导消费

广告能及时传递商品信息，有效扩大商品销售市场。一方面，广告凭借现代化的信息传播手段和覆盖面很广的信息传播媒体，能迅速地将各种商业信息传递给广大消费者，使供需双方得以及时沟通。从另一方面看，广告对商品流通也有一定的指导作用。商品从生产领域顺利到达消费领域，必须在数量、质量、时间、地点以及具体的消费对象等方面顺利衔接，而商品供求又是通过价值规律对商品生产起着调节作用。同时，广告宣传还可以起到疏通物流和商流渠道，缩短流通时间，刺激消费需求的作用，在一定程度上促进了商品经济的繁荣和发展。随着科学技术的进步和发展，新的传播技术在广告业中已得到不断应用，从而扩大和增强了广告传播商品信息的效果。

广告还能有效地引导和转变消费观念，指导消费行为，创造新的市场需求。广告主要随时挖掘市场的潜在需求，并通过新产品和相应的广告宣传去激发潜在市场需求，引导消费者追求新的消费行为。广告在这方面的作用不可低估。一些新产品在进入市场初期，并不为消费者所注意或立刻接受，而广告宣传则有助于使人们改变传统的消费习惯。因此，广告活动是沟通生产与消费的一座桥梁。广告在指导消费行为的过程中，还起着创造流行时尚的作用。许多商品的出现和流行与大规模的广告宣传分不开的。消费者的消费习惯也会因为广告的影响而改变，在这个过程中，旧的消费观念逐渐消失，而新的消费观念逐渐形成。

（二）激发购买欲望，促进销售

广告不仅有助于提高消费者对商品和服务的关注程度，更重要的是有助于刺激消费者的需求，激发购买欲望。广告与其他信息传播行为的主要差别在于：广告不仅可以传递信息，而且能影响和说服信息接受者按照广告的要求采取相应的行为。所以，也有不少人把广告称为"说服艺术"。广告之所以能产生说服效果，主要是因为它能集中地展示商品的优点、特点，并能有效地调动消费者的潜在需要。广告不断重复出现，就是对消费者消费动机与欲求不断加以刺激的过程。

在市场经济条件下，企业生产出来的商品，只有通过流通领域才能进入消费领域，才能实现其使用价值。广告在沟通产销渠道、疏通产供销关系、促进商品销售中起着桥梁作用。市场经济的发展，地域界限不断打破，使流通渠道增多而流通环节减少。现代广告已成为加速商品流通和扩大商品销售的有效手段。广告是促进企业市场营销的重要策略之一。例如，菲利浦公司的发展道路是极其曲折的，它的成功靠两个法宝：一是靠产品质量，二是靠广告促销。长期以来，菲利浦公司一直花大力气做广告，因为他们深知,优良产品必须要有广告宣传,这样才能让大众知道它、喜爱它,甚至花钱买它。

(三) 树立企业形象,巩固市场

广告宣传对有效提高企业声誉,树立良好企业整体形象起着重要作用。广告宣传既然能传递商品信息,当然也能扩大企业整体影响力。只要在广告所宣传的内容中有意识地突出企业形象标识,就有可能通过大量广告宣传树立企业的整体形象。近年来,企业公共关系广告的大量出现也使得塑造企业整体形象成为广告的重要功能之一。越来越多的现代企业意识到,只有树立起良好的企业整体形象,市场才能够得到巩固和发展,所生产出来的商品也更容易受到广大消费者欢迎。

百事可乐在20世纪80年代有一句闻名全球的广告语:"新一代的选择",如今,想象成为现实。在21世纪,百事可乐确实成为新一代的首选,成为新世纪的新第一,百事公司在全球范围内致力于品牌及企业形象树立,每一次形象代言人的确定、每一项活动的赞助商都是有的放矢。1983年与美国流行音乐巨星麦克尔·杰克逊签约获得巨大成功。在20世纪的最后几年,百事可乐成功邀请著名歌手瑞奇·马丁、珍妮·杰克逊、王菲、郭富城作为形象代言人,针对中国市场又推出香港影星陈慧琳主演的广告,其广告词"祝您百事可乐"也成为新新人类之间问候的流行语,而在21世纪之初,百事可乐又选定了"小天后"布兰妮·斯皮尔斯(有一幅在钻石堆里的照片)作为新世纪的代言人。

二、广告的社会文化功能

广告除经济功能外,还具有社会文化功能,这是因为广告已深入到社会、文化的各个领域,对人们的生活产生了深远的影响。广告的社会文化功能,主要表现在以下两个方面:

(一) 改变生活方式

在现代社会中,广告和人们的生活方式息息相关,人们的生活越来越依赖于广告,广告也以自己强大的影响力改变着人们的生活方式。企业通过广告影响消费者,目的是说服消费者购买其产品或服务。在很大程度上,企业的产品或服务要获得消费者的认可,必须唤起其潜在的消费欲望,这就需要改变消费者原有的消费观念和消费方式。消费方式的更改,实际上又意味着生活方式的变化。广告不断地向公众传递种种有关新的生活方式的信息,从而有利于产品或服务的营销。

雀巢咖啡的成功营销就是一个典型的事例。对于有着千年茶文化传统的中国人来说,咖啡是一种味道较苦、既陌生又不合胃口的饮料。但是,雀巢咖啡以一句"味道好极了"的广告口号,迅速在中国开辟了一个咖啡消费的市场,并使之成为许多中国家庭的时尚饮品,从而改变了中国人传统的生活方式。从咖啡到方便面,从可口可乐到麦当劳快餐,从洗衣机到游戏机,我们的生活方式发生了巨大的变化。而这些变化,无一不是与广告有着密切的关系。任何一种新的消费品的迅速推广,都借助于广告的影响。可以说,广告所带来的生活方式的变化,就是使得现代社会越来越向消费型的大众社会过渡。

（二）促进人的社会化

在社会学中，社会化是指"使人们获得个性并学习其所在社会的生活方式的相互作用过程"。换言之，人要成为社会的一员，就必须经过社会化。社会化使个人得以了解社会的规范、价值标准、语言、技能等社会生活不可少的思维和行动模式。

一个人的社会化受到许多因素的影响，如家庭、学校等，其中，大众媒体的影响是不可忽视的。大众媒体传播社会的目标、信仰、价值、行为规范等，并监督着这些规范的实行。美国传播学家施拉姆指出，传播的一项重要功能就是"向社会的成员传递社会规范和作用"。广告作为大众媒体的一项传播内容，对人的社会化也起着相当大的作用。这些作用主要包括以下方面：

（1）广告除了传播产品或服务的信息外，同时也向公众传播有关的社会准则和规范。当然，广告所传递的准则和规范是隐藏在产品信息之中的，而不是直接地表述出来。广告要影响消费者，就要用消费者乐于接受的方式来诉求，或者是引导消费者接受广告所传达和提倡的生活方式，这当中就包含着许多被社会所承认的价值标准或行为规范，消费者在接受广告的同时，也获得了社会化。

（2）广告只有通过引导消费者社会化的内容来诉求，才能达到市场营销的目的。广告教会人们如何消费，提出消费理由，而附着其上的正是社会化的内容。尤其是现代社会，在大众媒体的影响日益增强的情况下，这种社会化方式更是日益重要。如今大多数青少年都是从广告中了解了他们将来作为消费者在市场上的角色，以及社会对青春、成功、美丽和实力的高度重视，从而为他们进入社会创造条件。

（3）广告也是一种艺术，好的广告能给人以美的享受，能使店容店貌更加宜人，美化市容环境。

案例　HP数码相机的整合营销传播推广

2005年初，由实力传播集团（Zenith Optimedia Group）旗下的突破传播（Optimedia）北京团队策划执行的HP数码相机整合营销推广案，不仅获得了全球惠普专队品牌媒介奖，而且入围首届实力传播全球卓越投资回报奖。对于HP数码相机在一线城市开展的超大规模的整合营销推广活动，突破传播团队无疑获得巨大的成功。其成功的做法主要体现在以下方面。

1. 让多种媒体组合齐步走

这项整合传播活动是HP全球方案的其中一站，已经在美国、韩国、澳大利亚等成功举办过，中国市场如何才能做得更好？以下这个简单的罗列可以看出这一次整合的力度：在仅仅两个月的时间内，包括客户及实力传播集团6个不同的业务部门的20多人的超大团队，涉及"电视广告＋平面广告＋户外广告＋在线广告＋广播广告＋事件＋商场体验中心＋产品宣传公交车＋影院展示＋新闻发布会"等的复杂整合传播方案，目标是通过运用ATL（Above-The-Line，线上）、BTL（Below-The-Line，线下）、事件、公关、新闻发布会和交互活动，最大限度地创造丰富多彩的直观体验，引起人们对产品关注，激励他们购买产品。

实力传播的媒介总监王璇面对《成功营销》记者的提问，她给出的答案是——整合传播，强力执行。如此复杂的整合传播活动的成功实施绝对离不开频繁沟通、精诚合作和协力共进。

从客户的角度来说，这是 HP 在中国首次推出一款数码相机，使其数码解决方案更臻完美。HP 成为国内第一个提供完整数码影像解决方案的品牌——

从影像摄取（数码相机）、影像处理（电脑）到影像输出（打印机）。此次营销传播活动的目标（投资回报）就是要鼓励人们采用更多方式使用影像技术，鼓励人们拍摄、分享和打印照片，同时，扩大 HP 作为在数字成像领域的领先厂商的影响力和知名度。基于 HP 的 ACP 模型（A=知名度、C=购买意向、P=偏好度），此次整合营销传播活动（启动仪式见右图所示）的主题确定为提高知名度，以及让目标受众体验 HP 数码相机和 Photosmart（照片打印机）。

2. 活动出击与广告造势

整合营销传播的要素，是协同运作、创造和加强关系、保持一致性。然而说起来容易做起来难。只有从整体着手，放眼全局，运用多个不同的渠道，巧妙地与消费者互动，才能达到理想的推广效果。王璇说："我们将创新思考主要集中在平面广告、户外广告和非媒体广告等方面，特别是户外的广告和活动。推广活动在夏季开展，我们利用品牌创意广告，如瀑布和拼图等，去重现夏季度假美景。产品体验活动在北京和上海的人流集中的购物街开展，吸引了很多青少年男女的关注，纷纷在绚丽的广告前合影留念。"

为了让消费者真正认识 HP 全线的数码产品，并加深对产品的印象，实力传播集团旗下的整合行销部门经过实地考察和研究，在北京的东方广场和上海港汇广场精心策划实施了精彩的路演活动，活动现场设立了影像体验区和家庭影院区两个区域，成功吸引到众多目标消费者到路演现场，亲自体验 HP 的数码产品带来的娱乐享受。

在体验区内，实力整合行销还设置了礼品制作区，在这里，消费者可以用 HP 的数码影像产品亲自制作个性化的 T-shirt、相架、DVD 等，充分体验 HP 数码产品的神奇和魅力。DIY 的概念非常有吸引力的，这个区域常常被挤得水泄不通。

而同期，以下多种形式的户外广告支持也成为这次消费者体验活动成功的关键。

（1）在北京东方新天地广场，用 HP 彩虹图案将东单和王府井两个大门包起来，远远就能看到，非常抢眼，可以将附近的目标人群吸引到活动现场。

（2）在北京东方广场里的显眼位置上有 HP 的灯箱、挂旗等醒目的广告，配合场内的路演活动。

（3）上海的地铁有"通往惠普数码影像天地的专列"的车身广告，地铁里有"下一站,惠普数码影像天地"的灯箱广告,吸引消费者眼球,把他们带到活动现场。

(4) 在北京、上海两地的路演现场还有易拉宝等活动说明介绍,北京有大屏幕定时播放 HP 的电视广告,让消费者多角度最大限度地了解认识 HP。

(5) 在上海地区还开出了一辆惠普公共汽车,车身是 HP 的广告,车上设置了齐全的 HP 数码产品,供消费者体验。流动产品体验中心的形式比较新奇,所以也吸引了相当多的消费者。

除此以外,特殊渠道的配合和后续活动支持也成为整合营销的亮点。根据对消费者行为的研究,我们寻找到时尚、年轻的消费者喜欢去的两个场所——电影院和 KTV。利用这种特殊的渠道,将营销传播活动进行进一步的延伸。HP 实际上是在这两类娱乐场所实施大型市场活动的先行者。王璇说:"电影院和 KTV 消费人群主要集中在 18～35 岁,喜欢接受新鲜事物,文化程度较高,具有一定的消费能力。这个人群,正是 HP 想要沟通的人。"于是 2004 年 8 月和 12 月,在实力传播的整合行销部门的策划下,HP 分别在北京、上海、广州的高档电影院,以及北京、上海、广州、杭州的高档 KTV 场所——钱柜(Partyworld)里开展了一系列的活动。

3. 用沟通和创新驱动执行

多点出击的效果是显而易见的。在此次整合活动的流量统计中,共有 39 多万人次经过 2 个设有路演场地的购物中心,其中更有 14700 人体验了 HP 产品。超过 98% 的受访者能准确回忆起 HP 的推广活动,活动期间的电话咨询和店铺的访问量大大增加,而最终达成的实际销售比预期目标高出两倍。

同时,据 Millward Brown 传媒集团在中国进行消费者品牌推广之后的战绩调查中,HP 在知名度方面,"数码相机技术领先厂商"的广告形象提升了十倍;"数字照片打印技术领先厂商"的广告形象提升了 49%(平均值);HP 数码相机的知名度平均提升了 78%;而户外广告的知名度提升了 11%。从出版物和网站收到意想不到的反馈——超过 100 家主流出版物和各种网站提供了反馈信息。

这一场大仗打下来,让王璇感慨良多,其体会是:"首先是沟通的重要。整合营销传播给执行者的第一份考卷就是沟通。与客户的沟通、与团队及公司其他部门的沟通、与媒体的沟通、与实施制作布展公司的沟通、与有关审批部门的沟通等,尤其是要若干个接触点同时启动,那沟通的功夫绝对要下足。其次,面对整合营销传播之难,用创新来驱动执行是最有实效的力量。"

(中国广告网,http://www.cnad.com)

[链接思考]

(1) 突破传播团队是如何让消费者真正认识 HP 全线的数码产品,并加深产品印象的?

(2) 通过本案例,你是如何理解推进整合营销传播活动的有效性的?

本章小结

市场营销是通过创造和交换产品和价值,从而使个人和群体满足欲望和需求的一种社会管理过程。市场营销观念经历了一个由生产观念、产品观念、推销观念到市场营销观念和社会市场营销观念漫长的演变过程，在不同的阶段，其广告诉求的基本核心思想不尽相同。

广告是产品促销的主要手段之一，而促销又是市场营销4Ps组合策略的重要组成部分。因此，广告在市场营销中的作用不可低估。特别是整合营销传播理论的产生，对广告的沟通起到重要作用。

现代广告的功能主要包括引导消费、刺激需求、树立形象和传播文化。

关键概念

市场营销观念　营销组合　促销组合　广告　整合营销传播　沟通模式　AIDA模式

思考题

（1）阐述在不同营销观念指导下的广告诉求重点。
（2）简述广告在营销传播活动中具有的基本特性。
（3）如何理解营销传播的沟通模式和反应模式？
（4）简述整合营销传播发展的新趋势。
（5）论述现代广告的功能。

参考文献

[1] 吴健安. 市场营销学 [M]. 4版. 北京：高等教育出版社，2011
[2] （美）唐·舒尔兹. 整合营销传播 [M]. 吴怡国等，译. 呼和浩特：内蒙古人民出版社，1998
[3] （美）克洛，唐纳德·巴克. 广告、促销与整合营销传播 [M]. 北京：清华大学出版社，2010

第三章 广告策划

本章学习目标

学完本章以后，应掌握以下内容：①了解广告策划的概念、作用和类型；②了解广告策划的原则和程序；③了解广告策划的内容；④熟悉广告策划书编写的基本格式。

第一节 广告策划概述

现代广告活动是一项系统工程，没有完善而周密的策划，就会使整个广告活动目标不明、计划不周、行动盲目，难以取得理想的广告效果。以策划为主体，以创意为中心，进行科学管理，是现代广告活动的一个重要特征。

一、广告策划及其作用

（一）广告策划的概念

策划是通过周密的市场调查和系统的分析，利用已经掌握的知识（情报或资料）和手段，科学、合理、有效地布局营销、广告战略与活动进程，并预先推知和判断市场态势和消费群体定势的需求，以及未知状况的结果。策划的概念有策划者、策划依据、策划方法、策划对象和策划效果的策定和评估五个要素。

广告策划是现代商品经济的必然产物，是广告活动科学化、规范化的标志之一。美国最早实行广告策划制度，随后，许多商品经济发达的国家都建立了以策划为主体、以创意为中心的广告计划管理体制。1986年，中国大陆广告界首次提出广告策划的概念。这是自1979年恢复广告业之后对广告理论的一次观念上的冲击，它迫使人们重新认识广告工作的性质及作用。广告工作开始走上向客户提供全面服务的新阶段。

广告策划的概念由英国伦敦波利特广告公司创始人斯坦利·波利特在20世纪60年代首次提出，并很快普及开来。广告策划理论尚处于一个不断发展和完善的阶段，至今还没有一个通用的广告策划的定义，不同的定位对广告策划的理解也不同。

本书把广告策划定义为：广告策划是指企业根据自身的营销战略和广告目标，在市场调查研究基础上，以企业产品、消费者、竞争者和广告环境为基础，充分考虑广告策划活动的系统性、可行性、目的性、创造性、效益性，从而为企业广告传播和市场开拓提供经济有效的广告计划方案的决策过程。

广告策划在整个广告活动中处于指导地位，贯穿于广告活动的各个阶段，涉及广告活动的各个方面。广告策划使广告调查、目标确定、对象确定、媒介确定、广告创作、广告发布、广告效果测定等工作如何开展，运用什么策略，怎样达到预定的目标等有了系统全面的规划，不致陷于盲目行动。

(二) 广告策划的作用

广告策划是整个广告活动的核心和灵魂，对广告活动具有指导性和决定性的作用。要想开展任何成功的广告活动，都需要预先精心策划，尽最大可能使广告能"准确、独特、及时、有效、经济"地传播信息，以刺激需求，引导消费，促进销售，开拓市场。广告策划的重要作用表现在以下四个方面。

1. 保证广告活动的计划性

在广告活动的初期，广告只是一种临时性的促销工具，广告活动比较分散、零乱，缺乏系统、长远的规划。随着广告活动的日渐增多，广告活动的范围、规模和经费投入日渐增大，所使用的工具、手段也日渐复杂。广告不再是简单地购买一个播放时间或刊登版面的机械劳动，而发展成为一个极为复杂的系统工程。因此，现代意义上的广告活动必须有高度的计划性，必须预先设计好广告资金的数量额和分配、广告推出时机、广告媒体的选择与搭配、广告口号的设计与使用、广告推出方式的选择等等，而这一切都必须通过策划来保证和实现。广告活动计划性的作用表现为：①可以选择和确定广告目标和诉求对象，使整个活动目的明确、对象具体，防止出现盲目性；②可以有比较地选择广告媒体和最有效的推出方式；③可以有计划地安排广告活动的进程和次序，合理地分配和使用广告经费，争取最好的广告效益。总之，通过广告策划可以保证广告活动自始至终都是有条不紊地进行。

2. 保证广告活动的连续性

促进产品的销售，塑造名牌产业和名牌产品形象，这是广告的根本目的。而要达到这一目的，并非一朝一夕之事，仅仅通过一两次广告活动是不能解决问题的，必须通过长期不懈的努力和持之以恒的追求，通过逐步累积广告效果才能实现广告的最终目标。

过去，广告主的广告活动往往是"临急抱佛脚"，当产品滞销、市场疲软或竞争激烈时，便向市场投放"广告"这颗炸弹，一旦打开市场，呈俏销之势，便偃旗息鼓，坐享渔利。这样的广告活动由于缺乏精心筹划，很难保持广告活动的连续性，也很难累积广告效果。而通过广告策划，既可以总结和评价以前的广告活动，保证广告活动不间断、有计划、有步骤地推出，又可以在此基础上，设计出形式新颖独特、内容与主题又能与以前的广告活动在效果上保持一致性和连续性的新广告。

3. 保证广告活动的创造性

创造性地开展广告活动，使每一次广告活动都能像子弹一样击中消费者，使人们采取相应的购买行为，可以说，这是每一个广告活动所追求的目标，广告人员的创造性是保证达成此目标的关键所在。通过广告策划，可以把各个层次、各个领域的创意高手聚集起来，利用集体的智慧，集思广益，取长补短，激发创意，从而保证广告活动的各个环节都充满创意。

4. 保证广告活动的最佳效果

韩非子说:"凡功者,其入多,其出少乃可谓功,今大费无罪而少得为功,则人臣出大费而成小功,小功成而主亦有害。"这段话告诉我们,干任何事情都要讲求效益,追求最佳效果。广告策划更不例外,因为市场竞争最重要的原则就是效益第一,广告主投资广告最直接的目的就是追求广告效益。欲达此目的,必须经过系统周密的广告策划。通过广告策划,可以使广告活动自发地沿着一条最简捷、最顺利、最迅速的途径运动,可以自发地使广告内容的特性表现得最强烈、最鲜明、最突出,也可以自发地使广告功能发挥得最充分、最完全、最彻底,从而降低成本、减少损耗、节约广告费用,形成广告规模效应和累积效应,确保以最少的投入获得最大的经济效益和社会效益、近期效益和长远效益。

总之,追求技术参数上的最优化程度,保证最佳效益,是广告策划的重要作用。

二、广告策划的原则

(一) 系统原则

系统是物质世界存在的方式,上至天文地理,下至人文社会,都是作为一个系统而存在的,广告策划也不例外。广告策划是由众多的环节和内容组成的,它们并不是彼此孤立的,而是通过贯穿在广告策划中的广告策略统一起来的。广告策划的各项内容彼此环环相扣,广告策划的实施环节彼此密切配合,使广告活动成为一个和谐统一的整体,在统一的策略指导下进行。把系统原则运用到广告策划中去,就是要如实地把广告策划作为一个有机整体来考察,从系统的整体与部分之间相互依赖、相互制约的关系中,揭示系统的特征和运动规律,以实现广告策划的最优化。

广告策划对于未来的广告计划、广告执行具有统领指导作用,因而它必须是既向前看,又向后看,即既要有前瞻性,又要有全局性。广告策划者在策划时必须尽量全面地考虑到一切因素,包括常规和突发的,在脑海里要时刻装着整体的概念,这样的策划才能不会轻易地被外界因素所干扰。广告策划的系统原则具体体现在以下四个方面。

(1) 广告和产品是同一系统中的两个子系统,必须互相协调。这主要表现在广告必须服从产品,保持与产品之间的一致性。广告高于产品,会导致虚假;广告低于产品,会导致过谦;广告背离产品,会导致离散。这些情况应力求避免。

(2) 广告的各种发布手段在相互配合上应协调一致、组合有序。诸如同一产品在一定时期出现不同的广告主题,同一企业的广告在同一年份出现不同的建厂年代以致自相矛盾等现象,在广告中都是应避免的。

(3) 广告内容与表现形式同属一个系统,应当和谐统一。内容要通过恰当的形式来表现,而任何广告形式必须服从广告内容,实现内容与形式的有机统一。切忌挂羊头卖狗肉那样的名不副实,也反对东施效颦那样的矫揉造作。

(4) 广告与周围的外部环境是一个系统,要适应外部环境。广告要利用外部环境中的有利因素,使人们通过广告不仅了解和认知产品,而且能联想到赋予产品的意义和象征。例如,美国某鱼罐头企业刊登在加拿大魁北克报纸上的一则广告,广告画面是一位穿着短袜的女士正在和一位男士打高尔夫球。原来的用意是：一位女士可以抽空陪丈夫打高尔夫球，然后用鱼罐头准备午饭。但事实是，魁北克的女士不和男士打高尔夫球，在高尔夫球场上也不穿短袜；更重要的是，通常情况下鱼罐头在魁北克并不当作主菜，而是饭桌上不起眼的东西。由于缺乏对市场的分析和调查，使广告与外部环境严重背离，致使这次广告惹来了不少麻烦，是一次不成功的广告。

（二）动态原则

广告策划要适应变化多端的未来环境和条件，应该是富于弹性的、动态的、有变化的。广告策划伴随着整个广告活动的全过程，包括事前谋划、事中指导、事后监测，因而是周而复始、循环调整的。在整个广告活动过程中都有相应的阶段性策划工作要点，应该把策划作为广告活动的调控器来运用。

广告策划时所依据的市场环境、消费者及竞争对手的情况随时都有可能发生变化，这就要求广告策划的内容必须具有一定的灵活性，能够根据情况的变化及时作出调整，以适应新的形势的需要。

（三）创新原则

广告策划活动是一项创造性思维活动。创新是广告策划的关键和保证，创造性的策划具有从别人的所有特点中找出空隙的能力，具有找出别人没有做过的事情的能力，具体表现在广告定位、广告语言、广告表现、广告媒体等各个方面。

别具一格，独树一帜，标新立异，给人以新的感受、新的启迪、美的享受，这是广告策划追求的目标。在市场经济条件下，要达到万商云集、近悦远来，广告的新颖性、启发性和吸引力是不可或缺的。如果广告千篇一律，没有变化，那么，对人也就没有感染力。这样，广告策划也就失去了意义。将广告简单化、格式化，不但收不到预期的宣传效果，甚至会产生负面的社会作用，降低广告在社会公众心目中的声誉。

广告的创新，要求做到以下方面：

（1）创意的创新。创意可以决定一个广告生命力的强弱，同一种产品从各个角度出发的不同创意，其感染力度也会发生很大的不同。例如，日本的丰田汽车广告在打入中国市场的时候，巧妙地把丰田车融入我国的一句谚语之中："车到山前必有路，有路必有丰田车。"给人以新的感受、无尽的回味。

（2）广告语言也要力求有新意，要有"语不惊人死不休"的锤炼精神。要从生活中提炼警句、名言，使广告词富有哲理性，富有人情味，富有新意。如美国一泡泡糖生产公司的广告词是"本产品的名气是靠吹出来的"，语句诙谐幽默，耐人寻味。在中国的语言中，有不少成语或俗语，可以通过加入否定词或其他的词形成新的词意，利用这种方式构思广告语言，往往会出现奇妙的效果。如上海家用化学品厂生产的"美加净颐发灵"，其广告语为"聪明不必绝顶"，读起来令人叫绝，语句简洁新颖、意味深长。

（3）广告的表现应力求新颖、独到。新颖的广告能使广告表现具有新的艺术构思、新的格调和新的形式，以有效地传递信息、创造需求。如中国香港地区一家专营胶黏剂的商店，推出了一种最新的"强力万能胶水"，为使该产品能被消费者了解，店主用这种胶水把一枚价值数千元的金币粘贴在墙上,并称谁能用手把金币掰下来,就归其所有。一时该店门庭若市,不仅观者如云,登场一试者更是不乏其人。新奇的广告手法,使这种胶水的良好性能声名远扬,为商店做了大笔生意。

(四)效益原则

效益原则是要求广告策划活动中以成本控制为中心,追求企业与策划行为本身双重的经济效益和社会效益。企业在进行广告活动中要与其赢利性相一致,这种盈利既可能是短期的,也可以是长期的。同样,企业在进行广告策划时要注重其投资回报率,不要为策划而策划,要抓住最根本的东西,即广告活动能为企业带来的利润是多少。所以,广告活动如果不能为企业带来利润,那么就丧失了它的存在意义,也就不会有企业愿意做广告策划。

要提高广告的经济效益,也就是说,要力争用较少的广告费用去取得较多的广告效果。广告经营者在从事广告策划时,应同时考虑到消费者和广告主两方面的利益,认真进行经济核算,选择最优方案,做到广告活动花钱少、效果好。只有这样,才能使广告主乐于使用,消费者也乐于接受。即使企业自己进行广告策划,同样有经济效益问题。一般来说,广告策划的经济效益,应当使广告产生三方面的经济效果;一是创造需求,这主要是指产品的消费量和占有程度提高;二是创立名牌,即通过广告,产生消费者对广告产品的放心,或产生第一流制造厂商的意识;三是减少流通费用。

广告还要注意社会效益。广告既是一种经济现象,又是一种文化现象。一方面,在生产、流通和消费领域,广告为沟通产销、传递供求信息、促进销售、满足需求而发挥积极的作用。另一方面,广告又要注意社会效益,即要体现为社会大众服务的宗旨,正确引导消费,推出健康的生活观念和生活方式,鼓励良好的社会风尚和人际关系,灌输高尚的思想情操和文化修养。

此外,在遵循以上广告策划原则的同时,还要注意以下八个关键点:

(1)广告主的营销策略是广告策划的根本依据。广告是营销组合的重要因素,直接为广告主的市场营销服务,因此广告策划也不能脱离广告主的营销策略的指导。

(2)广告策划有其特定的程序。这种程序应该是科学、规范的,以保证广告策划不是漫无目的的设想和缺乏章法的随心所欲。

(3)广告策划应该提出广告运动(活动)的总体战略。停留在具体行动计划层次上的"广告计划"并不是广告策划。

(4)广告策划要以市场调查为依据。虽然广告主的营销策略已经为广告策划提供了依据,但是它仅仅来自广告主单方面,还不足以显示由消费者、产品和竞争对手所构成的市场的全貌。

(5)广告的诉求策略、定位策略、表现策略和媒介策略是广告策划的核心内容。它们必须脱离平庸、与众不同,但是又要具有产生实际的广告效果的素质。

(6)广告策划的结果以广告策划文本的方式来体现。

(7)广告效果的测定方法应该在广告策划中预先设定。

(8)进行广告策划的目的是追求广告进程的合理化和广告效果的最大化。广告进程的合理化，就是广告运动（活动）要符合市场的现实情况并且能够适应市场的发展。效果的最大化，就是广告策划要提供能够产生最佳的广告效果的策略和方案。

第二节　广告策划的类型和程序

一、广告策划的类型

（一）单一广告策划

单一广告策划，是指这种广告策划形式比较单一，按照单一目标开展的某一项具体广告活动，内容相对简单，时间缺乏弹性，策略缺乏连续性的一种广告策划模式。这种广告策划模式往往受行业因素的影响比较多，或是受企业产品的区域市场限制，而采取的一种保守型广告宣传模式。其具体表现如下。

（1）在形式上，缺乏对媒体资源的有机组合，太依赖于传统媒体的影响，不太注意多元媒介组合的尝试和创新。

（2）在内容上，不会随着产品的更新换代和消费者欣赏水平的改变而改变。对企业产品的科技时尚化、时尚个性化，可能对消费者视觉疲劳的改善所带来的价值重视不够，而一味地去张扬产品的本身，自觉不自觉地放弃了广告即艺术、艺术即体验的内在要求。

（3）在时间上，企业往往一把广告计划确定下来就以为万事大吉，就想当然地认为可以引起消费者的关注。而对发生的与企业紧密相关的事件置若罔闻，不善于去抓住机会、借势造势地扩大企业品牌形象。只知道为广告而广告、为传播而传播，对广告时机的选择和变动缺乏应有的灵活性。

（4）在广告策略上，企业广告投放的随意性较大，很少去关心每次广告投放所带来的品牌累积效应。而且往往对广告投放缺乏连续性、承接性和关联性。

（二）总体广告策划

总体广告策划，是指这种策划是针对企业和产品在某一时期的全部广告活动所进行的策划。总体广告策划涉及企业发展的方方面面，内容复杂，策划活动也比较复杂，但总体广告策划对企业经营的全面发展更有积极的作用。

总体广告策划是系统性的，具有较大的规模，是为同一目标而做的一连串各种不同的广告运动的策划。在如今，这个新传播时代在模式建构和总体理念上似乎在无意中融合了后现代主义的动态哲学思想。从技术来看，它从多个层面对新传播提出了"泛化"的要求。"泛"，在汉语中有多层意思，归纳起来有分散化、全景化、扩展化及一体化等词义。事实上，分散化、全景化、扩展化与一体化恰好可以描述新传播理念中最为重要的属性，即"泛传播"。

其实，传播是学术的，广告是实践的，广告是传播的一种具体化表现，它的发展有赖于传播理论的深入和发展,同时广告又为传播的深入研究提供了进一步的检验。因此,每当传播理论获得发展时,与之紧密相连的广告也紧随其后。所以当"泛传播"时代来临时,"广告整合"时代也就为期不远了。在企业的对外整合广告传播过程中,广告整合策划是很重要的;否则,同样的媒体报道因为其组合方式的不同可能会得到两种截然不同的结果。

二、广告策划的程序

广告策划的程序是指广告策划工作应遵循的方法和步骤,是为使广告策划顺利进行和保证各个策划的成功,而对广告策划工作自身提出的方法和原则要求。广告策划是一项科学活动,不能盲目进行,而应按一定的方法和步骤进行。虽然每个具体广告策划的工作细节不同,但每个成功的广告策划的产生过程,都有基本的方法和步骤,都有一定的程序。就广告活动的一般规律而言,广告策划可以依次分为四个阶段,即调查分析阶段、决策计划阶段、执行实施阶段和评价总结阶段(如图4-1所示)。而每一个阶段又可细分为不同的步骤。

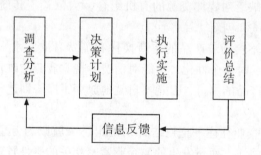

图 3-1　广告策划动态实施过程

(一)调查分析阶段

调查分析阶段的实施步骤如下:

第一步,成立策划小组。调查分析工作的开展由广告策划小组分工安排进行。策划小组应在调查工作开展前成立,具体负责某一特定的广告策划工作。小组成员一般包括:业务经理、策划人员、文案创作员、美术设计指导、美术设计员、摄影员、市场研究分析员、市场调查人员、媒体联络员、公共关系人员、心理学研究员等。如以上人员不具备,策划小组最少也应有业务经理(兼媒体联络员)、策划人员(兼文案创作及市场调查工作)、美术设计人员(兼摄影工作)等三人。

第二步,进行产品研究。由专案策划小组,将广告主所委托的产品,就其生产过程、品质成分、包装、售价、分销渠道、消费对象、市场占有率等详加研究。

第三步,进行市场研究。由专案策划小组针对市场中各类品牌的同类产品,分别就其生产、品质成分包装、价格、分销渠道、消费对象、市场占有率、广告费用、广告策略等等,详加调查研究,并和广告主所委托的产品详加比较。

第四步，进行消费者调查分析，收集市场上与广告产品有关的消费者的行为特点。如人们喜欢哪种产品、在什么时候购买、人们如何使用产品、购买的频率等，在心理学研究人员帮助下，分析消费者的购买动机和心理。

第五步，当以上调查结束后，必须对所得资料进行统计与分析，并写出市场调研报告，为后续的广告决策提供依据。

（二）计划决策阶段

计划决策阶段的实施步骤如下：

第一步，进行广告战略决策。着重解决以下四个方面的问题：

（1）制定广告目标。这是整个广告策划中最重要的部分。它确定了广告活动的基本方向和指导方针。对于如何制定广告目标，我们将在后面详细论述。

（2）确定产品的销售对象。任何一种产品，绝不可能适应所有人的需要，只能谋求适应其中一部分消费者的需要。例如，以女性为销售对象，以高收入的家庭为销售对象，以爱好运动者为销售对象，以知识层次较低者为销售对象，等等。等对象确定后，计算出对象的数字，根据这个数字，再估计初步的购买者的比例，进一步能扩展到多少比例，等等。这样，不但能把握销售对象，而且对计算产品的销售目标很有帮助。

（3）确定在所有同类产品中，应以哪几种为竞争对象。市场同类产品多时，绝不宜在初期便以所有同类产品为竞争对象，应分为几个层次，逐步挑战。当然，如果广告主有压倒性的优势，也未必不可全面出击。

（4）确定销售地区。在上述三点考虑确定以后，就应确定是准备进行全面性的促销，或是区域性的促销。确定销售地区可以使广告计划编拟得更精确。

第二步，在明确了广告的战略任务后，接着便要制定实现这一战略任务的具体的广告策略，包括广告主题策划、广告创意策略、广告媒体策略。

第三步，编制广告预算。根据上述安排，详细编制一切广告费用。费用编排时，应力求精细，并要求做到表格化。同时，广告费用总额需做到与广告主规定的预算总额大致相符，原则上以达到后者的95%为宜，余下的5%预算可列为临时所需调度之用。

第四步，编写广告计划。专案策划小组的案头工作至此已告完成。应将研讨的一切结论，由负责的策划人员编拟成完整的广告计划。

（三）执行实施阶段

执行实施阶段的步骤如下：

第一步，决定广告表现。在这一步骤里，要进行广告文案、广告构图、广告色彩的设计与表现。

第二步，进行广告制作。广告制作是整个广告创作的后期工程，广告制作的结束也就是广告作品的完成。制作水平的高低直接影响到广告效果。不同的媒体对广告制作的要求是不一样的。

第三步，根据确定的广告目标，明确广告发布的地区、时间、媒体组合等，将广告正式文本提交媒体单位，正式推出广告。

（四）评价总结阶段

评价总结阶段的实施步骤如下：

第一步，征集广告信息反馈，测定广告效果。

第二步，总结广告活动经验，写出总结报告。

第三节 广告策划书的编写

广告策划在对其运作过程的每一部分作出分析和评估，并制定出相应的实施计划后，要形成一个纲领式的总结文件，我们通常称之为广告策划书。在广告策划中，广告目标一旦设定，就应拟定广告活动计划并撰写广告策划书。

一、广告策划书的作用及内容要点

（一）广告策划书的作用

广告策划书是根据广告策划结果而撰写的，提供给广告客户加以审核和认可，为广告活动提供策略指导和具体实施计划的一种应用性文件。广告策划书具有以下作用：

（1）广告策划书的撰写标志着广告策划运作的结束，撰写广告策划书是为了将广告策划运作的内容和结果整理成正规的提案提供给广告客户。

（2）广告客户可以通过策划书了解广告公司策划运作的结果，检查广告公司的策划工作，并根据广告策划书判定广告公司对广告策略和广告计划的决策是否符合自己的要求。

（3）对于整个广告活动，经过客户认可的广告策划书是广告运动策略和计划的唯一依据。

（二）广告策划书的内容要点

一份完整的广告策划书，其内容要点如下：

1. 市场分析

市场分析的内容包括：①营销环境分析；②消费者分析；③产品分析；④企业和竞争对手的竞争状况分析；⑤企业和竞争对手的广告分析。

2. 广告战略

广告战略的内容包括：①广告目标；②目标市场；③广告产品定位。

3. 广告策略

广告策略的内容包括：①广告诉求策略；②广告表现策略；②广告媒介策略。

4. 广告实施计划

广告实施计划的内容包括：①广告活动的目标；②广告活动的时间；③广告的目标市场；④广告的诉求对象；⑤广告的诉求重点；⑥广告活动的表现（设计草图、电视广告故事板、广告文案讨论稿）；⑦广告媒介计划；⑧其他活动计划；⑨广告费用预算。

5. 广告活动的效果预测和监控

广告活动的效果预测和监控的内容包括：①广告效果的预测；②广告媒介的监控。

二、广告策划书编写的基本格式

根据广告策划书的内容要点，参照营销策划书的一般模式和广告策划者在实践中总结出来的广告策划书模板，一般来说，广告策划书的基本编写格式为：

（一）封面

一份完整的广告策划书文本应该包括一个版面精美、要素齐备的封面，以给阅读者以良好的第一印象。

（二）广告策划小组名单

在策划文本中提供广告策划小组名单，可以向广告主显示广告策划运作的正规化程度，也可以表示一种对策划结果负责任的态度。

（三）前言

在前言中，应该概述广告策划的目的、进行过程、使用的主要方法、策划书的主要内容，以使广告客户可以对广告策划有大致的了解。

（四）目录

在广告策划书目录中，应该列举广告策划书各个部分的标题，必要时还应该将各个部分的联系以简明的图表体现出来，一方面可以使策划文本显得正式、规范，另一方面也可以使阅读者能够根据目录方便地找到想要阅读的内容。

（五）正文

第一部分：市场分析

1. 营销环境分析

（1）企业市场营销环境中的宏观因素。企业市场营销环境中的宏观因素包括：①企业目标市场所处区域的宏观经济形势、总体的经济形势、总体的消费态势、产业的发展政策；②市场的政治、法律背景，政治因素是否可能影响产品的市场，法律因素是否可能影响产品的销售和广告；③目标市场的文化背景，企业的产品与目标市场的文化背景有无冲突之处，这一市场的消费者是否会因为产品不符合其文化而拒绝产品；等等。

（2）市场营销环境中的微观因素。市场营销环境中的微观因素包括企业的供应商与企业的关系、产品的营销中间商与企业的关系。

（3）市场概况。市场概况包括：①市场的规模、整个市场的销售额、市场可能容纳的最大销售额、消费者总量、消费者总的购买量，以及上述几个要素在过去一段时期中的变化、未来市场规模的趋势；②市场的构成，构成这一市场的主要产品的品牌，品牌所占据的市场份额、市场上居于主要地位的品牌，与本品牌构成竞争的品牌名称，未来市场构成的变化趋势如何；③市场有无季节性，市场有无暂时性，市场有无其他突出的特点，等等。

（4）营销环境分析总结。营销环境分析总结的内容包括：①机会与威胁；②优势与劣势；③重点问题。

2. 消费者分析

（1）消费者的总体消费态势。消费者的总体消费态势的内容包括：现有的消费时尚、各类消费者消费本类产品的状况。

（2）现有消费者分析。现有消费者分析的内容包括：①现有消费群体的构成，现有消费者的总量，现有消费者的年龄，现有消费者的职业及收入，现有消费者的受教育程度及分布；②现有消费者的购买的动机、购买的时间、购买的频率、购买的数量及购买的地点；③现有消费者的态度，对产品的喜爱程度，对本品牌的偏好程度，对品牌的认知程度，对本品牌的指名购买程度，使用后的满足程度，未满足的需求，等等。

（3）潜在消费者分析。潜在消费者分析的内容包括：①潜在消费者的总量、年龄、职业、收入及受教育程度；②潜在消费者现在的购买行为，现在购买哪些品牌的产品，对这些产品的态度如何，有无新的购买计划，有无可能改变计划购买的品牌；③潜在消费者被本品牌吸引的可能性潜在消费者对本品牌的态度如何，潜在消费者需求的满足程度如何，等等。

（4）消费者分析总结。消费者分析的总结内容包括：①现有和潜在消费者的特征及需求；②目标消费者的特性及需求。

3. 产品分析

（1）产品特征分析。产品特征分析的内容包括：①产品的性能有哪些，产品最突出的性能是什么，产品最适合消费者需求的性能是什么，产品的哪些性能还不能满足消费者需求；②产品是否属于高质量的产品，消费者对产品质量的满意程度如何，产品的质量是否能继续保持，产品的质量有无继续提高的可能；③产品的价格在同类产品中居于什么档次，产品的价格与产品质量的配合程度如何，消费者对产品价格的反应如何；④产品的主要原料是什么，产品在材质上有无特别之处，消费者对产品材质的认识如何；⑤产品通过什么样的工艺生产，在生产工艺上有无特别之处，消费者是否喜欢通过这种工艺生产的产品；⑥产品的外观和包装是否与产品的质量、价格和形象相符，产品在外观和包装上有没有欠缺，外观和包装在货架上的同类产品中是否醒目，外观和包装对消费者是否具有吸引力，消费者对产品外观和包装的评价如何；⑦与同类产品的比较：在性能上有何优势和不足，在质量上有何优势和不足，在价格上有何优势和不足，在材质上有何优势和不足，在工艺上有何优势和不足，在消费者的认知和购买上有何优势和不足，等等。

（2）产品生命周期分析。产品生命周期分析的内容包括：①产品生命周期的主要标志；②产品处于什么样的生命周期；③企业对产品生命周期的认知。

（3）产品的品牌形象分析。产品的品牌形象分析内容包括：①企业赋予产品的形象，企业对产品形象有无考虑，企业为产品设计的形象如何，企业为产品设计的形象有无不合理之处，企业是否将产品形象向消费者传达；②消费者对产品想象的认知，消费者认为产品形象如何，消费者认知的形象与企业设定的形象是否符合，消费者对产品形象的预期如何，产品形象在消费者认知方面有无问题，等等。

（4）产品定位分析。产品定位分析的内容包括：①产品的预期定位，企业对产品定位有无设想，企业对产品定位的设想如何，企业对产品的定位有无不合理之处，企业是否将产品定位向消费者传达；②消费者对产品定位的认知，消费者认知的产品定位如何，消费者认知的定位与企业设定的定位符合吗，消费者对产品定位的预期如何，产品定位在消费者认知方面有无问题；③产品定位的效果，产品的定位是否达到了预期的效果，产品定位在营销中是否有困难。

（5）产品分析的总结。产品分析的总结的内容包括：①产品特性，机会与威胁，优势与劣势，主要问题点；②产品的生命周期，机会与威胁，优势与劣势，主要问题点；③产品的形象，机会与威胁，优势与劣势，主要问题点；④产品定位，机会与威胁，优势与劣势，主要问题点。

4. 竞争状况分析

（1）企业在竞争中的地位。企业在竞争中的地位的内容包括：市场占有率，消费者认知，企业自身的资源和目标。

（2）企业的竞争对手。企业的竞争对手的内容包括：主要的竞争对手是谁，竞争对手的基本情况，竞争对手的优势与劣势，竞争对手的策略。

（3）企业与竞争对手的比较。企业与竞争对手的比较的内容包括：机会与威胁，优势与劣势，主要问题点。

5. 企业和竞争对手的广告分析

（1）企业和竞争对手以往的广告活动的概况：开展的时间，开展的目的，投入的费用，主要内容。

（2）企业和竞争对手以往广告的目标市场策略：广告活动针对什么样的目标市场进行，目标市场的特性如何，有何合理之处，有何不合理之处。

（3）企业和竞争对手的产品定位策略。

（4）企业和竞争对手以往的广告诉求策略：诉求对象是谁，诉求重点如何，诉求方法如何。

（5）企业和竞争对手以往的广告表现策略：广告主题创意如何，有何合理之处，有何不合理之处，广告创意如何，有何优势和不足。

（6）企业和竞争对手以往的广告媒介策略：媒介组合如何，有何合理及不合理之处，广告发布的频率如何，有何优势和不足。

（7）广告效果：广告在消费者认知方面有何效果，广告在改变消费者态度方面有何效果，广告在消费者行为方面有何效果，广告在直接促销方面有何效果，广告在其他方面有何效果，广告投入的效益如何。

（8）总结：竞争对手在广告方面的优势，企业自身在广告方面的优势，企业以往广告中应该继续保持的内容，企业以往广告突出的劣势。

第二部分：广告战略

1. 广告目标

（1）企业提出的目标。

（2）根据市场情况可以达到的目标。

（3）对广告目标的表述。

2. 目标市场战略

（1）企业原来市场观点的分析与评价。企业原来市场观点的分析与评价的内容包括：①企业原来所面对的市场、市场的特性及市场的规模；②企业原有市场观点的评价；③机会与威胁、优势与劣势及主要存在问题点。

（2）市场细分。市场细分的内容包括：①市场细分的标准；②各个细分市场的特征；③各个细分市场的评估；④对企业最有价值的细分市场。

（3）企业的目标市场战略。企业的目标市场战略的内容包括：①目标市场选择的依据；②目标市场的选择。

3. 产品定位

（1）对企业以往的定位的分析与评价。对企业以往的定位的分析与评价的内容包括：①企业以往的产品定位；②定位的效果；③对以往定位的评价。

（2）新的产品定位。新的产品定位的内容包括：①从消费者需求的角度；②从产品竞争的角度；③从营销效果的角度。

（3）对新的产品定位的表述。

（4）新定位的依据与优势。

第三部分：广告策略

1. 广告诉求策略

（1）广告的诉求对象。广告的诉求对象的内容包括：①诉求对象的表述；②诉求对象的特性与需求。

（2）广告的诉求重点。广告的诉求重点的内容包括：①对诉求对象需求的分析；②对所有广告信息的分析；③广告诉求重点的表述。

（3）诉求方法策略。诉求方法策略的内容包括：①诉求方法的表述；②诉求方法的依据。

2. 广告表现策略

（1）广告主题策略。广告主题策略的内容包括：①对广告主题的表述；②广告主题的依据。

（2）广告创意策略。广告创意策略的内容包括：①广告创意的核心内容；②广告创意的说明。

（3）广告表现的其他内容。广告表现的其他内容包括：①广告表现的风格；②各种媒介的广告表现；③广告表现的材质。

3. 广告媒介策略

（1）对媒介策略的总体表述。

(2) 媒介的地域。
(3) 媒介的类型。
(4) 媒介的选择：媒介选择的依据，选择的主要媒介，选用的媒介简介。
(5) 媒介组合策略。
(6) 广告发布时机策略。
(7) 广告发布频率策略。

第四部分：广告实施计划

1. 广告活动的目标
2. 广告活动的时间

在各目标市场的开始时间、广告活动的结束时间、广告活动的持续时间。

3. 广告的目标市场
4. 广告的诉求对象
5. 广告的诉求重点
6. 广告活动的表现

(1) 广告的主题。
(2) 广告的创意。
(3) 各媒介的广告表现：平面设计、文案、电视广告分镜头脚本。
(4) 各媒介广告的规格。
(5) 各媒介广告的制作要求。

7. 广告媒介计划

(1) 广告发布的媒介。
(2) 各媒介的广告规格。
(3) 广告媒介发布排期表。

8. 其他活动计划

(1) 促销活动计划。
(2) 公共关系活动计划。
(3) 其他活动计划。

9. 广告费用预算

(1) 广告的策划创意费用。
(2) 广告设计费用。
(3) 广告制作费用。
(4) 广告媒介费用。
(5) 其他活动所需要的费用。
(6) 机动费用。
(7) 费用总额。

第五部分：广告效果的预测和广告媒介的监控

1. 广告效果的预测

(1) 广告主题测试。

(2) 广告创意测试。
(3) 广告文案测试。
(4) 广告作品测试。

2. 广告媒介的监控

(1) 广告媒介发布的监控。
(2) 广告效果的测定。

（六）附录

在策划文本附录中，应该包括为广告策划而进行的市场调查的应用性文本和其他需要提供给广告主的资料：①广告市场调查问卷；②广告市场调查访谈提纲；③广告市场调查报告。

（七）封底

案例　蒙牛酸酸乳的广告策划

我们都知道，蒙牛酸酸乳自从签约超级女声后知名度和销售量都直线上升。蒙牛集团表示：选择《超级女声》，使蒙牛酸酸乳的销售翻了三番，加了两条生产线，但产品还是供不应求。2005年上半年，蒙牛纯利润高达2.47亿元，较去年同期的1.84亿元增长了33.9%。

蒙牛酸酸乳与超级女声合二为一。蒙牛酸酸乳突破传统的冠名赞助，湖南卫视全力整合资源，蒙牛酸酸乳与超级女声合二为一、融为一体，紧密捆绑。视觉传达表现在两者合二为一的LOGO，并将相关元素进行利用：角标、舞台背景板、评委台卡、评委牌、评委席的产品陈列、舞台背景的主色调等。在超过20亿包蒙牛酸酸乳包装上印有蒙牛酸酸乳上超级女声节目的信息，用非常规的方式去推广节目。

代言人：张含韵。张含韵于2004年获得超级女声的季军，清纯、可爱、真实、天真、人气很旺，完全走偶像派路线。以20万票的短信支持率位居第一。这20万投票者大多是年轻人，正是蒙牛酸酸乳的目标消费群。同时，张含韵作为2004年的参赛选手，本身也是对超级女声宣传的一种效应最大化。

与蒙牛合作，其中对张含韵的包装其实就由蒙牛完成了。随着蒙牛酸酸乳的上市和超级女声的走红，2005年会是超级女声张含韵的一年。李小麟为张含韵写两首歌：蒙牛酸酸乳的广告歌《酸酸甜甜就是我》与超级女声的广告歌《想唱就唱》，进一步增加了张含韵的曝光率。

2005年蒙牛酸酸乳的主题广告片由张含韵演绎。2005年主题广告歌由张含韵演唱，并将蒙牛酸酸乳之主题广告歌作为张含韵2005年第一张新专辑的主打歌曲。平面制作物上为张含韵及产品的形象；部分城市的路演现场，张含韵可以出场。

树立一个因超级女声而走红的平民偶像，吸引更多人参与超级女声，为节目创造更多看点和话题。为整整一代人代言，让广告上升到舆论的高度；既有赞助又有帮助，颠覆以往的冠名方式；让全民为自己的选票而疯狂。

为什么在如此巨大的酸奶市场上蒙牛可以独具一格呢？这正是因为蒙牛集团演绎了一场成功的广告策划战略，其中包括了以下几个关键因素：

（1）企业在竞争中要注意产品的功能定位和对消费者需求的把握。寻找与竞争对手的比较优势，引起消费者关注并购买的产品，通过差异化诉求，寻找到合适的消费群体，为企业贡献利润较大的产品。

（2）蒙牛酸酸乳就是一个"带情绪"的产品。它与超级女声活动进行系统整合，一方面针对了需要影响的目标消费人群，另一方面也将超级女声的品牌影响很好地注入了酸酸乳这种产品。酸酸乳针对的这类人群，不屑将价格作为购物的第一考虑因素，他们强调"我就喜欢"，从这个角度而言，蒙牛酸酸乳从产品设计本身、目标市场人群的锁定、产品线中的角色与地位都考虑得比较清楚，在这一点上做到了"谋先"。其成功在于通过示范效应创造了消费者的需求，把握住了市场经济的规律。蒙牛将酸酸乳的目标消费群体定位为12～24岁的女孩，并选择首届"超女"季军张含韵为形象代言人；发布以"酸酸甜甜就是我"为号召的广告，充分表达了个性、前卫的广告诉求，彰显了消费者的个人魅力与自信。此广告已在以中央电视台为主、各地卫星电视为辅的电视广告中迅速铺开。蒙牛酸酸乳一直为年轻女性消费者所钟爱，而"超女"的参与者和关注者恰好正是营销目标对象，蒙牛决策层智慧地选择赞助这一活动，并有效利用明星效应塑造了自己的品牌。从2005年开始，蒙牛借助参与超级女声这一活动强势拓展旗下蒙牛酸酸乳，一举取得市场成功。他们花巨资购买下冠名权，并推出张含韵作为代言人在电视台强势轰炸，还在其约20亿份产品外包装上发布"超女"比赛信息，甚至投入约8000万元制作相关的灯箱、车身、媒体广告等，这一系列耗费近1亿元的"超女"策略就是为了拓展蒙牛的酸奶市场。从实际效果来看，随着"超女"活动的不断深入，蒙牛酸酸乳被年轻女性所认知和接受的趋势正在逐渐加强，其企业的销售额、市场占有率也在不断提高。

（3）蒙牛采用"超女"策略。该策略是（超级女声）参与者＋关注者＝（蒙牛促销产品）目标对象（效果），定向传播的费用最低效果最好。蒙牛集团认为，活动的参与者＋关注者＝企业营销对象，企业就此时投放广告或赞助，成本最优。因此，蒙牛科学地规划了投入和产出，通过整合营销，大大提高了产品和公司的知名度，与合作方实现了双赢。整合营销要求营销人员以新的思维方式来理解营销中的传播，它不单表现在广告传播环节，而且还渗透到促销与销售环节，扩展至产品包装、零售店产品的摆放等。而蒙牛恰恰找准了市场定位，合理利用了企业的潜在资源，并得到了渠道、媒体等各种资源的配合。正是采取典型的拉引策略，通过对终端市场中消费者的宣传，以提升知名度来促进购买。

蒙牛集团已经推出了多项活动来巩固消费者的认知。如出资举办了超级女声夏令营,而且随着超级女声的落幕,其同名电视剧也已改编完成,即将开拍。蒙牛集团的营销活动应该伴随着超级女声的相关活动坚定不移地进行下去,要以各种营销活动不断巩固超级女声在消费者脑海中的记忆及影响力,建立忠诚顾客群。

(豆丁网,www.docin.com:蒙牛酸酸乳的广告策划)

[链接思考]
(1) 蒙牛酸酸乳营销成功的关键是什么?
(2) 此案例中蒙牛酸酸乳采用了哪些策划方法?

本章小结

广告策划是根据企业的营销策略,按照一定的程序对广告运动或者广告活动的总体战略进行前瞻性规划的活动。它以科学、客观的市场调查为基础,以富于创造性和效益性的定位策略、诉求策略、表现策略和媒介策略为核心内容,以具有可操作性的广告策划文本为直接结果,以广告活动的效果调查为终结,追求广告活动进程的合理化和广告效果的最大化,是企业营销活动的一个重要环节,是现代广告活动科学化、规范化的重要标志之一。

广告策划是一项科学而严肃的工作,它有自身的内在规律,因此要遵循一定的原则:系统原则、动态原则、创新原则、效益原则。

广告策划的种类包括单一广告策划和整体广告策划。

广告策划书撰写一般包括如下内容:市场分析,广告战略,广告策略,广告实施计划,广告效果预测和监控。

广告策划书的一般格式为:①封面;②广告策划小组名单;③前言;④目录;⑤正文;⑥附录;⑦封底。

关键概念

广告策划　系统原则　动态原则　创新原则　效益原则　单一广告策划　整体广告策划　广告计划　广告策划书

思考题

(1) 什么是广告策划?为什么要进行广告策划?
(2) 简述广告策划的原则。
(3) 广告策划的程序有哪些?
(4) 如何编写广告策划书?

参考文献

[1] 严学军,汪涛. 广告策划与管理 [M]. 北京:高等教育出版社,2006
[2] 李霞. 广告策划案例教程 [M]. 北京:高等教育出版社,2009
[3] 黄升民,段晶晶. 广告策划 [M]. 2版. 北京:中国传媒大学出版社,2013

第四章 广告调研

本章学习目标

学完本章以后，应掌握以下内容：①了解广告调研的概念、特点及作用；②了解广告调研的内容和程序；③了解文献调研、实验调研、抽样调研等广告调研的方法；④学会广告调查问卷的设计。

第一节 广告调研概述

在竞争激烈的市场经济环境下企业要生存和发展，就要进行大量的广告宣传活动。企业要使其广告活动取得成功，重要的前提是要进行充分的广告调研。有人曾比喻，做广告如果不进行广告调研就像是盲人骑瞎马，是很难保证达到成功的彼岸的。

一、广告调研的概念和特点

（一）广告调研的概念

广告调研来源于英文单词 Advertising Research，也可以叫作广告调查、广告研究，广告调研有狭义和广义之分。

狭义的广告调研可以定义为：企业组织为有效地开展广告活动，利用科学的手段和调研研究方法，对与广告活动有关的资料进行有计划地、系统地搜集、整理和分析的过程。从狭义的广告调研定义中可以看出，其目的仅仅是为广告决策提供科学的依据，往往与某一具体的产品或服务相联系。狭义的广告调研不仅可以解决上述问题，而且可以揭示广告活动中的基本规律，解决广告理论中存在的问题。

广义的广告调研可以定义为：为了探讨广告活动的有关规律，揭示广告现象本质，或为广告决策提供科学客观依据，广告学者（或企业组织）进行的一切研究活动。可见，广义的广告调研不仅仅包括企业组织的活动，而且包括广告研究学者的活动；不仅包括商业性的调研活动，而且包括学术性的调研活动。

本书所讨论的仅仅是狭义的广告调研活动。

（二）广告调研的特点

1. 计划性

广告调研不是一种盲目的、随意的活动，而是一种有目的的、经过精心策划的活动。任何一个广告活动,都是针对特定的企业和产品,因此,开展每一项广告调研都是有计划、有目的的,都是为实现一定的目标服务的。

2. 系统性

系统是指具有特定功能的、相互之间具有有机联系的许多要素构成的整体。广告调研是一项系统工程,在这个系统中,研究人员必须依照规范的运作程序有条不紊地进行。把考察对象视为系统,把调研所获资料视为有机整体,在整体与要素之间、整体与外部环境之间寻求相互联系,进行资料分析,从总体上把握调研对象。

3. 累积性

每一次或每一项调研结果,一方面是为特定的目的服务,另一方面也是为将来的调研活动积累资料。

此外,广告调研还必须遵循科学性、目的性、实践性和经济性的原则。

二、广告调研的作用

(一) 广告调研能为广告决策提供充分有力的信息

广告调研是整体广告活动的起点。在广告活动的程序中,广告调研是排在第一位的。广告调研左右着广告计划的制定、广告媒介的选择、广告主题的提炼、广告的制作和广告预算等一系列工作。如果不进行广告调研,就无法展开广告活动的一系列工作,所以说,广告调研是广告活动的起点。

广告调研是整体广告策划的依据,是制作有效广告的保障。要使广告达到预期效果,广告投资得到最大收益,必须制定有效的广告。而广告调研则可以最大限度地提供各种信息,这些信息是为分析复杂多变的市场和形形色色的消费者所需要的。这使广告有极强的针对性,最好地宣传企业和产品,吸引消费者。没有进行广告调研的广告,收不到广告应有的效果。

(二) 广告调研能为广告的创作设计提供依据

广告活动是一种创作性很强的活动,但是广告创作不像一般的艺术创作可以融入创作者的主观意志和爱好,凭借灵感随心所欲地发挥。广告创作是种目的性、功能性很强的商业活动,其构思和设计必须围绕着广告主商业目的的实现而展开。偏离了这一点,任何新颖独特的广告创作设计都是徒劳无益。因此,广告创作设计必须建立在对广告产品、消费者和市场状况深入了解的基础之上。广告调研过程中的一个提示、一个场面,都有可能成为广告创作设计的重要依据。

(三) 广告调研能为企业经营管理发挥参谋作用

广告调研可以帮助企业了解市场状况,对产品进行合理的改进。广告调研比一般的市场调研范围更广,所获信息量更大,特别是广告商代理企业进行的广告调研所获信息量更客观,更能反映市场的真实情况。可以说,广告调研是了解市场状况和产品状况的最佳途径,能为企业经营管理发挥参谋作用。正因为有了广告调研,使企业最大限度地了解产品在市场竞争中和消费者心目中的地位,从而为进一步开展广告宣传策划活动准备了依据。如果说广告是企业和消费者之间信息交流的桥梁,那么广告调研则是建造这座桥梁的坚实基石。

第二节 广告调研的内容和程序

广告调研的内容是指在进行广告调研工作时应该调研的问题和所收集的资料。广告调研的内容具体包括广告环境调研、广告市场状况调研、广告信息调研、广告媒体调研、广告对象调研以及广告效果调研。而广告调研是一项复杂的系统工程,因此它必须遵循一定的步骤和程序。广告调研的程序包括确定调研目标、制定调研方案、展开实地调研、整理分析调研资料和编写调研报告等步骤。

一、广告调研的内容

(一) 广告环境调研

任何事物都是在一定的社会环境中生存的,广告也一样,对广告进行市场调研时,首先是广告环境调研。广告环境构成的因素很多,在广告调研中,具体应该着重于政治和法律环境、经济环境、社会文化环境、自然地理气候环境、人口环境等方面的调研。

(1) 政治和法律环境的调研。主要是分析政策法规对广告营销的利与弊。

(2) 经济环境的调研。广告市场的经济环境调研,主要包括供求状况;通货膨胀;储蓄;消费者收入;目标市场所在地的经济发展水平和市场容量,如就业、国民收入、工农业发展、工资收入等情况。

(3) 社会文化环境的调研。对文化环境进行调研主要是为了了解广告产品所处环境的文化特征、文化禁忌等,使广告及广告产品能够与社会文化相融合,而不至于发生严重的冲突;或者能够使广告及广告产品在扩展其市场空间时,避免与新开拓的活动环境的文化规则相冲突。例如,日本索尼收录机刚打入泰国市场的时候,作了一则电视广告。广告的画面是这样的:佛祖释迦牟尼安祥侧卧,双目紧闭,进入忘我的境界……不一会儿,画面上索尼收录机放出美妙的音乐,佛祖居然全身随着音乐不停地摆动,最后睁开双眼……

广告在泰国播出后,佛教之都的泰国认为,这是对其所崇敬的佛祖的莫大侮辱,是对泰国的公然挑衅。泰国当局通过外交途径向索尼公司抗议;索尼公司不得不停播广告,并致以公开道歉。试想想,如果索尼公司在做这则广告之前,了解一下泰国的文化及风俗习惯,能犯这样的错误吗?可见,对社会文化环境的调研至关重要。

(4) 自然地理气候环境调研。不同地理条件、气候条件的消费者对广告商品的需求是不同的。

(5) 人口环境调研。市场是由有购买欲望同时又有支付能力的人构成的,人口的多少直接影响市场的潜在容量。包括人口总量、年龄结构、地理分布、家庭组成、人口性别等。

（二）广告市场状况调研

广告市场状况调研是指对广告活动的目标市场及与它密切相关的其他市场因素的调研，包括广告企业和广告商品的有关信息，同类产品、广告竞争者的有关情况，营销组合的实施情况，流通渠道，广告目标消费者的调研，等等；其中最主要的是广告目标消费者和广告竞争者的调研。

1. 广告目标消费者调研

广告目标消费者调研包括五点。①消费者特性；②消费者购买动机：一是感情动机（含求新动机、好胜动机、求名动机、求美动机等），二是理智动机（含求实动机、求廉动机），三是惠顾动机（含偏爱动机、信任动机等）；③消费者购买行为：一是习惯型购买，二是理智型购买，三是冲动型购买，四是经济型购买，五是想象型购买，六是不定型购买；④消费者购买习惯：一是消费者购买时间，二是消费者购买地点，三是消费者购买频率；⑤消费者的态度。

2. 广告竞争者调研

广告竞争者的调研包括：①竞争对手的基本情况；②竞争对手地位调查；③竞争对手的服务；④竞争对手的广告形式。

（三）广告信息调研

广告信息是指广告所要宣传的内容，也称广告的客体。广告信息调研是指包括对产品信息、劳务信息、观念信息等内容的调研。产品和劳务是构成经济市场活动的物质基础。

产品信息调研是指对预定的广告产品的调研，以了解其是否适销、符合市场的要求和消费者的习惯。产品调研具体包括产品本身属性的调研和产品竞争结构的调研。首先要对预定的广告产品的质量、功能、设计、式样、颜色、包装、价格、品牌、销售指数和产品市场占有率进行调研；其次要了解同类产品在目标市场中销售的具体数目、品牌规格、来源、生产厂家、经营单位、价格等，要了解同类产品在市场上的占有率和销售指数、竞争力情况。产品调研是建立在消费者调研基础之上的，因此，产品调研还要了解消费者对于特定产品或服务的看法，以有利于改进产品和帮助广告宣传中扬长避短，争取一个相对于竞争者有利的地位。例如，美国通用面粉公司贝蒂·克罗克牌蛋糕料，只需兑上水搅拌后就能烤成蛋糕，初上市试销时无人问津。后来一位精明的调研员经过努力调研与研究，发现家庭主妇们以为使用这种蛋糕料会变懒，从而产生一种内疚感。这家公司为了让主妇们改变这种想法，修改了配方，要使用者在使用前加进一个鸡蛋，以让主妇们得到蛋糕是自己动手做的感觉。随后加以修改过的广告进行宣传，销量大增，成为广告调研研究的典范。

劳务信息调研是指包括对各种非商品形式的买卖或半商品形式的买卖的服务性活动等消息的调研，如对文娱活动、旅游服务、理发、浴室、照相、饮食以及信息咨询服务等行业的经营项目的各种调研。

观念信息调研是指通过广告活动倡导某种意识，使消费者树立一种有利于广告者推销其商品或劳务的消费观念。对此类信息的调研即观念信息调研。

(四) 广告媒体调研

广告媒体调研是指对各种广告传播媒体的特征、效能、经营情况、覆盖面、收费标准所进行的调研。广告媒体调研的内容主要包括以下几个方面：

1. 印刷类媒体的调研

这类广告媒体调研重点是报纸杂志等媒介。在进行这类媒体调研时，首先，要调研其性质。要分清楚是晚报还是早报、日报，是机关报还是行业报、专业期刊，是娱乐性还是知识性、专业性，是邮寄送达还是零售、直接送达等。其次，要调研其准确的发行量。发行量越大则覆盖面越广，每千人广告费用就越低。再次，要调研清楚读者层次。对于读者的年龄、性别、职业、收入、阅读该刊所花费的时间等情况要清楚地加以了解。最后，要调研其发行周期，即报刊发行日期的间隔，如日报、周报、周刊、旬报、旬刊、月刊、双月刊、季刊等。例如，目前，长春市发行量最大的报纸是《新文化报》，其次是《长春晚报》、《城市晚报》、《东亚经贸新闻》。这四大报纸均是每日发行，其中《东亚经贸新闻》侧重于经济，而其他三类报纸是综合性报纸。四大报纸在长春市采用零售和直接送达相结合的方式发行。

2. 电子类媒体调研

这类调研重点放在广播、电视等媒介上。首先要调研其覆盖区域，即传播范围；其次要调研其节目的编排与组成，哪些节目比较有特色，节目的质量如何；最后要调研其收听收视率，要精确到各个节目的收听收视率。例如，某产品要做电视广告，首先要弄清楚哪一个电视台影响最大、范围最广；再调研拟做广告的电视台覆盖范围、收视的户数或人数；最后要调研收看该台电视节目的人们喜欢什么样的节目，多在哪一时间内收看电视，对电视及其广告的态度如何。

3. 其他媒体调研

除了大众传播媒介之外，户外、交通、特制品等均归入这一类，主要调研它们的功能特点、影响范围、广告费用等。如调研交通广告、霓虹灯广告、路牌广告，一般是通过调研交通人数、乘客人数、进出商店人数等来测算这些广告的接触率，接触率越高，则广告传播范围越大。

(五) 广告对象调研

所谓广告对象即广告的接受者，也就是广告所面对的消费者。广告对象调研是对与广告产品有关的各种消费者购买行为的调研，具体包括消费者的群体范围性质、消费需求、消费动机和消费习惯等方面的调研。如调研某种产品主要是哪一类消费者购买，这类消费者的基本状况如何（年龄、文化程度、性别、职业等）、他们为什么购买、何时购买等。事实上，归纳起来，可以从广告对象的心理因素、生理因素和个性因素三个角度来调研。消费者动机和行为调研的研究与实践，所追求的是帮助广告决策者挖掘人们内心的购买动机，而不仅仅是"要"或者"不要"的简单回答。例如，20 世纪五六十年代，当时比较有名的消费者行为和动机研究大师是美籍奥地利人厄尼斯特·迪希特博士（Dro Rrnest Djchter），参与了康普顿广告公司象牙牌香皂的广告策划。他认为，沐浴并非仅仅把身体清洗干净，这还是一个摆脱心理束缚的仪式，他断定"洗澡是一种仪式，你洗掉的不仅是污垢，而且还有罪过"。由此，他拟定的广告口号是："用象牙牌香皂洗去一切困扰，使自己洁净清醒。"此广告促销效果十分显著，一时被许多广告主和广告公司效仿。可见，针对广告对象的心理因素和个性因素的调研对于广告的创意具有十分重要的意义。

（六）广告效果调研

广告效果调研分事前调研、事中调研和事后调研。

事前调研是指广告在实施前对广告的目标对象进行小范围的抽样调研，了解消费者对该广告的反应，以此而改进广告策划及广告表现，提高随后的广告效果。

事中调研是指广告作品正式发布之后到整个广告活动结束之前的广告效果的调研，它主要是对广告作品和广告媒介组合方式的调研。

事后调研是指在广告之后的一段时间里，对于广告的目标对象所进行的较大规模和较广泛范围的调研，通过广大消费者对该广告运动的反应，来测定广告效果的调研工作。其目的在于测定广告预期目标与广告实际效果的态势，反馈广告活动的受众信息，为修正广告策略和随后进一步开展广告工作奠定量化基础，以便使广告主或广告公司的广告活动更好地促进企业目标的实现。

广告效果调研必须以严格的定量化指标为结果和表现形式，所有的定性内容都必须基于严格的量化参数。这就要求在广告效果的调研活动中，采用科学化的手段与方法进行各个调研环节的工作，以达到广告效果测定结果的可信性与有效性。

二、广告调研的程序

广告调研是一项复杂的系统工程，它必须遵循一定的步骤和程序，按部就班地进行。

（一）确定调研目标

调研目标是指为什么要进行此次广告调研？调研要了解什么问题？了解这些问题后有什么用处？当广告主决定进行广告调研时，调研人员就要着手弄清楚所要调研的问题，这一步即确定调研目标。确定调研目标是一个很关键的步骤，因为它涉及调研的方向性和合理性。在这一过程中，调研人员一方面要听取广告主的介绍，了解他们的目的、意图以及信息要求；另一方面要进行探测性研究，收集分析相关的二手资料，必要时还要进行小规模定性研究，以便对所要调研的问题能够明确加以界定，或以假定的方式提出来。

（二）制定调研方案

确定了调研目标，也就明确了调研的问题，下一步的工作就是拟定一个调研设计方案，即制定调研方案。在所要制定的调研方案中，通常要对广告调研的背景、目的、调研方法、调研的时间安排和本次调研的费用等作具体的说明。调研方案是否合理、完善，会影响到整个广告调研的客观性、科学性。所以广告调研方案是衡量调研人员调研研究水平的标准，也是调研人员能否得到广告主信任的依据。因此，制订广告调研方案在整个广告调研活动中尤其重要。

（三）展开实地调研

这一阶段即广告调研的实施阶段，具体包括资料采集的准备过程、准备性研究过程和采集资料等工作。在资料的采集准备时要做好几件工作，包括工具准备、人员准备、材料准备和抽样实施。

所要调研的资料通常要利用一定的工具方能获得，获得资料的工具可能是问卷、量表或仪器。对上述工具进行准备的过程即工具准备。

问卷调研往往需要大量的访问员，因此在研究开始之前，必须进行访问员的招聘和培训。访问员的招聘和培训是研究过程中极为重要的一个环节，资料的采集工作主要是他们来完成，这就是人员准备。

在实验研究中，通常要用到一些实验材料，如广告作品、包装设计和产品品牌等，这些材料也必须按照一定的要求在实验开始之前准备好，即材料准备。

抽样实施通常包括建立抽样框、抽取受调研者等工作。

准备性研究就是检验问卷设计的合理性和适应性的最有效方法。准备性研究是抽取小部分研究对象根据调研要求进行访问，然后将获得的资料加以分析处理。一般来说，问卷设计中存在的问题在访问员的访问过程中以及对准备性研究资料的分析处理时都会暴露出来。

通过准备性调研，不仅可以发现问卷设计中存在的问题，还可以对抽样方案的合理性进行检查。例如在抽样设计时，有时会出现对受调研者的拒绝情况考虑不足及抽样框资料的老化、过时等问题。这些问题一旦出现，会严重地损害研究的质量，但只要进行准备性研究，一般都能及时地发现。此外，准备性研究还是一个锻炼访问员，检查访问员工作水平的好机会。

准备性研究完成之后，正式的资料采集工作就可以开始了。资料采集是非常重要的一个步骤，它关系到资料的客观性、真实性和可靠性。资料采集就是通过访问、观察、记录等方法，将有关研究问题的第一手资料搜集起来。一旦有理由肯定研究获得的资料是可靠的，研究实施阶段就可以宣布结束了，接下来就可以进行第四阶段的工作。

（四）整理分析调研资料

整理分析调研资料主要是对调研所得的原始资料进行分类、编校、统计、分析。分类要详细、科学；编校要消除资料中的错误和不准确因素，统计与分析要运用数量统计等方法，并且用统计图表把分析结果表达出来。调研资料的整理分析具体可以通过资料处理和数据分析两个阶段来完成。资料处理包括编码、数据录入、统计运算和输出结果等过程。编码是将搜集起来的资料转化为计算机能够识别、符合统计分析软件要求的符号或代码的过程；数据录入指将编码结果输入计算机；统计运算是根据统计分析计划要求，给计算机下达统计命令，让它进行运算；输出结果则是将计算机的运算结果打印出来。

数据分析是为着手撰写调研报告作准备的，目的是寻找数据中存在的规律和数据所反映的问题，选择能够说明问题的数据。因此在数据分析时，研究人员要判断哪些是有用的，哪些数据是多余的；哪些数据是完善的，哪些数据是不完善的；哪些数据所采用的统计方法合理，哪些数据所采用的统计方法不太合理；哪些数据结果还可以采用其他的统计方法；等等。有时对于某些统计结果，研究者也可以采用其他的统计方法进行重新运算，看看结果是否一致，哪一种统计结果更合理，更有利于解释问题。

（五）编写调研报告

当需要的数据结果齐备，对数据所反映的规律、问题有比较清楚的了解之后，调研者就可以着手编写调研报告了。调研报告是广告调研的结果，它所呈现的资料对实践中的广告决策会产生重要的影响，所以写作时必须十分慎重。

一份完整的广告调研报告书，其内容一般包括以下四个方面。

1. 序言

序言部分一般只简单介绍有关市场调研项目的基本情况，通常包括扉页、目录和简介等三项内容。

扉页单独占一页纸，要求以简洁的文字载明市场调研专题的名称，使用广告调研报告的企业名称，广告调研工作人员的姓名和部门，以及呈交报告的具体日期等项内容。

目录要求完整地列出构成广告调研报告的主要章节题目和索引。

简介应说明组织这次广告调研的原因和时间背景，对这次广告调研的基本目的作扼要说明，简述原先确定广告调研的主要问题，并说明变化及调整情况。

2. 摘要

摘要的目的在于使企业有关人员很快了解有关广告调研的基本结果，以便从中引出结论和决定采取相应的措施。这就要求摘要用简明扼要的语言对广告调研结果作概括介绍，说明有关广告产品的市场容量，潜在的增长速度以及广告产品市场所在地的消费者对有关广告产品的正反两方面的态度和意见，并提出某些带有行动意义的结论和意见。

3. 正文

正文部分是广告调研报告的主体内容。在这里，必须准确地载明全部有关论据，从提出问题到得出结论以及论证过程均应全部地概述无遗；同时，还应说明对问题进行分析的方法；此外，还必须载明可供企业决策阶层不受支配地进行独立思考的全部广告调研结果，或重新提出具有个人创见的其他必要信息。对一切无关紧要的或不很确切的资料则应毫不犹豫地摒弃。

正文应该包含如下四个方面：

（1）广告调研方法说明。简要地说明所使用的广告调研方法以及选择这些方法的原因。其基本内容应包括如何确定抽样结构和选择样本，资料的收集方法，广告调研的深度和广告调研资料的分析处理方法，等等。

(2) 市场背景介绍。简要地对一般市场情况，如人口、收入、文化程度、消费习惯等，进行系统分析，通过一些数据统计结果，来揭示和说明存在的现象，以供企业决策者在对市场进行宏观把握时参考。

(3) 商品市场的具体说明。全面说明对本企业组织产品销售的方式、规模和对发展前景可能构成重要影响的当地市场的特点，而且，各项说明必须反映出广告调研产品的类别以及进行这次广告调研的目的。一般说来，这部分应包括广告产品的市场容量、潜在的变化趋势、市场结构细分、销售渠道与分销方式、竞争企业的市场占有份额与竞争产品同本企业产品的比较、本企业产品的市场反映与客户对产品的需求、购买行为、习惯和态度等内容，并相应地提出定价原则和建议采用的广告和促销方法。

(4) 结论和建议。具体说明广告调研结果对本企业产品及其销售业务提出的要求，应该采取的改进措施；同时还可以提出多种方案，供有关人员选择，并说明可能需要支付的费用和预期达到的目标；还要对未来市场的变化和本企业产品的销售作出合理的预测。

4. 附录

附录的根本目的在于尽可能地将有关资料集中起来，因为这些资料正是论证、说明或深入分析报告正文内容所必要的参考资料。每一份附件都应该按一定的逻辑顺序标上编码。附件一般包括各类统计图表、资料来源名单、调研问卷副本、调研样本详细情况、工作时间表、谈话记录等内容。

当然，这只是广告调研报告的一般格式，我们并不要求每一份广告调研报告书都必须按这个格式来撰写，因为广告调研报告书并不是空洞无物的八股文，任何形式只有与丰富的内容有机地结合起来，才能获得旺盛的生命力。我们要求的是，在一份广告调研报告书中必须认真地回答调研计划中所提出的每一个问题，并作出客观切实的分析，从而为企业的经营决策提供解决问题的建议，为广告的创意策划提供坚实的基础和丰富的素材。

第三节　广告调研的方法

广告调研的方法是指广告调研人员搜集各种广告信息材料时所采用的具体方法。广告调研的方法有很多，按调研材料的来源可分为文献调研和实地观察；按调研时所使用的语言形式可分为问卷调研和访问调研；按调研的范围可分为全面调研和非全面调研，其中，非全面调研包括抽样调研、典型调研和案例调研。

本节主要介绍文献调研、实际调研和抽样调研等常用的调研方法；并且阐述调查问卷的设计等内容。

一、广告调研的常用方法

（一）文献调研

文献调研是指调研者对文献资料进行收集、整理和分析的调研方法，亦称文献研究法。文献调研所收集的资料，都以某种形式存在。与其他的调研方法相比，它有以下两个优点：一是比较简单，速度快；二是费用低。不足的是收集的资料可能是过时的、不全面的或是不可靠的。因此，如何克服文献资料所存在的不足是文献研究值得注意的问题。

文献调研在探索性研究和研究决策过程中起着重要的作用。在商业性广告中，调研者对研究背景的了解、问卷设计的素材或题目设计依据、抽样框决策等，很大程度上取决于文献资料提供的信息。在某种情况下，文献研究获得的信息足以洞察或解决研究的问题。文献研究能够直接为第一手资料的研究提供必要的研究工具，同时可以警告研究者潜在的问题和困难。文献研究收集到的资料对于研究结果具有解释或补充的作用，并且可作为评价原始资料的依据。

在采用文献调研法进行调研时，要了解文献资料的来源，并对其进行评估、搜集和整理。

1. 了解文献资料的来源

文献资料的来源主要是企业内部资料与外部资料两大类。企业内部资料包括企业档案和企业活动文书，如企业概况、企业发展历史、客户名单、历年销售记录、市场报告、客房函电等。外部文献资料是指通过索函或走访的形式向有关机构索取的文献资料。可以提供文献资料的机构有图书馆、政府机构、行业协会、商会、出版社、研究所、消费者组织、企业公司等。文献资料的来源渠道：①国家统计局和各级统计部门；②各种经济信息部门、行业协会（信息公报）；③国内外有关报纸杂志等大众媒体报道（市场信息）；④各种国际组织、国外驻华使馆、国外商会（统计公报）；⑤工商企业内部资料、各级政府部门公布的有关经济案例；⑥研究机构、学术论文等。

2. 评估文献资料的来源

对文献资料的来源进行评估包括以下几方面：①评估文献资料的综合性，看其是否能够提供对口而全面的资料；②评估文献资料的专业性，看其是否能够提供专业资料；③评估文献资料的专题性，看其提供的资料与哪方面的专题有关；④评估文献资料的实效性，看其提供的资料是否合乎时宜；⑤评估文献资料的可取性，看其所提供的资料是否迅速及时，费用如何；⑥评估文献资料的准确性，看其所提供的资料是否准确，来源是什么。

3. 搜集和整理文献资料

搜集文献资料时要尽可能全面、详细，并且按照合理的分类进行整理，使之类别化、条理化、系统化。

文献研究法适用于了解企业或产品以往的情况、数据，便于在广告调研时与现实情况进行对比分析。

（二）实际调研

常见的实际调研包括观察调研法、实验调研法和访问调研法等。

1. 观察调研法

观察调研法是指广告调研人员通过在现场对调研对象的情况进行直接观察记录而获

得第一手材料的调研方法。通过观察，无需其他中间环节就可直接获得生动具体的调研材料。

观察调研法独立使用时，可以从以下方面进行研究：①商品的购买者特征研究。即了解各种商品的购买执行者的年龄、性别、外在形象和人数等。这种研究可以为市场细分、广告目标确定提供依据。②家庭商品储存检查。检查家庭储存的品牌、数量等情况。③商店的人流量，了解不同位置的人流量分布情形。④竞争品牌的数量、价格、销售网点等。⑤商品陈列、橱窗布置、售货员态度和行为方式等因素对销售的影响。⑥产品品牌、包装、造型对消费者品牌选择的影响。⑦销售现场广告（POP）、户外广告的效果研究等。例如，广告调研人员在商店内外观察过往行人和消费者，有多少人在仔细看橱窗，又有多少人观察之后去购买广告产品。用这种调研方法，不仅能看到顾客出进的情况，且能了解顾客的流通量与销售量之间的关系。

（1）观察调研法的优点：①可以实时、实地地观察到现象或行为的发生，可以把握全盘现象，同时还可以注意到特殊的气氛和情景。这些是访问法无法得到的资料。②能够得到不愿作答或不便作答者的资料。在问卷调研中，常常会遇到一些不友善的受访者，或由于访问问题过于敏感，受访者不愿意作答的情况。观察法一般不会发生这种情况。③受观察者不知道自己在被观察，因而不会影响自己的行为，搜集到的资料比较客观。

（2）观察调研法的缺点：①想观察的事件、现象可遇不可求。也就是说，想观察的有时观察不到。②观察者难免带有主观偏见，因而影响结果的客观性。③有些现象、行为不能直接观察。例如家庭的消费行为就不便直接观察。④观察结果难于量化统计。⑤观察法对于观察者的业务水平要求比较高。

用观察调研法进行调研能及时了解最新的现场情况，但它只能发现外部表象和某些物质的内部结构，不能直接发现事物的本质，不能了解广告接受者的心理活动和消费动机等深层次的情况。因此，采用观察法要注意选择适当的调研内容、调研数量，进行较长时间的观察，并要适当配合其他方法，取长补短，才能获得更好的效果。可见，该方法不适用于大面积调研。

2．实验调研法

实验调研法是指通过小规模的试验来了解产品销售情况及消费者评价意见的调研方法。实验方式主要有销售市场反应实验、广告信息实验和媒体效果实验等。

（1）销售市场反应实验。可找出两个市场条件相似的地区，将广告在其中的一个市场上推出，然后观察对比市场的反映。一般用于广告执行调研。

（2）广告信息实验。可在同一市场或几个市场上推出不同信息的广告，然后比较广告信息实验结果，从中确定最有吸引力的广告信息。

（3）媒体效果实验。可在两个相似的测试市场上使用不同类型或不同程度的媒体推广，在其他因素不变的情况下，分别测定态度、视听率、到达率等。

3．访问调研法

访问调研法就是广告调研人员直接询问调研对象，通过有目的的交谈获得调研所需材料的一种调研方法。例如，要了解消费者对某种产品的广告评价与看法，可以就几种有影响的同类产品的广告对典型的消费者进行访问调研，询问消费者看过哪几种同类产品的广告，最喜欢哪一种品牌产品的广告，为什么最喜欢这种品牌产品的广告。

访问调研法包括入户访问、拦截访问（也称街头访问）、邮寄访问、电话访问法等。

（1）入户访问法。该法是指访问员对被抽到的样本挨家挨户地进行访问。访问地点是在受访者的家中。访问时，访问员必须严格按问卷要求，依题目顺序一一向受访者询问，受访者作答之后，访问员对受访者的作答做记录。受访者作答范围是有限的，他们多数情况只能从访问员提供的答案中作出选择。在我国的广告调研中，入户访问是被广泛运用的方法之一。

（2）拦截访问法，也叫街头访问法。这是指访问员于适当的地点如商场入口处等拦住受访者进行访问。拦截访问通常是在调研对象具有一定特殊性或总体抽样框难以建立的情况下采用的。

入户访问法和拦截访问法均属于面谈访问，访问时要注意的事项有：①问话要尽量清楚、简练；②访问者不要对问题的含义发表任何议论或者以任何方式来引导被调研者回答；③询问应该由简到难，由一般到关键；④不要询问关系到个人隐私的问题或机密性问题；⑤对被调查者的回答，要及时地进行判断，以确定他对问题的理解是否正确；⑥访问的时间不要持续得太长；⑦调研员要准时、穿戴整洁，并要对被调研者表现出友善和尊重。

（3）邮寄访问法。该法是指将事先设计好的调查问卷，通过邮政系统寄给被调查者，由被调查者根据要求填写后再寄回，是市场调查中一种比较特殊的调查方法。

邮寄调查法的优点：①费用低。与其他访问方法相比，邮寄调查是原始资料调查中最为便宜、最为方便、代价最小的资料收集方法；②调查空间范围大。邮寄调查可以不受被调查者所在地域的限制，没有访问人员偏差；③邮寄调查可以给予被调查者相对宽裕的时间作答，问卷篇幅可以较长，并且便于被调查者深入思考或从他人那里寻求帮助，可以避免被调查者可能受到调查人员的倾向性意见的影响；④邮寄调查的匿名性较好，所以对于一些人们不愿公开讨论而市场决策又很需要的敏感性问题，邮寄调查法无疑是一种上选方式；⑤邮寄调查适用于从那些难以面对面访问的人员里获得信息，包括由于门卫、保安、秘书等阻碍无法进行面对面访问的人和封闭式社区的居民。

邮寄调查法的缺点：①问卷回收率低，因而容易影响样本的代表性；②问卷回收期长，时效性差；③由于问卷或许是由指定地址之外的其他人填写，可能会出现错误的答复或不真实信息。

采用邮寄调查访问时要注意的事项有：①调研表的内容要简练；②问句意思要表达清楚，不能模棱两可；③必须向被调研人员交待清楚答卷的要求、回收的时间；④必须向被调研人员说明调研的目的结果的重要性，并在问卷最后向被调研人致谢。

（4）电话访问法。这是一种由访问员通过电话这一通信工具向受访者进行访问的资料采集方法。这一方法在电信业发达国家得到广泛的运用。在我国，随着电话的迅速普及，电话访问在市场调研中的运用也逐渐增多。它可以向受访问者询问有关调研内容并要求受访问者在电话中回答。采用电话询问调研比较方便及时，但询问时间短，无法进行深入调研。

采用访问调研法可以分为两种情况：一种是访问者按访问提纲或问卷提问，被访问者回答；另一种是开座谈会，通常由访问者提问或掌握会场，被访问者发言回答，在适当的时候由访问者和被访问者共同讨论。无论哪一种形式，在访问时都要事前拟好访问提纲，访问中做好记录，访问结束后整理访问记录材料。

（三）抽样调研

抽样调研是遵循随机的原则从调研对象总体中抽取一部分样本进行调研，然后根据样本值推算总体值的一种调研方法。

按抽样的随机性，抽样方法可以分为随机抽样和非随机抽样两大类，每一大类又可以根据抽样的形式、特点进一步加以细分。

1. 随机抽样

随机抽样也叫概率抽样，其特点是总体中的每个个体都有被抽到的可能，而且可能性一样。随机抽样的样本较为分散，实施的难度大，比较费时、费力，但该方法可以判断误差的大小。

随机抽样方法一般包括下列四种：

（1）简单随机抽样。一般人们所说的随机抽样，就是指简单随机抽样，它是最基本的，适用范围最广，最能体现随机原则的方法。抽样时，总体中每个个体都应该有独立的、等概率被抽取的可能。常用的抽取方法有抽签法和随机数字表法。抽签法是把总体中的每一个个体都编上号码并做成签，充分混合后从中随机抽取一部分，这部分签所对应的个体就组成样本。随机数字表法就是从随机数字表上的任意一个数字开始从上往下或从左往右查，逐一编上号码，然后按照某种规定抽取一定的单元组成一个样本。

简单随机抽样的基本过程是将总体中的每个抽样单元按一定的顺序排列，并给予相应的编号，然后采取抽签法或随机数字表法抽取符合样本量要求的编号，这些编号所对应的单元就是被抽取出来的样本。

（2）系统抽样。系统抽样，也称等距抽样或机械抽样，是从总体中等距离地抽取样本。其抽样过程是先将总体中每个单元按顺序排列并加以编号，再计算抽样距离，然后抽取第一个样本，确定了第一个样本之后，每隔一个抽样距离抽取一个，这样就可以抽取所有样本了。一般而言，系统抽样比简单随机抽样简便易行，容易理解，但是单独使用时，系统抽样面临着简单随机抽样总体大不便于编号的困难，所以在大规模的调研中，常把其与其他抽样方法结合起来使用。

（3）分层抽样。分层抽样也叫分类抽样，是按总体的某些特征，将总体分成若干个层次，再从各层次中分别随机抽取一定的单元构成样本。分层抽样的具体过程包括四个步骤：①确定分层的特征，如性别、年龄、自然行政区等；②将总体（N）分成若干（i）个互不重叠的部分（分别用 N_1，N_2，N_3，…N_i 表示），每一部分叫一个层，每一个层也是一个子总体；③根据一定的方式（如各层单元占总体的比例）确定各层应抽取的样本量；④采用简单随机抽样或系统抽样方法，从各层中抽取相应的样本，记为 n_1，n_2，n_3，…n_i，这些样本也叫子样本，子样本之和为总样本。利用分层抽样法总的一个原则是，各层内的变异要小，而层与层之间的变异要大，否则将失去分层的意义。

例如，调研不同收入家庭，可以采用分层抽样的方法。分层抽样后的状况如图4-1所示。

高收入层	中等收入层	低收入层
高 高 高 高 高 高 高 高 高	中 中 中 中 中 中 中 中 中	低 低 低 低 低 低 低 低 低

图4-1 不同收入家庭分层抽样示意

从图4-1可见，例子中的三个层次从收入的高低来看，变化很大，但是每个层次的内部变化很小，基本上是同一收入水平。

(4) 整群抽样。整群抽样是先将总体分为i个群，然后从i个群中随机抽取若干个群，对这些群内的所有个体或单元均进行调研。整群抽样的抽样过程可以分为四个步骤：①确定分群的标准，如班级、小组；②将总体（N）分成若干个互不重叠的部分（K_1，K_2，K_3，$K_4 \cdots K_i$)，每个部分为一群；③根据总样本量，确定应该抽取的群数；④采用简单随机抽样或系统抽样方法，从i群中抽取确定的群数。

整群抽样在调研实施过程中比较方便，在抽样设计上比较便利，只需要关于群的抽样框而无需群内次级单元的名单。但是由于整群抽样的抽样单元过于集中，因此与前面介绍的抽样方法相比，整群抽样的抽样误差比较大。为了减少抽样误差、提高抽样精度，在抽样时，要尽量缩小群之间的差异，增加群数。整群抽样后，群体与群体之间的差异很小，但群体内各单位分子的差异却很大。例如，调研不同地区不同收入家庭，可以采用整群抽样法。整群抽样后的状况如图4-2所示。

图4-2 整群抽样后状况

从图4-2可见，群体与群体之间的差异性很小，但是群体内各单位分子的差异很大，这正是与分层抽样法明显的区别之处。

2. 非随机抽样

除了随机抽样之外，许多调研研究（一般是较小规模的研究）也采用非随机抽样。与随机抽样相比较，非随机抽样的主要优点是：省时、省力、省钱，抽样过程比较简单。不足的是，调研对象是未知的，样本的代表性差，抽样误差比较大，利用调研结果推断总体情况的风险较大。

常用的非随机抽样包括以下四种：

(1) 任意抽样。任意抽样也叫方便抽样,是由调研人员按最方便的途径来选择样本。如可以在调研公司所在地周围选择受访者,也可在街头拦截受访者。抽样时,样本一个一个地抽取,直到满足样本量要求为止。比如,调研女性丝袜、妇女服装等的情况,就应向不同年龄的妇女进行调研;调研文具类商品需求情况,一般应向学生访问调研;调研摩托车,应主要向年轻的男性进行调研。

任意抽样法,虽然方便、省钱,但抽样偏差比较大。所以,在市场分析中,这种方法通常只用于非正式调研或实验性调研,在正式调研中很少采用。只有在总体的特征完全相同的情况下,才用此方法作为样本的抽样方法。它一般是根据专家或调研人员的判断或计划来选择样本,以期通过对典型样本的研究来了解"母体"的状况。它常用于某些紧急问题的抽样研究,得出一个估计值并以此作为决策的依据。

(2) 判断抽样。判断抽样,是研究者根据自己的经验和判断,从研究对象中选取一些最适合于研究目标的样本。判断抽样选取的样本通常是比较典型的。例如,为了了解消费者对啤酒的口味评价,可以选择饮用啤酒经验丰富的消费者为访问对象。

判断抽样分析法,由于是按照调研人员的需要而选定样本,因此,它比较能够适合特殊的需要,回收率也比较高。但是由于在判断抽样分析法中抽选的样本是凭主观判断产生的,因此,如果调研人员的判断有主观的偏差,则其调研结果的误差就很大。正因为如此,采用这种方法时,调研人员应尽量避免挑选极端性或很少出现的样本,而应选择代表多数型或平均数型的样本来作为调研研究的对象;同时,调研人员应特别注意避免为客观形势所左右,如形势大好时过于乐观、形式不好时过于悲观保守等,只有这样,才能确保调研结果比较客观公正。

(3) 配额抽样。配额抽样也称定额抽样,与随机抽样中的分层抽样对应,实质上是一种分层判断抽样。即先依据一定标准规定 N 个群体的样本配额,此后,对配额内群体的抽样则由调研人员主观抽取。

配额抽样法是非随机抽样法中最常见的一种,其步骤如下:①根据市场调研的目的和要求以及总体中各单位的性质和客观条件,选定调研的分类标准,作出总体分类依据,如职业、收入等;②将总体的分类标准细分,使之成为若干大小不等的子总体,如收入标准,可细分为高、中、低三项;③决定从各个子总体中抽取样本的数目;④选择样本单位,在各子总体的样本数决定以后,即可对每一个调研人员指定配额,要求他们在某一个子总体中访问一定数额的样本。

配额抽样法的优点是易行、省钱,能比较迅速地获得调研结果。需要注意的是,采用这种方法必须有完善的抽样设计及高素质的调研人员。它一般适用于小规模的市场调研以及无总体名单的情况下的调研。

(4) 滚雪球抽样。滚雪球抽样是在对个别符合要求的受调研者进行调研的基础上,根据他们提供的信息,进一步对其他人进行调研,直至满足样本量为止。在市场调研中,有时会遇到受调研对象比较特别(如每周至少有 5 天以上喝酒的人),不容易找到,无法建立抽样框的情况,此时就需要用滚雪球抽样方法。

滚雪球抽样的具体操作过程包括三个步骤:①认定并访问一个或几个具有所需特征的人,依据他们所提供的情况,去寻找其他受访者;②访问第一批受访者所提供的第二批受访者，并让他们引荐下一批受访者；③重复第二步的过程。以此类推下去，越找越多，直到满足样本要求为止。

滚雪球抽样如果在每一个阶层中随机地抽样，那么该方法也可以对抽样误差作出估计，对重要问题作统计检验。

以上所介绍的抽样方法只是一些最基本、最简单的抽样方法，在广告调研实践中，抽样方法往往要复杂得多，经常将几种方法结合起来运用。

二、广告调查问卷的设计

采用广告调查问卷方法进行广告调研的时候，需要科学、合理地设计广告调查问卷。

一般来说，广告调查问卷应该具备集中、简明的特点。集中，是指问题设计要围绕核心目标责任制来展开；简明，是指问卷中问题的设计要简洁明了，易于理解，要尽量节省被调查者的时间，同时保证回答的可靠性。

（一）调查问卷的结构

一份完整的调查问卷一般包括标题、问卷说明信、问卷内容、填写说明等四部分，也可以把填表说明写入问卷说明信中。

1. 标题

标题要概括说明调研的主题，让被调研者对要回答的问题有一个大致的了解。问卷中标题的设计要简明扼要，易于引起回答者的兴趣。一般由调查的对象和内容加"调查问卷"组成。例如，如果要在全国范围内对消费者进行某品牌微波炉的广告调研，那么问卷的标题即为："全国××品牌微波炉广告调查问卷"。

2. 问卷说明信

问卷说明信要有恰当的称呼，并且要说明调研的目的和意义，用恳切的语言请求被调研者给予配合。问卷说明信的设计语言要简洁，态度要热情诚恳。说明信的主要内容是介绍调研的目的、意义，对填写问卷者的合作表示感谢，等等。

3. 问卷内容

这部分是问卷的主体。问卷内容的设计有开放型和封闭型两种。开放型问卷上只设计问题，不设计答案，答案由填写问卷者根据实际情况填写；封闭型问卷要提供可选择的答案，让填写问卷者选择符合实际情况的答案。封闭型问题的答案形式有二项式、多项式、直线式、矩阵式、序列式等。开放型问卷了解情况较具体，而封闭型问卷更容易操作，便于统计分析。

问题的设计要围绕广告调研的目的要求进行，语言表达要明确、清楚、规范。提问不能带有暗示。问题的排列要有合理的顺序，一般先问一般问题，再问特殊问题；先问接触性问题、过渡性问题、再问实质性问题；先问容易的问题，后问困难的问题；先问基本问题，再问行为、态度的问题。

4. 填写说明

这一部分主要是说明填写问卷的方法、要求等。

有关问卷说明信示例如下：

尊敬的女士/先生：

您好！

我们是××营销咨询公司的广告调研员，向您请教有关××产品广告的一些问题。我们将对调研结果进行认真分析，作为厂家对该产品新的广告策划的依据，以便今后让您能够更多更全面地了解该产品，请您抽出几分钟的时间回答下列问题，稍后还有精美礼品奉送。我们将严格遵守职业规范，对您的资料严格保密。感谢您的配合！

（二）调查问卷的形式

访谈的情景不同，调查问卷的形式也不同。常用的调查问卷形式主要有以下三种：

1. 结构性的问卷

结构性问卷中运用的都是封闭式的问题。答案都是给定的，只需要被调研者按照要求选择相应的答案即可。这类问卷适用于电话访问、网络调研或面对面的访问。一般用于大型访问计划，或用于有可能期望准确回答的调研。

2. 非结构性的问卷

非结构性问卷中运用的都是开放式的问题。在问卷中只设计问题，不设计答案，被调研者可以根据自己的主观意愿自行回答或填写答案。这种形式的问卷适用于小组讨论、面对面访谈或深度电话交谈。一般用于许多研究的主要部分进入了技术的或狭窄的市场，允许调研和探索调研人员在访问之前不能完全肯定能否回答的情况。

3. 半结构性的问卷

半结构性的问卷是结构性问卷和非结构性问卷的综合。在问卷中既运用了封闭式问题，又运用了开放式问题。这种形式的问题是最为合理的，也是应用最为广泛的。适用于面对面的访问及电话访问。不仅适用于广告调研，也可以广泛地用于各行各业的市场调研。在这种调研问卷中，既有调研者所期望回答的答案，也有不能期望回答的答案。

（三）调查问卷的询问技巧

调查问卷的询问技巧也称询问技术。询问技巧要解决的问题主要包括问句如何设计以及设计问句时应注意的问题。问卷问题的设计直接关系着所获得的信息，在设计问卷时应当对调查目的有清楚的认识，要善于根据具体情况选择适当的询问方式。

1. 问句的基本类型

理想的调查问卷设计应使调研人员能获得所需的信息，同时，被调研者又能轻松、方便地回答问题。这就要求调研人员能依据具体调研内容要求，设计选用合适的问句进行调研。

问句的类型很多：按问句的内容可分为事实问句、意见问句、解释问句，按问句的回答可分为开放式问句、二项式问句、多项选择式问句、顺位式问句、程度评等式问句、过滤式问句。

（1）事实问句。事实问句是要求被调研者依据现有事实来回答问题，不必提出主观看法。例如："你了解某品牌产品广告吗？"、"你家庭的年人均收入是多少？"、"你的职业是什么？"等等。这类问题常用于了解被调研者的特征（如职业、年龄、收入水平、家庭状况、居住条件、教育程度等），以及与广告产品有关的情况（如产品广告、广告产品的商标、价格、购买地点、时间、方式等），从中了解广告商品的广告情况以及消费的现状。这类问题对调研人员确定广告产品的目标市场以及广告的影响有很大的帮助。

事实问句的主要特点是问题简单、回答方便、调研覆盖面广、调研结果便于统计处理。但也存在着不足，如由于时间长等原因，被调研者对某些事实记忆不清；或由于某些被调研者的心理因素影响，而使回答的结果在一定程度上失真。

（2）意见问句。意见问句主要是用于了解被调研者对有关问题的意见、看法、要求和打算。例如："你喜欢哪种品牌的轿车电视广告？"、"你认为我们公司的轿车广告怎么样？"等等。这类问题可以帮助调研人员了解被调研者对广告产品及其同类产品的广告印象与评价，使企业能够根据消费者对广告的评价，策划出适合消费者口味的广告，从而增强企业的广告促销能力。

意见问句的主要特点是从这类询问中可以广泛地了解消费者对广告产品的同类产品的评价、意见与建议，为决策者提供未来需求信息。

（3）解释问句。解释问句又叫阐述问句，它主要用于调研者想要了解被调研者的行为、意见、看法产生的原因。根据询问是否给出问题的选择答案，相应又可分为封闭式阐述询问和开放式阐述询问。这类询问可以在一定程度上弥补事实询问存在的不足。例如："你看过某种产品的广告吗？"属于事实询问；如果想进一步了解该广告对广告受众的影响程度，可以接着提出："你是通过哪种媒体了解的该广告？"、"您认为该广告怎么样？"、"会不会让您产生购买这种产品的欲望？"，这就是解释问句。

解释问句的主要特点是能够较为深入地了解消费者的心理活动，从而找到问题及问题产生的原因，为解决问题提供依据。但是这种询问也存在如下不足：①结果较为复杂，尤其是开放式的阐述问句，答复的结果不易整理；②此类问题涉及被调研者的主观因素较前两种询问多，被调研者因各种原因而回避问题，或只讲问题的次要方面，从而使调研结果的真实性受影响。

（4）开放式问句。开放式问句又称为自由回答式问句，这种问句的特点是调研者事先不拟定任何具体答案，让被调研者根据提问自由回答问题。例如："您最喜欢什么品牌的时装电视广告？"、"您对××牌子的产品广告有何意见？"，这种询问方式因事先不提供回答答案，能使被调研者思维不受束缚，充分发表意见，畅所欲言，从而可以获得较为广泛的信息资料。但由于被调研者的回答漫无边际，各不相同，使调研结果难以归类统计和分析。

开放式问句比较适用于调研受消费者心理因素影响较大的问题，一般都是难以预期或难以限定答案范围的问题。如消费习惯、购买动机、质量、服务态度等。

（5）二项式问句。二项式问句又称是否式问句、伪真式问句。这种问句的回答只分两种情况，必须二者择一。例如：您是否喜欢海尔冰箱的电视广告？是（　　）否（　　）。

这种问句回答简单，调研结果易于统计归类。但是这种问句也有一定的局限性，如果被调研者对于这个问题没有考虑，则无法表达其观点。

（6）多项选择式问句。多项选择式问句，是指对一个问题事先列出三个或三个以上可能的答案，让被调研者根据实际情况，从中选出一个或几个最符合被调研者情况的作为答案。多项选择式问句保留了二项式询问的回答简单、结果易整理的优点，避免了二项式询问的不足，能有效地表达意见的差异程序，是一种应用较为广泛、灵活的询问形式。

（7）顺位式问句。顺位式问句是在多项选择式问句的基础上，要求被调研者对所询问的问题的各种可能的答案，按照重复程度不同或喜爱程度不同，对所列答案定出先后顺序。

例如：您选购这种商品的原因，对下列各项，请按照您认为的重要程度以1、2、3、4为序进行排序。

A. 广告的影响（　　）　　B. 质量好（　　）
C. 性价比合理（　　）　　D. 售后服务好（　　）。

这种询问方式回答较为简单，易于归类统计，但须注意避免可供选择的答案的片面性。

（8）程度评等式问句。程度评等式问句的特点，是调研人员对所询问问题列出程度不同的几个答案，并对答案事先按顺序评分，请被调研者选择一个答案。

例如：您对××牌电视机的广告有何看法？请在相应的（　　）中打√。
很好3（　　）　好1（　　）　一般0（　　）　较差 –1（　　）　差 –3（　　）

将全面调研表汇总后，通过总分统计，可以了解被调研者的大致态度。若总分为正分，表明被调研者的总体看法是肯定的；若总分为零分，表明肯定与否定意见持平；若总分为负数，则表明总体上是持否定看法。

（9）过滤式问句。过滤式问句是逐步缩小提问范围，引导被调研者很自然地对所要调研的某一专门主题作出回答的问句形式。这种询问法不是开门见山，而是采取投石问路的方法，一步一步地深入，最后引出被调研者对某个所要调研问题的真实想法。

这种问句可以通过调研人员的逐步引导，使被调研者有一个逐步考虑问题的过程，从而自然真实地回答了调研者的问题。

2．调查问卷设计中需要注意的问题

（1）题目要尽量具体而不要过于抽象。调查问卷中的问题应该做到尽量具体，应该提到具体的、特定的事物，并要有特定的答案，如果过于抽象，回答者往往无从作答。在调查问卷设计中应尽量避免使用诸如"好像"、"可能"、"经常"、"有时"、"偶尔"、"一般"之类令人捉摸不定的词语，这些词语往往因各人理解不同，而使调研结果产生较大误差。例如："你近来经常看哪个牌子牙刷的广告？"在此句中，"近来"一词的界限不明确，是近一个月，还是近一周？各人的理解是不同的。在给出问题多种选择答案时，应全面考虑各种可能性。

（2）问题要简短且易于理解。如果问卷中的问题过长且不易理解，不仅要增加作答时间，而且会使受调研者不耐烦。因此，在语义能表达清楚的前提下，句子要尽量简洁，且易于理解。要充分考虑受调研者的地区差别、文化程度差别、专业化程度差别。

(3) 避免提出诱导性问句。诱导性问句往往会影响被调研者对问题的思考，从而不能真实反映被调研者的意向。例如："一般人都认为某产品的电视广告好，您也这样认为吗？"此句中的"一般人都认为"就是一个诱导语，往往导致被调研者把众人的共识作为自己的意见，即使他并没有这样的考虑。

(4) 提出的问题要注意被调研者的感受。对一般被调研者不应提一些技术性较强或难以回答的问题，要让被调研者有能力回答。所提出的问题不能涉及被调研者的隐私，所设计的答案不能让被调研者产生反感。如果确实想得到相关的信息，在实际应用中，可以采用间接、侧面提问的方式加以避免。

(5) 注意问句的逻辑关系。问句设计过程中，问句的内容安排及先后顺序应符合人们的一般思维过程。在时间上，一般应该按照过去、现在、将来的顺序；在询问内容的难易程度上，应先易后难，先简单后复杂；在范围上，应从小到大，逐步展开。

总之，在设计广告调查问卷的过程中，要选择合适的问句形式，同时要充分注意上述六个方面的问题，这样才能设计出合理的问句，从而达到调研的目的。

案例　成美营销顾问公司关于"王老吉"的广告调研

2003年，成美营销顾问公司红罐王老吉项目组（以下简称成美项目组）接受有关方的委托，对红罐王老吉销售情况进行调研。对于当时销售额仅1个多亿的加多宝公司而言，寻求发展的同时更要考虑生存，也就是说，在寻求扩大市场份额的同时必须要先稳固住现有市场。由于当时红罐王老吉的销量连续多年稳定在1个多亿，已形成了一批稳定的用户群，因此，成美项目组认为：定位研究可以从现有顾客群中寻找突破，具体是看红罐王老吉满足了顾客什么需求，在他们头脑中红罐王老吉和其他饮料或者凉茶之间到底存在什么差异，从而导致他们坚持选择红罐王老吉的原因。

一方面，成美项目组从加多宝市场获取了以往的对红罐王老吉的市场推广信息，另一方面，成美项目组前往加多宝公司进行企业内部专家的深度访谈，通过企业内部的专家访谈了解王老吉原料、功效、生产工艺、渠道、重点市场等基本信息。在访谈中，成美尤其关注红罐王老吉与其他凉茶如羊城药业（后改名为王老吉药业）的利乐装王老吉、二十四味等产品的配方差异、口味差异和功效差异，以及红罐王老吉的历史和正宗地位等。为了进一步了解红罐王老吉的产品特点，2003年1月14日，成美项目组还前往东莞加多宝的工厂进行参观，详细了解生产工艺，并与加多宝的生产经理、研发经理深度访谈，当时令项目组印象最为深刻的是，红罐王老吉的具体配方是香港王老吉后人王健仪授权提供的，配方严格保密，因此项目组在现代化的生产车间里看到一个完全封闭的操作间，生产经理介绍说是红罐王老吉进行原料配置的车间。项目组随后对深圳大区经理李春林、东莞大区经理曲宗恺、浙南大区经理徐建新、广州大区经理覃根进行实地访谈，同时对其负责的市场进行走访，了解一线基本情况。

成美项目组面临的另一问题：红罐王老吉的现有用户是谁？

为此，成美项目组决定将消费者调研分为三个阶段进行，第一阶段重点解决一个核心目的，就是红罐王老吉现在用户以及重度用户是谁？第二个阶段是分别在浙南和广东研究红罐王老吉重度用户的情况，了解他们为什么选择红罐王老吉，并同时对两地潜在用户进行王老吉、凉茶、红罐王老吉的认知调查；第三阶段是对定位方向进行验证，看看成美项目组形成的品牌定位能否得到消费者的认同。

受电话访谈的条件约束（电话访谈时间不宜超过20分钟，而且不是面对面沟通，仅凭声音，将影响消费者的理解力，因此问题不宜过于复杂等），成美项目组将最初制定的调查目的和具体内容不断缩窄，最终形成的电话调查内容如下：

（1）购买罐装王老吉的消费者、重度消费者的各项社会特征（如年龄、性别、收入、职业以及籍贯），了解广东市场的消费者是广东人或外地人，外地人来广东的时间等等。

（2）罐装王老吉的现有用户第一次购买的情况和购买饮用频率等（希望分析重度用户）。

（3）提及王老吉，消费者会想起什么包装/剂型，第一提及是什么（希望判断羊城药业的王老吉系列产品对罐装王老吉的可能影响）。

（4）提及凉茶，消费者会想起的什么品牌、产品类型，如是凉茶铺、需要煲的或罐装等，第一提及是什么（希望判断消费者心目中的凉茶是什么样的，各剂型的差异可在第二阶段调查中进行）。

（5）饮用红罐王老吉的主要场合，以及简单了解购买动机。

（6）了解红罐王老吉的替代产品。

由于重点是了解现有用户，因此在消费者调研城市的选择上，仅在红罐王老吉重点销售区广东和浙南进行样本城市的挑选。成美项目组最终选择了广州、深圳、温州。

2003年1月17日，市场调查公司向成美项目组和加多宝公司提交了第一阶段消费者调查数据报告。调查结果显示红罐王老吉的现有用户存在相似的社会特征，主要是年龄上与普通饮料消费者存在差异，15～20岁的用户明显较少。另外，调查发现三个城市消费者对红罐王老吉的认知存在明显差异。

第一阶段消费者调研的数据，直接为第二阶段调研对象的甄选提供了可靠依据，指导成美项目组寻找到有代表性的消费者进行焦点小组访谈。在进行消费者电话调查的同时，成美项目组展开了经销商的专家访谈。

明确了品牌要在消费者心目中占据什么定位，接下来的重要工作，就是要推广品牌，让它真正地进入人心，让大家都知道品牌的定位，从而持久、有力地影响消费者的购买决策。

（成美营销顾问公司网，http://www.chengmei-trout.com）

[链接思考]

（1）成美营销顾问公司使用了哪些调研方法？

（2）试分析广告调研的作用及消费者调研的内容。

本章小结

广告调研，是指采用科学的方法，按照一定的程序和步骤，收集和分析与广告活动有关的消费者信息、传播媒体信息、产品和企业信息，以及广告效果信息等的调研活动。广告调研主要有广告环境调研、广告市场调研、广告信息调研、广告媒体调研、广告对象调研、广告效果调研等内容。

广告调研要遵循一定的程序，大致经过下面几个步骤：确定调研目标，制定调研方案，展开实地调研，整理分析资料，编写调研报告。广告调研的方法主要有文献调研、实际调研、抽样调研等方法。

关键概念

广告调研　广告环境调研　广告对象调研　广告信息调研　广告媒体调研　广告效果调研　实际调研　抽样调研

思考题

(1) 什么是广告调研？广告调研的作用有哪些？
(2) 简述广告调研的程序。
(3) 广告调研包括哪些内容？
(4) 广告调研有哪些方法？
(5) 针对某产品设计一份广告调查问卷。

参考文献

［1］黄合水. 广告调研技巧［M］. 厦门：厦门大学出版社，2009
［2］罗洪群，王青华. 市场调查与预测［M］. 北京：清华大学出版社，2011
［3］蒋玉石. 现代广告学概论及案例分析［M］. 成都：西南交通大学出版社，2014

第五章 广告心理策略

本章学习目标

学完本章以后,应掌握以下内容:①了解感觉、知觉、注意、兴趣、动机和记忆等广告心理的含义;②了解广告与消费者心理的关系;③了解联想的情形及其对广告的影响;④了解消费者消费心理的过程及广告心理策略的运用。

一个成功的广告应当是真正成为消费者选择商品的参谋,而这样的广告作品必须建立在对消费者心理进行深入研究的基础上。因为消费者购买商品是由心理因素支配的,消费心理是购买商品的内在动力,是消费者的一种思维活动。人们消费心理的变化主要由生理需求和心理需要决定的,但外部条件对它的影响很大。充分利用广告手段,通过语言、声音、形象、色彩去影响人的感觉器官,使商品逐渐印入消费者的脑海,诱发消费者对商品的好感,使广告的内容同消费者的切身利益和迫切需要联系起来,刺激消费者的购买欲望,从而最终导致购买的行为;这一切都离不开广告心理策略的运用。

第一节 广告感觉与知觉

感觉是一切复杂心理活动的基础。在消费活动中,消费者一般借助感觉来接受有关商品的各种信息,形成对商品个别的、孤立的和表面的心理反映,形成初步的印象。而知觉则是关于对象和现象的整体形象的反映,消费者只有在知觉的基础上才能获得对商品的全面认识。

一、感觉与广告策略

(一) 感觉的含义

感觉,是指由一种感觉器官的刺激作用引起的主观经验,即是人脑对直接作用于感觉器官的外界客观对象和事物的个别属性的反映。例如,人们用眼睛看,可以感觉到外界事物的各种颜色、光线的明暗;用耳听,可以感觉到外界事物的各种声音;用手摸,可以感觉到外界事物的各种硬度、质地;等等。这种对客观事物个别属性(颜色、声音、质地、形状、大小)的反映就是人的感觉。

消费者的感觉就是商品外部的个别属性作用于消费者不同的感觉器官而产生的心理现象。如消费者对食品的感觉,通过眼睛感觉食品的颜色、形状、质地,通过鼻子感觉食品的气味,通过舌头感觉食品的味道,通过牙齿感觉食品的松软、坚硬程度等。这些感觉使消费者对商品本身得到直观而形象的反映,这种反映对消费者的购买行为有很大的影响。消费者借助于感觉器官对各种商品、服务、信息以及对自身需要的各种属性的感觉,是形成一切消费活动的感性基础。

(二) 感觉的分类

对感觉进行分类研究,目的是探究各类感觉的一般规律,根据感觉刺激来自机体外部还是内部,我们可以把感觉划分为外感受感觉和人体内部感觉两大类。

1. 外感受感觉

按引起感觉的刺激物与感受器官有无直接接触,又可以将外感受感觉分为距离感受作用和接触感受作用。距离感受作用是指感受器官与刺激物不发生直接接触而产生的感觉,如视觉、听觉、嗅觉;接触感受作用是指感受器官与刺激物必须发生直接接触才能产生的感觉,如味觉、肤觉。据有关研究表明,在外感受感觉中,视觉是人们获取信息的最主要通道,85%的信息通过视觉取得,10%左右的信息通过听觉取得,其余5%则通过其他通道取得。

2. 人体内部感觉

人体内部感觉是指由人体内部器官运动的刺激所引发的感觉。如肌肉运动感觉、平衡感觉、内脏感觉等,它反映身体的运动、内脏器官等的不同状态。人体内部感觉的感受器官位于体内组织或内脏器官的表壁上。

在营销与广告的策划活动中,我们需要重点研究消费者的外感受感觉。

(三) 感觉在广告策略中的应用

广告可以通过对消费者视觉、听觉、味觉、嗅觉、触觉等方面的刺激,让消费者对商品有初步的良好印象,才能诱发消费者的兴趣,从而引发购买欲望。

1. 视觉方面

在广告文案、图像设计中,需要完成的是视觉传达,即需要完成的是借助无声的视觉——阅读和观赏,获得如听觉般(但又不能等同于听觉)的信息,获取信息的人融会贯通,形成自己的观点与思维,进一步还会刺激行动。因此,信息输出功能是广告文案、图像设计首先要解决的问题,读到文字能够领悟,见到画面能够意解,这是最基本的要求。如食品平面广告通过诱人的画面与描述性的文字,一定程度上能够协助人获取味觉上的感受,即通感。在POP广告中,商品陈列美观大方、重点突出、色彩鲜明,并利用适宜的灯光以衬托商品,从而使消费者赏心悦目,产生兴趣。

2. 听觉方面

听觉是仅次于视觉的重要感觉通道,它在消费者接触广告特别是广播、电视媒体广告中起着重大作用。在电视食品广告设计中,除了诱人的画面外,再辅以咀嚼吞咽的声响,便能以听觉带动人味觉上的想象。例如,啤酒电视广告中的爽口声、必胜客滋滋的烤牛排声等令人垂涎。广播广告的语言应准确、生动而简练,播音员的声音要轻柔甜美、亲切感人,适当的背景音乐可以调节消费者的情绪,活跃气氛,促进消费者购买行为的实现。

3. 味觉方面

味觉是指食物在人的口腔内对味觉器官化学感受系统的刺激并产生的一种感觉。在广告与营销策划中，针对可以品尝的饮食应开设试尝服务，让消费者直接感触食品、饮料的味道；不能品尝的则可以将食品放在透明的玻璃柜内展出，并附介绍食品的详细说明书，还可以把食品拍成彩色照片，使消费者间接地感知食品的品质、滋味和营养价值。

4. 嗅觉方面

嗅觉，是外激素通讯实现的前提，是一种远感，是通过长距离感受化学刺激的感觉。相比之下，味觉是一种近感，嗅觉和味觉会整合和互相作用。在化妆品的广告促销过程中，应设法通过体验突出不同化妆品的特殊香味，并附有说明书，以利于消费者的选择。

5. 触觉方面

触觉是生物感受本身特别是体表的机械接触（接触刺激）所带来的感觉。在对布料、服装的营销过程中，消费者往往喜欢用手触摸商品，以鉴别商品的品质。因此，营销人员对消费者触摸商品应给予方便的条件，以加深其对商品的良好印象。

二、知觉与广告策略

（一）知觉的含义

知觉，是指人脑直接作用于感觉器官的客观事物的整体形象的反映。感觉和知觉都是当前事物在人脑中的反映，但感觉是对对象和现象个别属性（如颜色、气味、形状）的反映，而知觉则是关于对象和现象的整体形象的反映。事物总是由许多个别属性所组成的，没有反映事物个别属性的感觉，就不会有反映事物整体的知觉。因此，感觉是知觉的基础，知觉是在感觉的基础之上产生的。对一个事物的感觉越丰富、越精确，对该事物的知觉也就越完整、越正确。在实际生活中，孤立的感觉很少出现，人都是以知觉的形式直接反映事物，感觉只是作为知觉的组成成分存在于知觉之中。

（二）知觉的分类

（1）根据知觉反映的事物特性，可分为空间知觉、时间知觉和运动知觉。这三类知觉均较复杂，空间知觉反映物体的空间特性（如物体的大小、方位、距离等），时间知觉反映事物的延续性和顺序性，运动知觉反映物体的空间位移和位移速度。

（2）根据反映活动中某个分析器所起的优势作用，可将知觉分为视觉知觉、听知觉、触知觉等。

（3）人们对客观事物的不正确的感觉叫作错觉。在一定条件下，人的各种感知由于受主、客观因素的影响，在感知事物的时候会产生各种错觉现象，如大小错觉、图形错觉、空间错觉、时间错觉、方位错觉等，其中最为常见的是视觉方面的错觉。

在日常生活中，错觉现象随时可见。例如，两个同样大小的彩色电视机，装饰边粗大的荧光屏看起来比没有装饰边的荧光屏要小些；装有宽大玻璃窗户的房间比没有装宽大玻璃窗户的房间要显得宽敞一些;女孩穿竖条纹的衣服比穿横条纹的衣服显得苗条一些;等等。

(三)知觉在广告策略中的应用

1. 知觉的整体性的广告策略

知觉的整体性是指人们在认识事物的过程中,知觉对象往往是由多个部分综合组成的,各组成部分分别具有各自的特性。但人们不会把对象感知为许多个别的、孤立的部分,而总是把对象知觉为一个完整的整体。如图 5-1 所示,人们看图时并不是把它们知觉为虚线的组合和三个圆圈,而能够把它们看成矩形和三角形。

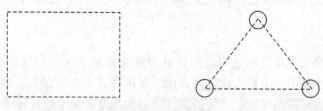

图 5-1 知觉的整体性

整体性是消费知觉的主要或基本特性。消费者在知觉某一事物时,该事物的各种属性并不是只引起消费者的单一感觉,而是各种感觉在消费者头脑中有机组成的一个完整印象。如消费者在购买商品时,对商品的知觉和印象不仅仅局限在商品的本身,还会把商品与购物环境、商品陈列、售货员的态度以及行为举止联系起来。在广告设计中,利用知觉整体性规律,使广告作品的各构成要素有机地结合起来,有助于受众对广告产品形成完整的认知。

2. 知觉的理解性的广告策略

知觉的理解性是指消费者根据已有的知识和经验对知觉对象进行解释的过程。知觉过程的主要目标之一是对于知觉的对象以自己过去的经验予以解释,并用词汇或概念对其进行命名或归类,即赋予对象一定的意义。例如,图 5-2 的"人脸-花瓶"双关图中,大脑或将其解释为黑色背景上的白色花瓶,或解释为白色背景上的两个侧面人像。这种理解随时存在,但又不能同时获得。

图 5-2 知觉的理解性

消费知觉的理解性对广告营销设计有着积极的意义。如对化妆品来说，化妆品包装瓶的造型一定要高雅别致，精美富贵。让消费者一看到包装瓶，就联想到化妆品就像包装瓶那样典雅高贵，从而产生购买欲望。由于消费知觉的理解性受以往知识和经验的影响，因此，知识和经验的不同，对知觉对象的理解也就不同，所以在广告创意、设计中要充分考虑目标消费群体的知识与经验。如FM365网站请香港影星谢霆锋为形象代言人，并且其广告《网恋篇》就是根据其目标消费群体的知识经验和生活形态而创意的，便于受众理解、共鸣，从而起到很好的宣传效果。

3. 知觉的选择性的广告策略

知觉的选择性是指消费者从纷繁复杂的环境中，把某种客体、某种现象或它们的属性部分区分出来并优先给予反映。外界环境对我们的刺激太多了，以至于我们应接不暇、疲于应付，环境刺激的无限性、复杂性与人类大脑的有限性的矛盾，决定了人类只能而且必须作出选择。故人们总是有选择地只将对自己有重要意义的刺激物作为知觉的对象。知觉的对象能够得到清晰的反映，而背景只能得到比较模糊的反映，这样，我们就可以游刃有余地清晰地感知一定的事物与对象。例如，在课堂上，学生把黑板上的文字当作知觉的对象，而周围环境中的其他东西，如头顶的电扇、墙上的标语、同学的面孔等便成了知觉的背景。

影响知觉选择性的因素有：①主观因素。凡是与人的需要、动机、兴趣、情绪、知识经验有关的事物都会被优先选择为知觉对象。如百货商场会有成千上万、颜色各异、种类不同的商品，但消费者并不是对所有的商品都给予注意，而仅仅对他想购买的，或者是感兴趣的商品才会很快地、明确地知觉到。②客观因素。这主要是指刺激物本身的特点。例如，对象与背景的差别越大，对象就越容易从背景中区分出来；反之，对象与背景的差别越小，区分就越困难。又如从万绿丛中区分出红花来，非常容易；从白雪皑皑的冰雪中区分出白兔来，就相当困难。

消费知觉的选择性特点常被运用到广告营销的设计中。比如，以前瓜子都是用塑料小包装，而"恰恰瓜子"针对这一市场状况，推出牛皮纸小包装，再配以传统的图案，并且采用三角形包装形状，一投放市场，放在超市货架上，在众多品牌的瓜子中，因其独特性首先被消费者所感知，从而一炮打响，成为中国瓜子市场上的领导者。在广告设计中，广告传递的信息应尽量简洁突出，对象、背景应鲜明，以便消费者选择。

4. 知觉的恒常性的广告策略

知觉的恒常性是指在知觉条件发生一定范围的变化时，被感知的对象仍然保持其特性相对不变的知觉倾向性过程。在视觉中，知觉的恒常性表现得特别明显。对象的大小、形状、亮度、颜色等映像与客观刺激的关系并不完全服从于物理学的规律。尽管外界条件发生了一定变化，我们在观察同一物体时，知觉的映像仍然相当恒定，产生大小恒常性、形状恒常性、亮度恒常性、颜色恒常性。知觉的恒常性对生活实践有重要意义。它保证人们能够在客观刺激物的信息和条件发生变化的情况下，仍然按照事物的真实面目去正确知觉客观事物、反映事物的实际情况，从而依据事物的实际意义去适应变化了的环境，改造客观世界。

在广告活动中，运用广告能使消费者对其品牌建立相当的了解，就能使消费者建立对品牌忠诚,即使环境有所变化,消费者依然可以认知它。就像我们看到一个熟识的朋友,虽然他换了装束,仍然能够认出他。研究表明,一个忠实的顾客在五年内为公司所累积的利润是第一年的 7.5 倍;第一次销售成本是后续销售成本的 5～10 倍,甚至高达 20 倍。也就是说,消费者与某一品牌建立了一种长远的良好关系,就会保持较高的忠诚度。

第二节 广告注意

为使消费者了解和认识广告信息内容,要力求使广告能吸引消费者的注意。引起消费者的注意,虽不是广告的目的,但却是广告取得成功的关键。

一、注意及其特征

(一) 注意的含义

注意是指心理或意识活动对一定对象的指向和集中,它是我们所熟悉的一种心理现象,明显地表示了人的主观意识对客观事物的警觉性和选择性。注意主要由两种因素引起:一是刺激的深刻性,如外界刺激的强烈程度以及刺激物的突变等;二是主体的意向性,如根据生理需要、生活需要、主体兴趣而自觉地促使感觉器官集中于某种事物。由于引起注意的因素不同,人的意识所起的作用的反应特点和反应时序也有所不同。

(二) 注意的特征

注意具有指向性和集中性两大特征。

(1) 指向性。指向性是指人的心理活动所具有的选择性,即在某一瞬间把心理活动有选择地指向某一目标,而同时离开其他对象。

(2) 集中性。集中性是指人的心理活动只集中于少数事物上,对其他事物视而不见、听而不闻,并以全部精力来对付被注意的某一事物,使心理活动不断地深入下去。

在广告活动中,充分地利用注意的这两个特点,可以使消费者专注于广告宣传对象,使之离开一切与广告宣传无关的其他事物,这样,就可以使广告宣传的内容在消费者的心理活动中得到清晰、鲜明的反映。

(三) 注意的功能

(1) 选择功能。选择功能是指选择有意义的、符合需要的和与当前活动相一致的有关刺激或影响,避开或舍弃无关的、非本质的、附加的和与之竞争的各种刺激和影响,抑制对它们的反应。

(2) 保持功能。保持功能是指注意的对象的印象或内容维持在意识中,一直保持到达到目的为止。具体地说,一直保持到得到清晰、准确的反应。

(3) 调节和监督的功能。调节和监督的功能是指控制心理活动向着一定方向或目标进行。在注意的所有这些功能中，对活动进行调节和监督是其最重要的功能。

注意对于人类具有十分重要的意义。它使人的心理活动处于一种积极的状态之中，对心理活动的进行有组织和维持的作用。它保证人们能够及时地集中自己的心理活动，正确地反映客观事物，使人能够更好地适应环境，从而改造环境。只有集中注意力，才能保证人们感知的形象清晰完整、记忆牢固。所以，注意在人的心理活动中占据着重要的地位。

二、注意的形式

根据产生和保持注意的有无目的和意志努力的程度不同，在心理学上把注意分为无意注意和有意注意两种形式。研究注意的这两种形式，对于广告从业人员来说，搞清楚人们如何注意、怎样引起人们的注意，至关重要。

（一）无意注意

无意注意，是指事先没有预定的目的，也不须作任何意志努力的注意。无意注意是一种定向反射，是由于环境中的变化所引起的有机体的一种应答性反应。当外界环境发生的变化作用于有机体时，有机体把相应的感觉器官朝着变化的环境。借助于这种反射通常可以全面地了解刺激物的性质、意义和作用，使有机体适应新的环境变化，并确定活动的方向。

引起无意注意的原因，可分为客观刺激物的本身和人的主观状态。在设计广告时，这是必须考虑的两个因素。其中，刺激物的特点包含有几项内容：①刺激物的绝对强度和相对强度；②起作用的各种刺激物之间的对比关系；③刺激物的活动、变化和新异性。人的内在主观状态包括人对事物的兴趣、需要和态度，人的精神状态和情绪状况，以及人的知识经验，等等。凡是能够使刺激物在这些方面迎合消费者的广告创意，几乎都能取得利用人们的无意注意的功效。

（二）有意注意

有意注意，是指一种自觉的、有预定目的的、在必要时还需要付出一定的意志努力的注意。有意注意是根据人的主观需要，把精力集中在某一事物上的特有的心理现象。其特点是主体预先有内在的要求，并将注意集中在已暴露的目标上。有意注意是一种主动服从于一定的活动任务的注意，它受人的主观意识的自觉调节和支配。相对而言，有意注意对于广告刺激的要求没有无意注意要求的那么高。

三、引起注意的广告策略

广告界流行这样一句话：使人注意到你的广告，就等于你的产品推销出去了一半。可见在商业广告设计中，应充分运用注意的心理功效，通过广告创作与宣传，有意识地吸引和维持消费者的注意，是提高广告效果的重要环节。

（一）增大刺激物的强度

根据心理学原理，当刺激达到一定的强度，就会引起人们的注意。刺激物在一定限度内的强度越大，人对这种刺激物的注意就越强烈。不仅刺激物的绝对强度有这种作用，而且刺激物的相对强度也有这种作用，如项目的标题、感人的情节、宽阔的画面等。因此，在广告设计中，可以有意识地增大广告对消费者的刺激效果和明晰的识别性，使消费者在无意中引起强烈的注意。

（二）强化对比

刺激物中各元素的显著对比，往往也容易引起人们的注意。在一定限度内，这种对比度越大，人对这种刺激所形成的条件反射也越显著。因此，在广告设计中，可以有意识地处置广告中各种刺激物之间的对比关系和差别，增大消费者对广告的注意程度。除了强化在广告本身各元素之间的对比外，还可以强化广告与环境因素的对比。这些对比能增强广告的易读性、易视性和易记性，保证消费者的视觉、听觉和知觉的畅通和顺利，从而引起消费者的兴趣。

（三）突出刺激物目标

要引起人们的注意，首先要突出刺激物目标。在其他条件相同的情况下，注意程度的强弱和被注意物体的多少成反比；目标越多，注意力越分散，目标少则有利于集中注意力。其次，广告画面安排要恰当，要考虑怎么安排才能便于记忆。也就是说，要把所广告的商品、图画、照片和文字等放在视觉的中心上，并进行有序安排，使画面保持均衡、相称、统一和和谐。最后，利用刺激物的动态来表现，运动着的物体的引人注意程度要比静止的大得多。LED广告之所以引人注目，就在于它的动态闪烁。在广告设计中，使广告刺激物牵动受众眼睛向广告主所期待的方向移动，也可增强广告的吸引力。

（四）创造广告的新奇感

一般来说，常见的、雷同的事物难以引起人们的注意，而新颖、奇特和反常的现象对人们吸引力较强。根据这一心理特征，在广告策划中多采用一些合乎情理、但又有违常规的广告设计，可以博取消费者的普遍注意。例如，泰国曼谷有一家新秀酒吧，为吸引顾客，在门口放置了一只巨型木制啤酒桶，桶上写着醒目的几个大字："不许偷看"，由于猎奇心理，凡路过行人无不止步"犯禁"。当透过木桶缝隙看过之后不禁捧腹大笑，原来桶内有一广告语："我店啤酒与众不同，请品尝！"，随着一股清醇酒香扑鼻而来，顾客经不住诱惑而走进店内喝酒。

第三节　广告兴趣与动机激发

衡量一则广告成败的标准，要看广告能否使消费者产生兴趣，广告诉求所给予消费者的许诺能否满足消费者的某些需要和欲望，并诱发他们的购买动机。

一、产生广告兴趣的对策

兴趣，是指一个人积极探究某种事物及爱好某种活动的心理倾向。它是人认识需要的情绪表现，反映了人对客观事物的选择性态度。兴趣与人们的个性、爱好、习惯和职业等因素有关。广告能否使消费者产生兴趣，主要看广告是否真实可信，广告传递的信息是否投其所好，以及表现信息的文字、画面和情节是否具有感染力。

（一）增强广告的可信度

消费者看广告的目的是通过广告了解到如何才能买到称心如意的商品，因此，广告的首要任务就是增强广告信息的可信度。

1. 客观介绍商品的优缺点

信息的传递分为单向信息和双向信息，绝大部分广告向受众提供的是单向信息。消费心理学家指出，有时提供双向信息效果会更好，这与消费者的文化程度有关。

一般而言，文化程度低、识别能力差的人，双向信息会使他们感到困惑，进而影响其购买决策和购买行为。文化程度高、理性分析力强的人，不会轻易相信广告商品信息，认为任何产品都有优缺点，因此，对此类消费者采取双向信息，反而易取得他们的信任。

美国艾维斯汽车出租公司的广告，首先承认同行业中的赫兹汽车出租公司是第一流的，然后表明："艾维斯在租车业中居于第二位。请坐我们的车吧，我们会更加努力的。"反复诉求"我们排行才老二"透露出一种经营理念——因为我们是第二位所以更加努力。在这之前，艾维斯汽车出租公司连续13年都是亏本的，由于广告定位恰当，这家公司第二年就开始扭亏为盈，到第三年已盈利500万美元。

尽管目前单向信息占绝大多数，但双向信息成功的也不乏其例，如美国一家汽车厂商为同一型号的汽车做了两种广告：一则广告从其性能、质量等特点上进行优势宣传；另一则广告则说这种汽车的车门扶手有些偏后，用起来稍有不顺手，但其他方面无可挑剔。经调查，后者的广告效果要好于前者。

2. 真实进行现场示范

眼见为实使得现场广告较为有效。西铁城手表的质量是令人信服的，但早期的销路却不尽如人意。后来有位年轻的销售人员给公司出了一个绝妙的主意，即从飞机上往下扔手表，由此引来了成千上万的人前来拾表和观看，就这个新颖而又独特的广告创意，便使该产品誉满天下、畅销全球。

世友木业公司研发出一种新产品——钛晶面抗刮痕实木地板，具有抗刮、抗污、耐磨等特性。为使消费者对新产品信赖，公司在首届地板"狂欢贺岁节"上举办了实木地板"火爆体验"活动：让女士们穿上高跟鞋在钛晶面实木地板上进行"抗刮痕50米短跑比赛"；同步进行的还有"抗污渍涂鸦接力大赛"，孩子们可以在钛晶面地板上尽情涂画。世友公司通过"高跟鞋短跑"和"地板上涂鸦"这种让观众参与的现场演示，把产品特性真实地展示给消费者，其宣传效果明显，人气也赚得十足。

当然，现场示范的最大局限性是影响面窄。为弥补这一弊端，有些广告商把这种现场示范方式搬到了电视媒体上进行传播，如近几年厨邦酱油"有图有真相"的电视现场广告，在扩大覆盖面上取得了良好的效果。

3. 请消费者谈使用感受

让消费者谈使用感受已成为洗洁用品、化妆品、保健品等广告的常用手法。"当我第一次知道要拍洗发水广告的时候，其实我是拒绝的……"这段成龙接受记者专访的内容被"霸王公司"成功地运用于广告，其传播效果非常之好，产品的信服力由成龙这一国际巨星真实地说出来，效果翻了数十倍。明星访谈、现身说法等已成了广告宣传的惯用手法。

4. 利用科学鉴定来证实

利用科学鉴定来证实产品的功效也是许多广告常用的手法。例如，高露洁牙膏通过医生敲贝壳的对比手法，来证实经含高露洁牙膏成分的溶液浸泡过的贝壳不易碎的防蛀效果；舒肤佳香皂则通过显微镜下演示细菌不能存活的杀菌效果；等等。这种采取科学鉴定的方式使受众在一定程度上感到信服。

然而，采用这种方式若过分夸大功效将会适得其反。例如，几年前在市场上销售的一种名为长动力增高鞋的广告，存在夸大功效、虚假宣传的问题。经调查，所谓的长动力增高鞋的正式名称叫避震按摩鞋，在产品专利的介绍中，没有一处标明该产品具有增高作用。但在商家的长动力增高鞋广告促销中却摇身一变，成了"自然、安全的增高产品"并进行了动画演示。早在2001年，国家药品监督管理局就下发了《关于日常生活用品不作为医疗器械审批的通知》，其中明确规定：凡属于人的日常生活用品、装饰品，如衣服、帽子、鞋、袜、手镯、耳环等产品，无论其采用何种材料，均不得作为医疗器械受理审批；企业也不得宣传产品的治疗、诊断功能。

（二）广告诉求点同消费需求点相吻合

在产品和服务的营销或促销过程中，能否提炼出科学、准确、有张力的诉求点，是在市场竞争中能否达到产品和服务畅销、建立品牌的一个十分重要的方面。广告诉求点是指某商品或服务在广告中所强调的、企图劝服或打动广告对象的传达重点。诉求点不明确的广告，不是成功的广告。

寻找或确定广告诉求点时，首先要解决两个问题：一是向谁诉求（诉求对象）？二是向诉求对象强调产品具有什么特色、特点？这些特色、特点，一方面是产品和服务与生俱来的；另一方面是通过营销策划人的想象力和创造力"无中生有"表现出来的。但是，不论这些特色、特点从何而来，只要我们能运用手法、匠心或灵感，使之与消费者需求点相吻合，并让消费者接受、认同，就能达到产品和服务的畅销、建立起品牌的目的。

在广告策划中巧妙地运用诉求点，可以收到意想不到的说服效果。诉求点的提炼通常经过以下三个环节。

1. 明确产品的目标市场及定位

要根据消费者的需要、竞争对手等一系列情况，确定出产品的真正消费者群。一个准确的市场定位是能否提炼出好的诉求点的重要基础。

2. 整合消费者购买本产品的理由

要在对消费者消费心理认真分析、研究的基础上，审视、挖掘、整合产品的整体概念，找到消费者购买本产品的理由，即产品给消费者提供的效用、利益之所在。

3. 提炼诉求点

要把消费者购买本产品的理由进行提炼，找到那个能引起消费者的关注、激发消费者的记忆、打动消费者的心的差异化的概念。以一种丰满的、有力的、能迅速抓住消费者注意力的形式准确地告知消费者，促进其认同、接受、偏爱，直至于忠诚，达到产品畅销、建立起品牌的目的（如图5-3所示）。

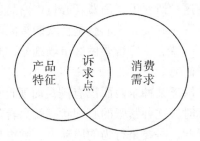

图5-3　广告诉求点的提炼

（三）通过艺术表现形式，唤起消费联想

一般而言，消费者具有自尊、自爱、上进、同情、爱心、追求幸福美好等心理特征，广告若能利用社会热点，抓住消费者的心理特征，通过艺术表现形式来唤起消费者的联想，从而促进购买行为。例如，雕牌洗衣粉"下岗工人篇"的广告至今让人记忆深刻：广告片截取一个下岗工人家庭生活片断，年轻的妈妈下岗了，为找工作而四处奔波。懂事的小女儿心疼妈妈，帮妈妈洗衣服，天真可爱的小女孩说道："妈妈说，'雕牌'洗衣粉只要一点点就能洗好多多的衣服，可省钱了！"门帘轻动，妈妈找工作回到家里，正想亲吻熟睡中的爱女，看见女儿的留言——"妈妈，我能帮您干活了！"妈妈的眼泪不禁滚落眼眶。这一广告宣传，引起了消费者内心深处的震撼及强烈的情感共鸣，雕牌品牌迅速得以认同与提升。

二、动机激发

（一）需要及需要层次

需要是指个体在一定的生活条件下感到某种欠缺而力求获得满足的一种主观状态，

是机体延续和发展生命对所必需的客观事物的欲求的反映，是机体自身或外部生活条件的要求在头脑中的反映。人的需要是多层次多方面的，大致可以分为情感需要、自我支持需要和自我防御的需要。按马斯洛需要层次说，人的需要分为五个阶梯层次：

(1) 生理需要——食物、水、住所、空气、性等。
(2) 安全需要——保护、秩序、稳定等。
(3) 社交需要——爱情、友谊、归属等。
(4) 尊重需要——荣誉、成功、自尊等。
(5) 自我实现——道德、理想、创造力等。

这五个层次是从低级（生理性）需要到高级（心理性）需要呈上升状的，并且有时是几种需要并存的。由马斯洛需求理论可知，人的需要在初级层次主要表现为生理上的，高层次则体现为心理上乃至精神上的。了解消费者的需要层次是做好广告的前提条件。

随着人们生活水平的提高，消费者的购物并非满足基本生活需要，而是追求一种时尚观念和生活方式。因此在这种情况下，消费者心目中商品价值，不仅表现为商品的物理特性，而更与他们的情趣喜好有关，人们总是喜欢购买能够反映自己愿望和生活方式及个性出发的产品。根据这一特点，广告要做好市场细分，充分了解消费者的个性及消费心理，并进行认真的分析研究。

一般来说，需要是个体缺乏某种东西而没有满足时所产生的一种紧张的心理状态。在遇到能够满足需要的目标时，这种紧张的心理状态就会转化为欲望，推动人们去从事某种活动，去实现目标。因此，需要是行为的原动力，欲望是心理意识的具体反映，动机则是推动人们活动的直接原因。

（二）购买动机的激发

动机是指直接推动一个人进行活动、以获取满足其需要的事物的内部动因或动力。动机作为一种活动的动力具有三种功能：①引起和发动个体的活动；②指引活动向某一目标进行；③维持、增加和减弱活动的力量。正是由于具有这些作用，动机的性质和水平也必然会影响到活动的水平和效能。消费者的动机是决定购买的重要因素。

人的需要进入购买阶段便激发为购买动机，购买动机有如下的特点。

1. 求实动机

以追求商品的使用价值为目的，注意商品的内在质量和效用，讲究实惠实用和使用方便，不过分强调外观、花色、款式等。广告宣传应着重质量、性能、使用方便，等等。

2. 求廉动机

追求廉价，喜欢选购折价、优惠价、处理价商品，不大计较产品的外观质量，如花色、款式及包装等。广告应侧重宣传物美价廉。例如，康师傅面霸120"加料加量不加价"，雕牌洗衣粉"只选对的，不买贵的"。

3. 求新动机

追求商品的新颖、时尚，不太注意商品的价格。广告应着重对款式色彩的宣传。

4. 求美动机

追求商品的艺术性、欣赏价值，注意商品造型、色彩、包装等外在美，讲究对人体的美化和环境的装饰，广告应注重美学、艺术价值的宣传。

5. 求名动机

追求名牌产品，以显示自己的身份地位，注意产品产地及声誉，舍得花时间、精力选购。广告应侧重于品牌的宣传。

6. 求异动机

根据自身的偏好来选择，个性化特征明显，广告应迎合其个性的需求。

第四节 广告记忆与广告联想

广告应该具有帮助人们记忆广告内容的功能。而联想是一种"有意义而为之"的创造技法，是广告创意中的粘合剂。把广告记忆与广告联想两个看起来毫不相干的事物联系在一起，从而产生新的构想。

一、广告记忆及策略

记忆是人们在过去的实践中所经历过的事物在头脑中的反映。消费者通常在接受了广告信息之后就会对某一产品产生良好的印象。如果广告的视听元素难以记忆，其刺激功能就不能充分发挥，广告的效果也就不理想。因此，了解消费者记忆过程的基本环节，在广告设计中是非常必要的。

（一）广告记忆过程的基本环节

人的一般记忆过程和广告的记忆过程，都可以分为识记、保持、再认和回忆四个基本环节。对广告的记忆过程进行研究，其目的是系统地了解广告对记忆进行促进的全过程，从而在今后的实践中充分地利用广告促进记忆的功效进行广告设计，以求获得更好的广告效果。

1. 广告识记

广告识记，是指识别和记住广告并把不同的广告区别开来，使记忆在头脑中不断积累的过程。广告识记是获得广告的印象并使之成为经验的过程。从理论上，可以把广告识记划分为有意识记和无意识记、机械识记和意义识记。

（1）无意识记和有意识记。广告无意识记，是指事先没有自觉的和明确的目的，不用任何有助于识记的方法，也没有经过特殊的意志努力的识记。无意识记具有很大的选择性，一般而言，那些在一个人的生活中具有重大意义，在活动中占有重要位置，适合人的兴趣、欲求需要、目的和任务的，能激起人们的情绪活动的广告，对人的影响很深，人们往往会容易无意识记。人的许多知识、经验是通过无意识记积累起来的。许多媒介宣传广告，使人在许多方面都感知广告内容，通过"潜移默化"的作用，广告就会被人们无意识地识记下来。

广告的有意识记，是指具有明确的识记目的，运用一定的方法和经过一定的意志努力的识记。有意识记广告是一种复杂的智力活动和意志活动，要求有积极的思维活动和意志努力。它在广告宣传中具有重要意义，人们掌握系统的知识、系统的广告内容，主要依靠有意识记。

（2）机械识记和意义识记。机械识记，是指在对广告的内容、意义没有理解的情况下，依据广告的某些外部联系机械重复进行识记。意义识记，是指在对广告意义、内容理解了的情况下，依思维活动揭示广告内在的本质联系，找到广告中的新材料与自己的知识的联系，并将其纳入个人已有的知识系统。运用这种识记，广告内容易于记住，保持时间长，并且易于提取。大量的事实证明，意义识记在全面性、速度、准确程度和巩固程度上，都比广告的机械识记好。

2. 广告再认与广告回忆

广告再认，是指过去经历过的广告宣传重新出现时能够识别出来。

广告回忆，是指对过去出现和经历过的广告能够回想起来。

对广告的再认和回忆都取决于对旧广告的识记和巩固程度。保持巩固，则再认或回忆就容易。借助于广告的再认或回忆，可以大大地巩固广告的效果。

3. 广告保持与广告遗忘

广告保持，是指过去接触过的广告印象在头脑中得到巩固的过程，也是大脑把广告信息进行编码、储存的过程。广告遗忘，是指对识记过的广告不能再认或回忆，或表现为错误的回忆的现象。

广告保持和广告遗忘是相反的两个过程。它们对广告学的意义在于：广告保持不仅能巩固广告识记，而且是实现广告再认或回忆的重要保证；广告遗忘，则为我们在进行广告活动时如何防止发生这种现象提供了理论依据。

广告遗忘的原因，主要有衰退和干扰两种，衰退是由于广告记忆痕迹得不到强化逐渐减弱以至于消失的结果；干扰则是在广告学习和广告回忆之间的这一段时间内受到其他刺激的影响。遗忘即衰退的结果，也是干扰的结果。遗忘是有规律的，它是时间的衰竭函数。因此，我们在广告宣传中，可以根据遗忘规律有针对性地安排广告的重播时间，以强化广告的记忆和保持。

（二）强化广告记忆的对策

从信息论的角度来看，消费者在视听广告的过程中，是通过这几种记忆的共同作用接收、储存和提取有关信息的。然而，由于客体刺激程度的不同，以及受刺激的个体心理特征的差异，使广告记忆往往出现个体的差异。这种记忆的个体差异往往可以反映在消费者不同的购买行为中，也可以反映在消费者对广告信息接收内容的不同效果上。因此，根据记忆原理及其个性差异，在广告宣传中采取有效的办法，正确地发挥记忆在广告过程中的作用，不仅能加强消费者接收、储存和提取有关广告信息，还能刺激其先前的经验痕迹的复活，促进购买欲望。

为了增强消费者对广告的记忆，可以采取以下几方面的策略。

1. 减少广告识记材料的数量

心理学的研究表明，学习材料越多，遗忘的速度越快。试验表明，识记 5 个材料的保持率为 100%，10 个材料的保持率为 70%，100 个材料的保持率为 25%；并且短时记忆的容量十分有限，只有 7±2 个组块单位。减少广告识记材料的途径是识记材料的绝对减少和相对减少。识记材料的绝对减少，就是减少广告识记材料的绝对量。相对减少，就是在识记材料不可压缩的情况下，根据记忆心理学原理进行分块整理，这样就等于加上了一些理解，也就等于所需记忆的材料相对减少了。

2. 恰当运用节奏和韵律

在短时记忆中，对语言文字材料主要是以听觉形式来进行编码的；在长时记忆中，则主要是以语义的形式来进行编码的。因此，在广告中使用语言文字时，应避免生僻绕口和复杂、费解的字句，否则，在短时记忆这一阶段就容易被淘汰。在广告创作中，为了使广告信息更容易为受众所记住，可以考虑恰当运用节奏、韵律和谐音等规律。例如，万家乐，乐万家；工友工友，木工之友；梁新记牙刷，一毛不拔；等等。

3. 利用多种感觉器官发挥作用

研究表明，每种感觉器官的分析器都有专门的神经通道，多种分析器的协同活动，可以使同一内容在大脑皮层上建立多种通道的联系，从而大大提高识记效果。为了帮助消费者更好地记住广告内容，应尽量考虑广告载体是否能更好地调动消费者的多种感觉器官通道。多种感觉器官的同时作用，可帮助消费者加深印象，这也是为什么当今电子媒体比印刷媒体更受广告主和广告商青睐的根本原因。例如，现场展示会、博览会，不但可让消费者看，还可说给消费者听，同时消费者还可触摸，如果是食品，还可现场品尝。因此，这种展示会能给消费者留下深刻的记忆痕迹并能起到很好的宣传效果。

Keller 的研究表明：当图片、品牌、标题与商品信息同时出现时，能有效增强记忆的抽取，加入了声音效果后，可增加消费者的想象，引起有利的态度并增进对广告及品牌的辨识与回忆。Tavassoli and Han 等人针对品牌记忆，将信息呈现方式大致分为视觉与听觉两种，并对以中文与英文为母语的消费者进行文化差异对于品牌记忆之研究，其研究发现，中文为母语者以视觉记忆为主，英文母语者则以听觉记忆为主，故建议中文品牌较适合使用视觉的品牌策略，而英文品牌则适合用听觉的品牌策略。

4. 合理安排广告的编排位置

心理学研究表明：学习材料安置顺序很大程度上影响着人们的记忆，在材料的开头和结尾更易被记住，中间部分难记住。最先呈现的材料较易记忆，称为首因效应；最后呈现的材料易记忆，称为近因效应。这可以用前摄抑制与倒摄抑制来解释。开头和结尾分别只受倒摄抑制和前摄抑制的单一作用；而中间要受前摄抑制与倒摄抑制的双重作用，遗忘的可能性加大。因此，广告中应把最重要的信息放在开头和结尾。如果一则广告能够首尾呼应地突出同一重点信息，则更容易使消费者记住有效的信息。

广告的编排位置还包括把广告安放在什么媒体的什么时间或空间，如果两则类似的广告，前后播出（或刊登）的时间间隔很近，则相互的干扰最大。学习材料越相似越易产生抑制作用，如果材料完全不同，则抑制效果最小。因此，内容相似的广告尽量避免时间与空间位置的接近，广告内容应避免雷同与模仿，以免使消费者误解并造成记忆混乱。在同一时段或相近的版面上刊播同一类产品的广告,也常常造成不利于记忆的情况发生。

此外,要考虑广告安排的空间和时间,尤其是在大众传媒上登载的广告,安置在什么栏目(节目)前或后,都会影响广告受众的记忆。假如广告在一则引起广告受众恐怖情绪的栏目(节目)后,则会由于广告受众被激起的情绪而影响其对广告的看法和记忆的效果。

5. 适时提高广告的重复率

利用广告信息的适度重复与变异重复,是增强广告记忆的重要手段。重复与变异重复是指某种产品的广告在持续性发布时,每则广告之间既有完全重复的部分强化产品与诉求的同一性,又要有新颖变化的部分来挖掘产品的丰富性及诉求的层次性。这样既通过持续性的重复来强化所诉求的内容及信息,又能通过连续中的变化所传播的新的信息,吸引更多的目标受众以新的感知更仔细、更深入地关注产品的信息。究其原因:一是重复可以强化消费者对广告内容的识记和保持,减慢遗忘速度,延长记忆时间;二是重复、变异重复可以形成消费者对广告信息内容的喜好与兴趣,加深对广告内容的理解,强化记忆效果。总之,无论是一种新的消费观念的重复、产品个性的反复强调,还是产品主导广告语的反复被提及,其目的只有一个,就是把关于本产品最重要的、最具长远性的、最具促销力的信息在反复地强化中让人们接受和认可,并在此基础上予以牢记。

二、广告联想及策略

(一)联想和联想记忆法

1. 联想

联想是人们在回忆时由当时感觉的事物回忆起有关的另一件事或者由所想起的某一件事物又记起了有关的其他事物的一种神经联系。由于客观事物是相互联系的,各种知识也是相互联系的,因而联想是一种基本的思维形式,也是记忆的一种方法。一般来说,相近的事物、相似的事物、相反的事物之间容易产生联想。

苏联心理学家洛万和斯塔林茨两人曾做过"联想试验",实验证明:任何两个概念(词语)都可以经过四五个阶段(词语)而建立起联想的联系。例如,"木材"和"皮球"在意义上风马牛不相及,但通过联想,借助于"树林—田野—足球场"三个概念做中介,就可以建立起它们之间的联系。再如,高山和镜子是两个互不相干的概念,经过三步联想,也可以使两者发生联系:高山—平地—平面—镜面—镜子。

2. 联想记忆法

联想记忆法,是利用识记对象与客观现实的联系、已知与未知的联系、材料内部各部分之间的联系来记忆的方法。具体地说,就是借助想像,把相似的、相连的、相对的、相关的或者在某一点上有相通之处的事物,选取其沟通点并加以联结。

(二)联想的策略

一般地说,按联想表现情况可划分为以下四种策略。

1. 接近联想

特定时间和空间上的接近联想。例如，由傍晚联想到下班，由鸡舍联想到农田，等等。又如，法国的依云矿泉水就成功利用了儿童的可人形象，用婴儿的纯洁无暇引起丰富联想来类比水质的纯洁健康。

2. 类似联想

在性质、形状和内容上相似的事物容易发生联想。例如，由记者联想到公关人员，由汽车想到火车，等等。类似联想可以化抽象为具体，使人们更清楚地把握事物的特征。

3. 对比联想

在性质上或特点上相反的事物容易发生联想。例如，由"黑"联想到"白"，由"水"联想到"火"，由自私联想到宽容，由燥热联想到清凉，等等。许多冰箱广告、饮料广告、洗涤用品、化妆品广告都是采用对比联想来展开创意的。

4. 因果联想

在逻辑上有因果关系的事物容易发生联想。例如，从成功联想到能干，从畅销联想到质量好、功能齐全的商品。这是广告创意中最常采用的一种方法。例如，"全国驰名商标"、"出口销量第一"、"最受消费者喜爱产品"、"金奖"、"银奖"、"总统用的派克"、"我只用力士"等充满诱惑力的语言，很自然的引发消费者的因果联想——"既然如此，一定不错"，广告的目的即可达到。

无论是哪种联想，都可以帮助人们从别的事物中得到启迪，促成人的思维活跃，引起感情活动，并从联想中加深对事物的认识。在广告宣传中，有意识地运用这种心理活动的重要功能，充分地利用事物间的联系形成各种联想，可以加强刺激的深度和广度。

运用联想的商业广告设计，实际上是对有关信息的升华，是具体和抽象的综合表现的广告手法。具体的方法很多，如可以用消费者熟知的形象，也可以创造出深入浅出、耐人寻味的意境，来暗示商品与劳务给人带来的乐趣和荣耀等。总之，采用直喻、暗喻等手法揭示有关信息的内涵，这种信息传递往往可获得引人入胜的艺术魅力，给消费者留下了艺术再创造的余地，从而增强主题的说服力。

在商业广告中充分发挥联想的心理功能，必须以充分地研究广告目标市场的消费习惯、消费水平和消费趋势为基础，掌握广告目标消费者的心理需求，从而有针对性地利用各种易于创造和激发联想的广告因素，使广告信息取得联想效果，适应消费者的知识经验和审美欲求，使之产生对产品的信服、向往，刺激其产生有益的共鸣和感情冲动，从而促进其信心，导致消费行为。

第五节 购买行为与广告策略

消费者在购买商品时将必然地受到生理需求和社会需求的支配，两者构成其物质欲求的强度，从而影响着购买行为。

一、购买行为的实现：情绪和意志

（一）在购买行为中消费者的情绪过程

消费者的生理欲求和社会欲求会产生不同的内心变化，可以造成消费者对商品的各种情绪反应。如果情绪反应符合或满足了其消费需要，就会产生愉快、喜欢等积极态度，从而导致购买行为；反之，如果违反或不能满足其消费需要，则会产生厌恶态度，就不会产生购买欲望。消费者对待客观现实是否符合自己的态度而产生的行为态度，就是购买心理活动的情绪过程。情绪过程是消费者心理活动的特殊反映形式，贯穿于购买心理活动的评定阶段和信任阶段，因而，对购买活动的进行有着重要影响。

消费者的情绪表现，大多数是通过其神态、表情、语气和行为等来表达的。各种情绪的表达程度也有着明显的差异。消费者在购买活动中的情绪表现，大致可以分为积极的、消极的和中性的三大类。

在购买活动中，消费者的情绪主要受购买现场环境、商品和心理状况影响。

（1）购买现场环境是影响消费者情绪的第一个因素。宽敞明亮、色彩柔和、美观典雅、气氛祥和的商场，会引起消费者愉快、舒畅的情绪反应，使消费者处于喜悦、欢快的积极情绪之中，从而刺激消费者的购买欲望；反之，环境条件差的场所，则会使消费者产生厌恶、烦躁的情绪。

（2）商品本身是影响消费者情绪的第二个因素。当商品能使消费者产生符合自己过去经验所形成的愿望需要的想法时，就会产生积极的情绪，从而导致购买；反之，就会形成消极情绪，打消购买欲望。在现实购买活动中，消费者的情绪演化是随着对商品的认识过程而发生变化的。随着对商品的深入了解，会产生对商品的"满意—不满意"、"愉快—失望"的对立性质的情绪变化。如在购买商品时，消费者发现某种商品的外观好，则会引起愉快情绪，但在深入认识商品时，发现商品的品质较差，则会转变情绪，产生对商品的不满意态度。

（3）消费者进行购买活动时所带有的心理状况是影响消费者情绪的第三个因素。消费者情绪的形成，是以其心理状况为背景的。这种心理状况背景包含多项内容，如消费者的生理特点、性格倾向、生活经历、事业成败、道德观念、社会地位、理想信念，乃至生活环境、身体状况和社会关系等。消费者的这些心理背景的差异，构成了各自不同的情绪状态，而这种状态是使消费者的购买心理和购买行为染上同质情绪色彩的根源。在购买活动中，消费者由于有着各自不同的心理状况和美感能力，必然使他们在购买过程中对客观事物或社会现象的反应具有不同的情绪方式，从而导致不同的购买行为。

（二）在购买行为中消费者心理活动的意志过程

在购买活动中，消费者表现出有目的地和自觉地支配和调节自己的行为，努力克服自己的心理障碍和情绪障碍，实现其既定购买目的的过程，这被称为消费者心理活动的意志过程。它对消费者在购买活动中的行动阶段和体验阶段有着较大影响。消费者在购买行为中心理活动的意志过程具有两个基本特征：一是有明确的购买目的；二是克服干扰和困难，实现购买目的。

（1）有明确的购买目的。在有目的的购买行为中，消费者的购买行为是为了满足自己的需要；他们在经过思考之后先提出明确的购买目标，然后有意识、有计划地去支配自己的购买行为。消费者的这种意志与目的性的联系，集中地体现了人的心理活动的自觉能动性。意志对人的心理状态和外部行为进行调节，推动人实现为达到预定目的所必须的情绪和行动，同时，还制止与预定目的相矛盾的情绪和行动。

（2）克服各种干挠和困难，实现购买目的。消费者要排除的干扰和克服的困难是多种多样的，既有内在原因造成的，也有外部因素影响的结果。并且，由于干扰和困难的程度不同，以及消费者意志品质的差异，消费者对商品的意志过程有简单和复杂之分。简单的意志过程一般是在确立购买目的之后就立即付诸行动，从决定购买过渡到实现购买。复杂的意志过程则是在确立购买目的之后，从拟定购买计划到实现购买计划，往往还要付出一定的意志努力，才能把决定购买转化为实行购买。在消费者由作出购买决定过渡到实现购买决定的过程中，由于要克服主观和客观两方面的困难，使实现购买决定成为真正表现出消费者意志的中心环节，就不仅要求消费者克服内在困难，还需要他创造条件，排除外部障碍，为实现既定的购买目的付出意志的力量。

消费者心理活动的情绪过程和意志过程，是消费者决定购买的心理活动过程的统一，具有相互作用的关系。情绪过程对意志过程也具有深刻的影响，而意志过程又反过来调节情绪过程的发展和变化。我们要了解为什么有的消费者愿意买某种商品而不买别的类似商品，愿意经常到某商店购买而不到其他商店购买，愿意在这个时间而不在别的时间购买等问题；凡此种种，都属于消费者行为的范畴。研究与掌握消费者行为，有利于合理运用广告手段，充分发挥企业的主观能动性，更好地为消费者服务。

二、购买行为模式及广告对策

购买模式主要包括消费者在何时买、何处买、如何购买等问题，这是消费者作出购买决策后进入实际购买活动的过程。为此，广告要针对不同情况作出决策。

（一）购买行为模式与广告决策

1. 何时购买

消费者在何时购买主要是指其在商品购买时间方面的习惯。例如，每星期中哪些天购买人数最多，或每天哪段时间顾客较为拥挤，每年哪些节日对哪些商品购买最为集中，等等。实际上，在人们的日常生活中，并不是对每天的消费水平都作同等的规定，消费同样数量或质量的消费品，而是根据不同的日期来确定消费对象和范围。我们可以将其划分成为重点消费日期和非重点消费日期两个方面来进行分析。

重点消费日期一般是指本民族规定或形成的传统节日，或者是消费者本身有纪念意义的日子与休息日等。重点消费日期里的消费水平相对高于非重点消费日期的消费水平，如要求吃得比较丰盛，穿得整洁、美观，住所要装扮一新，等等。针对这些特点，应使广告宣传不失时机，争取最佳效果。

值得注意的是，生产资料购买也要有一定的时间性，特别是农业生产资料的季节性很强。这就要根据农时、季节进行必要的调查研究，为有的放矢地做好广告宣传提供充分的依据。

2. 何处购买

消费者在何处购买包括消费者在何处决定购买与消费者在何处实际购买两个方面。这两者可以在一个地方，也可以不在一个地方。如购买耐用消费品和高档消费品，往往都是购买前在家庭研究决定后，再去商店购买。而像食品等一般日用消费品则很可能是在现场临时决定购买的。做广告时了解消费者的这些情况，就可以对此采取不同策略。如对在现场才作出购买决定的商品就应该注意商品的包装装潢、陈列和现场的商品介绍广告等，而对在家庭作出购买决定的商品，就要更多地借助于报刊、广播、电视等媒介体，深入千家万户去进行宣传。

生产资料购买一般都是由企事业单位作出决定。因此，有关生产资料广告应更多地在与企业有关的媒体上做宣传，如在各行各业的专业报纸杂志刊登本行业广告就可影响生产资料购买决策。另外，还可以采取直接向有关企业投寄产品证明书的宣传形式，有的放矢地争取购买者。

3. 如何购买

消费者怎样购买，主要体现在购买阶段中。在购买时，消费者一般要询问商品的性能、价格、型号、质量、优缺点、使用年限等情况，并希望通过挑选、对比达到择优购买的目的。例如，对于不称心的商品，往往要求允许退货；对于一些日用必需品则有连续消费的要求；对于某些商品有保障安全的要求；对于商品和劳务都有购买方便的要求；对某些生产资料的使用还有代培操作人员的要求；等等。

广告宣传、介绍商品，应充分注意尊重消费者在购买活动中的各种消费权力，尽量满足消费者的各种合理要求，才能有一定的吸引力。

（二）不同购买行为的广告对策

广告的最终目的就是要促成购买行为的实现，只有实现这一步才能称为有效的广告，但由于消费者在实际购物过程中的行为表现颇为复杂，因此，广告宣传应针对不同的购买行为采取相应的对策。

1. 习惯型

一些消费者由于对某一品牌或者某一种商品非常熟悉且经常使用，从而对其产生偏爱和依赖，形成习惯性购买，不易受到时尚或广告宣传的影响。广告对策主要是通过引导，改变其观念。

2. 理智型

一些消费者喜欢收集产品的有关信息，了解市场行情，在经过周密的分析和思考后，做到对产品特性心中有数。在购买过程中，他们的主观性较强，不愿别人介入，受广告宣传及售货员的介绍影响甚少，往往经过对商品细致的检查、比较、反复衡量各种利弊，才作购买决定。广告对策主要是通过比较和说明使受众了解和熟悉产品。

3. 情感型

一些消费者常用丰富的想象力衡量商品的意义，购物注重商品的款式、包装、名称、颜色等，善于联想，易受感情支配。广告对策主要是通过情感诉求和赞美来打动消费者。

4. 不定型

一些消费者缺乏经验，购买心理不稳定。购买商品时没有固定的偏好，同时也往往缺乏主见，一般只是奉命购买或随意购买，易受他人左右，犹豫不决。广告对策主要是通过指令和说明，强调商品的优越性，常用"请用××"、"××是最佳选择"等方式。

5. 冲动型

一些消费者购买商品前通常没有充分的思想准备，凭自己一时感觉作出购买决策。表现为对商品一见钟情，购买时也不愿反复比较，易作出较快的购买行动，易受环境影响等。广告对策主要是通过渲染和情感诱发和打动消费者。

综上所述，广告心理策略的运用过程即是广告影响消费者心理转变的过程。这一过程可遵循由美国广告人 E. S. 刘易斯于1898年提出的具有代表性的消费心理模式，即 AIDMA 法则。AIDMA 法则的含义为"Attention（注意）—Interest（兴趣）—Desire（欲望）—Memory（记忆）—Action（行动）"。所谓 AIDMA 法则，是指在消费者从看到广告到发生购物行为的心理过程，即消费者首先注意到产品广告，接着对广告及其产品发生兴趣，并产生出一种欲望，在维持一定记忆后，采取购买行动。

在广告界，AIDMA 法则经常被用来解释消费心理过程。通过运用 AIDMA 法则，准确了解消费者的心理和行为，从而创作能够促进销售的实效广告。在创作实效广告中，AIDMA 法则对消费者经历的心理过程和消费决策将产生影响力和诱导作用，即在"引起注意→产生兴趣→激发欲望（或动机）→强化记忆→促成行动"的五个环节中，广告的信息会一直影响着消费者的思考和行为。广告从业者按照 AIDMA 法则，可以衡量自己创作的广告，是否在这五个环节走到最后还能发挥影响力，如果只做到了引起消费者注意，但不能使其产生兴趣，那么广告可以说是无效的。

案例　卡萨帝——唤醒家人的爱

品牌：卡萨帝。

媒介：网易。

执行时间：2013年12月—2014年3月。

品牌诉求：通过"家期"主题，进行产品推广。

策略：网易整合 PC 端首页、各频道，以及新闻客户端、视频、云音乐等资源，打造了全方位的品牌展示和深度植入，表达品牌想要传递的"家期"理念。

那一夜，加班到很晚，到家后发现家里的灯还亮着，太太却已经睡着。第二天，我问太太为什么不关了灯再睡，她说："不希望在我进门的瞬间感觉家里一片漆黑，'至少有灯火在等待我'。"

据说，就是这个有几分"恶俗"的故事，让网易和卡萨帝品牌一拍即合地确定了本次 campaign 的主旋律——再忙，也要回家。

据网易华北销售经理高播介绍，卡萨帝品牌打高端家电市场，其名字灵感源于意大利语，结合了艺术和家的两重含义，意为"家的艺术"。在强调功能性之外，更注重产品工业设计，"创艺"是他们提出的核心理念。其产品包括冰箱、酒柜、空调、小家电等9大品类和30余种系列的产品。此次品牌在双节之际抛出了"家期"概念，就是希望将情感与用户属性结合起来，提醒人们，在力所能及的范围，其实可以为家人做更多。

针对品牌需要的目标群体，网易提炼出"富忙族"这个代表族群。

首先，通过讲故事的方式，引出受众对于家的期许，并为后续的系列推广做好铺垫。网易销售部华北策划副总监谭晓博坦言："现在的人们生活压力很大，不管收入高低，都非常繁忙，可能陪家人的时间非常有限，即使是这样，也还有很多可以为家人做的，比如为他们添置一台更好用的家电新产品。"

以此为原点，网易创作了6段视频，以纪录片的形式表达了中国社会典型的几种家庭状态，比如即将结婚的情侣、幸福夫妻、离婚人士等。尽管生活状态不同，但他们对家的期望无疑类似，即向往幸福。在影片中，卡萨帝新产品的显示并不明显，镜头着重描绘的是主人公的生活状态，以及他们对家的理解。情境中，受众自然地接受了卡萨帝品牌理念。

对品牌来讲，只要找到合适的切入点，与消费者进行沟通，这样的情感营销效果总不会太差。不过在此基础上，用真实代替演绎，无疑是更好的表现。

影片中出现的一对幸福夫妻，如今已迎来自己的小宝贝，二人世界升级为三口之家，对他们而言，"家"又有了新的意义。

该纪录片在PC端和移动客户端同时上线，此外，网易还通过专题形式共同推广。谭晓博表示，由于春节期间，人们对"家"、"回家"字眼最为敏感，网易配合这个时间节点发布了大量相关内容，并引导受众进行转发，所以视频和相关内容很快在网络上广泛传播。

在此基础上，网易推出了"回家倒计时"短信，请用户留下相关信息，如回家日期、忙碌程度等，根据这些内容，网易会定制提醒信息，发至用户手中。通过这种方式，品牌、媒介和用户有了更深的关联。

其次，针对"家期"的推广。网络云音乐特别制作了4张专属卡萨帝家期的音乐歌单，以打发归家者无聊的开车、回家路上时间。谭晓博表示："网易云音乐具有社交属性，也易于传播。"人们接收信息的方式是碎片化的，所以在传播上，要尽量地填满用户每一个可能的碎片化时间，让卡萨帝'家期'的品牌理念深入其中。据统计，在本轮推广中，网易专题上线两个月，其页面浏览量991380次，页面访问人数67938次。

可以看出，广告媒介的竞争已不仅在内容领域，更延伸到自身产品的整合运用，拥有越多的"工具"，就可能更好地覆盖用户。但是，摊大饼绝不是一个聪明的做法，优化内容组合、开放的心态，以及懂得如何取长补短，尤为重要。

[链接思考]

（1）在广告活动中如何有效运用心理策略？

（2）结合本案例阐述了解消费者心理对广告策划的重要性。

本章小结

消费心理是购买商品的内在动力，包括感觉、知觉、兴趣、动机、记忆、联想等内容。广告策划要充分利用心理原理去影响消费者，使广告诉求同消费者的迫切需要和切身利益联系起来，诱发他们对商品的好感，刺激其购买欲望，最终实现购买行为。

感觉是一切复杂心理活动的基础，消费者借助感觉对商品形成初步的印象，通过知觉获得对商品的全面认识。衡量一个广告成败的首先取决于广告能否引起消费者的注意，接着要看广告能否使消费者产生兴趣，是否具有感染力，能否激发他们的购买动机。记忆是消费者思考和作出购买决策时必不可少的条件，而联想可以帮助人们从广告中得到启迪，加深对商品的认识，广告应该充分发挥人的记忆功能和联想功能。

消费者在购买商品时会受到情绪和意志的制约。情绪过程是消费者心理活动的特殊反映形式，贯穿于购买活动的评定阶段和信任阶段，对购买行为有着重要影响。而消费者在购买活动中有意识地通过克服其心理和情绪来支配和调节自己的行为，体现出对商品购买的意志过程。消费者购物的行为表现不尽相同，包括习惯型、理智型、情感型、不定型和冲动型等，广告宣传应针对不同的购买行为采取相应的对策。

AIDMA法则，是指在消费者从看到广告到发生购物行为的心理过程，并将其顺序模式化的一种法则。该法则对消费者经历的心理历程和消费决策，将产生影响力和诱导作用。

关键概念

广告心理　感觉　知觉　注意　兴趣　需要　动机　记忆　联想　AIDMA法则

思考题

（1）广告如何引起消费者的无意注意？
（2）如何使消费者对广告产生兴趣？
（3）增强记忆的广告策略有哪些？
（4）如何进行广告联想？
（5）试述AIDMA法则的基本内容。

参考文献

[1] 严学军, 汪涛. 广告策划与管理 [M]. 2版. 北京：高等教育出版社, 2006
[2] （美）斯科特. 广告心理学 [M]. 北京：中国发展出版社, 2004
[3] 姜智彬. 广告心理学 [M]. 上海：上海人民美术出版社, 2012

第六章 广告经典理论与策略

本章学习目标

学完本章以后，应掌握以下内容：①了解 USP 理论、定位理论和品牌形象理论的产生背景；②了解广告产品的 USP 策略、品牌策略和定位策略；③了解产品不同寿命周期的广告策略。

第一节 USP 理论与策略

USP（Unique Selling Proposition，USP），其意为独特的销售理论，是由特德·贝茨广告公司（Ted Bates Worldwide）的罗瑟·瑞夫斯（Rosser Reeves）于 20 世纪 50 年代提出来的。

一、USP 理论的产生

第二次世界大战后西方经济飞速发展，一方面，新产品层出不穷，品牌竞争日益激烈，另一方面，市场格局已从卖方市场转向买方市场，消费者在众多商品之间有了更多的选择权。在这种情况下，单靠一般化、模式化的广告创意和表现已不能引起受众的注意和兴趣，必须在产品中寻找并在广告中陈述产品的独特之处。罗瑟·瑞夫斯是特德·贝茨广告公司的一名撰文员，他在《广告实效奥秘》一书中概述了该广告公司进行广告创意、发展广告讯息的理论，并称其为"独特的销售理论"。他认为，只有当广告的内容表现出独特销售主张，并通过足量的重复将其传递给受众，广告才能行之有效。这一新的广告创意理论一经问世便立即在广告界引起热烈响应，并在 20 世纪五六十年代得到普遍推广。罗素·瑞夫斯本人利用 USP 理论创作了许多优秀的成功广告。

罗瑟·瑞夫斯为 M&M 糖果所做的广告承诺"只溶于口，不溶于手"，是他最著名的 USP 作品之一。1954 年的一天，M&M 糖果公司的总经理约翰·麦克那马拉（John MacNamara）来到罗瑟·瑞夫斯的办公室，约翰请瑞夫斯为其提供一个能够被消费者接受的创意。双方经过 10 分钟的谈话之后，瑞夫斯自认为，从这个产品自身之中，他已找出了客户需要的构想。当时，玛氏巧克力是美国唯一用糖衣包着的巧克力糖果。构思就建立在这一点上，完全不用再另外搜寻构想。瑞夫斯说，这一关通过以后，剩下的难题就是广告创作人员如何利用这个构想植入到广告中。在这个广告中：两只手放在银幕上并且说："哪一只手里有玛氏巧克力？不是这只脏手，而是这只手。因为，玛氏巧克力只溶于口不溶于手。"

二、USP 策略要点

罗瑟·瑞夫斯认为，要想让广告活动获得成功，就必须依靠产品的独特销售主张，而独特销售主张包含三部分内容：

（1）必须包含特定的产品效用。即每一则广告都要对消费者提出一个说辞，给予消费者一个明确的利益承诺。

（2）必须是独特的、唯一的。即其他同类竞争商品不具有或没有宣传过的说辞。

（3）必须有利于促进销售。即这一说辞一定要强有力地招徕数以百万计的大众。

罗瑟·瑞夫斯认为，一旦独特的销售主张确定下来，就应该不断地在各个广告中提到这个主张并贯穿于整个广告活动。

三、USP 策略的理论基础

USP 理论是罗瑟·瑞夫斯在总结广告创作实践中概括归纳出来的，在广告实践中说明它符合一定的市场营销原则和消费者心理特征，这是该理论保持活力的基础所在。

（一）营销理论基础

广告策略是市场营销策略中的一个重要组成部分，发展广告策略要受到公司营销目标和其他营销策略的影响，并体现出市场发展的内在要求。USP 理论强调诉求点即说辞应是"独具"的，是其他竞争产品不具备或是没有明示的，以同其他竞争者区别开来。这种旨在寻求并建立产品间差异的诉求正反映出市场营销战略思想的演变。

从历史上看，西方国家企业最早的营销战略是大量营销，即企业向所有顾客大量生产、大量分销和大量促销单一产品，企业的着眼点在于尽可能地降低成本，以低价格来赢得市场，而以生产流水线为代表的工业化生产又为大量生产以获得规模效应提供了可能。大量形式单一的标准化产品尽管节省了产品的生产和营销成本，但却忽略了顾客需求的差异性，只不过由于当时市场需求还未能获得充足的量上的满足，因此，差异化的需求同单一标准化的产品供应之间的矛盾还没有尖锐化。

随着经济的发展和生产力的提高，市场商品日益丰富，竞争也趋于激烈，依据标准化的同质产品或同质信息诉求很难再赢得消费者，因此，差异化营销成为企业主要的营销战略选择。差异化营销充分考虑到了消费者需求的多样性和异质性，这是企业经营观念的一大进步。USP 理论正是适应了这种营销战略的要求，因为，差异性的信息诉求是建立在差异的产品基础之上的，包括产品的核心差异、产品形体的差异以及产品附加的差异。

（二）消费心理学基础

消费者的购买动机和行为要受到认知过程的影响。所谓认知，是指消费者通过感官对外部刺激物所获得的直观形象的反映。心理学认为，认知过程是一个有选择的心理过程，选择性注意、选择性曲解和选择性记忆是三种认知过程。这种选择性策略体现在以下方面：①人们的注意和兴趣往往集中在那些重要的有价值的或与自己需要相关的事物和方面；②人们往往用事物某一独具的特征来标识、把握某一事物。

USP 策略正是利用人们认知的心理特点，在广告中宣传产品独具的特征及利益，使消费者注意、记住并对其所提供的利益产生兴趣，从而促成其购买决策。

四、USP 理论的发展

随着时代变化，传统 USP 理论适用的市场环境改变了，USP 理论随之发展为一种被称为情感销售主张的理论（emotional selling proposition，ESP）产生了，与此相适应的广告创意思想应运而生。

其思考的基点不再是罗瑟·瑞夫斯所强调的针对产品的事实，而是上升到消费者情感的高度，通过赋予产品新的价值和情感，转而诉诸购买产品带来的独特消费体验以及消费者形象。倾向于诉求购买产品带来的独特的情感体验，从情感的层面挖掘商品与消费品的连接点，与消费者进行深度的沟通，而不是通过产品的品质或功能来实现产品的差异化。例如，可口可乐和百事可乐都在力争建立和不断强化一种运动的、时尚的饮料形象。

一个好的 ESP 理论的运用，首先应该对准目标消费群的心理，其次应该和品牌紧密相关，最后还要经得起时间的考验。

第二节　品牌形象理论与策略

20 世纪 60 年代中期，大卫·奥格威在其著作《一个广告人的自白》中提出品牌形象（Brand lmage）理论，经过 30 多年的实践，这一理论显示了较强的生命力。现在，树立和强化品牌形象仍是许多广告创意的立足点，而且这一策略还代表了将来的趋势。美国广告研究专家拉里·赖特（Lang Light）在谈到未来 30 年的营销趋势时说："未来的营销是品牌的战争——品牌互争长短的竞争。商界和投资者都将认清品牌才是公司最珍贵的资产，拥有市场比拥有工厂重要得多，而唯一拥有市场的途径是拥有具备市场优势的品牌。"

一、品牌形象理论的产生

广告品牌形象理论是 20 世纪 60 年代美国广告大师大卫·奥格威提出的。在此之前，广告界流行的是罗瑟·瑞夫斯的 USP 理论，其核心思想是每一个产品都应该有自己独特的销售主题，通过对产品的全面分析，找出本产品与其他产品的差异与不同点，以此作为广告宣传的主题并传递给消费者。这一理论在广告实战中一直备受青睐。然而，随着竞争的加剧，产品之间的差异变得越来越微小。由此，罗瑟·瑞夫斯的 USP 理论显示出局限性。与此同时，产品形象的竞争开始受到人们的重视，大卫·奥格威的品牌形象理论应运而生。

大卫·奥格威（David Ogilvy，广告史上最令人尊敬的创意

图 6-1　大卫·奥格威

大师之一,奥美广告公司的创始人)认为,任何产品的品牌形象都可以依靠广告建立起来。他信奉品牌形象并不是产品固有的,而是消费者联系产品的质量、价格、历史等因素的同时,在外在因素的诱导、辅助下生成的。正是基于这种理论,奥格威建立了自己的品牌形象法。按照奥格威的方法,人们购买的是产品所能提供的物质利益或心理利益,而不是产品本身。因此,广告活动应该以树立和保持品牌形象这种长期投资为基础,即使这种方法意味着要作出一些短期牺牲也值得。奥格威认为,每则广告都应该对品牌形象这个复合象征有所贡献。那些致力于使自己的广告为自己的品牌树立最出众的品质的生产厂家将会以最高利润获得市场的最大份额。基于同样的道理,那些目光短浅的投机型生产厂家只要有可能,就会抽出他们的广告资金用于他处,这样的企业,将有一天会发现他们正一步步走向困境。到了难以解脱的时候,再想树立品牌形象,往往需要花更大的气力,或者回天无力。

二、品牌形象策略要点

大卫·奥格威认为,一个产品如同一个人一样应该有自己的个性,这个个性是广告策划人员根据产品的特点及消费者的心理需求设计出来的。在品牌策略下,广告宣传的重点是通过表现消费者在使用产品时所表现出的气质、风度及强烈的生活氛围,给人以心理的震撼和冲击,从而打动消费者。其基本策略要点是:

(1) 塑造品牌形象是广告最主要的目标。广告就是要力图使品牌具有并且维持一个高知名度的品牌形象。

(2) 任何一个广告都是对品牌的长期投资。从长远的观点看,广告必须尽力维护一个好的品牌形象,而不惜牺牲追求短期效益的诉求重点。

(3) 随着同类产品的差异性减小、品牌产品之间的同质性增大,消费者选择品牌时所运用的理性就越少。因此,描绘品牌形象要比强调产品的具体功能特征重要得多。

(4) 消费者购买时所追求的是"实质利益+心理利益"。

对某些消费群来说,广告尤其应该重视运用形象来满足其心理的需求。奥格威说:"绝大部分厂商不接受这样一个事实,即他们的品牌形象有一定的局限性。他们总希望其品牌对每个人适用,他们希望其品牌既适合男性也适合女性;既适合上流社会,也适合普通大众。结果,他们的产品任何个性也没有了,成了一种不伦不类、不男不女的东西。"品牌是产品特性的无形集合,包括它的名称、包装、价格、历史、声誉以及广告方式。奥格威认为,要给每个广告一种与之相称的风格,创造出其正常的个性特色,这才是成功之奥秘所在。

三、品牌形象的塑造

每一品牌及每一产品都对应着一个形象,对于相同的产品或品牌,消费者无法区分其内在的品质差异,借以辨别的是附加上去的个性和形象。这一形象,一般是经由各种不同的推广技术,特别是经广告传达给顾客及潜在顾客。品牌形象的塑造是广告多次反复地将某一产品与某个意象、某种个性与象征长期联系在一起所产生的心理效应。树立品牌形象,必须为品牌选择和创造合适的广告意象,能够表现品牌特质和个性,并能为消费者接受。从广告实践来看,品牌形象塑造的模式有以下几种。

(一) 合适的模特儿

奥格威曾经为海赛威衬衫创作过一则非常成功的广告。为了表现衬衫的高档形象,他曾想出18个穿这种衬衫的人物形象,最后采用了一位戴眼罩的仪表不凡的男子,由俄国贵族乔治·朗格尔男爵做模特(如图6-2所示)。在广告中,这个人物出现在不同背景画面上:指挥乐团,演奏双簧管,画画,击剑,驾驶游艇,等等。一个英俊的男士戴着眼罩给人以浪漫、卓尔不群的感觉,从而赋予了海赛威衬衫与众不同、别具一格的形象。这则广告在《纽约客》杂志上刊出后立刻引起轰动,在数月之内名噪全国,并且这一广告也被誉为当代最成功的广告之一。该广告的轰动性效应当然应主要归功于围绕眼罩的非凡创意和对模特儿的合适的挑选,同时也再次证明了奥格威的名言:"制造商们在通过广告树立良好的产品形象时,谁若能最细致地刻画自己牌号产品的性格,谁就能获得最大的市场,并终将获得最大的利润。"

图6-2 海赛威衬衫品牌形象塑造

另一个借助模特而成功的广告品牌形象便是粗犷豪放、成熟刚健的"万宝路"牛仔形象。以前的"万宝路"只是一种以女子为销售对象的普通香烟,没有特色,营销效果一直不理想。1954年,李奥·贝纳(Leo Burnett)为"万宝路"重塑形象,在广告中突出强壮、有血性、埋头工作的男子汉,不管是牛仔、渔民还是滑雪者或作家,他们都有一个共同的特征:手背上都刻有文身,借以让广告中的形象更粗犷剽悍。这则广告获得了巨大的成功:"万宝路"香烟已是世界上销量最大的香烟。动机分析家皮埃尔·马蒂诺称赞"万宝路"的广告宣传是向自己的牌子里投入了"一种令人激动不已的形象"。他认为,典型的男性形象和文身表达了人们吸"万宝路"香烟的核心意义:成年男子汉气概、强壮和性能力。

(二) 商标人物

李奥·贝纳于1935年为绿色巨人公司虚构的"绿色巨人"人物形象也是一个非常成功的品牌形象。当初,贝纳为了表现豌豆的新鲜和饱满,描绘了一幅连夜收割和包装豌豆的夜景,并插入一个捧着一个大豆荚的巨人形象。广告标题最初用"即时的包装"或"新鲜罐装",后来贝纳却用了"月光下的收成"的标题,既有新闻价值,又富有诗意,表现了"芝加哥学派"真诚、纯朴、自然的风格。"绿色巨人"给人留下了长久美好的形象,作为对这一成功形象的回报,绿色巨人牌豌豆总能比其他品牌卖得贵一些。

另一个成功的"商标人物"是美国通用面粉公司甜食产品线的品牌模特贝蒂·克罗克。1924年,贝蒂·克罗克主持"空中烹饪学校",这是第一个日间食品服务的播音节目,在24年内,共有100万人聆听了贝蒂的烹饪经验。1936年,贝蒂的形象第一次出现在产品包装中,这一形象沿用了近 20 年。随着时代的变化,"她"的容貌、服饰和发型已经经过五次修改,但这一形象的内涵一直没有变化。1972 年为"她"绘制肖像的艺术家哲罗姆·里昂(Jerome Ryan)曾描述道:"'她'是一个蓝眼睛的美国女人,一个慈祥的母亲,一个烹调行家,一个无所不能的管家能手,一个关心公益、助人为乐的热心人。""贝蒂·克罗克"这一广告形象获得了极大的成功,尽管广告一再申明"贝蒂"并非真人,但仍有成千上万消费者慕名前往位于明尼阿波利斯的"贝蒂·克罗克厨房"参观拜访。其中很多人是到了那里之后才得知这位烹调专家是虚构的人物。但无论如何,贝蒂作为公司的象征,可亲可近,为众多妇女所认同和喜欢,"她"的超级美而滋蛋糕料、糖霜、松饼等产品,也成为畅销货。

（三）拟人化的动物卡通形象

英国 Hofmeister 啤酒在对目标市场的广告策划中,为满足年轻人自我认同的需求,反映年轻饮用者的特性和向往,在其创意中便着力塑造了一个潇洒、聪明的乔治熊形象。在推出这个形象之前,曾多次修改,直到卡通形象能够传达特定的主题观念为止。创作人员第一次推出的形象过于绅士化,不像出没酒吧的那种人,其自高自大的神态,对广大啤酒饮用者来说没有亲近感,也不合群;创作人员第二次又设计出一位运动员打扮的乔治熊,脖子上还套着一架望远镜,但给人性格暴躁的感觉;创作人员第三次推出一位更年轻化、朝气蓬勃的乔治熊,头戴小帽子,穿夹克衫,潇洒而聪明,最后被确认为合适的形象。

随着年轻聪明的乔治熊广告的推开,Hofmeister 啤酒销售量立即戏剧性上升,而且品牌知名度也大幅提高。调查发现,广告创意中的乔治熊快乐地畅饮 Hofmeister 啤酒的形象,使原先喝该品牌啤酒的消费者更感到自信、欢快,甚至令喝其他品牌啤酒的人感到嫉妒。品牌形象为 Hofmeister 啤酒带来了销售上的成功。正像一位啤酒推销商说的一句精辟的、意味深长的话:我不是在推销那一大堆瓶瓶罐罐,而是在实实在在地推销喝酒的欢乐和好品味。

（四）名人形象

名人推荐是非常流行的品牌形象塑造策略。

早在 20 世纪 20 年代,智威·汤普逊公司就率先在力士香皂的印刷品广告中插印影星照片,从而树立起"力士香皂,国际影星所使用的香皂"这一形象。20 世纪 50 年代彩色电视机问世之后,电视广告越来越多,越来越多的名人出现在广告中。美国《商业周刊》估计,仅 1976 年,美国电视广告中含有名人的片子占总数的 33%。

（五）普通人形象

尽管名人广告的收视率和受读率确比一般广告高,但其广告费也非常昂贵。尤其是进入 20 世纪 90 年代以后,公众对名人广告的信任度开始下降,使得广告主不得不转变策略,有些企业开始聘请普通人做广告。例如,法国一家广告公司曾请了一位 80 岁高龄的洗衣老妇,充当洗衣机广告主角。播出不久,这位老太太便成了大明星,全法国每4个人中就有3个认识她,而这个品牌洗衣机的销售额也从全国第4位升至第2位。

第三节 定位理论与策略

定位理论是继20世纪50年代的"独特销售理论"、60年代的品牌形象理论之后,对广告创意策划最具划时代意义的理论;它的影响甚至已不再局限于广告学,亦成为现代市场营销学中的核心理论之一。

一、定位理论的产生

我们现在所处的社会是个信息爆炸的社会,一方面,过多传播的信息使我们有可能更多地了解我们周围;另一方面,却使我们的心智受到越来越大的压力。

在这个信息传播过多的社会中,人类的心智却是一个完全不够大的容器。根据哈佛大学心理学家米勒(Dr. George Miller)的研究,一般人类的心智不能同时与七个以上的单位打交道。这也就是为什么以"七"为我们所必须记忆的表格目录数字盛行的原因。当你问一个人他所记忆的某一类别产品的全部品牌数目时,很少人能说出七个以上的品牌名称,而这还是他很感兴趣的产品类别。对兴趣低的产品,一般消费者通常只能说出一二种品牌而已。受众心智容量如此之小,要记住那些年复一年繁殖速度像兔子一样快的品牌谈何容易。

图6-3 艾尔·里斯和杰克·特劳特

过多的广告产品、品牌信息与受众容量形成了尖锐的矛盾。在众多的产品和品牌中,受众购买决策所面临的问题不仅是买什么,更主要的是接受和选择哪一个品牌。如何解决这一矛盾呢?美国著名的市场营销和广告专家艾尔·里斯(Al Reis)和杰克·特劳特(Jack Trout)定位法引入了信息战略。20世纪70年代初,他们在《工业市场营销》和《广告时代》杂志中发表了一系列的文章,奠定了"定位"理论基础。他们主张在广告策略中运用"定位"这一新的沟通方法,创造更有效的传播效果。他们认为:"在传播的丛林沼泽中唯一能取得高效果的希望是集中火力于狭窄的目标,实施市场区隔。一言以蔽之,就是'定位'。"

什么是定位?里斯和特劳特认为,定位要从产品开始,但定位并不是要你对产品做什么事,而是你对未来的潜在顾客的心智所下的功夫。定位的目的就是要突破过多传播的屏障,把进入潜在顾客的心智作为首要目标,使广告和品牌信息在受众的心中找到一个位置。该位置一旦建立之后,每当消费者需要解决的那一特定问题发生时,消费者就会考虑那一产品或品牌。定位观念强调通过突出符合消费心理需求的鲜明特点，确立特定品牌在商品竞争中的方位，以方便消费者处理大量的商品信息。

二、广告定位的原则

广告定位理论融合了市场学、商标学、心理学、传播学、公共关系学等学科内容，从而成为广告创作的依据与手段。艾尔·里斯和杰克·特劳特认为，创作广告的目的应当是替处于竞争中的产品树立一些便于记忆、新颖别致的东西，从而在消费者心中站稳脚跟。为了证明自己的方法，他们引用了艾维斯汽车出租公司的"我们第二，但更努力"的主题作为广告可以带来有效感知定位的证据。与李奥·贝纳、罗瑟·瑞夫斯以及大卫·奥格威的理论一样，定位理论也是以"应当说什么"为其根本，一旦确定下来，便广为宣传，消费者就会在需要这种利益或需要产品解决某种困难时回忆起来。

一般来说，广告定位应遵循以下原则。

（一）有效沟通

1996年，艾尔·里斯和杰克·特劳特合作出版了《新定位》，认为定位是对消费者心理的深切把握，这是定位理论发展的最新成果。作者指出营销的终极目标战场是消费者的心灵，你知道得越多，定位策略就越有效，因此，切实有效的沟通、准确把握消费者心理对于定位的成功具有重要的意义。经过多年研究，他们发现了影响传播沟通的消费者心理及突破方法。

(1) 消费者只能接受有限的信息。突破方法：使传播的信息成为消费者的关心点。

(2) 消费者喜简烦杂。突破方法：使用尽量简化的信息。

(3) 消费者缺乏安全感而跟随。突破方法：利用市场调研和消费者资料，加强消费者的安全感。

(4) 消费者品牌印象不会轻易改变。突破方法：用消费者的思考模式来启迪。

(5) 原有定位容易因为延伸而模糊。突破方法：制定有效品牌延伸的法则。

（二）产品分析

产品信息在广告宣传的过程中经历三个阶段：一是产品信息，指尚未经过广告化处理，处于自然状态的产品，它是广告策划要研究的对象；二是广告信息，指经过广告策划后重新塑造出的产品形象，它不完全等同于自然状态下的产品，而是经过广告化处理和广告策划的结果；三是接受信息，指经过广告宣传后在社会消费者头脑中感知而存在的产品形象，它不一定是产品的自然形象或广告力图塑造的形象，而是消费者结合自身经验感受而形成的产品印象。广告定位就是寻找市场空隙，寻找未被其他品牌产品占据消费者大脑的产品利益点。因此，审慎地进行产品分析，洞悉市场变化，才有助于准确的广告定位。一般来说，对产品分析得越具体，就能越透彻、越容易找到产品的卖点，广告定位就越准确。盖天力公司生产的"白加黑"感冒药，仅用不到一年的时间就赢得了15%的市场份额，其成功之处就在于挖掘一种新型的治疗感冒的产品概念——清除感冒，黑白分明。

(三) 明确一个利益点

在信息社会中任何信息的有效传播条件就是信息量,以定位角度来看,广告只有一个利益在消费者心中最清晰、最有效。现实中许多产品的产品定位片面追求大而全,想在有限的空间内塞进所有利益点,但往往结果适得其反。广告定位是一个点,而不是一个面,若什么都要说等于什么都没有说。大卫·奥格威一直告诫广告人:"广告一定要谨守单一诉求。"可惜许多广告人总是置其忠告于不顾,恨不得把商品的一切卖点都罗列于广告之上。经验已经证明,成功的广告总是只向消费者承诺一个利益点,因为消费者从一个广告里只能记住一个强烈的概念。正如英国政治家丘吉尔所言:"说得愈多,领悟得愈少。"少说、锁定焦点,才能带来较高的广告效果。

市场营销中最强有力的战略是通过定位将焦点集中在一个简单的名词或概念上,使自己的品牌在潜在顾客的头脑中拥有一个独特的概念,以及一个独特的、无法被其他品牌取代的位置。聚焦于某一点要胜过同时兼顾两个、三个甚至四个方面,广告应将火力集中在一个狭窄的目标上,在传播中不被其他信息淹没的办法就是集中力量于一点。换言之,就是要作出某些"牺牲",放弃某些利益或市场。沃尔沃(Volve)汽车公司定位于安全、耐用,它就放弃对外观、速度、性能等利益的诉求。正所谓有所失才能有所得。

(四) 抢先占位

定位理论明确指出,广告要向消费者的心智进军,要使品牌、产品或企业在目标顾客的头脑里占据一席之地,其目标就是要使某一品牌、产品或企业在目标消费者的大脑中占据有利的位置。定位理论完全以消费者的心智为起点,从消费者出发,强调通过在消费者的心理上实现差异化,来建立品牌的独特个性,从而在消费者大脑中占据有利的位置。

抢先占位的结果就是让产品或品牌形象深植于消费者脑海,一旦有相关需求,消费者就会开启记忆之门、联想之门,自然而然想到它。现实中已不乏这样的品牌,如 IBM 没有发明电脑,电脑是兰德公司发明的,然而 IBM 是第一个在消费者心目中建立了电脑位置的公司。米克劳(Miche Lob)啤酒定位于美国最高价啤酒,它不是美国国内第一个高价位啤酒,但在喝啤酒人士心智中第一个占据该位置的是米克劳。因而 IBM 和米克劳都取得巨大的成功。

利用"第一"为广告创造出独有的位置。因为从心理学的角度看,人们容易记住位居第一的事物。艾尔·里斯和杰克·特劳特指出,如果市场上已有一种强有力的头号品牌,创造第一的方法就是找出公司的品牌在其他方面可以成为"第一"的优势。就是说,要在消费者头脑中探求一个还没有被其他人占领的空白领地。

三、广告定位策略

艾尔·里斯和杰克·特劳特提出定位理论后,引起了众人的注意。定位理论应用到广告的实践证明,成功的广告定位策略有以下几种。

（一）功效定位

功效定位，是指从产品的功能这一角度突出该产品的特异功效。广告功效定位是以同类产品的定位为基准，选择有别于同类产品的优异性作为宣传重点。例如，小苏打曾一度被广泛地用作家庭的刷牙剂、除臭剂和烘焙配料，现在已有不少新产品代替了小苏打的上述功能。于是一家公司将小苏打定位为冰箱除臭剂，另外一家公司把它当作了调味汁和卤肉的配料，还有一家公司发现它可以作为冬季流行性感冒患者的饮料。

又如，世界上有三大手表生产国家和地区，其中，我国香港地区生产的手表从原来落后于瑞士、日本到后来一跃而上成为三强之首，其中的奥秘何在？原来，香港是一个以金融为中心的地区，它所生产的手表无论从质量、技术还是工艺方面都无法与瑞士的"劳力士"、"雷达"，日本的"西铁城"、"双狮"表相比。但香港的手表商经过仔细研究手表市场，发现瑞士、日本的手表虽好，功能却比较单一。香港的手表若想打入市场与瑞士、日本的手表分庭抗争，非得另辟蹊径不可。针对瑞士、日本手表的单一功能定位，香港推出了多功能定位的手表。他们设计制作了时装表、运动表、笔表、链坠表、情侣表、儿童表、计算表、打火表、时差表、报警表、里程表等。香港手表以其多功能畅销全世界，获得空前成功。

（二）品质定位

品质定位，是指产品具有良好的品质，使消费者对本产品感到安全与放心，增强产品的吸引力。这是一般产品广告中最惯用的一种定位方式。因为创造并展示一个产品的优秀品质，是其谋求市场的最基本要求，也是所有产品创造者最津津乐道的，通过对产品的品质定位，的确可以赢得消费者的信任。在现实生活中，广大消费者非常注重产品的内在质量，而产品质量是否卓越决定产品能否拥有一个稳定的消费群体。很多广告把其产品定位在品质上，取得了良好的广告效果。如雀巢咖啡的"味道好极了"、麦斯威尔咖啡的"滴滴香浓，意犹未尽"等广告语，都是从产品品质出发来定位的。

（三）价格定位

价格定位，是指把自己的产品价格定位于一个适当的范围，以使该品牌产品的价格与同类产品价格相比较，更具有竞争实力，从而在市场上占领更多的市场份额。

一般而言，消费者最为敏感的就是价格，所以运用价格定位往往能迅速引起消费者的反应。目前市场上普遍采用的价格定位不外乎高质高价、高质低价、低质高价、低质低价四种，就消费者心理而言，价格性能比是消费者对商品选择的最基本评价方式，所以通常所谓物美价廉也就是高质低价是最受欢迎的。

高价定位除了产品品质原因外，往往还具有某种附加值因素，不仅仅是使用价值的满足，而且也是心理价值的满足。

低质低价的定位，只要符合实际，诚实宣传仍有自己的市场。例如，雕牌洗衣粉"只选对的，不买贵的"，日本松下电器公司生产的 SL-30 录像机的广告语"用购买玩具的钱买一台高级录像机"，等等，都是低价位策略。

最危险的是低质高价的定位，往往包含有欺诈因素，是一种短期暴利行为，风险极大。

（四）市场定位

市场定位，是指把市场细分的策略运用于广告活动，将产品定位在最有利的市场位置上，并把它作为广告宣传的主题和创意。广告在进行定位时，要根据市场细分的结果进行广告产品市场定位，而且不断地调整自己的定位对象区域。只有向市场细分后的产品所针对的特定目标对象进行广告宣传，才可能取得良好的广告效果。例如，典型的市场定位广告有：大宝面霜SOD蜜——天天见（针对大众消费阶层）；金利来——男人的世界（针对成功的男士）；孝敬爸妈——脑白金（针对35—55岁的中年人）。

（五）是非定位

是非定位，是指当本产品在某一类别中难以打开市场时，利用广告宣传使产品概念"跳出"该类别，借以在竞争中占据有利地位。例如，在美国清凉饮料市场中，原先由可口可乐稳固地占领了可乐类市场的位置，其他品牌无插足余地，但七喜汽水却创造了"非可乐"的定位。严格意义上说，它与可口可乐同属碳酸饮料，但七喜了解到在美国市场上平均每消费三瓶清凉饮料，就有两瓶是可乐，而剩下的一瓶则是由可乐之外的形形色色的饮料来瓜分。显然七喜不可能正面与可口可乐竞争，何况它本身是可乐公司生产的另一种产品，其目的是填补可乐所遗留下来的市场

图6-4　七喜汽水广告

空间。于是一个全新的定位观念建立了：七喜，非可乐！它在宣传中把饮料市场区分为可乐型和非可乐型两类，七喜汽水属于非可乐型饮料。这样就在可乐之外的"非可乐"的位置上来确立七喜的地位和形象，使其取得了销售的成功。

（六）比附定位

比附定位，是指在竞争品牌领先位置相当稳固，原有位序难以打破重组的情况下，或自己品牌缺乏成为领导品牌的实力和可能的情况下采取的一种定位策略。它利用有较高知名度的竞争对手的声誉来引起消费者对自己的关注、同情和支持，以达到在市场竞争中占有一席之地的广告定位策略。

例如，艾维斯租车公司广告，就是威廉·伯恩巴克运用比附定位策略创作的。提到艾维斯，在广告界几乎没有人不知道其最成功的"No.2定位策略"。20世纪60年代之前，艾维斯在租车业一直很不景气，甚至到了快破产的地步，直到1962年聘任了罗伯特·陶先德（Robert Townsend）担任总裁后才有了转机。当时的租车业，赫兹（Hertz）是第一位，资本是艾维斯的五倍，年营业额是三倍半。以一个弱势品牌要想对抗一个强势品牌当然要有一套创新有效的营销策略和广告创意。

1963年，威廉·伯恩巴克为艾维斯所做的一则广告标题是"艾维斯在租车业只是第二位，那为何与我们同行"（如图6-5所示），其内文是："我们更努力，（当你不是最大时，你就必须如此）。我们不会提供肮脏的烟盒，或不满的油箱，或用坏的雨刷，或没有清洗的车子，或没气的车胎，或任何像无法调整的座椅、不热的暖气、无法除雾的除雾器等事。很明显的，我们如此卖力就是力求最好，为了给你提供一部新车，像一部神气活现、马力十足的福特汽车，和一个愉快的微笑。我们的站台排队的人比较少（意味着不会让你久等）。"这则广告坦承自己在租车业中不是老大，因此，不能像老大一样凡事都不在乎。

图6-5　艾维斯租车行广告

威廉·伯恩巴克为艾维斯做的另一则广告的标题是"老二主义，艾维斯的宣言"。其内文是："我们在租车业，面对业界巨人只能做个老二。最重要的，我们必须要学会如何生存。在挣扎中我们也学会在这个世界里做个老大和老二有什么基本不同。做老大的态度是：'不要做错事，不要犯错，那就对了。'做老二的态度却是：'做对事情。找寻新方法。比别人更努力。'老二主义是艾维斯的教条，它很管用。艾维斯的顾客租到的车子都是干净、崭新的。雨刷完好，烟盒干净，油箱加满，而且艾维斯各处的服务小姐都是笑容可掬。"结果，艾维斯当年就转亏为盈了。艾维斯并没有发明老二主义。任何人都可以采用它。全世界的老二们，奋起吧！

有效的定位策略，使艾维斯租车公司从弱势品牌翻身并获得好的利润。

（七）逆向定位

逆向定位，是指从相反的角度认识问题，避开事物或产品的缺陷，恰当予以解释。例如，食物美味可口但可能会使人发胖，美酒好喝但可能会伤身体，洗涤品可以洁物但可能对衣物或人体有害，化妆品可助人俏美但也可能会导致皮肤受损……产品的负价值，会造成消费者的动机矛盾，影响消费者对产品的接受。广告可以利用或避开这些负价值，或恰如其分地给予解释。这就是广告逆向定位的策略。例如以下广告：

有好口味，但不会有大腰围。（美国雷布黑啤酒广告）
不戒香烟，只戒烟油。（绅士牌过滤嘴香烟广告）
除了脏物之外，它不会伤害任何东西。（厨房清洁剂广告）
对油污毫不留情，对你的双手却爱护备至。（洗涤剂广告）

有时，产品的不足之处、产品的负价值，如果反过来利用，可能是一个很好的定位策略。

杨格是美国新墨西哥州高原地区的一个苹果园的园主,他每年都将苹果装箱发往各地。杨格登的广告是:"如果你对收到的苹果有不满之处,请函告本人。苹果不必退还,货款照退不误。"他的广告每年都招徕大批买主,高原地区的苹果风味俱佳,顾客都很满意,所以从未有人提出退款的要求。可是有一年,一场特大的冰雹袭击了果园,把结满枝头的大红苹果打得遍体鳞伤。杨格看着这斑痕累累的苹果,一筹莫展。他随手拿起一个苹果吃了起来,苹果清香扑鼻,汁浓爽口,就是样子实在不好看。一天夜里,一个绝妙的主意使他兴奋地从床上跳起来,他决定马上把苹果发运出去。当买主收到杨格发来的苹果时,开箱一看,里面有一张纸片,上面写着:"这批货个个带伤,但请看好,这是冰雹打出的疤痕,是高原地区出产的苹果的特有标记。这种苹果果紧肉实,具有真正果糖味道。"买主半信半疑地咬了一口这满是疤痕的苹果,果然味道鲜美。

苹果疤痕,按一般的理解,是苹果的缺陷,会给人不完美、不舒服的感觉。但杨格却从相反角度来认识这一问题,把它解释为"高原苹果的特有标记",淡化了缺陷感,使消费者乐意买这种苹果。

(八) 文化定位

文化定位,是指注入某种文化内涵于品牌之中,形成文化上的品牌差异。例如,四川全兴大曲在广告中将自己的产品融入四川酒文化中,通过"品全兴,万事兴"的广告语,树立了其在众多中国酒品牌中独特的文化定位。

企业文化反映着价值取向、生存方式、奋斗目标、团队精神等,核心是通过理念体现出来的。如IBM——为顾客提供世界最优秀的服务、海尔——真诚到永远,都是以文化定位取胜的。

例如,耐克主张的不仅仅是"Just do it",它还主张"贵在行动"。在几则连续剧式的广告中很好地诠释了这一理念。

字幕:"训练,本·杰克逊的星期一"。

本·杰克逊骑着自行车在训练,在汗流浃背地骑过原野时,他说:"没有白天的耕耘,就没有夜晚的收获。"画面上打出"贵在行动"和耐克的标识。

图6-6 耐克广告

字幕:"训练,本·杰克逊的星期五"。

本·杰克逊在练习跑步,他在穿过大街小巷的时候说道:"没有白天的努力,就没有快乐。"画面上打出"贵在行动"和耐克的标识。

这两则广告在理念表达上如出一辙,但是都很好地突出了耐克的品牌理念和视觉形象系统。

第四节 产品生命周期理论与策略

由于科学技术的飞跃发展、社会生产力的不断增长及消费者需求的不断变化，出现了产品的生命周期变化加速的趋势。因此，对产品生命周期理论的研究及广告策略的运用更为重要。产品生命周期不同阶段的市场特点及广告策略的运用具有很大的差异，广告产品生命周期策略就是在对产品生命周期不同阶段市场特点研究的基础上，明确营销目标，确定相应的广告策略。

一、产品生命周期理论

产品的生命周期，是指一种产品从进入市场到退出市场的生命循环过程。由于产品的性质不同，各个行业不同厂商产品的自然生命周期的走向及长短也不尽相同。周期较长的一般是采掘工业及中间化标准产品生产行业，周期较短的是生活消费品领域的"流行性商品"。一个典型的产品生命周期分为导入期、成长期、成熟期、衰退期四个阶段。任何产品的生命周期都是有限的，在生命周期的不同阶段中，产品的市场占有率和通过销售而获得的利润也会有所变化。由于广告能够有效地改变消费者需求，因此，厂商的广告促销和行业的广告竞争都能有效地改变产品的自然生命周期。广告的产品生命周期策略就是根据产品的生命周期特征以及在一个生命周期的各个阶段的不同特点确定广告策略。

（一）导入期

产品在进入市场的最初阶段属试销性质，消费者还不太了解产品的性能，买的人不多，销售额增长缓慢，普及率低，市场尚待开发；产品设计、加工工艺尚未定型，质量有待改进，需要较多的研究开发投资。此期间，生产处于试制阶段，多为单件，小批量，多采用通用设备；由于销量少，分销促销费用高，公司可能亏本或者利润很低；竞争者很少或者没有；公司销售目标是那些最迫切的购买者，通常为高收入阶层，但也不是绝对的，要视公司采取的营销战略而定。在这个阶段，该产品是否受到用户欢迎，能否满足社会需要，产品本身是否可靠，是属于光彩夺目的"明星产品"，还是属于将被淘汰的"瘦狗产品"，尚吉凶未卜。就生产企业来说，应尽量缩短投入期时间。

（二）成长期

产品在市场上站稳了脚跟，产量、销量迅速上升，开始大量进入市场，这意味着产品进入了成长期。这时，成本不断降低，利润逐步增长或大幅度增长，但由于仿制的企业增加，从而使竞争逐步加剧。这个时期，产品在市场上已经构成一定的需求，从而使该产品获得了大量生产的机会，同时也是竞争比较激烈的时期，不可掉以轻心，以免在竞争中败下阵来。

(三) 成熟期

产品的销售量经过成长期的快速增长以后，就会出现一个比较稳定的时期。此时期延续的时间较长，可分为前期的"增长成熟期"、中期的"稳定成熟期"和后期的"衰退成熟期"。在前期，销量还会继续缓慢增长，仍有一些滞后顾客进入市场；中期的销售基本持平，产品销售依赖于人口增长和需求更新；后期的销售则出现逐步下降的趋势，消费者开始转向其他产品和替代产品。

成熟期是经营者面临巨大挑战的时期。此时产品的质量已基本定型，消费者强调选择名牌，用户需求量趋于稳定，产品销量达到最大，市场需求量开始饱和。这时多数购买行为属于重复购买。生产同类产品的各企业之间竞争异常激烈，竞争者产品的质量差距在缩小，在价格、广告、服务方面的竞争已趋于白热化，产品相继降价，许多企业在竞争中感到了巨大的压力。

(四) 衰退期

由于同类新产品的出现、消费方式的改变和技术进步等其他因素，原来很热门的产品，最后也不得不从市场上退出来。在淘汰阶段，产品销售量、需求量急剧下降，利润大幅度降低，库存超过合理数量，消费者转向使用新一代产品；企业无利可图，大部分陆续停产，少数企业可能继续设法坚守阵地，利用残剩市场，以求转机。

二、不同生命周期阶段的广告策略

(一) 导入期广告策略

根据导入期的市场特点和营销战略，广告策划以开拓性为主，利用广告大力宣传新产品，做到家喻户晓、用户皆知。同时提高消费者的认知度，让消费者在宣传攻势下及时了解产品的特色、性能、功能、用途，不让时间因素来扼杀或限制新产品的成长。该阶段的广告策划应注意以下策略。

(1) 提高产品的知名度。在时间上要及时，在产品上市前就要适当提前宣传。在范围上要采取积极手段，使用户尽快地了解和熟悉新产品；要注意广告的宣传对象，重点启发那些可能最先购买的用户，以求打开试销局面。

(2) 在广告内容上主要介绍产品的特征和用途。在介绍新产品时可比较与过去的老产品有什么不同，使用这种新产品对消费者有什么好处，等等；以便激起用户的兴趣，从而在市场上促成对这种产品的一般性需求。

(3) 广告宣传量可根据具体情况适当增减。如果企业选择快速撇脂战略和快速渗透战略，广告活动量就要大一些，可以运用多种组合媒介造成较大的广告声势，以求迅速获得利润或者提高市场占有率。如果企业采取缓慢撇脂战略和缓慢渗透战略，广告的规模和声势都不宜过大，最好采用"样本说明书"的形式，即把印有产品种类和特点的精美样本发给一些大的专业公司或百货商场；同时适当地做些报刊广告，选择一些发行量不太大但专业性较强、影响适中的媒体。但通常情况下，企业习惯通过密集性的广告宣传，为商品迅速打开市场。

（二）成长期广告策略

成长期的广告策略应以劝服性广告为主，劝说更多的消费者购买。具体应注意以下方面。

（1）广告内容由宣传产品转移到重点宣传品牌和商标。这时市场上已出现同类产品或仿制品，广告宣传的重点不是像投入期那样希望大家都来买这种新产品，而是转为品牌和商标的声誉，宣传本企业的产品质量与服务保证，突出介绍最重要的优点和特点，促使消费者形成偏好，在创名牌上下功夫。

（2）扩大宣传范围，疏通分销渠道，提高装潢和销售现场广告的质量，以赢得用户对本企业产品的购买，拓宽产品的销路。

（3）广告宣传方式上，如第一阶段采用了集中性的广告宣传策略，并运用了多种广告方式，那么到了成长阶段，就要对已经使用过的几种广告方式进行效果调查，对比优劣来决定取舍。由于该阶段广大消费者对产品已经认知，开始踊跃购买，销售增长较快，可缩减广告预算开支。

（三）成熟期广告策略

成熟期阶段产品在市场上的销售趋势已经改变，因此广告策略也要随之调整。

（1）广告宣传的重点应在于强调提高服务质量，降低价格和其他优惠政策，以吸引消费者继续购买产品。要更加突出品牌宣传，对于名牌企业和名牌产品，应善于提高和保持顾客忠诚度。

（2）广告的另一个任务在于宣传新的产品用途，寻找和创造新的顾客，从而延长产品的成熟阶段。广告要注意更多地发挥创意，发掘新的消费方式，推广原产品的新用途，并说明可为消费者提供哪些服务和便利，以促进和巩固消费需求。

（3）广告要突出宣传本产品在同类产品中的差异性和优越性，稳定和扩大自己在该市场上的地位。由于市场上来自同类产品的竞争压力增大，故广告攻势要根据营销策略的变化而加快频率，选择适当时机，激发第二次广告活动高潮，以争取竞争优势。

（四）衰退期广告策略

衰退期时可根据不同的营销战略实行不同的广告策略。

广告的诉求重点既可以放在动员有购买习惯的消费者继续使用本产品，也可缩小宣传范围选择有利可图的小细分市场，还可减少广告预算减轻企业负担。

由此可见，产品在市场销售过程中生命周期的变化，决定着营销战略和广告策划的变化。但是，广告策划的相应变化并不是消极被动的，在一定的条件下，人们可以依据广告活动的规律，改变产品生命周期的状况。在广告的这种反作用下，产品宣传可达到更好的效果。

案例 小米手机的市场推广策划

1. 全方位的营销推广

小米手机是小米公司研发的高性能发烧级智能手机,定位于发烧友手机和初入门者手机,核心卖点其实是高配置和软硬一体化,产品的研发采用了"发烧"用户参与的模式,手机发售前让用户首先体验工程机,这一销售手段开了中国手机销售的先河。同时,小米手机依靠已经建立起来的庞大的"米聊"社区,已经拥有了一大批忠诚的粉丝,其 1999 元的价格也让很多追求性价比的中低收入人群以及学生"心动",从而吸引了一大批的追随者购买。作为产品端的营销,小米手机顶着"全球主频最快的智能手机"的光环,再加上仅售 1999 元,大肆宣扬小米手机性价比之高,使其在国内市场上形成了巨大的杀伤力,再加上发布会上摔手机的行为炒作,为小米手机加上了一层承重抗摔的高品质形象。此外,宣扬小米手机的个性化理念、为了满足消费者多样化的需求而采取了定制的做法,都吸引许多的发烧友购买。

2. 饥饿营销

在小米手机众多的营销手段中,饥饿营销可以说是小米手机的主力营销手段。购买小米手机需要通过预定,按照排队顺序才能购买。而 F 码就是能够提前购买的优先码,由于已经被订购 30 万部手机,就有 30 万个排队中的购买码,如果你是排名靠后的购买者或者是没有参加排队订购的有意购买者,则这个 F 码就能使你优先获得购买小米手机的权利。单单一个 F 码的价值就被炒了起来,甚至有大量的人肯花金钱去购买。用 F 码的这种策略,在国内是从未出现过的,这是饥饿营销的新颖手段。在小米手机试销的第一天的三小时内,小米网站称在线销售的 10 万部库存全部售罄,事实上并非小米手机产量不足。通过一系列对小米手机本身和小米手机购买难度的渲染,小米手机的品牌价值的提升远远大于其直接开放手机购买所赚取的手机本身利润。

小米作为一个刚起步没多久的公司,公司品牌价值的提升比什么都重要。饥饿营销的独特之处就在于要拿捏得恰到好处,如果做得过火,会引起消费者厌恶,虽在销售上不会有太多的差别，但会对这个品牌产生很不利的影响。小米手机的开放时机也恰到好处，基本上将饥饿营销发挥到比较好的效果，三小时内订购10万部。饥饿营销的成功需要消费者的配合和恰当的市场环境，小米手机的市场推广在心理共鸣、量力而行、宣传造势、审时度势上都做到适合的程度，大大提升了品牌的知名度和品牌价值，也为正式销售的成功奠定了基础。

3. 微博营销

微博是近年来兴起的新型媒介，在公众的生活中越来越流行，公众的绝大多数言论都在上面发表，具有极强的舆论导向作用和极大的受众范围，被越来越多的人所接受。微博营销以其低成本、高效率因而具有极大的市场。微博营销以微博作为营销平台，每一个听众（粉丝）都是潜在营销对象，每个企业都可以在新浪、网易等注册一个微博，然后利用更新自己的微博向网友传播企业、产品的信息，树立良好的企业形象和产品形象。每天更新的内容就可以跟大家交流，或者有大家所感兴趣的话题。微博营销作为新兴的营销手段，具有举足轻重的地位，小米手机作为时代潮流产品紧紧地抓住了这个时机，在各大门户微博平台上大搞微博营销。通过微博这个平台，小米不仅仅通过各种促销或者有创意的活动吸引眼球，而且大大提高了知名度。可以说在战略性的饥饿营销时期，微博营销是小米手机网络营销最重要的一个实施手段。小米手机在各种微博平台上，不仅分工明确，而且极富专业性。

4. 网站营销

小米手机官网是小米手机进行网站营销的主阵地，无论是作为官方发布信息最重要的平台，还是作为购买小米手机的唯一通道，小米手机集网站式的发布资源于一身，甚至包含了商城、旗下软件"米聊"等。小米手机的官网具有集中优势兵力的优势，通过这一系列的整合，资源集中，不仅给网站访问者提供了方便，也使关于小米手机的各个项目之间相互促进，大大提升了网站的知名度和扩展度。例如，论坛与商城之间的相互扩展、相互联系，购买手机者与配件商城与论坛的交流，同时使两个模块的访问量大大提升。用户通过注册预订购买或者不预定在开放后注册购买，这个途径不仅是购买小米手机的唯一网络途径，也是唯一的购买途径。小米论坛是小米手机最重要的信息发布地，大到小米手机的整体推广战略，小到手机的后盖是否容易掉漆的问题，都有详细的探讨。这种方式类似于苹果的应用商店，你买了手机要去应用商店购买应用，不断地为企业创造利润，而在此处，可以说无论是从技术支持上，还是购买保养保修退还等普通手机服务都得到了广泛的发展。只要是购买了小米手机的人，必然拥有一个小米账号，由于系统升级、手机维护，以及各种各样不可避免的问题，大部分人必然要登录小米论坛。这样一来，手机的购买者和使用者就和网站和论坛的使用者紧密捆绑起来，成为另一源源不断的资源；手机销售越多和小米推广程度越大，则小米网站与论坛的发展程度也越大，双方相互促进、共同发展，成为此网站营销的重要一笔。随着不断发展，小米论坛会成为一些高端智能机发烧友的一个聚集地，这样一来，产生的价值是难以估量的。

5. 炒作营销

小米手机从研发开始就不缺少新闻，从与魅族的创意之争到成本真相再到断货嫌疑，再到小米手机出现的各种问题，各种报道和猜测都把小米机推到聚光灯下。小米官方却不急于对其加以澄清和辟谣，任由网络上发起一轮又一轮口水战。由于媒体的跟进，小米也因此做了免费广告，不但没有对产品的销售产生影响，反而增加了小米手机的知名度，吊足了消费者的口味。

6. 口碑营销

口碑是指外界对企业产品的评价，消费者的口碑是企业重要的无形资产。口碑在顾客之间的传播具有很好的效果，一方面，消费者一般会对自己身边的人说起产品的优势，而身边的人不是这个消费者的朋友就是亲人，因此，被说明的人会认为这个产品具有很高的可信度，而且以后对该产品的忠诚度也会大大地增加，这就为企业培养一大批忠诚的客户。此外，口碑营销的传播速度很快，一传十、十传百，产品的相关信息便传达到很多人的耳中，而消费者普遍具有从众倾向，这就使产品的销量大幅度的增加。总之，良好的口碑是企业重要的资产。小米手机以其强大的配置、良好的用户体验、干净的使用界面、流畅的操作系统、良好的质量以及极具吸引力的价格，在消费者心中留下了深刻的印象，消费者对其形成了良好的口碑。这为小米手机的销售带来了巨大的好处，也赢得了用户的信赖。

(案例来源：http://www.hopingshandong.gov.cn)

[链接思考]

（1）结合本案例，阐述独特的销售主张理论（USP）的基本要点。

（2）小米手机是如何在市场上进行广告推广的？

本章小结

广告经典理论主要包括独特的销售主张理论（USP）、品牌形象理论和产品的定位理论。USP理论是由罗瑟·瑞夫斯于20世纪50年代提出来的。它的特点有三部分：必须包含特定的商品效用；必须是独特的、唯一的，是其他同类竞争商品不具有或没有宣传过的说辞；必须有利于促进销售。

品牌是企业的名片，是消费者识别企业的最主要依据。品牌形象是广告多次反复地将某一产品与某个意象、某种个性和象征长期联系在一起所产生的心理效应。制造品牌形象，必须为品牌选择和创造合适的广告意象，能够表现品牌特质和个性，并能为消费者接受。

广告产品定位，是指在广告活动中，通过突出商品符合消费者心理需求的鲜明特点，确立商品在竞争中的定位，促使消费者树立选购该商品的稳定印象。广告定位常用的方式有功效定位、品质定位、价格定位、市场定位、是非定位、比附定位、逆向定位、文化定位等。

产品生命周期理论，是指产品在不同生命周期阶段具有不同的市场特征，因而在产品不同生命周期采取的广告策略也有所不同。

关键概念

USP　品牌形象　广告定位　产品生命周期　抢先占位　功效定位　品质定位　价

格定位　市场定位　是非定位　比附定位　逆向定位　文化定位

思考题

（1）简述 USP 理论、品牌形象理论、定位理论的产生背景。

（2）塑造品牌形象常用的策略有哪些？

（3）简述广告定位的原则。

（4）举例说明广告定位的策略有哪些？

（5）简述产品不同生命周期阶段的广告策略。

参考文献

［1］陈培爱．广告学概论［M］．2 版．北京：首都经济贸易大学出版社，2009

［2］（美）A. 里斯．定位［M］．北京：中国财政经济出版社，2002

［3］（美）大卫·奥格威．一个广告人的自白［M］．北京：中国友谊出版社，2005

［4］张平淡．品牌管理［M］．北京：中国人民大学出版社，2012

第七章 广告主题、创意与表现

本章学习目标

学完本章以后，应掌握以下内容：①了解广告主题的概念和影响广告主题选择的因素；②了解广告主题的表现形式；③了解广告创意的内涵和形态；④了解广告创意的方法和技巧；⑤熟悉广告表现的方式。

第一节 广告主题

广告主题的确立应建立在广告调查和科学分析的基础上，广告主题正确与否，直接关系到广告的成败。

一、广告主题的概念

广告主题，就是指为达到广告目的而表达的基本意图或中心思想。广告主题是广告内容和目的的集中体现和概括，是广告诉求的基本点，是广告创意的基石。广告主题在广告的整个运作过程中处于统帅和主导地位。广告设计、广告创意、广告策划、广告文案、广告表达均要围绕广告主题来进行。广告主题使广告的各种要素有机地组合成一则完整的广告作品。

广告主题在很大程度上决定着广告作品的格调与价值。它是广告策划、设计人员经过对企业目标的理解，对产品个性特征的认识，以及对市场和消费者需求的观察、分析、思考而提炼出的诉求重点。广告主题必须是真实的、可靠的，必须服务于广告目标，必须蕴含商品和服务的信息，必须保证消费者的利益，必须鲜明而具体，使人一目了然。广告主题应体现广告目标、信息个性和消费心理三个基本要素，三者相辅相成。广告主题是广告的核心与灵魂，所以广告主题要深刻、独特、鲜明、统一，要防止广告主题同一化、扩散化、共有化。

二、影响广告主题选择的因素

确认影响广告主题选择的因素，是为了形成完整统一的广告主题。由于需要对广告构成要素进行选择，所以每种选择必须经过反复比较、分析研究的过程，才能形成确定的意见。

（一）消费者心理

确认消费者心理很复杂也很困难。在过去的卖方市场时代，无需考虑消费者心理，但进入当今的买方市场时代，各种产品极大丰富，竞争激烈，消费者所关心的问题不再是能否买到某种商品，而是所购买的商品能否满足自我、表现自我、塑造自我，消费者的心理因素在购买活动中已处于主导地位，理所当然该纳入广告主题的考虑范围。但消费者的构成层次比较复杂，同一层次消费者的需要与欲求也有很大差异，并不稳定，经常处于变动状态。为此，确认消费者心理这一构成要素时，要尽可能充分利用广告调查及营销要素分析的资讯材料，尤其要注意目标市场的细分情况，尽可能使所确认的消费者心理要素能够准确地反映目标市场的心理趋势及人文特点，使广告主题与消费者发生更大的共鸣。

与消费者心理有关的广告主题有以下几个方面。

(1) 强力介绍某项产品超越其他品种的新用途。
(2) 和同类产品比较，显示自己的产品比其他同类产品的功能、质量等方面优越。
(3) 证实若购买本广告的产品，可解决或避免某种不悦之事。
(4) 诱使消费者加深对产品商标的记忆，借以提高品牌在消费者心中的知名度。
(5) 强调产品能美化消费者形象，提高身份地位。
(6) 用优美的语言和影响力大的媒体宣扬产品能给消费者带来精神的享受。

（二）企业形象

企业营销的市场竞争除了表现为传统的价格竞争、质量竞争、促销方式和手段竞争外，在现代社会还表现为逐渐凸显企业形象的竞争。企业形象的优势已成为企业营销成功的重要因素，企业形象的塑造可以赢得企业营销活动中的相关者的良好感觉、印象和认知。

与企业形象有关的广告主题有以下几个方面。

(1) 树立企业在某个领域内领导潮流的形象。
(2) 强调企业产品为提高消费者生活水平所作出的贡献。
(3) 突出企业强有力的市场销售地位。
(4) 宣扬企业一丝不苟、埋头苦干、勇于进取、不甘落后的精神。
(5) 强化企业良好的国际性形象，并为产品打入国际市场铺路。
(6) 创造温馨亲切、让人流连的企业家庭氛围。

（三）购买行为

消费者的购买行为是一种受到某种刺激因素后作出的反应。营销刺激和环境刺激对购买者的意识产生影响，购买者的个性和决策过程导致了一定的购买决策，表现在对产品、品牌、经销商、购买时间及数量的选择上，这是对刺激因素的反应。问题是，对于同样的一个刺激因素，消费者作出的决策往往并不一样。比如，同样一则产品广告，某个消费者可能立即去购买，而另一个消费者则完全无动于衷。这种差异，主要是因为对于相同的刺激或不同的刺激，不同行为个体的心理反应不同，这样就产生了行为的差异。所以，真正地了解购买行为与广告等方面的外部刺激之间的关系，可以帮助企业较之竞争对手有更大的竞争优势。

与购买行为有关的广告主题有以下几个方面。

（1）以流行时尚引诱消费者效仿。
（2）使消费者增加购买本商品的次数而不做过路生意。
（3）促使消费者购买刚打入市场的新产品。
（4）刺激消费者增加对本广告商品的使用量，使消费者相信该产品的质量过硬。
（5）突出自家产品的独特之处，刺激消费者产生冲动购买。
（6）诱使消费者试用自己的商品，从而使竞争对手退出市场。

（四）企业营销策略

企业以顾客需要为出发点，根据经验获得顾客需求量以及购买力的信息、商业界的期望值，有计划地组织各项经营活动，通过相互协调一致的产品策略、价格策略、渠道策略和促销策略，为顾客提供满意的商品和服务而实现企业的目标。

与企业营销策略有关的广告主题有以下几个方面。

（1）以有奖销售的方式吸引消费者购买。
（2）刺激消费者对某种品牌的偏好需求。
（3）用粘贴防伪标志的形式，加强消费者的辨认度，用正当手段维权。
（4）采用薄利多销的方式争取消费者。
（5）强调经营服务给消费者带来的便利。
（6）为消费者提供售后服务，免除消费者的后顾之忧。

广告主题概念的引入，为广告传播理论的发展作出了一定贡献。从广告主题这一概念的描述可以看出，广告的终极目标是一致的，但广告的具体目标是不尽相同的，一次广告活动不可能实现企业赋予广告的全部期望，而是实现广告终极目标的小部分。广告也不可能传播产品或企业的全部信息，而是传播产品或企业的部分信息，广告是一种不对称的、不完整的信息传播过程。以这样的观点来理解广告，有助于正确认识广告的功能，有助于认知广告的效力。每一次广告活动中，极力塞满各种信息的广告是不会成功的，也是不符合广告规律的。

三、广告主题的表现形式

一则广告选择什么样的主题作为诉求的重点是广告策划中非常关键的问题。广告到底要传达什么样的信息，选用何种主题，应根据具体产品的特点、广告诉求重点及广告目标而定。在现代广告作品中，广告主题的表现形式主要有下列几类。

（一）愉快

生活得快乐，这是每个人追求的一种趋势，也是现代人类的重要心理现象。快乐，是人类生活发展高层次的必然需求。愉快主题旨在表现使用广告产品带给人的身心愉悦、享受、快乐的情绪、情感体验的画面、场景，这类广告多见于食品、轿车、旅游及其他日用消费品的广告表现。

美国一家裸浴旅游公司用一张一位裸体的漂亮姑娘趴在沙滩上的照片来做广告画面，广告词这样写道："多么自由自在，无拘无束！这会把您带到欧洲最美丽的沙滩上，强烈的阳光把您周身晒黑，纯洁的海水能滋润您裸露的皮肤。"

与美国这则广告不同的，是下面英国旅游协会的这则广告。这则广告曾被誉为"优秀的企业广告"，而且获得过国际广告比赛大奖。广告全文如下：

轻轻地踱过历代君主们漫长的沉睡，伦敦威斯敏特大教堂中的亨利七世小教堂里，历代英皇——亨利七世、伊丽莎白一世和苏格兰的玛丽女皇都下葬于此。有22代帝王都曾在这里接受加冕典礼。在英国，这样著名的大教堂有30个，每座教堂都是一件独树一帜的艺术品。在你访问英国时至少要来参观一所教堂，免得虚此一行。

（二）亲情、友情和爱情

用于表现由广告产品和服务传递出的浓浓亲情、友情和爱情的主题，通常通过家庭、亲友、邻居、朋友和恋人在社会交往，或逢年过节、娶妻嫁女等场面来表达。适用产品类型以礼品、节日商品、服饰、化妆品、饮料等为多见，如"孔府家酒，叫人想家"，表现出一种强烈的思乡之情。

爱情是人类永恒的主题，是人类精神的深层次的生命冲动，是社会繁衍、生息的基本现象。爱情创造了美，创造了人们对生活的敏感和热爱，它渗透了人们的情趣、理想和生命感受。家庭用具、日常用品的广告文稿宜选择这一题材，它能产生亲切动人、感人心扉的力量，像"你是我的优乐美"便是这类主题的成功之作。

（三）舒适、健康

舒适主题常表现广告产品给消费者带来的惬意、舒适和满足感，常见于家具、日用品、环境装饰品、耐用消费品的广告。健康主题常表现广告产品有益于身体机能的改善、增强体质、延年益寿等效果，适用于营养保健品、食品、药品、卫生用具、体育器材、旅游等广告，如"劲酒虽好，可不要贪杯哦"表现出对健康的关爱。

（四）进取

旨在广告鼓励人们积极进取、努力奋斗、永不服输、追求理想的主题，一般通过产品的品牌形象、品牌个性来展现，赋予产品人性化的理解与形象，使人产生共鸣。如李宁的"一切皆有可能"，旨在体现一种挑战自我、努力拼搏的精神。

（五）传统文化

传统文化用于表现传统经验、技艺、风格、建筑、风土人情、民族特色等。传统与现代结合或用传统反衬现代已成为广告表现的一种时尚。这种对比和反差可以使消费者产生较强的心理震撼,从而取得良好的广告效果,如南方黑芝麻糊广告营造出浓浓的怀旧之情。

(六) 荣誉

荣誉是人类道德、文化、名誉上的精神需要。人们平时在事业上获得成就,对社会作出贡献,总希望得到社会的尊重和赞赏,得到价值上的承认和心理上的满足。这种心理上的满足感,是一种荣誉感。高档商品、时尚流行款式的广告文稿宜以此作为题材。如意大利一则皮鞋广告"名门淑媛,名品新姿",就是一种赞誉性的评价。

具有一定的社会地位、经济实力的人士喜爱显示自己的地位和声望。同时,这些人在购买商品时,常常会产生一种扬名和炫耀的购买动机,以此显示自己超过普通百姓的社会地位和表示生活的富裕,或表示自己卓越的生活能力。这种文稿题材常被高档消费品引用。《美化生活》杂志曾刊登了一则巴黎时装广告,广告文稿如下:

炽烈的火,绮丽的红——巴黎时装。
铁的凝重,血的艳红——驰骋于女装世界。
炽烈的火,绮丽的红——赐给您:仕女的典雅华贵、女皇的尊仪雍容。

(七) 时尚

时尚的东西,总是新潮的,总是领导消费。在消费品市场中,消费者的购买潮流对于人们的心理冲击很大。人们或多或少地表现出一种追求商品的趋时和新颖的需求。消费者在购买商品时十分看重商品的款式和社会流行样式,而对商品本身的实用价值和价格高低并不过分花心思考虑。时尚,总是让人们欲罢不能,产生冲动性购买。因此,在文稿中就要突出时尚这一主题。下面是"佳雪"抗黑防晒露的广告文稿:

标题:无油防晒隆重上市
正文:佳雪植物护肤新科研采用最新科技,全新推出佳雪抗黑防晒露,独特的完全不含油配方,彻底解决夏日护肤"油腻,不透气"的烦恼,令肌肤用后清爽轻松,不油不腻,再也不会"油光满面"了。产品富含天然芦荟防晒成分,有效防晒,肌肤晒不黑、晒不伤,夏日依然白皙亮丽。佳雪抗黑防晒露,不油、不腻、晒不黑!

第二节 广告创意的原则与技巧

在明确了广告主题之后,广告活动便进入了实质性的创意阶段。这时,广告创作者要考虑的是如何充分、艺术性地表达阐释广告主题的问题。成功的广告战略首先来自不同凡响的卓越创意,创意是现代广告的灵魂,是引起消费者注意、激发消费者购买欲望的驱动力。

一、广告创意的概念和原则

（一）什么是广告创意

广告创意，是指为了达到广告目的，对广告主题、内容和表现形式所进行的创造性思维和构想。美国广告创意专家森特·格威克（Albert Szent – Gyorgry）认为："创意就是指你发现了人们习以为常的事物中的新含义。"广义理解，广告创意包含了广告活动中创造性的思维，从战略、形象到战术以及媒体的选择等，均体现出新的"创意"。从狭义理解，广告创意就是通过大胆新奇的手法来制造与众不同的视听效果，最大限度地吸引消费者，从而达到品牌传播与产品销售的目的。

广告所要做的是利用绝顶的表达手法，将广告信息的主题和内容，传达给最合适的人，最后达到现实的目的。无论这个世界、产品、人怎么变，广告都是万变不离其宗，它所要做的就是时刻把握产品概念和消费者心理，寻求绝顶表达手法，这正是广告创意活动的本质。典型的例子如下：

美国纽约大都会博物馆是世界上收藏现代艺术品的宝地，在其气派豪华的展厅里面，有一件引人注目、与众不同的展品，它既不是毕加索、马蒂斯、蒙德里安的作品，也不是先锋达达主义的作品，而是一张世界头号名牌Levis牛仔裤的POP广告，其表现形式十分简洁而又意味深长，视觉强烈而又脱俗不凡。从广告行家的眼光来评判，这幅海报相当成功，诉求清晰、准确，创意独特而深具震撼力。整幅广告画面只有一个全裸露、优美的臀部，一个虚线点成的牛仔裤口袋的形状，一个醒目的商标：Levis。名牌牛仔裤给人带来不可言传的体贴、舒服是不言而喻的，商业传播效率和艺术感染力达到了完美的结合，散发着持久的魅力。没有牛仔裤的牛仔裤广告，给人最强烈的感触是其反常规的想象力，这是创意最高水准的体现。

美国著名广告人威廉·伯恩巴克说："我们没有时间也没有金钱允许大量及不断重复的广告内容，我们呼唤我们的战友——创意。要使受众在一瞬间发生惊叹，立即明白产品的优点，而且永不忘记，这就是创意的真正效果。"好的广告作品必须是广告所要传达的内容与艺术表现形式的统一体，是一项综合性的艺术创造。出色的创意并不一定是画面美丽、模特漂亮、摄影新奇或构图讲究的"纯美术"作品，而必须是融商品信息于"意境"之中，使消费者以新的眼光看待广告中的产品或服务，从而刺激其购买欲望，最终产生购买行为。

（二）广告创意的原则

广告创意虽然属于一种艺术创作，具有艺术创造的一切属性，但是广告创意却不能像纯艺术那样天马行空、无拘无束，因为广告是一种功利性、实用性很强的经济行为，其最终目的是引起人们对产品或产业的注意，促进销售，树立形象，而不是仅仅供人观赏、消遣或者收藏。对广告来说，无论多么精妙的创意，如果它不能达成功利目的，就一文不值，是一个失败透顶的创意。在广告活动中，创意永远只是一种手段，是把消费者引向企业或产品的桥梁。正因为如此，广告创意必须接受一些"清规戒律"的约束和制约，有人把它比喻成"戴着枷锁跳舞"。在不自由中寻找更高境界的自由，也许正是广告创意的最迷人之处。

广告创意原则的积累和提炼，是人类广告活动进一步的体现。广告创意原则深刻地影响着广告人的创意思路和具体实践。在进行广告创意时，我们必须遵循以下几项基本原则。

1. 首创性原则

文学家 Roy Whiter 说："在广告业里，与众不同就是伟大的开端，随声附和就是失败的起源。"首创性的广告创意具有最大强度的心理突破效果。与众不同的新奇感总是那样引人注目并引起广泛的注意，并且那新鲜的魅力触发人们强烈的兴趣，能够在消费者脑海里留下深刻的印象，长久地被记忆。一个普通的鲜为人知的产品讯息经广告创意，当它具备首创意义的形式时，广告传达就达到意料之中的震撼效果。

当然，崇扬广告创意的独创性精神，也要极力与一味追求新奇的"哗众取宠"式广告区别开来。我们说"与众不同"是广告创意的一个主要特征，但不是说"与众不同"就是"广告创意"。广告大师 Reeve 有句名言："新花样不是创意。新花样是广告界最具危险性的字眼。若让这个字先入为主，广告人就会追求诸如鬼火这类虚幻的东西。"与众不同的传达才是创意。

"西冷"空调的广告创意（见图 7-1）是 1993 年中国大陆广告的一件盛事，它那辉煌的创意力将会在中国广告发展史上留下一笔。竟然在久负盛名的大报头版刊登全版广告，这在大陆是件破天荒的创举，既体现了新闻传媒方面改革的新突破，更体现了广告客户和广告代理公司的气魄、智慧。这则广告创意自刊登后，得到了新闻界、广告界、社会大众等多方面的强烈反响和讨论报道。从该广告刊后半年多非同寻常的销售反馈来看，我们可以很有信心和勇气地称这则前所未有的广告创意是一则真正的、名副其实的伟大创意。"西冷"空调的广告创意给我们展现了前所未有的独创精神所拥有的非凡震撼力。首创精神是广告创意最鲜明的特征，是广告创意最根本的一项素质。

2. 实效性原则

图 7-1 西冷空调广告

不促销，就不是创意。广告的实效性原则是衡量广告创意优劣的主要指标之一。广告创意完成特定广告目标，能使停滞滑坡的销售曲线上升，使新上市的商品马上门庭若市，使仓库里堆积成山的商品一销而空，使一个商品以良好的形象永驻消费者心头，广告创意使客户的广告费成为一种物有所值的投资，广告创意能充分挖掘并发挥商品的销售潜力。

在谈到广告创意的目标效果时，有一点需特别澄清：广告创意的终极使命是促进销售，是促销的一种主要组成力量，但广告并不等于销售。真正的广告目标应当是一种传播目标，这是因为广告是作为一种传播本质而决定的，广告最后的效果在于说服目标对象，促使他们去购买。至于最后消费者是否真正掏钱去购买被广告吸引而产生购买欲望的商品，还有许多复杂而微妙，而且有时是起决定性作用的内在外在因素，那是广告所达不到的领域。

提出广告创意的目标是一种传播目标，给我们的启发在于：广告创意要重视传达，而非刺激。让我们以一种更成熟的眼光来注视广告创意。假如一个"广告创意"已给我们强烈的刺激，已具备一种震撼力，那还得深入地审视是否已传达了一个明确而又特定的讯息。表现形式的突破性固然重要，但要突破目标对象深层心理，需要源化于某一欲求的特定商品讯息，它是一种内在强大的驱动力。

3. 关联性原则

关联性是指广告创意必须与广告商品、消费者、竞争者相关联，必须要和促进销售相关联。詹姆斯·韦伯·扬说："在每种产品与某些消费者之间都有其各自相关联的特性，这种相关联的特性就可能导致创意。"找到产品特点与消费者需求的交叉点，是形成广告创意的重要前提。例如，台湾联广广告公司为索尼（SONY）彩电做的电视广告。荧屏上出现一个鲜艳的胡萝卜，鲜脆欲滴，简直呼之欲出。而在画面下方却蹲着一只雪白晶莹的小兔子，圆睁着两只红红的眼睛紧紧盯着屏幕上的胡萝卜。最绝的还是那句广告词："对不起，我们不是故意的。SONY彩电。"使整个广告真正具有了幽默艺术，既滑稽可笑，又不动声色地表现了产品品质。这一创意充分反映了广告创意的关联性特点。

4. 理解性原则

广告创意的内容要以消费者能理解为限度。让消费者去理解晦涩难懂的广告，只会浪费广告主宝贵的资金。目前，我国广告市场上流行以历史典故为背景的广告片，有的典故或历史事件妇孺皆知，深受人们的喜爱，广告的内容也易被消费者理解和接受；有的则冷僻生涩，令人费解，其广告的效果也就可想而知了。同时，遵循理解性原则还要简单、精炼。一个简单、精炼的广告创意更容易被受众所接纳和认可。

5. 蕴含性原则

吸引人们眼球的是形式，打动人心的是内容。独特醒目的形式必须蕴含耐人思索的深邃内容，才拥有吸引人一看再看的魅力。这就要求广告创意不能停留在表层，而要使"本质"通过"表象"显现出来，这样才能有效地挖掘读者内心深处的渴望。好的广告创意是将熟悉的事物进行巧妙组合而达到新奇的传播效果。广告创意的确立，围绕创意的选材、材料的加工、电脑的后期制作，都伴随着形象思维的推敲过程。推敲的目的，是为了使广告作品精确、聚焦、闪光。

6. 渗透性原则

人最美好的感觉就是感动。感人心者，莫过于情。读者情感的变化必定会引起态度的变化，就好比方向盘一拐，汽车就得跟着拐。出色的广告创意往往把"以情动人"作为追求的目标。如一个半版公益广告"你是否考虑过他们？"画面以两个农村孩子渴望读书的眼神和教室一角破烂不堪的课桌椅为背景，已审核报销的上万元招待费发票紧压其上,引发读者强烈的心理共鸣。农民挣一分钱是那么不容易,而有的人花纳税人的钱却大手大脚。如果我们每人省下一元钱,就可以让更多的贫困孩子实现读书梦想。由于这个公益广告情感表达落点准确,诉求恰当,因而获得了2004年度某省新闻奖一等奖。

总之,一个具有首创性、实效性、蕴含深邃内容且易于理解的广告创意,需要运用创新的思维方式,获得超常的创意来打破受众视觉上的"恒常性",寓情于景,情景交融,才能唤起广告作品的诗意,取得超乎寻常的传播效果。

二、广告创意思维的形态

(一) 形象思维与抽象思维

形象思维又称直觉思维,是一种借助于具体形象来进行思考的,具有生动性、实感性的思维活动。通俗的说,形象思维就是由"形"而及"象",由"象"而及"形"的思维过程。

现实世界的万事万物都有各自不同的表象,可见可闻可感,可以刺激人的感官,这些表象可以简称为"形"。每一个特定的事物都是由若干"形"组成,其中又必有这一事物特有的"形"。"形"的不同排列组合,反映了不同事物的不同特征可以形成人们的感觉、听觉或综合感觉中的"象"。因此,"象"就是"形"的组合,"形"就是"象"的元素。"形"的丰富积累、巧妙组合,就可以变幻莫测地转化为各种各样的"象";而"象"的生动再现、精心塑造,又离不开丰富多彩的"形"。

形象思维是创意者依据现实生活中的各种现象加以选择、分析、综合,然后进行艺术塑造的思维方式。生动性、具体性、艺术性是这种方式的特点,企业广告用语的选择需要形象思维。

抽象思维则是用科学的抽象概念揭示事物的本质,表达认识事物的结果。它是人们在认识过程中,借助概念、判断、推理反映现实的过程。抽象思维要把具体问题抽象化后再去思考,以便突破具体问题的束缚,突破层层障碍,从多角度寻求启迪,从意想不到之处加以发掘,另辟蹊径,别开洞天。

抽象思维贯穿于广告创意的全过程,在收集资料和分析资料阶段,要运用抽象思维进行分析、综合、抽象、概括、归纳、演绎、比较、推理。评估阶段,也要运用抽象思维对创意进行条理化、系统化、理论化,也就是说,要给以正确的逻辑表述和证明,进行系统的理论挖掘。总之,广告创意的各个阶段,都要运用抽象思维进行科学地分析与综合,合理的归纳与演绎,严密的推理和论证。抽象思维如同整理加工信息的"滤波器",创意者可以借助它对各种资料进行分析,逐条深入地进行开掘。

(二) 垂直型思维与水平型思维

垂直型思维也称纵向型思维,是人们的传统思维方式,是一种定型化的思维模式。其思维的范围比较窄,限定在一定的思维路线内。广告创意人员采用这种方法,多是依靠以前的知识和经验,容易落入俗套,难以出新。垂直型思维是在一定范围内,向上或向下进行垂直思考，是头脑的自我扩大。这种思维方式是从已知求未知，就像挖洞，在已挖好的一个洞的基础上深挖下去，形成一个更深的洞。在这个洞内有许多旧经验和旧观念，人们就利用这些经验和观念进行创意思考。

海尔007系列冰箱独具保鲜技术，是保鲜最精确的中高档冰箱，这样，产品的销售概念已经非常明确，那就是新鲜。用何种形象元素来表现这一概念呢？创意人员通过垂直型思维考虑，很快便找到了创意的表现元素："弹簧"。海尔冰箱广告创意的垂直型思维运用如图7-2所示。

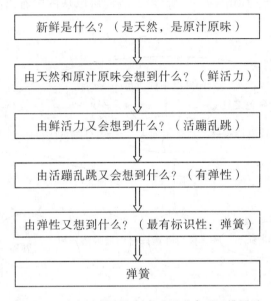

图7-2　海尔冰箱广告创意运用垂直型思维图示

水平型思维又称横向型思维，这是心理学和广告大师们提倡的思维方式。水平型思维打破了传统的思维模式，是以水平方向推进思考而建构的新概念。可以由头脑激荡法筛选出一个意念，或以个人产生的新意念进行水平方向的多点推进，从而设计出一个又一个的方案，补充完善，直至找出最佳诉求点。这种思维方法有益于产生新的创意。水平型思维可以弥补垂直型思维的不足，两者综合互补，在双向的交叉点往往能产生好的创意。

（三）放射性思维与聚合思维

放射性思维又叫发散思维、求异思维，它是根据已有信息，从不同角度、不同方向思考，从多方面寻求多样性答案的一种展开性思维方式。放射性思维是由一个原点向四面八方呈放射状进行思考的、不受束缚的思维方式，它与聚合思维相对应。

聚合思维又叫辐合思维、集中思维、求同思维，它是一种有方向、有范围、有条理的收敛性思维方式。它在发散思维的基础上，把思考出的许许多多项目加以集中、聚合，在许多项目的相互作用中"发展"出一个新的思考。

放射性思维与聚合思维是创造性思维的核心。放射性思维具有流畅、变通、独特等特性，这些特性有助于推陈出新。它在创造活动中往往使人们摆脱习惯性思维的束缚，产生大量的新奇独特的创造性设想。它是创造性思维的主要成分，在创造过程中占有主要地位。聚合思维在创造过程中也是不可缺少的。实际上，放射性思维同聚合思维之间有着极密切的关联，从某种意义上说，创造过程是放射性思维同聚合思维的整合过程，是这两种思维活动协调运作的结果。创造性是放射性思维同聚合思维高度统一的产物。

LOWE HOWARD—SPINK 伦敦广告公司创作的喜力啤酒系列广告正体现出放射性思维与聚合思维的特点（如图7-3所示）。我们可以从图中看出其思维的放射性与聚合状态。

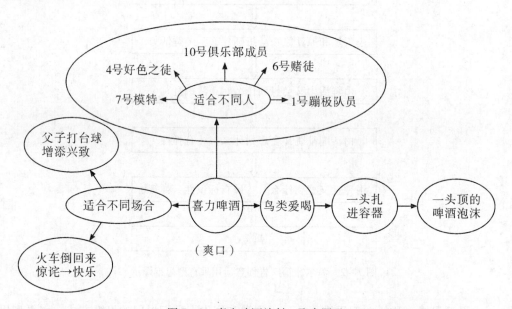

图7-3　喜力啤酒放射、聚合图示

三、广告创意的技巧

广告创意技巧主要有以下五种。

（一）模仿创造法

模仿创造法，是指通过模拟仿制已知事物来构造未知事物的方法。模仿创造法又分为仿生法和仿形法。

仿生法，是指被模仿的已知事物是我们熟知的某种生物而进行模仿创造的方法。

仿形法，是指仅仅模仿已知事物的形状而进行模仿创造的方法。

模仿创造法是人类创造性思维常用的方法。当人们欲求构建未知事物的原理、结构和功能而不知从何入手时，最便捷易行的方法就是对已知的类似事物的模仿而进行再创造。几乎所有创意者的行为最初总是从模仿创造法入手的。

模仿创造法不是抄袭、照搬，而是因时、因地、因物、因势而采取最适合创意，对已知事物的模仿只是借鉴，是基础，通过借鉴并在此基础上作出适合未知事物的选择、再造。模仿只是入门的钥匙，紧接着必须致力于创造。著名画家齐白石老人曾说过："学我者生，似我者死。"一针见血地说明了模仿创造法不是生搬硬套地依葫芦画瓢，而要立足于创造。

模仿创造法的应用途径包括以下方面。

（1）原理性模仿创造。这是指按照已知事物的运作原理来构建新事物的运作机制。例如，电脑人工智能模仿人脑神经元素设计而成。

（2）形态性模仿创造。这是指对已知事物的形状和物态进行模仿而形成新事物。例如，深圳世界之窗中的锦绣中华等微缩景观就是模仿世界各种代表国家和中华民族的形貌修建的，军人的迷彩服就是对大自然色彩的模仿性创造。

（3）结构性模仿创造。这是指从结构上模仿已知事物的结构特点为创造新事物所用。例如，复式住宅来自于对双层公共汽车的结构模仿，决策树方法是对自然界中树干与树枝结构的模仿。

（4）功能性模仿创造。这是指从某一事物的某种功能要求出发，模仿类似的已知事物。例如，人们受智能相机的启发，正试图研制出全智能操作的傻瓜电脑、傻瓜汽车等。

（5）仿生性模仿创造。这是指包括原理性仿生、技术性仿生、控制性仿生、信息性仿生等，人们以生物界事物的生存发展的原理、形状、功能为参照物，进行仿生性模仿创造。

（二）移植参合法

移植参合法，是指将某一领域的原理、方法、技术或构思移植到另一领域而形成新事物的方法。它是人们思维领域的一种嫁接现象。生物领域的嫁接或杂交可以产生新的物种，科技领域的移植、嫁接可形成新的企业形象，蕴含新的创意。

移植参合法包括以下类型。

（1）原理性移植。这是把思维原理、科学原理、技术原理、艺术原理移植到某一新领域的方法。例如，把价值工程原理应用于市场营销实践，便形成了营销价值分析法；把社会化大生产原理用于改造传统零售商业，就创造了连锁经营的形式；等等。

（2）方法性移植。这是把某一领域的技术方法有意识地移植到另一领域而形成的创造的方法。例如，模糊数学的产生便是美国数学家把经典数学统计理论的研究方法移植到对模糊现象的研究之中的结果；文艺界中各种戏剧可相互移植，如意大利歌剧《图兰朵》被移植成中国川剧《中国公主杜兰朵》；等等。

（3）功能性移植。这是把某一种技术或艺术所具有的独特功能以某种形式移植到另一领域的方法。例如，将电视机的音像功能移植到计算机领域；戏剧舞台常常采用电影蒙太奇的组接，立体地进行时空转换；电影导演设计画面往往移植油画的凝重或国画的写意功能；等等。

（4）结构性移植。这是把某一领域的独特结构移植到另一领域，形成具有新结构的事物的方法。例如，蜂窝是一种费料少但强度高的结构，参照这一结构做成的蜂窝砖既能减轻墙体的重量，又能保暖、隔音等。

（三）联想类比法

联想类比法，是指通过对已知事物的认知而联想到未知事物，并从已知事物的属性去推测未知事物也有类似属性的方法。例如，A 和 B 两个事物，A 具有 a、b、c 三个属性，B 具有 a、b 两个属性，通过联想类比，可推断 B 或许也有与 A 类似的属性 c。维纳的《控制论》之所以有副标题《关于在动物和机器中控制和通讯的科学》，就是为了揭示动物和机器看似两类相去甚远的事物之间，通过联想类比而存在着彼此联系的规律性的东西。

联想类比法包括以下类型。

（1）直接类比。这是简单地在两事物之间直接建立联系的类比方法。例如，鲁班因野草的边缘割破手指而发明了锯子；高尔基的《海燕》，以阴霾的、乌云浓重的天空中，高傲的海燕在飞翔，使人联想到十月革命前的俄国沙皇统治的严峻形势与无产阶级英勇奋斗的情景；等等。

（2）拟人类比。这是把问题对象同人类的活动进行类比的方法，并赋予非生命的具体事物以人的生命及其思维和想象。例如，企业形象设计本身就是把企业拟作人进行设计和策划，赋予人的理念、人的视觉美感和行为方式，使之在社会公众中产生美好形象。

（3）因果类比。这是用已知事物的因果关系同未知事物的因果关系的某些相似之处，来寻求未知事物的方法。例如，鸟类飞行距离是与其翼长有关的，信天翁鸟翼很长，故可连续飞行数月，启发人类研制出了远距离飞行的 U-2 型飞机等。

（4）结构类比。这是从未知事物与已知事物在结构上的某些相似而推断未知事物也具有某种属性的方法。例如，把城市交通管理由红绿黄指示灯的运行结构，类比国家宏观调控与市场运作的关系。

（四）逆向思维法

逆向思维法，是指按常规思维去解决问题不见效时，采用反其道而行之的逆向思维，以求获得较好效果的方法。

逆向思维法改变了人们固定的思维模式和轨迹，从而提供了全新的思维方式和切入点，这无疑拓宽了创意的渠道。例如，固定的 8 小时工作制改为非固定的弹性工作制；到商店购物改为送货上门；传统的汽车都用金属材料制造，而有些汽车则采用非金属的塑料制造；等等。

逆向思维与顺向思维往往交替进行，在交替使用这两种思维方法时，不断在变换解决问题的途径。这就要求人们具有灵活变通地思维方式，并寻求最恰当的方法，此路不通，另谋他途。

（五）组合创造法

组合创造法，是指将多种因素通过建立某种关系组合在一起从而形成组合优势的方法。组合创造法是现代生产经营活动中常用的方法。例如，计算机辅助设计系统是把工程绘图技术、几何造型技术、有限元计算方法及仿真技术组合在一起的结果；市场营销学是由哲学、数学、经济学、行为学、社会学等众多学科元素组合而形成的新型学科；市场营销行为的实施则是产品、定价、分销渠道、促销等可控因素的组合；营销意识下的产品是核心产品、形式产品和延伸产品的组合；等等。

组合的基本前提是各组成要素必须建立某种关系而成为整体。没有规则约束即为堆砌，有了规则约束才会形成新的事物。企业商号和产品品牌的命名是由词来体现的，词是词素的组合，两个毫无关系的词素组成的词没有意义，只有两个在含义、平仄等方面建立关系组成的词才能表情达意而又优美响亮，如长虹、海尔、方正、联想、太和、索尼、奔驰等。

组合同样可以是原理组合、结构组合、功能组合、材料组合、方法组合。不论什么组合，一是要考虑其前提条件能否组合，二是要考虑组合的结果能否优化、是否有更佳的效果。

第三节　广告表现的形式

广告表现的内容是否针对消费者的心理需求，决定着广告活动的成败。广告作品应通过广告创意，运用各种符号及其组合，以形象的、易于接受的形式把有关商品、劳务和企业信息表现出来，以达到影响消费者购买行为的目的。

广告表现有以下形式。

一、直陈式

直陈式开门见山，直接在广告中说明产品的特点、用途、功能等，这是最常见的一种广告表现法。例如，白加黑感冒药广告就是典型的这种广告表现，其广告词如下：

白天吃白片，不瞌睡。
晚上服黑片，睡得香。
清除感冒，黑白分明。

该广告词虽然只有短短的三句，却清楚地表达出了白加黑感冒药的功效、特点，同时也使消费者感受到它与其他同类药品的不同。

二、情感式

俗语说"天老情难老"，情感是人类永远不老的话题。通过情感表现来寻求广告创意，是当今广告发展的主要趋势。因为在一个高度成熟的社会里，消费者的消费意识日益成熟，他们追求的是一种与自己内心深处的情绪和情感相一致的"感性消费"，而不仅仅注重于广告商品的性能和特点；若能在广告创意中注入浓浓的情感因素，便可以打动人、感动人，从而影响人，达到非同一般的广告效果。许多成功的广告创意，都是在消费者的情感方面大做文章，从而脱颖而出的。

一般来说，以下情况应考虑用情感化策略：①没有重要产品信息提供；②需要表现产品与众不同，但又没有明显特征；③产品虽有明显特征，但又缺乏说服力。

三、恐惧式

恐惧式广告是指通过给人以强烈的感官刺激（特别是视觉刺激），造成强烈的瞬间恐惧感，刺激人的神经中枢系统，造成激素分泌的激增（表现为心跳加快、肌肉紧张、四肢颤抖，甚至不自觉地发出凄厉的尖叫等），从而达到印象深刻、难以忘怀的广告效果。

对于绝大多数人来说，恐惧是一种令人不快的心理感受和经历。不过，如果恐怖的后果并未给个人造成肉体和精神上的伤害，人们往往会产生一种劫后余生的庆幸感和紧张释放后的放松感；而这种感觉是平时生活里不经常遇到的，这就是某种人们渴望的所谓"紧张"和"刺激"感。可以说，恐惧以其独有的趣味打动人心，它对神秘主义的探索和对死亡体验的描绘，带给人深深的震撼和无尽的感触，使人在紧张的同时，体验了一种曾让自己好奇、惧怕甚至厌恶的真实。在观看恐怖电影或者广告片的时候，人们会有种事先的反复心理暗示"这是电影，这只是虚构的"，这种暗示使得人们观看的时候会得到一种无形的"安全感"，恐怖广告的创作者正满足了他们的这一需要。

四、悬念式

悬念式广告是根据广告主题，在广告开始时设置一定的悬念，使受众产生疑问和期待，然后展开情节，最后运用视听语言将谜底揭开。这种手法旨在唤起受众的好奇心，使受众对产品或广告凝聚浓厚的兴趣，产生窥探的心理。

悬念式广告成功与否，很大程度上取决于广告的开头能否有调动受众好奇心的构思。悬念的这一本质特点完全符合广告的目的，即在一定时间内，紧紧抓住消费者的注意力，将广告信息、产品诉求于不知不觉中灌输给消费者，从而达到广告的效果和目标。

悬念式广告的制作步骤如下：①在广告作品的开头要推出矛盾、形成悬念的开端；②延宕，即故意回避受众感兴趣的人物或情节，造成受众的期待；③间隔，即在情节发展到紧要关头时，突然插入另一事件，让受众对被打断的情节放心不下；④引进，即在剧情发展中引进新的事件，以"火上浇油"方式，进一步增强悬念，使冲突进一步强烈；⑤突转和延伸，即在矛盾发展到最令人疑虑和担忧的时候突然落幕——推出商品或商品相关的信息，让受众如释重负、豁然开朗。

总的来说，制造悬念是一种非常符合受众的好奇心理和追求刺激心理，对受众是非常奏效的一种心理刺激手段。

五、幽默式

在广告创意设计中巧妙地再现喜剧性的特征,抓住生活现象中局部性的东西,通过人们的性格、外貌和举止的某些滑稽可笑的特征来表现产品或观念的信息,并运用生活中富有诙谐、戏谑、幽默的形象或语言来传播信息,令受众看后会心一笑,从而得到人们的喜爱并在愉快中接受信息。幽默的表现方法,往往运用饶有风趣的情节、巧妙的安排,造成一种充满情趣、引人发笑而又耐人寻味的幽默意境。使用幽默方法,要注意笑料的奇和巧,要表现出乎意料又在情理之中的效果。但要注意避免低俗、搞笑,这会降低受众对广告的好感以及产品的档次。

幽默广告通过幽默人物或幽默情节来表现。幽默广告表现手法很多,但大体上可分为以下几种类型。

(1) 语言幽默。即在广告标语或广告文案中注入幽默元素,运用对比、错综、移植、颠倒、交叉、误会、谐音、反语等修辞手法,产生幽默。

(2) 视觉幽默。即利用画面创造幽默效果,增强广告对人的视觉刺激。例如,奥地利的一则公益广告的主题为"不要随地小便"。画面上出现的是街道的一角,一位屁股朝向读者的男士正在小便,令人奇怪的是,这位男士不是站立着,而是像狗一样趴在地上,一条腿翘起来,叫人忍俊不禁。

(3) 情节幽默。即利用一则小故事、一小段情节表现幽默。例如,百威啤酒的一则广告,主题是人与狗抢坐沙发演绎故事:青年人用骨头诱骗狗离座而去,狗利用啤酒诱使青年主人离座上当,充满了幽默与笑料。狗爱骨头的形象是人所共知的,青年人钟爱啤酒正是广告要宣传的重点。这则广告让人们在不知不觉中接受了百威啤酒的广告信息。

幽默因素必须要与产品相关联,必须要起到能突出和表现产品或品牌的作用,否则人们只会注意到广告幽默的情节或画面,而忘记了它要宣传的品牌。因此,要根据不同类型的产品及不同类型的目标消费者来决定采用何种幽默手段。例如,日用品、食品、玩具等产品与日常生活紧密联系,多采用感性诉求的方式,故运用幽默的频度可多一些、幽默的氛围也可相对浓一些。对一些工业用品、生产资料产品,不是说不能采用幽默的方式来做广告,而是因为其产品技术含量高、使用要求高,购买时多出于理性的考虑,因此,在表现手法上就要相对严肃一些或者说慎重些,以让消费者产生信任感。幽默的手法还应符合不同民族的不同心理、个性以及不同的风俗习惯。幽默地表现产品和服务切忌出现庸俗、噱头和无理取闹,这会导致受众的反感。

六、晕光式

晕光式又称晕光效应式。晕光效应是社会心理学的一个概念,它是指一个人如果被认为具有某种优点,往往还会被认为具有其他许多优点。例如,某些歌星、影星和运动员是非常出色的,他们便会被公众赋予许多不属于演艺和运动方面的专长,这些本不属于他们的专长宛如月亮旁的晕光笼罩在他们周围,故称之为晕光效应。晕光式广告也就是我们常说的名人广告。国内外许多企业不惜重金聘请娱乐界、体育界的明星为自己的产品做广告，就是想借助晕光效应的威力来达到产品促销的目的。

晕光效应之所以能具有良好的促销效果，从心理学的角度来看，主要是两方面的原因：其一，公众对这些明星人物有热爱之情，特别是追星族几乎达到疯狂的程度。可以毫不夸张地说，追星族已进入意识场狭窄的类催眠状态；他们对客体的认识已不再清晰而富有理性，只是爱明星之所爱，喜明星之所喜，自然也就会"购"明星之所"购"了。其二，追星族很大的一个愿望就是想与自己所崇拜的明星有某些相同之处，能与之有某些"共识"，于是，便对明星所用之物、所推荐之物趋之若鹜。

国内第一则名人广告首推著名表演艺术家李默然1985年为"三九胃泰"做的广告，这应算是明星广告的开山之作。当时，一个李默然把"三九胃泰"推向全国，一个潘虹让"霞飞增白粉蜜"家喻户晓，在名人广告的初期阶段，广告的宣传效果和促销效果显而易见。

近几年，随着名人广告的日益增多和泛滥，明星效应效迅速下降，有些广告还误导了消费者。对此，策划晕光式广告应注意以下三方面。

（1）忌无关联性。选用名人应注意名人的职业、气质、年龄和性别等与广告产品、企业品牌的关联性和相近性，要有一种自然的过渡和联想，避免引起某些歧义。如DIOR洗发水产品定位于平民阶层，却请来金喜善为其做广告，有谁会相信这个在韩国有"喜善公主"之称的大明星会用这么平民的洗发水呢？显然，金喜善和这个洗发水的品质是格格不入的。

（2）忌过度曝光。过度曝光时下显得尤为突出。一个名人今天为甲公司代言，明天为乙公司代言，后天可能又成了丙公司的代言人，甚至还常在同一时段的电视节目中出现。这既降低了名人自身的声誉，使消费者对广告产品产生怀疑，同时也损害了公司的形象。因此，广告主尽量少用频繁出现的名人，同时还要考虑品牌建设的长远规划或品牌发展的阶段性目标，不宜频繁更换代言人，以免造成传播上的混乱。

（3）忌喧宾夺主。名人通常有较高的注目率，往往会分散人们对广告产品的注意力，容易喧宾夺主。据调查，在名人广告中，受众记住名人形象的占82%，记住产品名称或品牌的占49%，记错或混淆产品形象的占45%。数据表明，受众更容易记住明星的个人形象，企业花了巨额资金，结果是为明星做了嫁衣。

七、广告表现的"3B"要素

在国外，广告界通常把使用Beauty（美女）、Baby（孩子）、Beast（动物）做广告表现称为"3B"要素。"3B"要素广告是通过人们的审美心理和爱心等情感心理现象，提升广告的注目率，并可增加广告的趣味性。

（1）Beauty要素。美女是广告中必不可少的重要元素。爱美之心，人皆有之。电视广告中的那些俊男美女，书刊杂志封面、商品广告和挂历上的美女图，企业聘用的貌美年轻的招待小姐和公关小姐，等等，都是商家为了宣传自己、拓宽销路、招揽生意的必要手段。此外，精美的商品包装，营业场所的装潢设计，无一不是为了迎合大众的审美需要。美女们以"形象代表"、"亲善大使"、"产品代言人"的面目在市场上推销产品，为厂家、商家产品的营销建下不少奇功，可以说是一种真正意义上的"注意力经济"。对企业家来说，利用美女做形象代言人可以提高产品的关注度和购买率；对赞助商来说，美女为他们带来了广泛的广告效应；对受众来说，看"美女加广告"要比看纯粹的广告有意思多了。

（2）Baby 要素。儿童特别是婴儿因其天真、幼稚、单纯、真实，能给人带来一种生命的感动，充满了生命的张力和表现力。由天真无邪的儿童推荐产品，给人一种莫大的信任感，儿童没有敌意，我们无法拒绝，这使得儿童理所当然地成为广告表现的资产要素。在第44届日本电通奖获奖作品中，有一则松下电扇的广告，就是撷取了一组儿童在电风扇和风吹送下悠悠欲睡的镜头，传达电扇给人们带入梦乡一般的温柔。国内的联想电脑、脑白金等产品广告也曾一度利用儿童形象进行宣传，取得了良好效果。

（3）Beast 要素。在广告中使用某些动物能更好地传达广告主题信息、塑造品牌，可以增加广告的吸引力，延长注意时间。特别是运用动物的凶猛、强悍、灵活、善跑和翱翔的本领，以及宠物的可爱和通人性等，都可以作为广告创意设计的元素。

在广告创意表现中运用"3B"要素时必须与广告主题紧密地结合，才能够更好地传达广告主题的信息。

案例　成功的创意广告

1. 白加黑——治疗感冒，黑白分明

1995年，"白加黑"上市仅180天，销售额就突破1.6亿元，在感冒药市场上分割了15%的份额，登上了行业第二品牌的地位，在中国营销传播史上堪称奇迹，这一现象被称为"白加黑"震撼，在营销界产生了强烈的冲击。感冒药市场同类药品甚多，层出不穷，市场已呈高度同质化状态，而且无论中、西成药，都难以作出实质性的突破。康泰克、丽珠、三九等"大腕"凭借着强大的广告攻势，才各自占领一块地盘；但盖天力这家实力并不十分雄厚的药厂，竟在短短半年里就后来居上，关键在于其崭新的产品概念。"白加黑"是个了不起的创意。它看似简单，只是把感冒药分成白片和黑片，并把感冒药中的镇静剂"扑尔敏"放在黑片中，其他什么也没做；实则不简单，它不仅在品牌的外观上与竞争品牌形成很大的差别，更重要的是，它与消费者的生活形态相符合，达到了引发联想的强烈传播效果。在广告公司的协助下，"白加黑"确定了干脆简练的广告口号："治疗感冒，黑白分明"，广告传播的核心信息是"白天服白片，不瞌睡；晚上服黑片，睡得香"。产品名称和广告信息都在清晰地传达产品概念。

2. 舒肤佳——后来居上，称雄香皂市场

1992年3月，舒肤佳香皂进入中国市场时，早在1986年就进入中国市场的力士香皂已经牢牢占住香皂市场，但舒肤佳却在短短几年时间里，硬生生地把力士从香皂霸主的宝座上拉了下来。根据2001年的数据，舒肤佳市场占有率达41.95%，比位居第二的力士高出14个百分点。舒肤佳的成功自然有很多因素，但关键的一点在于它找到了一个新颖而准确的除菌概念。舒肤佳在广告中教人把手洗干净——"看得见的污渍洗掉了，看不见的细菌你洗掉了吗？"为此，舒肤佳在广告中通过踢球、挤车、扛煤气等场景告诉大家生活中会感染很多细菌，然后，舒肤佳再通过"内含抗菌成分迪保肤"

之理性诉求和实验来证明舒肤佳可以让你把手洗干净。

3. 脑白金——吆喝起中国礼品市场

在中国礼品市场，如果谁说到"今年过节不收礼"，便会有人说下句："收礼只收脑白金"。脑白金已经成为中国礼品市场的第一代表。

睡眠问题一直是困扰中老年人的难题，因失眠而睡眠不足的人比比皆是。有资料统计，国内至少有70%的妇女存在睡眠不足现象，90%的老年人经常睡不好觉，"睡眠"市场如此之大。脑白金作为睡眠保健品，定位很准确。然而，脑白金单凭一个"睡眠"概念不可能迅速崛起。脑白金以极短的时间登上中国保健品行业"盟主"的宝座，其成功的最主要因素在于找到了"送礼"的轴心概念。中国人有送礼习惯：过年送礼，看望送礼，公关送礼，结婚送礼，下级对上级送礼，年轻人对长辈送礼，等等，礼品市场何其浩大。脑白金的成功，关键在于定位于庞大的礼品市场，而且先入为主地得益于"定位第一"法则，第一个把自己明确地定位为"礼品"——以礼品定位引领消费潮流。

4. 乐百氏——27层净化

经过一轮又一轮的"水战"，饮用水市场形成了三足鼎立的格局：娃哈哈、乐百氏、农夫山泉，就连实力强大的康师傅也曾一度被挤出了饮用水市场。纵观各水成败，乐百氏纯净水的成功相当程度上得益于其"27层净化"的营销传播概念。乐百氏纯净水上市之初，就认识到以理性诉求打头阵来建立深厚的品牌认同的重要性，于是就有了"27层净化"这一理性诉求经典广告的诞生。当年纯净水刚开始盛行时，所有纯净水品牌的广告都说自己的纯净水纯净，消费者不知道哪个品牌的水是真的纯净或者更纯净的时候，乐百氏纯净水在各种媒介推出卖点统一的广告，突出乐百氏纯净水经过27层净化，对其纯净水的纯净提出了一个有力的支持点。这个系列广告在众多同类产品的广告中迅速脱颖而出，乐百氏纯净水的纯净给受众留下了深刻印象："乐百氏纯净水经过27层净化，水质很纯净。"

5. 农夫山泉——甜并快乐着

1998年，娃哈哈、乐百氏以及其他众多的饮用水品牌大战已是硝烟四起，而且在娃哈哈和乐百氏面前，刚刚问世的农夫山泉显得势单力薄，另外，农夫山泉只从千岛湖取水，运输成本高昂。农夫山泉在这个时候切入市场，并在短短几年内抵抗住了众多国外国内品牌冲击，稳居行业三甲。其成功要素之一在于其差异化营销之路，而差异化的直接表现来自于"农夫山泉有点甜"的创意。农夫山泉的水来自千岛湖，是从很多大山中汇总的泉水，经过千岛湖的自净、净化，完全可以说是甜美的泉水。但怎样才能让消费者直观形象地认识到农夫山泉的"出身"？这就需要一个简单而形象的营销传播概念。"农夫山泉有点甜"不仅传递了良好的产品品质信息，还直接让人联想到了甘甜爽口的泉水，喝起来自然感觉"有点甜"。

[链接思考]

(1) 简述以上案例使用的广告创意和广告表现手法。

(2) 本案例的广告表现效果如何？如果存在表现欠缺，应如何改进？

本章小结

广告主题是广告的中心思想，是广告的灵魂，它统帅广告作品的创意、文案、形象等要素；广告主题由广告目标、广告信息、消费心理三要素构成。影响广告主题选择的因素主要包括消费者心理、企业形象、购买行为和企业营销策略四个方面。

创意思维是指创造性的思维活动。来源于创意思维的广告创意是介于广告策划与广告表现制作之间的创造性构思活动。创造性思维的主要形式包括形象思维与抽象思维、垂直型思维与水平型思维、放射性思维与聚合思维；可以利用超越性和另辟蹊径等方法来诱发创意性思维。广告创意具有实效性、理解性、关联性、首创性、蕴含性、渗透性等原则。

广告表现是把有关商品、劳务和企业信息，运用各种符号以及其组合，以形象的、易于接受的形式表现出来，从而达到影响消费者购买行为的目的。广告表现的常用方式有直陈式、情感式、恐惧式、悬念式、幽默式、晕光式和广告表现过程中的"3B"要素等。通过广告表现达到引起消费者注意的目的，有利于引起消费者的联想和购买动机，并最终实现购买行为。

关键概念

广告主题　广告创意　形象思维　抽象思维　垂直型思维　水平型思维　放射性思维　聚合思维　模仿创造法　移植参合法　联想类比法　逆向思维法　组合创造法　广告表现

思考题

（1）什么是广告创意？广告创意的原则有哪些？
（2）简述创意思维的形态。
（3）广告创意的技巧有哪些？
（4）什么是广告主题？广告主题常用的类型有哪些？
（5）试举例说明广告表现的方式。

参考文献

[1] 林景扬，夏佳，余杨．广告创意设计［M］．沈阳：辽宁美术出版社，2011
[2] 胡晓云．世界广告经典案例——经典广告作品评析［M］．北京：高等教育出版社，2004
[3] 胡文财．广告创意与表现［M］．杭州：浙江大学出版社，2013
[4] （英）汤姆·阿尔茨蒂尔．广告创意强化教程：广告的战略、文案与设计［M］．上海：上海人民美术出版社，2013

第八章 广告文案、构图与色彩

本章学习目标

学完本章以后，应掌握以下内容：①了解广告文案的定义、特点和构成；②了解广告文案的类型和广告构图的原则；③了解色彩要素的情感应用和广告色彩对受众消费心理的影响；④了解广告标题、广告正文和广告语的创作方法和技巧；⑤掌握广告色彩的设计技巧。

第一节 广告文案

一、广告文案的定义和构成

（一）广告文案的定义和特征

1. 广告文案的定义

目前，广告界对于广告文案的定义有广义与狭义之说。

广义的广告文案是指广告作品的全部，它不仅包括语言文字部分，还包括图画等部分。对于持这一定义的观点来看，广告文字、广告插图、广告色彩、广告构图等都属于广告文案的范畴。

狭义的广告文案仅指广告作品的语言文字部分。例如，陈先枢编著的《实用广告词典》中认为，"广告文案是以广告宣传为目的的文字作品"，丁柏栓主编的《广告文案写作教程》中认为，"广告文案应当是广告作品的文字部分"，等等。

本书认为，广告文案直接影响到广告的宣传效果，应独立规范和创作。因此应把广告文案仅限定于广告的文字部分，从而强调广告文案的针对性，提高广告文案的创作水平。

2. 广告文案的特征

（1）以商业性为目标。广告文案作为广告的一部分，不可避免地具有浓重的商业色彩。广告文案对于塑造企业形象，推销企业的产品和服务，传播企业观念和文化具有重要作用，因此，商业利益是广告文案追求的首要目标。

（2）以真实性为基础。广告界有这样一句格言："真实是广告的生命，诚实的广告是最好的策略。"广告文案的目标在于向消费者推销商品和服务，说服消费者购买，可见，只有从消费者的利益出发，保证广告信息的真实可信，才能得到消费者的信任。因此，广告文案必须以消费者的立场为出发点，作真实的宣传。

广告文案作为传播广告信息的应用文，在商业性的同时也是一种艺术表现手法，强调真实性并非排斥艺术渲染，艺术表现是广告文案收到最佳广告诉求效果的重要手段，如果离开了艺术夸张和渲染，广告文案就失去了感染力，无法达到对受众的影响。因此，把广告文案的真实性和艺术渲染合理平衡，才能够使文案焕发出强大的生命力。

(3) 以简洁性为形式。一般情况下，广告文案都是非常简洁的，这主要源自于两方面的原因。首先，广告受众对于广告作品的注意时间很短，因此，以简短的语言表达广告创意和主题，即短小精悍、重点突出的广告文案往往能够达到较好的效果。其次，广告媒介投放费用开支较大，简短、精确的广告文案能够节省广告版面和时间，达到节约广告费用的作用。

(4) 以创意性为动力。比尔·盖茨说："创意就如原子裂变一样，只须一盎司就会带来无以计数的商业利益。"可见创意在生活中的重要性。广告文案作为一种特殊的应用文，在遵守语言规范的大前提下，往往充满智慧和创意，虽然寥寥数语但字字珠玑，成为广告文案焕发光彩的动力源泉。例如：热水器产品广告文案："别只看本品价高，若购买便宜的热水器，会使你陷入水深火热之中。"利用"水深火热"这一成语的引申之意寓意劣质热水器带来的麻烦，使人不禁会心一笑。眼镜店广告文案："眼睛是心灵的窗户，为了保护您的心灵，请为您的窗户安上玻璃。"情理之中、意料之外的创意让人领略到文案的精妙绝伦。

(二) 广告文案的构成和类型

1. 广告文案的构成

一则广告作品中，完整的广告文案应包括广告语、广告标题、广告正文和广告附文四个部分。广告语是企业的特定宣传用语，借此表达产品主题。广告标题是广告文案的总领，要醒目突出、生动且富有吸引力。广告正文是广告文案的主体，向消费者进行深度说明的文字部分，并详细介绍商品和服务。广告附文的内容在于向消费者说明购买商品或服务的方法，语言要简洁明确。

2. 广告文案的类型

对广告文案分类可从多种角度进行，所取的角度不同，会形成不同的类别。本书采用以传播媒介为标准对广告文案进行分类的方式。

(1) 印刷媒介广告文案。印刷媒介包括报纸、杂志、邮寄件等广告媒体形式。印刷媒介广告文案的特点在于保存时间长，可用于进行复杂、详细的商品说明，与广告画面相配合，真实、全面展示商品信息。其缺点在于信息传播停留于纸质表面，感官刺激性差。为此，印刷媒介广告文案应充分发挥其优点，以优美的文字和语句营造广告意境，从而打动消费者，提高广告效果。

例如，DIPLOMA 脱脂奶粉广告文案：

标题：试图使他们相会

正文：亲爱的扣眼：

你好，我是纽扣，
你记得我们已经有多久没在一起了？
尽管每天都能见到你的倩影，
但肥嘟嘟的肚皮横亘在你我之间，
让我们有如牛郎与织女般地不幸。
不过，在此告诉你一个好消息，
主人决定极力促成我们的相聚，
相信主人在食用 DIPLOMA 脱脂奶粉后，
我们不久就可以天长地久，永不分离。

（2）音频、视频媒介广告文案。音频、视频媒介主要包括广播、电视等。广播是借助无线电波传播信息的媒介，其广告信息传播具有速度快、范围广、受众群体相对固定、信息传播不受空间限制等特点；但其缺点是信息传播受时间限制，转瞬即逝。因此广播广告文案在创作时，应注意受众的收听特点，对重要广告内容进行适当的重复，以流畅、愉快的语言，配合优美的音响效果，为消费者提供愉悦的听觉享受。

例如，美能达复印机广告文案：

侍应生：厨师，这儿有一份菜单。
厨师：要什么？
侍应生：6号桌想要一份飞艇鸡尾酒。
厨师：你是说虾味鸡尾酒。
侍应生：还有一份啤酒汤。
厨师：青豆汤。
侍应生：一碗牛肉胶水。
厨师：你说什么？给我看看菜单。
侍应生：好的。
厨师：谁印的这份东西？皱皱巴巴，字迹模糊，简直没法认。
厨师：这些菜单真是要命。
侍应生：那么想要我拿什么？我们的复印机忙得都要塞纸了。
厨师：给我来部美能达 EP 310。
侍应生：菜单上没有美能达 EP 310，你是指意大利蔬菜浓汤吧！
厨师：我是说美能达 EP 310 复印机。
侍应生：啊？
厨师：美能达 EP 310 印得快极了，根本不会塞纸。
侍应生：当真？
旁白：美能达 EP 310 复印机，可以信赖的工作伙伴。

与广播相比，电视、网络可以通过多种感官刺激消费者，因此信息传达更加灵活、立体。电视媒体广告文案与其音频、视频的信息传播方式相对应，要以文案作为情节画面的重要辅助，准确描述场景及人物对白；用传神的语言和声响效果配合画面表现，营造逼真的广告意境。网络媒体被称为第四媒体，具有超越时空、地域，信息交互使用的优越性。网络媒体广告文案应迎合网民群体，尤其是青年消费群体的心理特点，以简洁、幽默、活泼的网络语言形式传达广告信息。例如，网络游戏《挑战》的广告文案为：王者地位，出来混总是要还的；《功夫ONLINE》的广告文案为：铸就神功，同门齐上阵！世代传承，PK几代人！你不是一个人！

（三）广告文案写作的基本要求

广告文案作为一种特殊的应用文，在创作过程中除遵循语言规范外，还有以下一些基本要求。

（1）广告文案写作要体现出艺术性。广告文案的艺术性不仅指具有文学艺术的品性，同时体现在诉求方法的有趣和有效，能够打动消费者。

（2）广告文案写作要体现实用性。与文学艺术相比较，广告文案要求具备较高的实用性，可以通过受众调查、定量分析、科学评估等形式得出结论的方式，增强广告文案的实用性。

（3）广告文案创作要具备可操作性。广告文案并不是仅供受众欣赏的，而是作为特定广告活动的重要组成部分进入广告操作流程，因此要具备很强的可操作性，能够通过广告流程进行加工，成为特定广告作品的文案。

二、广告标题

（一）广告标题的定义及作用

广告标题，是指广告作品为传达最重要或最能引起诉求对象兴趣的信息，而在最显著位置以特别字体或特别语气突出表现的语句。标题的作用就在于在最短的时间内传递出最重要的信息或者引起诉求对象的注意。

广告标题与广告语在广告作品中的作用同等重要，但二者的本质迥异。就长远效果来看，广告语的重要性无疑超过标题，但就一则广告语作品尤其是平面作品而言，标题远比广告语重要。它是文案的关键点，广告大师大卫·奥格威认为："标题是大多数平面广告最重要的部分。它是决定读者读不读正文的关键所在。"广告标题是文案与创意的纽带，精妙的标题可以一针见血，直指创意核心，让广告的创造性充分展现。

（二）广告标题的类型

现代广告对标题越来越重视，广告标题也越来越新颖、醒目。从形式看，广告标题可以分为以下六种类型。

（1）类比式标题。寻找诉求对象司空见惯的事物，与广告诉求重点做贴切、生动的类比。例如，保时捷汽车平面广告的标题为"她就像一个孩子，你还没有就不会理解拥有的感觉"。类比相当的生动。

（2）新闻式标题。以发布新闻的姿态传递新的信息，或者为了强调广告信息的价值，用类似新闻式的标题来吸引读者。派标管业为突出其新型管材的防腐性所创作的广告标题为"派标反腐行动"，很有新意，也切合当前消费心理。

（3）疑问式标题。以设问或反问的方式引起诉求对象的好奇心，把读者拉入广告。Timberland野外休闲鞋曾做过一则以精湛的制造工艺为诉求重点的广告，就是以疑问性的标题吸引读者的："鞋上有342个洞，为什么还能防水？"

（4）故事、叙事式标题。暗示一个引人入胜的故事即将开始。美国著名广告大师乔治·葛里宾为箭牌衬衫创作的标题为"我的朋友乔·霍姆斯，他现在是一匹马了"。

（5）命令、祈使、建议式标题。站在企业或产品的立场针对诉求对象说话，也可以以诉求对象的口吻说出，有着一定的敦促力量。例如雅芳护肤产品广告标题为"我的年龄由我的肌肤做主"。

（6）悬念式标题。设置某种悬念、引发诉求对象的好奇心理，引导读者寻求结局。例如儿童止咳药广告标题为"孩子咳嗽老不好，怎么办？"

（三）广告标题的创作技巧及要求

优秀的标题可以说是整个文案的灵魂，也是整篇文案创造力的凝聚点。只有思路开阔，并且尝试语言文字表达的多种可能性，才能写出有效传达信息或有效吸引读者的标题。在标题的撰写过程中必须注意以下三个方面。

（1）紧扣创意。把创意的最巧妙之处融入标题，准确地直指核心，并且要集中于一点。

（2）避免平铺直叙。平铺直叙最能准确表述，但无助于吸引读者，应去寻找出人意料的角度。

（3）语言简洁凝练。注意使用个性化的语言，能有助于体现产品的特性。

三、广告正文

（一）广告正文的定义及功能

广告正文是指广告作品中承接标题，对广告信息进行展开说明、对诉求对象进行深入说服的语言或文字内容，是诉求的主体部分。出色的正文对于建立消费者的信任、刺激购买欲望起关键性的作用，同时还能展现企业形象、构筑产品销售氛围。

广告的诉求目的不同、广告主和产品不同，广告的具体内容也会千变万化，但所要实现的目标却是相同的。首先，全面表现诉求重点，诉求重点是广告的核心内容。在企业形象广告中，诉求重点常常是企业的优势或业绩；在品牌形象广告中，诉求重点集中于品牌特性；在产品广告中，诉求重点集中于产品或服务的特性和对消费者的利益承诺；在促销广告中，诉求重点是更具体的优惠、赠品等信息。正文必须提供更多、更全面的信息使诉求重点更容易理解、更令人信服。如果广告的目的不在于传达具体的信息而在于情感沟通，情感性的内容即可通过广告正文深入展开，以增加感染力。其次，发出行动号召。如果广告的目的是直接促销，而不是建立品牌形象，正文则可以明确地号召购买、使用、参与，并说明获得商品或服务的方法与利益。

（二）广告正文的类型

不同的产品或服务、不同的企业在广告中的表现形式各不相同，正文的表现形式也会是多种多样的。适当的表现形式能使广告正文更具有说服力。

1. 客观陈述式

客观陈述式不借助任何人物之口，直接以客观口吻展开诉求。这是最常用的方法。只要创作过程中能够准确把握创意概念，即使是客观陈述，也能让创意的力量充分发挥。

例如，浪琴女表广告正文：

时尚潮流，讲究纤细，精致女装表，焉能后人？
浪琴石英款女表，是时代尖端产品。
更加纤薄秀丽，款式繁多不一，表面别致出众。

2. 主观表白式

主观表白式以广告主的口吻展开诉求，直接表白"我们"将如何或正在如何。这种方式在表述企业观点、态度以及在产品或服务上所做的努力方面有更大的自由。或者以代言人的口吻向诉求对象说话。这是电视广告最常用的方式。让代言人说出自己了解的情况，语言必须符合其身份与个性。

例如，雅客 V9 糖果广告正文：

补充维生素，你可以选择雅客 V9，
每天两粒雅客 V9，
随时补充 9 种维生素，
想吃维生素糖果的，跟我来吧！

3. 对白式

对白式通过广告中的人物的对话与互动展开诉求。这种方式常用于电视广告中。

例如，优乐美奶茶广告正文：

女：我是你的什么？
男：你是我的优乐美啊！
女：原来我是奶茶啊！
男：那样我就可以随时把你捧在手心了。
女：（羞涩地笑了）
男：奶茶，我喜欢优乐美！

4. 故事式

故事式将正文写成一个完整的故事，描述有吸引力的故事情节，让企业、产品或者服务在故事中担当重要角色，将广告诉求以常理的逻辑关系自然地融入故事中。这种方式常用于平面广告中。

例如，红酒平面广告，画面中一个美丽、优雅的女子独坐窗前，柔和的月光从窗外倾斜到她身上，女子手中举着一杯红酒，广告正文为：

红酒的神奇，许是因为它饱含了鲜活的生命原汁、蕴藏了深厚的历史内涵、绵延了高尚的文化积累。品着红酒，感受着欢乐，沉醉于神秘，自然是人生难得的美妙意境。

我喜欢细细品味红酒，听着酒汁与杯体的碰撞，凝视着玫瑰色的酒汁流淌，深深地吸一口淡淡的芬芳，再轻轻地啜上一小口，细细地感受那层出不穷的滋味……这时，你会觉得红酒是一首浪漫的诗，在你的生命里轻柔地燃烧。

（三）广告正文的创作原则和技巧

广告正文没有严格的限制，从内容上看，可以把产品、服务或企业信息进行全面介绍，也可以是对产品某一特色的重点描述，甚至是一次促销活动的文字说明。从形式上看，正文可长可短，可以只是一句话，也可以长篇大论。

广告大师大卫·奥格威把广告正文的创造概括为几个简单的原则：诚实，实在，充分，明确，自然，亲切，有吸引力。我们由此可以概括出广告正文的创作应遵循以下几个原则和技巧：

（1）诚实的态度。诚实不仅仅是介绍信息时的真实度，在文字表现形式上也不能夸夸其谈、花言巧语，更不能欺骗。

（2）语言朴实。语言不必刻意追求精致，广告讲究实效，过分华丽的词藻只会让公众敬而远之。

（3）多讲述一些不为人知的事实。人们总是对新鲜事特别感兴趣，产品背后有许多鲜为人知的素材，如果被挖掘出来会是绝佳的题材。

（4）尽量增加趣味性。广告正文越长，越需要有趣味性。新鲜的事实、生动的人物和情节、令人忍俊不禁的幽默，都可以增加正文的趣味性。

也有一部分广告的目的是建立形象或传递非常明确而容易理解的信息，几乎没有正文。这通常需要广告的视觉效果好或者标题已经能够明确传达信息。

四、广告语的创作

（一）广告语概述

1. 什么是广告语

广告语是指企业长期使用的特定宣传用语，是表达产品主题的基本概念，是深入消费者内心的最有力的说辞。一般来说，广告语是相对不变的，其功能是让广大媒体受众永远记忆和留下印象。广告语在开展市场营销活动中，能够有效地成为目标市场消费者识别广告主或广告产品的一种符号，它有助于塑造品牌形象，是对广告主企业文化的一种凝练。

2. 广告语与广告标题的区别

广告语与广告标题有着明显的区别，概括起来可以归纳为以下方面。

（1）结构不同。广告语只能是一句完整的、具有概括性的话。而广告标题既可以是一个词或词组，如李奥·贝纳（Leo Burnett）撰写的一则广告的主标题就是一个字：

（主标题）肉
（副标题）使得你所需要的蛋白质成为一种乐趣

广告标题也可能是一句话，如乔治·葛里宾（George Cribbin）撰写的一则广告的标题就是一句话：

我的朋友乔·霍姆斯，他现在是一匹马了。

广告标题要采用哪种形式，要视广告正文以及广告宣传产品（或服务）的具体情况而定。

（2）用途不同。广告语是企业文化的一种反映，它具有相对的稳定性，有利于塑造良好的企业形象和产品形象。而广告标题是广告文案的组成部分，它的内容、形式要与广告文案正文相一致。因此具有多变性，要随着广告文案正文的不同而定。

（3）位置不同。广告标题只能放在广告文案最醒目的地方，这样它的作用才能有效地发挥出来。而对广告语则没有特殊要求，通常是随机而定，有可能放在文案的中间，也有可能放在文案的结尾。

3. 广告语的类型

广告是艺术和科学的融合体，而广告语又往往在广告中起到画龙点睛的作用。广告语的类型如下。

（1）双关型。一语双关，既道出产品，又别有深意。例如，钻石饰品的广告语是"钻石恒久远，一颗永流传！"深得情侣喜爱。

（2）警告型。以"横断性"词语警告消费者，使其产生意想不到的惊讶。例如，感冒药的广告语是"关键时刻，怎能感冒！"

（3）比喻型。以某种情趣为比喻产生亲切感。例如，儿童食品广告语是"我是真的要挑逗你哦！"

（4）反语型。利用反语，巧妙地道出产品特色，往往给人印象更加深刻。例如，牙刷广告语是"一毛不拔"，打字机广告语是"不打不相识"。

（5）经济型。强调在时间或金钱方面经济。例如，"飞机的速度，卡车的价格"，如果你要乘飞机，当然会选择这家航空公司。

（6）感情型。以缠绵轻松的词语，向消费者内心倾诉。例如，石头记饰品广告语是:"世上仅此一件,今生与你结缘。"虽然只是淡淡的一句,却打动了许多人的心。

(7) 韵律型。诗歌一般的韵律,易读好记。例如,杏花村酒的广告语是:"借问酒家何处有,牧童遥指杏花村。"

(8) 幽默型。用诙谐、幽默的句子做广告,使人们开心地接受产品。例如,脚气药水广告语是:"使双脚不再生'气'。"

(二) 广告语的创作原则

在广告语的创作过程中,有时会灵感一现,想出一句精妙的广告语,有时绞尽脑汁也难以写出满意的广告语。因此,应注重对广告语的锤炼,注重于遣词造句方面的修饰和润色,广告语在创作中可以遵循以下原则。

1. 简洁易记

广告语要力求简洁,浓缩就是精华,去掉不必要的修饰。只有简洁易记,才能使消费者过目不忘,同时也便于传播。例如:

"滴滴香浓,意犹未尽"——麦氏咖啡广告
"直面一切"——暴龙眼镜广告

2. 主题明确

广告语的主题内容要贴切、明确,避免空洞的套话。例如:

"鄂尔多斯羊绒衫,温暖全世界"——鄂尔多斯羊绒衫广告
"买保险,就是买平安"——中国平安保险公司广告

3. 新颖别致

普通的话语常不为人们所重视,只有创造出新意才能吸引人,才能在广告"爆炸"的环境里引起人们的注意。广告语在用词、内容、句式、语气等方面还应该追求个性,以能够在众多的广告语中脱颖而出,被消费群体记住。例如:

"我的地盘听我的"——中国移动公司"动感地带"广告
"今年二十,明年十八"——白丽美容香皂广告

4. 通俗易懂

广告语要有很强的适应性和广泛性,尽量避免使用地域文化色彩很浓的词语,人们生活中的日常用语,反而能增加亲切感和生动感。例如:

"就是这个味"——康师傅方便面广告
"百度一下,你就知道"——百度搜索广告

第二节 广告构图

现代商业社会,消费者的购买决策相当程度上取决于对商品的知觉。视觉作为感觉的中心要素,是形成消费者知觉的关键。良好的广告构图设计,能够通过版面创造意境美、形式美、和谐美,向消费者传达愉悦的商品信息,可拉近与消费者之间的距离。

一、广告构图的定义及作用

(一)广告构图的定义

广告构图,是指以有效传播为导向的视觉传达艺术,通过将图、文、色等视觉元素进行富有形式感和个性化的编排组合,激发受众的兴趣,从而了解广告信息。良好的广告构图能够准确地表现商品、传达策略,引发受众的好感与忠诚。

(二)广告构图的作用

1. 创造意境美

现代人的消费,不仅注重实物消费,而且讲究心理消费和文化消费,他们需要消费意境,以期在意境的引导下,进入一种消费氛围,获得良好的消费感觉。没有意境,公众就无法形成具体联想,在他们心中就没有形象感。意境在某种意义上来说就是一种广告信息的个性体现,广告通过精巧的构图,能营造出浓郁的品牌氛围,让受众置身于这样的个性氛围中,仿佛进入一个新的境地,从中领略个性的张扬,接受个性的熏陶,使受众产生强烈的消费动机。优秀的构图设计都会让人感受到一种强大的、新颖的、吸引人的意境,使人陶醉。

美特斯邦威服饰广告画面以年轻人钟爱的科幻电影场景为背景,同时以青年偶像明星为主人公,营造出电影中的经典场景。背景中恢弘、虚幻的场景、与画面中心的人物形成对比,突出了人物的造型和神态,呼应"变型看我"的主题(如图8-1所示)。

图8-1 美特斯邦威服饰广告

2. 创造形式美

广告构图具有美丽的形式感与艺术感能够为传播效果加分。构图对于形式感的要求源自两方面的要求：一是源自受众对美的心理要求，如美观、大方、典雅、合乎自己的品位等。长期以来，在自然环境影响下，人类逐渐形成了一定的审美共识，对称、平衡、重复、渐变、对比、调和成为基本的美学规律。作为设计师，必须要有敏锐的观察力，去发现与体会形式美，合理地表现形式美，并大胆地创造形式美。二是源自差异化竞争需要多样的形式风格，赋予品牌以不同的气质。品牌定位的差异，受众审美的差异，产品性能的差异，都需要相应的形式美感加以准确诠释，实现视觉的定位传播。

3. 创造和谐美

广告构图将广告信息中不同的视觉元素以艺术的手法统一于一幅广告作品中，并准确诠释广告主题并非易事，因此，广告信息中的视觉要素图、文、色以和谐的方式组合，营造和谐统一的视觉感受至关重要。可口可乐公司 Dasani Water 矿泉水广告，整个广告版面色彩艳丽、富有动感，以水的流动使画面具有韵律和激情，文字作为版面的重要组成部分，在传达广告主题的同时，也成为表现运动的元素，通过斜排和穿越画面的方式使构图更加和谐，统一（如图 8-2 所示）。

图 8-2　可口可乐公司矿泉水广告

二、广告构图原理

现代广告构图设计的要求是具有视觉冲击力，瞬间吸引消费者的注意。因此，在广告构图设计中要强调各种信息元素创意化的编排，同时利用各种信息元素在视觉上作一定的对比，如强弱、疏密，或在空间关系上进行连接、重复的组合，或在色彩上进行调和、呼应，使整个广告版面成为一个信息整体，提高传播效率。

（一）重点原理

将广告信息中引人注目的图像或重要的文字信息放置于广告版面中心位置，或者适当放大形成视觉冲击,使受众的视线迅速被其吸引,随后被引向版面其他元素。李维斯牛仔广告突出了"原创牛仔"的重点诉求内容,抓住了消费者的心理需求(如图8-3所示)。麦当劳冰淇淋广告的版面构图中心以四支充斥画面的冰激淋为主,色彩鲜艳诱人,给人新鲜的视觉体验(如图8-4所示)。

图8-3 李维斯牛仔广告

图8-4 麦当劳冰激淋广告

(二)平衡原理

1. 对称式平衡

各要素间以一点为中心,取得上下或者左右同等、同重、同形的平衡状态。对称式平衡分为上下式、左右式以及放射式对称。对称能够产生传统、沉稳、大气、高贵感。对称式平衡由于借助轴心,所以容易安排视觉中心,视觉流程清晰,视觉信息传达明确,是一种简单而有效的构图形式。在Iphone 3G(Moblie)广告中,构图整体利用对称与平衡的经典美学手法,同时人物肌肤与大面积黑色背景形成强烈对比,如图8-5所示。

图8-5 Iphone 3G(Moblie)广告

图8-6 飞利浦照明广告

2. 非对称式平衡

非对称式平衡是指构图中各要素性质不同而量感相同,从而具有平衡之感。其中,图文大小、多少、明暗、疏密等要素按总量平衡的原则自由编排。与对称式平衡相比较，其版面更富有变化，同时具备平衡的稳定性。飞利浦照明广告中，由照明产品组成的造型、广告语、色彩以分块布局的形式构图，非对称的布局通过控制色块的大小、位置、比例，达到版面的视觉平衡（如图8-6所示）。

（三）律动原理

受众在阅读广告信息时，一般按照常规的视觉习惯从左至右或从上到下，因此，广告信息编排应遵循受众的视觉习惯，引导受众视觉随编排中的各种信息，由主到次富有逻辑性地、有序快速地阅读。在广告信息设置中，往往把重要信息放置于受众视觉首先注意到的位置，或会较长时间停留视线的位置，以此突出广告信息中的重点内容，强化消费者的注意水平，加强广告传播效果。平衡获得静态美，律动则产生动态美。如水中的波纹随震动由大变小、由强变弱，让人产生律动的美感。在广告构图中运用重复、渐变等方式排列图文，形成强烈的节奏与韵律，使整个版面富有冲击力和感染力。

1. 重复

以相同或相似的图形、色彩为组，做有序的构图排列，形成重复。重复使视觉习惯地将离散的同属性元素产生串联，从而带动了相关信息的一并纳入。同时，重复的元素形成视觉强势，引起关注。克莱斯勒广告中，打散再构的表现主义结合运用了重复手法，创造出全新的视觉画面（如图8-7所示）。

图8-7 克莱斯勒广告　　　　　　　　图8-8 NIKE广告

2. 渐变

将重复的单元通过渐大、渐小、渐短、渐长、渐明、渐暗等方式产生层次变化的排列，能产生律动的美感，富有韵律。NIKE广告运用足球的印记组成足球明星的形象，使画面极富形式感（如图8-8所示）。

（四）虚实原理

对画图中的图、文等各元素从形态、色调、明暗、技法等方面进行不同程度的强化和弱化，虚实对比，产生出版面变化莫测的视觉风格。恰当的虚实比例体现出亲和、理性、成熟、稳重的气质美感，利用反差创造对比美（如图8-9、图8-10所示）。

图8-9　房地产广告　　　　　　　　图8-10　甲壳虫汽车广告

在主要信息周围安排与之形成强弱反差的元素，可以打破整个版面单调的视觉表现，产生视觉缓和或亮点，从而获得最佳视觉效果。同时，利用构图的虚实对比营造版面的多层次效果，把重点信息推向版面层次的前列，引起注意。

伴随着设计技术的变革，现代广告设计进入全新的时代。电脑技术和互联网的发展，赋予广告设计自由的创作手段，各种设计资源无限共享，由此广告版面正在不断创造新的视觉风格。优秀的广告构图设计能够利用美学原理（明朗的色彩、有趣的图形、丰富的信息组合）传达受广告受众欢迎的情绪，在提升广告艺术水平的同时深刻影响受众的视觉和心理。

第三节　广告色彩

成功的广告作品大多通过充分有效地运用色彩来烘托渲染广告主题，并吸引受众的注意。同时，色彩融入人们的生活，被赋予了各种情感因素，广告色彩也正是运用了这种感情因素，使广告具有更高的情感意义和美学情趣，成为视觉行销的有力武器。

一、广告色彩与心理效应

心理学研究表明，人的视觉器官在观察外界时，开始20秒内色彩感觉占80%，形体感觉占20%；两分钟后色彩感觉占60%，而形体感觉占40%；5分钟之后色彩和形体感觉各占一半，这种状态将一直持续下去。相对于广告而言，有调查显示，彩色广告的注目率比黑白广告注目率高10%～20%，受众对彩色广告的注意时间是黑白广告的2～4倍。可见，色彩具有影响人们的情绪、心理、心情与唤起人们情感的作用，色彩关乎广告作品的成功与否。从色彩学的角度来看，自然界中的任何一种色彩都同时具有色相、纯度、明度和冷暖四大属性，色彩对人的心理情感的影响也源自于这四大属性。

(一) 色相的心理效应

色相即指色彩的相貌。自然界任何一种色彩都呈现出不同的相貌特征，如赤、橙、黄、绿、青、蓝、紫就是不同的色相。不同色相的色彩对人的视觉刺激程度差异较大，例如，红色对视觉刺激效果明显，而白色对视觉刺激效果较差，在视觉刺激效果上，红色、蓝色、黄色、绿色、白色依次表现递减的状态。在广告作品中利用刺激性差异大的色彩进行色彩组合，可以使广告作品呈现强有力的对比效果，突出主题，给受众以更加强烈的视觉刺激，达到良好的广告效应。

色彩本身是没有感情的，但在人类长期的生产、生活过程中，色彩也被渗透了人类复杂的思想感情和联想，成为一种文化的象征。人们看到一种色彩，就会根据色相所引发的相应联想产生相应的色彩感情。例如，红色让人产生喜庆、热情、积极的感情联想，黑色让人产生深沉、肃穆的感情联想。在广告作品中应特别关注不同色相的象征性，依据广告产品的行业、特性，以及消费群体的性别、年龄、情感、审美偏好等，选择适合的色相和组合，对于消费者已经普遍形成的色彩心理反应要作为广告色彩选择的重要参考。表8-1列举了色彩的联想与象征意义。

表8-1 色彩的联想和象征意义

色 彩	联想与象征意义
红	喜庆，热情，革命，积极，愤怒，危险，火，血，辣……
橙	阳气，温暖，妒忌，甜，阳光，活泼……
黄	希望，快乐，智慧，光明，柠檬，酸，皇权……
绿	和平，生命，健康，安全，环保，田园，春天……
蓝	理智，沉静，高科技，天空，海洋，空气，大气，水……
紫	幽雅，高贵，罗曼蒂克，神秘，不安，薰衣草，紫罗兰……
黑	刚健，严肃，雅致，沉默，死亡，恐怖，夜，文化，黑暗，宇宙，邪恶……
白	明快，洁净，圣洁，虚无，百合，天使，雪，正义……
灰	中立，文雅，忧郁，哀伤，现代，白领，梅雨，苦痛……

(二) 纯度的心理效应

纯度是指色彩的饱和程度，色彩的饱和程度越高即纯度越高。一般而言，高纯度的色彩醒目，鲜艳、明确，能够引起较强的视觉刺激，对受众的心理影响明显；低纯度的色彩醒目性差，含混不清，视觉兴趣相对较小，受众长时间注视容易产生厌烦、萎靡不振、单调的心理。

高纯度的色彩给人阳光、单纯、年轻、外向之感，一般情况下应用于年轻消费群体和较活跃的群体；低纯度的色彩给人细腻、暧昧、成熟、内敛之感，一般情况下应用于中老年消费群体和较稳重的群体（如图8-11、图8-12所示）。

第八章 广告文案、构图与色彩

图 8-11 汇源果汁广告

图 8-12 Aucma 广告

(三) 明度的心理效应

明度是指色彩的明暗、深浅程度。高明度的色彩给人明快、干净、优雅之感；低明度的色彩给人沉重、忧郁、深刻、内敛之感。在广告作品中，高明度的色彩一般应用于金属感、色泽感较强的产品，如汽车、仪器、电子等产品中，以体现产品技术先进、性能稳定、操作安全等特性；低明度的色彩一般应用于高雅、神秘、韵律感较强的产品，如红酒、咖啡、音乐专辑等产品中，以体现产品的高贵、简约和与众不同等特性（如图 8-13、图 8-14 所示）。

图 8-13 大众汽车广告

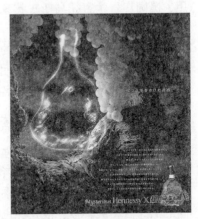

图 8-14 XO 广告

(四) 冷暖的心理效应

色彩是由光波所形成的，人们根据色彩的物理性能，能够形成直觉的生理反应。例如，红色系的色彩容易让人联想到太阳、火等温暖的物体，使人产生温暖的感觉；相反，蓝色系容易让人联想到冰雪等寒冷的物体，使人产生清冷的感觉。可见，色彩是有温度感的，具体在各种色彩中，红色、橙色、红紫色、黄色属于暖色系，而绿色、紫蓝色、蓝绿色、蓝色属于冷色系。

在广告色彩选择中，暖色系的色彩给人亲近、柔和、感性的心理感受，一般应用于服装、食品、女性用品等产品中；冷色系的色彩给人冷漠、理性、低调的心理感受，一般应用于机械、电子、科技、男性用品等产品中（如图8-15、图8-16所示）。

图8-15　Dior广告

图8-16　NBA广告

二、广告色彩对消费心理的影响

广告色彩对消费心理的刺激和诱导也在于充分运用了色彩属性对人心理的影响作用，美国广告学家托马斯·比斯坦尼将广告色彩对消费心理影响的作用提炼为七种表现：①能使消费者更容易发现广告的存在；②能够比较完整地表现广告形象；③能够强调广告内容的主题或产品本身的特点；④能够表明销售主张中的抽象部分，使其更具有魅力；⑤能够帮助消费者在注目中形成品牌、产品或服务良好的印象；⑥能够树立品牌、产品或服务的美誉度和知名度；⑦能够在消费者的心中留下深刻的视觉形象。

（一）利用色彩营造兴奋与沉静

由于不同色彩对视觉刺激强弱程度的不同，使广告作品可以通过色彩为消费者营造兴奋或沉静的情绪，迎合消费者的心理需求，从而刺激消费。从广告调研的数据分析结果中发现，一般情况下，暖色系具有使人兴奋的作用而冷色系具有沉静的作用。处于中间的黑、白、灰、金、银五种色彩不暖也不冷，因此既不会引起兴奋也不会引起沉静的感觉，是使人不易疲劳的色彩。广告色彩运用中，除一些特别需要冷色的产品外，多数时候要运用使人兴奋的色彩来刺激消费者的感官，使消费者情绪兴奋，注重广告内容，并产生兴趣，从而留下深刻的印象。即使是一些以冷色为主色的广告，也要在明度及色彩的对比上提高对视觉的刺激程度。例如，在节假日促销中，大量使用喜庆红色的POP广告营造了节日气氛，直接刺激消费者的购买热情和欲望，会收到明显的销售效果。

（二）利用色彩营造高贵与朴素

广告产品的高贵与朴素可以通过广告色彩传达给消费者。一般情况下，纯度高的色彩、明亮的色彩、温暖的色彩使人感觉华丽，而纯度低的色彩、冷色系的色彩使人感觉朴素。另外，中性色中的白色、金色、银色也使人有华丽的感觉，而黑色具有两面性，由于运用环境气氛的不同时而华丽、时而朴素。对于品质、价值较高的产品，通过运用高纯度、明亮的色彩，向消费者转达高贵的产品形象；对于品质、价值较低的产品，通过低纯度、冷色向消费者传达亲和、实惠的产品形象。

（三）利用色彩营造柔和与硬朗

在众多的色彩中，明度高和纯度低的浅色调使人联想到女性的皮肤、羊绒、羽毛等柔软轻盈的物体，给人柔和温馨的心理感受，体现出女性化倾向；反之，明度低、纯度高的深色调以及黑白两色使人联想到岩石、钢铁等坚硬的物体，给人坚硬爽朗的感受，具有男性化倾向。在广告色彩选择中，针对不同性别的目标消费群体，可以从色彩上强化性别差异的色彩感觉，从而迎合目标消费群体的心理需求。例如，在婴幼儿用品广告中，大量使用柔和的浅粉色系，可以紧紧吸引年轻妈妈们的目光，迎合她们疼爱、呵护孩子的心理需求，引导消费；而在越野车广告中，大量使用蓝色、黑色等硬朗的色彩，完全符合男性消费群体对于越野车刚毅、驾驭快感的追求和心理，从而刺激消费。

三、广告色彩的运用技巧

在广告发展的历史进程中，广告的色彩走过了从黑白的单色广告到双色广告再到四色广告的发展历程。国内外的广告专家对广告中色彩运用问题的研究从来都没有停止过，美国的广告色彩专家在研究中发现，广告中色彩的变化对于男性和女性消费群体在注目率的变化上虽然有一定差异，女性明显高于男性，但至少有50%的彩色广告会增加消费者的数量。所以，在广告的设计过程中，有许多色彩的运用我们应该注意的，适当颜色的运用会收到意想不到的效果，从而更加突出广告的魅力。

（一）以丰富的色彩吸引消费者

在广告作品中，除了要真实再现商品外，还要以色彩丰富的形象来吸引消费者，打动消费者，引起消费者的情感共鸣，刺激消费欲望。运用独特的广告色彩使广告区别于周围环境，引发注意，在消费者注意广告作品的一瞬间，形成强大的视觉冲击力，在消费者形成广告产品的第一印象时就先声夺人，使消费者过目难忘。

（二）以煽动性的色彩诱导需求

在一个消费日益"感受"的时代里，人们不仅需要产品的使用功能，还需要精神的、艺术的、思想的、文化的追求；不仅需要使用价值，也需要观赏价值。色彩具有象征性与联想性，可以诱发人们产生多种情感，因此运用具有煽动情绪的色彩，可以有效地引导消费者的情感和需求。成功地运用色彩的魅力，促进产品销售的案例很多。例如，美国宝洁公司为突出海飞丝、飘柔、潘婷三个品牌洗发水的鲜明个性，分别采用了不同的色彩：海飞丝采用蓝色系列，让人联想到蔚蓝的大海，产生清新凉爽的视觉感受，突出了产品的去屑功能；飘柔的草绿色系列给人以青春的感受，并使人产生柔顺的感觉；潘婷的黄色系列给人以营养丰富的视觉效果，突出其"从发根渗透至发梢，使头发健康亮泽"的营养型个性。可见，利用色彩的煽动作用，发挥心理影响攻势，可以有效刺激需求欲望，而且有助于消费者形成持久的记忆。

（三）以独特的色彩展示品牌

色彩具有塑造品牌性格和开拓市场的功能，在广告设计中运用不同色彩的象征意义，通过创造性的组合，形成个性化的品牌形象，深化消费者对广告内容、产品品牌及企业形象的认知和记忆。在日益激烈的市场竞争中，品牌借助色彩的力量，可以扩大与竞争对手的差异性，强化消费心理、促成消费行为，达到出奇制胜的效果。例如，众所周知的百事可乐与其最大的竞争对手可口可乐在塑造品牌形象上识别色的差异，在消费者的头脑里留下截然不同的视觉印象；丹麦蓝罐曲奇，在以红、黄暖色为主的饼干类食品市场中，根据节日送礼的诉求以及自身产地的地域特色采用宝蓝色，迅速捕捉消费者的目光并突显出产品的独特的个性特点。因此，正确运用色彩因素进行营销，不仅能使企业顺利实现营销目的，还能帮助企业在市场中夺得竞争制高点。

案例 借助广告语塑造消费新理念

极草"冬虫夏草，现在开始含着吃"

青海西宁以北有一座被誉为七彩之乡的小城——互助，青海春天药用资源科技利用有限公司就坐落于此，其产品于2009年开始上市销售，2013年销售额接近50亿元，而这家企业只有一个主营项目——极草牌虫草。以"冬虫夏草，现在开始含着吃"这句广告语闻名的冬虫夏草纯粉含片——"极草"，短短几年就成为冬虫夏草滋补保健行业的霸主。

作为"含着吃"的冬虫夏草，在产品营销中，如何让消费者接受自己的产品创新，是极草的最大难题。与同仁堂等百年老店相比，极草不仅缺少历史底蕴，更加缺乏行业经验，而与以三江源为代表的青海特产经营者相比，极草又缺少区域内的长期细耕，更为重要的是，没有了"虫草"的基本形态，"虫草含片"如何才能说服消费者相信产品为表里如一的虫草，成为极草发展的重要障碍。

为了突破这些障碍，利用"产品平面广告、栏目推广和长秒虫草科技广告"的形式，主推"现在开始含着吃"这一广告文案，这一模式不仅将产品宣传与品牌宣传结合起来，也通过对虫草知识的科普促成消费者对行业的认知，同时以栏目推广的方式再次强化"冬虫夏草，现在开始含着吃"这一认知。

在广告媒体选择中，极草借助航空杂志、专业高端杂志、户外媒体等形式，快速提高品牌的知名度，甚至有些消费者虽然对极草没有印象，但提及"含着吃"便立即恍然大悟。2013年1月，CCTV-1黄金时段三分钟的极草"冬虫夏草公益宣传片"震撼首播，这也是央视首次在A特黄金时段播出长秒广告。广告中，极草向消费者传递了详细的冬虫夏草高效服用方法，强化了"冬虫夏草，现在开始含着吃"的观念，同时也更全面地展示了企业风采，加深了消费者对极草品牌和"含着吃"的认知，对极草品牌提高知名度起到了重要的促进作用。

（资料来源：雪峰：《极草5X崛起行业霸主》，《国际品牌观察》2014年第10期）

滋源洗发水"无硅油头皮护理＝滋源"

2014年10月29日，滋源以4亿元天价拿下湖南卫视2015年"日化标王"。

2014年11月13日，滋源追加1.2亿湖南卫视黄金广告资源。

2015年1月1日，"无硅油不刺激滋源洗头水"独家冠名的湖南卫视《金鹰独播剧场》和特约播出的《快乐大本营》正式开播，借助《武媚娘传奇》和《快乐大本营》的高人气，快速形成了极高的品牌关注度。

在这个"酒香也怕巷子深"的广告营销时代，滋源无硅油洗发水以电视广告、行业广告、时尚广告、网络广告和自媒体广告组成强大的广告传播阵营，试图全面占领中国无硅油健康洗护市场。

"无硅油"头皮护理作为一种健康时尚的生活方式，在国外早已成为流行趋势，在日本，59%的人接受了无硅油头皮护理观念；在欧美，这个数字达到63%；而在中国，90%以上的洗发水含有硅油。因此，"无硅油"在中国还只是一个较新的概念。

滋源以王牌栏目总冠名为重点投放，采取总冠名的各种权益＋大规模推广的方式，对"无硅油不刺激"广告文集进案密行推广，全方位对消费者心理发起进攻，让消费者深刻认知硅油洗护产品的坏处，带动大众消费群体对中国洗护市场的消费观念升级，从传统"洗头发"向更为健康的"洗头皮"转变。

但目前已经有众多本土品牌开始以"无硅油"为概念进行产品宣传。面对即将形成的市场竞争，"滋源大规模广告投放的主要目标有两个：一是建立消费者对'无硅油＝滋源'的心理认知，二是为全渠道拓展打出知名度"。

为了塑造"滋源＝无硅油"的品牌形象，滋源聘请亚洲超级人气偶像宋慧乔演绎广告作品，反复强调"无硅油不刺激"的文案内容，已在浙江卫视、江苏卫视、安徽卫视、北京卫视、湖南卫视、深圳卫视、东方卫视、凤凰卫视等卫视大规模投放。

全面的广告战役，借助频道本身强大的传播影响力，全方位、立体地向滋源的目标受众传达"滋源无硅油健康洗护"理念，为加快滋源渠道建设提供了铺垫，使无硅油洗护观念被众多消费者所认知、熟悉和认可，甚至有众多消费者已经形成了"滋源"就等于"无硅油"的印象。滋源洗头水在大量投放媒体广告的过程中，将"无硅油＝滋源"的观念同时深深地印在追求健康洗护的消费者心中。

（资料来源：搜狐财经：《重推无硅油＝滋源观念，滋源势夺广告黄金席位》，2015年1月1日）

[链接思考]

(1) 请分析"冬虫夏草，现在开始含着吃"广告语的效果，及其对极草品牌塑造、传播的影响。

(2) 请评价"无硅油不刺激，滋源洗头水"广告语对消费者心理的影响，并分析该广告语在滋源品牌市场竞争中的作用。

(3) 结合上述案例，试述广告语的写作应注意哪些问题？

本章小结

广告文案是围绕特定宣传主题，通过特定媒介向公众介绍和推销产品、服务内容特点的应用文，包括标题、正文、广告语、附文四个方面，具有商业性、真实性、简洁性和创意性的特点。广告标题是广告文案的题目，它直接影响广告作品的宣传效果，具有极其重要的作用。在广告标题的引导下，广告正文向公众全面介绍商品或服务信息。广告正文的类型包括：客观陈述式、主观表白式、对白式和故事式。广告语是企业长期使用的特定宣传用语，是表达产品主题的基本概念，是深入消费者内心的最有力的说辞。在广告文案的组成元素中，广告语因其精炼简洁、易念易记等特点而具有画龙点睛的作用，因而很多时候成为流传范围最广、影响最大的组成部分。

广告构图能够创造广告作品的意境美、形式美、和谐美，从而给受众美的享受，促进广告信息的传播。广告构图在围绕广告目标，强调广告主题的同时，应遵循重点、平衡、律动和虚实的原则来引导消费者视线向诉求中心流动。同时，由于广告作品的艺术性要求，在广告构图过程中还应注重构图编排，遵循美学原则以提高广告作品的整体美感和艺术性。

广告作品是通过视觉化语言影响受众心理的，在色彩选择中应充分利用色相、纯度、明度、冷暖四大属性的感情倾向，以迎合受众的色彩需求心理，刺激消费欲望。广告色彩能够为受众营造兴奋与沉静、高贵与朴素、柔和与硬朗的心理感受。在广告色彩设计中，运用丰富的、具有煽动性的以及独特的色彩，能够起到吸引消费者注意、增强记忆和提高广告宣传效果的作用。

关键概念

广告文案　广告标题　广告正文　广告语　广告构图　重点原理　平衡原理　律动原理　虚实原理　广告色彩

思考题

(1) 什么是广告文案？广告文案有哪些特点？
(2) 如何提高广告标题的创作艺术？
(3) 广告正文有哪些类型？
(5) 广告语和广告标题有何不同？
(4) 如何创作有效的广告语？
(6) 简述广告构图的原理。
(7) 如何运用广告色彩影响受众的消费心理？

参考文献

[1] 白光. 中外悟性广告语经典与点评 [M]. 北京：中国经济出版社，2004
[2] 乐剑峰. 广告文案 [M]. 上海：上海人民美术出版社，2009
[3] 刘瑛，徐阳. 版面与广告设计 [M]. 上海：上海人民美术出版社，2009
[4] 刘境奇. 广告创意设计 [M]. 上海：上海交通大学出版社，2012

第九章 广告媒体策略

本章学习目标

学完本章以后，应掌握以下内容：①了解广告媒体的定义、特征和类型；②了解广告媒体的评价标准和评价指标；③了解广告媒体组合策略与频率发布方式；④了解新型广告媒体的发展趋势。

广告媒体策略一直是广告学界关注的热点问题之一，也是一个企业广告活动成功与否的关键所在，企业只有在充分掌握每一种广告媒体的主要特点、自己的产品优势、主要竞争对手的媒体策略、目标群体的喜好等信息的基础上，依据企业的广告目标，确定适合本企业产品的广告媒体形式，选择更能突出显示自己产品的优势和特色的媒体形式和媒体组合策略，在企业的财务预算允许的范围内，最大限度地发挥媒体策略对于产品的推广和品牌形象的塑造所起的作用。此外，为了更好地发挥广告媒体策略的效果，企业要在不断总结前一阶段媒体策略的效果的基础上取长补短，并始终如一地注重广告媒体形式的创新，以期获得最佳的广告宣传效果。

第一节 广告媒体概述

广告媒体是联通广告主和广告受众的信息传播的纽带，与广告公司和广告客户一起并称为广告的三大支柱，是国家重要的产业部门。广告媒体的发展水平是衡量一个国家广告业发展水平的重要指标，也是评价企业的经济势力和国家总体经济发展水平的重要指标，因此，广告媒体日益引起理论界和实体产业界的关注。

一、广告媒体的定义和特征

（一）广告媒体的定义

广告媒体，是指传播广告信息的物质，凡是能够在广告主与广告对象之间起到媒介和载体作用的物质都可以称为广告媒体。广告媒体的基本功能是传递信息，促成企业或个人实现其推销和宣传的目的。

为了更好地理解广告媒体的含义，我们可以从以下两方面来剖析：

1. 广告信息是广告主所要传达的主要内容

广告信息包括商品信息、劳务信息、观念信息等内容。全面理解广告所传递的信息内容，有助于广告主更好地进行媒体选择，从而能够更充分地发挥广告的作用。

商品信息是商品广告中所要传达的主要内容，是广告内容中最容易传达的部分。商品信息传播的目的是使消费者能够及时了解某种商品的性能、质量、产地、用途、购买时间、地点和价格等内容，以及能够给消费者带来的利益等信息，增加消费者对所宣传商品的了解程度，促使宣传商品能在更大的范围内销售。

劳务信息包括各种非商品形式或半商品形式的服务性活动信息的传达，是第三产业的各种服务行业所要传达的内容。例如，旅游公司对提供各种旅游服务的信息，餐饮业对其特色饮食项目的介绍，以及信息咨询服务机构对其提供的咨询服务业务条款的讲解，等等。

观念信息是广告主通过广告活动倡导某种消费意识或消费行为，目的是使消费者在态度上信任某品牌，在感情上偏爱某品牌，在行动上忠于某品牌，通过观念信息的传播，使得消费者树立起来一种有利于广告主的消费观念。

2. 广告媒体是信息传递与交流的工具和手段

广告媒体在广告信息传播过程中起着极为重要的作用，而广告媒体正随着科学技术的进步而日益丰富和多样，朝着电子化、现代化和空间化的方向发展。广告主只有充分了解每一种媒体形式的特点、传递信息的能力以及对受众的影响力，才能够更好地进行广告媒体的选择，实施合理的媒体组合策略，真正实现以最少的投入获得最佳的广告效果。

（二）广告媒体的特征

广告媒体的形式众多，每一种广告媒体都有其自身的特征；但是，所有的广告媒体又具有一定的共同的特征，即传播性、适应性、发展性和服务性。

1. 传播性

无论哪一种媒体形式，存在的目的就是进行信息的传播，广告媒体将广告主与广告受众、广告主与公告公司、广告信息与广告受众，通过广告信息紧密地联系在一起。广告主、广告公司、广告受众的不同利益也通过广告信息的传播得到一种平衡。广告媒体的传播范围与传播对象具有广泛性，尤其是大众传播媒体，如报纸、广播、电视、杂志等，可以使广告信息跨越时间和空间的限制，广泛、深入、及时地传播和渗透到各个角落。

2. 适应性

广告媒体的存在与运用会受到外界的政治、经济、文化、技术等环境因素的影响，但是，依据当地的具体环境，总会有与之相适应的广告媒体形式，例如，在经济发达的国家，网络和电视媒体在广告信息的传播中占有主导地位，而在经济和文化落后的国家，广播与报纸媒体则有更大的适应空间。

3. 发展性

每一种广告媒体都会随着科学技术水平和当地的经济发展水平而不断发展和创新，不会因为时间的流逝而退出历史舞台。例如，传统的悬物广告逐渐发展成牌匾、橱窗等POP广告，户外广告从最初的路牌、霓虹灯广告演化出LED看板和各种柔性灯箱，声响广告则发展成现在的广告音乐与广告歌曲，等等，随着社会经济和广告事业的发展，广告媒体的利用在不同国家和地区都将朝着综合利用的方向发展。

4. 服务性

各种广告媒体都有其特有的服务对象，为广大媒体受众提供各种满足消费者需求的服务信息，消费者通过媒体提供的有用信息，进行比较和筛选，为其购买决策提供参考，大大节省了消费者商品和服务的购买时间，缩短了购买过程，通过降低购买成本支出，获得了更高的让渡价值。

二、广告媒体的功能和类型

（一）广告媒体的功能

广告媒体的功能主要表现在以下两个方面。

1. 信息传播功能

正如上文提到的广告媒体不仅传播商品服务等消费信息，还会传播价值观念和流行时尚等社会文化信息，随着新技术、新材料的广泛应用到生产环节，促使新产品大量涌现，也使得人们的生活和工作节奏越来越快，信息已经成为人们不可或缺的一部分，人们通过各种媒体获取自己所需要的信息，以便用最短的时间达到自己了解世界的目的。而作为媒体传播信息的重要组成部分的广告信息，可以帮助消费者在众多的商品与服务中进行选择，也因为在广告信息中渗透的消费观念、流行时尚等信息，促使消费者选择满足自己个性与特点的品牌产品。

2. 连接沟通功能

各种媒体将社会新闻、财经商贸、教育科技、餐饮娱乐、体育休闲、美容健身、旅游度假、气象地理、征婚交友、出国留学、会议展览等信息传递给受众的同时，也将广告主通过广告公司设计的商品服务信息传递给消费者，消费者则通过购买行为传递出对所接受信息的见解和主张，从而实现广告主与广告受众、广告主与公告公司、广告主和广告公司与广告媒体各方的交流与沟通，与媒体相联系的各方都会因为这种连接与沟通获取利益，成为人们生产生活中不可或缺的一部分。

（二）广告媒体的类型

广告媒体的分类不是严格区分和一成不变的，有些广告媒体可能同时存在于不同的分类标准中，如霓虹灯广告既可以属于POP广告也可以归属于户外广告；现在全国性的报纸也常有地方版，而地方电视台卫星频道具有全国范围的影响力。

从不同的角度划分可以形成不同的广告媒体类型。

1. 按广告媒体的接受感官分类

按广告媒体的接受感官进行分类，可分为视觉媒体、听觉媒体和视听媒体。视觉媒体是指通过受众的眼睛产生的视觉来实现信息传播的媒体形式，包括报纸、杂志、邮件、海报、传单、招贴、日历、户外广告、橱窗布置等媒体形式；听觉媒体是指通过受众的耳朵产生的听觉来实现信息传播的媒体形式，包括无线电广播、有线广播、宣传车、录音和电话等媒体形式；视听两用媒体是指同时通过受众的眼睛产生视觉和耳朵产生的听觉来实现信息传播的媒体形式,主要包括电视、电影、网络、现场演示等媒体形式。

2. 按广告媒体表现形式分类

按广告媒体的表现形式进行分类,可分为印刷媒体、电子媒体、POP以及户外媒体等。印刷媒体包括报纸、杂志、说明书、挂历、传单等;电子媒体包括电视、网络、广播、电动广告牌、电脑、电话等;POP包括橱窗展示、货柜陈列、现场演示等;户外广告媒体包括路牌、霓虹灯、交通运输等。

3. 按广告媒体的影响范围分类

按广告媒体影响范围的大小进行分类,可分为国际性广告媒体、全国性广告媒体和地方性广告媒体。国际性广告媒体包括国际互联网、国际电视频道、面向全球发行的报纸、杂志等;全国性广告媒体包括国家电视台、全国范围发行的报纸和杂志等;地方性广告媒体包括各省、市电视台,以及地方性的报纸和杂志等。

4. 按广告媒体的受众面分类

按广告媒体的受众的不同,可分为大众媒体、中众媒体和小众媒体。大众媒体受众广泛,其受众没有明显的性别、年龄、文化和职业的限制,主要包括全国性的广播、电视、网络、杂志和报纸等;中众媒体是指具有性别、年龄和职业的明确指向的媒体,在有限的范围内传播的媒体形式,如《女友》、《青年报》、《大学生》等;小众媒体是指针对很少的目标受众而进行的信息传播媒体,如DM、POP等;其中,中众媒体和小众媒体有时也被称为专业性媒体。

5. 按媒体传播信息的时效分类

按广告媒体传播信息时效的长短可分为瞬时媒体、短期媒体和长期媒体。瞬时性媒体包括广播、电视、幻灯、电影等媒体,适用于新产品或具有新闻性的商品选用;短期性媒体包括海报、橱窗、广告牌、报纸、杂志等媒体,适用于维持现有商品销售和进行企业形象塑造。长期性媒体包括产品说明书、产品包装、挂历等。

6. 按广告媒体效果能否有效计量分类

按广告媒体效果能否有效计量,可分为计量媒体和非计量媒体。计量媒体是指其广告发布数量、广告传播效果和广告收费标准能够按照一定的标准和技术手段进行统计,如报纸、杂志、广播、电视等。非计量媒体则是指其广告发布数量、广告传播效果无法统计的媒体,如橱窗陈列、现场演示等等。

7. 按广告媒体传播内容分类

按广告媒体传播内容来分类,可分为综合性媒体和单一性媒体。

综合性媒体是指能够同时传播多种广告信息内容的媒体,如报纸、杂志、广播、电视等;单一性媒体是指只能传播某一种或某一方面的广告信息内容的媒体,如包装物、橱窗展示、霓虹灯等。

8. 按广告媒体与广告主的关系分类

按广告媒体与广告主的关系来分类,可分为间接媒体和专用媒体(或租用媒体和自用媒体)。间接媒体(或租用媒体)是指广告主通过租赁、购买等方式间接利用的媒体,如报纸、杂志、广播、电视、公共设施等;专用媒体(或自用媒体)是指属广告主所有，并能为广告主直接使用的媒体，如产品包装、邮寄、传单、橱窗、霓虹灯、挂历、展销会、宣传车等。

了解广告媒体的分类，一方面可以使广告主在选择广告媒体时，更准确地把握媒体特点；另一方面可以根据所要宣传的商品的特点、要宣传的广告内容及表现手法，对不同的媒体进行比较，以选出最佳广告媒体和媒体组合形式。

三、主要广告媒体特征分析

（一）报纸广告媒体

报纸是最古老也是最主要的广告媒体之一，它与杂志、广播、电视等媒体一同被视为传播广告信息的最佳媒体，即通常统称为四大媒体。虽然报纸广告的收入早已低于电视广告，但因其自身具备着许多难以取代的优秀属性，目前仍是世界上公认的最主要的广告媒体之一。

1. **报纸广告媒体的类型**

（1）按照版面容量的大小，可将报纸广告分为跨版广告、整版广告、1/2 版、1/4 版、广告专栏、中缝广告等。

（2）根据内容分为产品广告、促销广告、形象广告、分类广告、政府机关通告等。

（3）按表现形式分为纯文字广告、黑白广告、套色彩色广告等。

2. **报纸广告媒体的优点**

（1）传播面广，传播迅速。报纸发行量大，触及面广，遍及城市和乡村、企业和家庭，同时，由于报纸可以互相传阅，因此，看报的人数大大超过报纸发行数。报纸一般是日报，这就带动了广告信息的传播速度，保证了广告宣传的时间性。

（2）版面容量大，篇幅多。现在的报纸版面从十几版到几十版不等，广告主有充分的空间进行广告宣传，尤其是跨版和整版广告，可造成相当大的声势，而且可以向消费者作详细介绍的广告宣传，包含价格和电话号码或优惠券等细节，达到好的宣传效果。

（3）内容广泛，选择性强。报纸往往涵盖新闻、体育、漫画、分类广告等内容，广告主可以将广告编排在阅读不同内容的受众较多关注的版面，达到好的宣传效果。而且有很大一部分人购买报纸的目的就是阅读就业、房屋租赁、餐饮服务等分类广告信息，以及超市和百货公司的促销信息等内容。

（4）报纸广告费用低廉。首先是报纸广告的制作成本低；其次是报纸本身售价低，人人都买得起；最后是报纸广告费用相对较低，主要广告费用取决于发行量，发行量越大的报纸，分摊在每张报纸上的广告费用就越低。

（5）报纸广告的编排、制作和截稿日期比较灵活，对广告的改稿、换稿和投稿都比较方便。广告主可以根据实际需要，对广告进行修改，如果有必要也可以在发表简短声明的时候插入广告。

3. **报纸广告媒体的缺点**

（1）有效期短。报纸的新闻性极强，因而隔日的报纸容易被人弃置一旁，所登广告的寿命也会因此而大打折扣。

（2）注目率低，易被读者忽略。报纸广告强制性小，读者经常随意挑读那些自己感兴趣的内容；加上现代人的生活节奏快，无时间详细阅读报纸上的全部内容。此外，大多数报纸广告众多，使得广大受众无心主动地接受广告诉求，导致广告只有较低的瞩目率。

（3）受受众文化程度的限制，报纸广告无法对文盲产生广告效果。在一些经济落后的国家，居民平均受教育程度比较低，文盲和半文盲所占比例比较大，就不适合运用报纸广告形式。

（4）受印制条件限制，缺乏动态感、立体感和色泽感。尽管现在的印刷技术和手段不断更新，出现了套红和彩色的广告形式，但是报纸媒体因纸质和印刷技术的关系，大多数版面颜色单调，套红和彩色的广告效果也不如杂志精美。

（二）杂志广告媒体

1. 杂志广告媒体的类型

（1）按照杂志的幅面分为大16开、16开、32开、大32开，以及8开，等等。

（2）按照杂志出版频率分为半月刊、周刊、旬刊、月刊、双月刊、季刊、半年刊、年刊等。

（3）按照杂志的受众类型分为消费者杂志、商业杂志、学术性杂志、信息文摘期刊、消遣性杂志、专业杂志等。

（4）按照杂志的表现形式可分为纯文字型、图文并茂型、图片型等。

2. 杂志广告媒体的优点

（1）装帧精美，表现力好。当今的杂志基本都是彩页印刷，可以真实反映广告商品的外观，甚至可以起到美化商品和强化表现效果的作用，能够刺激消费者产生购买欲望。

（2）保存性好。一般的杂志都具有一定的保存价值，尤其是深受目标受众喜爱的杂志，可能其保存的时间会更长，加上杂志也具有一定的借阅空间，这样就会使得杂志上的广告有更多的重复宣传效果。

（3）针对性强。一般的杂志都具有相对固定的受众群体，这样有利于广告主根据受众的特点进行有针对性的广告宣传，因此其说服力强。

3. 杂志广告媒体的缺点

（1）时效性差。杂志的出版周期大都在一个月以上，最短也要半个月，因此不适用于企业的短期促销活动的宣传。况且杂志媒体的定稿和截稿期限比较严格，也不便于根据多变的市场行情调整广告策略。

（2）受众范围小。尽管杂志针对固有受众的宣传效果好，但是大量没有接触过该杂志的消费者就会被排除在外。因此，杂志的宣传效果无法与报纸和电视相提并论。

（3）灵活性小，成本费高。杂志的印刷工艺相对复杂，制作成本要高于报纸，此外，杂志广告的更改和撤换都极不方便，加上杂志版面有限，对广告商品的介绍也不够充分。

（三）广播广告媒体

广播广告媒体是一种声音媒体，它是传播广告信息速度最快的媒体之一，是广告主及企业经常选用的一种传播媒体。它通过无线电系统，把广告信息变成各种声音，如语言、音乐、音响、实况等，传送给听众。

1. 广播广告媒体的类型

（1）按照播出时间分为10秒、30秒、60秒。

（2）按照费率分为甲级、乙级、丙级、特级。

（3）按照播出方式分为口播、录播。

（4）按照制作内容分为广告节目和一般广告。

2. 广播广告媒体的优点

（1）时效性极强。利用电波传播信息，每秒钟行程30万公里，从收到信息到传播出去，即写即播，完成速度最快，另外，如果利用口播的形式，还可以使信息和传播程序简化。

（2）传播范围广泛。首先是空间上，不论是城市或农村，不论在陆地、海洋或空中，室内或室外，电波所及之处，都能收到信息；其次是时间上，早、中、晚几乎全天候播出，能适应听众的各种作息时间；再次是听众范围广泛，广播广告通俗易懂，不受文化程度限制，因而听众几乎是全民性的，不同年龄、职业和性格、身份的人（即使文盲）都能听懂。

（3）费用低，制作简便。广播广告制作简便，投入的人力少，耗费低，不需场景和道具，能节省大量的资金，极适合中、小企业及个体户等无庞大广告开支的客户进行广告宣传。

（4）诉诸听觉、刺激想象。由于受众的差别，对事物的看法、评价标准和审美观点也不同，因此，最美丽的景象和人物都是用语言描述出来的，听众可以依据自我喜好进行想象。

（5）亲切感人。较之其他媒体，广播媒体更具人情味，是一种名副其实的"劝说"艺术，特别是由广大听众所熟悉和喜爱的播音员和产品形象代言人播出的广告，更有一种说不清的感情色彩夹杂其中，仿佛是面对面的交流，让人感觉到她（他）就在与你说话。在冷酷的商品社会里，人情味是金钱所不易买到的。活生生的语言较之文字和图画更容易表达感情。

3. 广播广告媒体的缺点

（1）有声无形，形象性差。没有视觉形象，言之无物，易让人觉得空洞，特别是外观极为重要的商品，如服装、家具等，不易使消费者产生立即购买的冲动。

（2）转瞬即逝。大部分的广播广告都时间较短，吐字较快，未等听众听清或者领会便很快过去。

（3）选择性差。广播广告要按照节目编排的顺序，像挤牙膏一样一点点地播出，不像报纸和杂志广告可以随便选择。

（四）电视广告媒体

在四大传统媒体中，电视的发展历史最短。1936年，英国出现了世界上最早的电视台。然而几十年间，电视事业发展迅速，如今已在世界上大多数国家普及，成为当代最有影响的传播媒体。电视媒体是一种特殊的传播媒体，它能充分利用语言、文字、音乐、舞蹈、绘画、图像、雕刻、建筑、戏剧、电影等各种艺术表现手法，集时间艺术、空间艺术和综合艺术形式于一身，声形兼备，视听结合，是具有极强的感染力的广告宣传手段。

1. 电视广告媒体的类型

（1）按照播放类型分为常规广告、插播广告和节目广告等。

（2）按照制作方式分为胶片广告、录像带广告、动画广告、幻灯广告等。

（3）按照播出时间分为5秒、10秒、15秒、30秒、45秒、60秒、90秒等。

2. 电视广告媒体的优点

（1）形声兼备，表现力强。电视既能听又能看，可以让观众看到表情和动作变化的动态画面，生动活泼，别开生面。电视可以进行文字说明，也可以展示实物，介绍使用方法，宣传使用效果，加之利用各种艺术手段作辅助，有利于人们对产品增加了解，尤其在突出商品诉求重点方面，是任何其他媒体难以匹敌的。

（2）诉求面广，受众广泛。一般的家庭大都是阖家看一台电视，这种状况有利于全家一起讨论广告商品，发表见解，容易作出购买决定。特别是有购买决定权的大都是家庭主妇，她们在家里看电视的时间比看报刊的时间相对多些。

（3）影响巨大，极受重视。电视媒体上发布的广告信息所收到的关注度高，尤其是在权威的广告媒体上发布的广告，给受众的印象是具有可信度，特别是中央电视台在人民群众中享有很高的声望，它所传播的广告信息总是得到大多数人的信任。此外，人们对电视广告的评论远远高于其他广告媒体，每年都会有一些人们耳熟能详的广告语在老百姓的口中流传。

3. 电视广告媒体的缺点

（1）费用昂贵。无论是制作费用还是媒体播放费用，电视广告都是最贵的一种广告媒体形式。租用电视媒体做广告，主要以租用时间的长短和次数来收取租金，所以每秒钟的时间都价值千金，这使得电视广告在播放次数和广告内容的详细解释上都有了限制。另外，电视广告的制作费用也让人望而生畏，演员、编导、道具、场景安排等都要大笔花销，所以中小型企业一般都无力负担。

（2）即逝性。同广播媒体的广告一样，电视广告也具有转瞬即逝的特点，难以一次性地在观众中留下清晰深刻的印象，而且无法查存。

（3）单位时间信息含量少。由于广告费用昂贵，为了节省费用，电视广告的时间一般都比较短，所要传递的信息容量就比较少，容易被转换频道。随着电视频道的不断增加，如果广告做得不精彩，观众就会转换频道，因而看电视广告的收视率要远远小于看电视节目的收视率。

（五）户外广告媒体

户外广告简称 OD（Out Door），就是露天陈放的，能被阳光照射到的各种广告物的统称，是历史上最悠久的媒体形式之一。随着时间大发展，很多原来的户外广告独立出去，成为影响巨大的广告媒体，如交通运输广告、商务楼宇广告、电梯广告等。

1. 户外广告媒体的类型

（1）非电子类户外广告包括路牌广告、招贴广告、跨街布条广告、空中广告、电动多面广告牌、柔性灯箱等。

（2）电子类广告包括霓虹灯、Q板、LED电脑看板、Search Vision、双面电视车等。

2. 户外广告媒体的优点

（1）都市的门面。一个城市的经济发达与否，最初也是最外在、最直接的特征之一，就是户外广告的繁盛与否。各广告主都想在其中立一席之地。都市夜与昼的交替，实际上也是霓虹灯与路牌的交替。

（2）位置优越，巨大醒目。户外广告面对城市的繁华闹市，日夜不停地向行人传播广告信息，均以鲜明强烈的色彩和独特的形式给人以刺激。户外广告集中于商业网点的特点，使其宣传易与购买行为相结合。

（3）保存时间久，效率高。尽管户外广告每天的观者数量远远不如报纸，但因其存留时间长久，所以按户外广告前每天人流量2000人计算，半年内则有36万人次，因而其在某些地方的效率又超过报纸。

3. 户外广告媒体的缺点

（1）内容简单、无法描述复杂产品。户外广告受所处的特殊环境和自身的条件限制，使它们不易为观者提供仔细浏览的机会，因此户外广告尽管巨大醒目，但都是力求简单，有时甚至是仅有品牌名称或商标符号。如果没有其他广告媒体在另种时间、另种场合补充其内容，效率便会因此大打折扣。

（2）广告对象不能选择，宣传范围有限。由于无法选择广告对象，会使得广告内容缺乏针对性，增加了广告设计的难度。而且由于户外广告是固定在某一位置上，只有经常经过的人才会接触到该广告。

此外，由于处于室外，容易出现破损、色彩剥落等问题，而且档次不高，不适合做高档商品的广告宣传。

（六）直邮广告媒体

直邮直销广告简称 DM 广告，是英文 Direct Mail 的缩写。直邮媒体是按照事先制定的计划，利用消费者资料库将推销信息直接传播给选定受众的一种广告方式。在西方发达国家，各阶层的居民总是不时地收到邮局送来的印刷精美的折页、样本、贺卡、购物优惠卡等，大都是关于旅游、餐馆、饭店、航空、超级市场等方面的广告品。在我国，邮寄广告的发展较为迅速，已不局限于征订单之类的初级邮寄函件了。

邮寄广告分为一次性邮寄和数次性邮寄两类，主要是根据邮寄的目的和产品（或服务）的性质而定。

1. 直邮广告媒体的类型

直邮媒体广告主要包括广告信函、明信片、说明书、产品目录、企业刊物等。

2. 直邮广告媒体的优点

（1）明确的选择性。可根据预算选择诉求对象进行广告设计，体现了很强的针对性。

（2）较强的灵活性。企业可根据广告预算的多少、媒体受众的特点等，灵活选择直邮广告的形式，而且广告一般不受篇幅限制，内容可自由掌握。

（3）效果的可测性。由于直邮广告的送达率高，反馈信息快而准确，极易掌握成交情况，有利于产品广告策略的制定和修改。

3. 直邮广告媒体的缺点

（1）传播范围小。直邮广告往往只在一定区域范围内进行广告传播，很难跨越地理界线进行媒体传播。例如，某一个城市的某家超市通过直邮广告进行短时促销活动，超市不可能把直邮广告发送到另一个城市，即便发送到另一个城市，也不会有顾客到那么远的地方去采购。

（2）易引起受众反感。在国外，直邮广告占普通用户信件总量的80%~90%，因此，有时受众会觉得铺天盖地的直邮广告是一种负担，是一种信息泛滥，会迫使消费者增加媒体阅读的时间，容易引起某些消费者的不满。

（七）网络广告媒体

网络广告，是指在互联网站点上发布的以数字代码为载体的经营性广告。近年来，数字技术、电脑、互联网和多媒体等信息传播技术的出现和推广，使得广告媒介以越来越快的速度实现更新换代，引发了一次意义深远的信息传播革命，对传统媒介形成巨大冲击，成为仅次于电视广告媒体之后的最重要的一种大众传媒形式。

第一个网站是在1991年上线的，社交网站（MySpace）和（Facebook）分别于2003年和2004年上线。随着电脑和网络媒介日趋个性化，整个媒介的历史发生了前所未有的变化，以互联网为基础的媒介可以具有传统媒介所具有的独特性，并提供原本传统媒体提供的大多数传播信息的功用。

1. 网络广告媒体的类型

（1）公司网站。公司网站是公司向公众展现的网上"面孔"，一般包括品牌故事、产品与品类和相关主题的数据库。网站是否有效取决于两个要素：一是黏性（stickness），另一个是导航的容易性（navigation）。

黏性是指网站应具有趣味性，并能够提供互动性，即确保访问者第一眼看到的内容能导致其继续停留在该网站页面并继续浏览的特性。

导航的容易性是指人们使用搜索引擎完成搜索后可能看到营销者的网站，也有可能通过其他媒介（广告或册子）看到网站地址，或者在某一网站中遇到一个广告形式的链接，吸引访问者离开原来的网页进入营销者网站。

（2）电子邮件广告。电子邮件广告是指通过电子邮箱地址清单进行广告传播活动的形式，它属于早期的网络传播手段，电子邮件广告具有针对性强（除非你肆意滥发）、费用低廉的特点，且广告内容不受限制。特别是针对性强的特点，它可以针对具体某一个人发送特定的广告，为其他网上广告方式所不及。并在此基础上引发了一种新的营销模式——病毒式营销。

宝马曾经利用电子邮件广告成功进行了一次直接营销传播活动。在活动中，宝马通过电子邮件广告邀请现有的和潜在的顾客去看一款关于宝马新车型的网络电影；另一次则是通过电子邮件广告告知宝马车主在宝马网站上有一个专门为其制作的新板块——"用户之家"，用户可以在此享受特殊的服务，并分享延长其轿车零件寿命的心得。邮件发出不久，在"用户之家"注册的人数成倍增长，并且参加宝马理财服务的人数增加了3倍。

（3）旗帜与图片广告。旗帜与图片广告也称为网幅广告（Banner ads），包含Banner、Button、通栏、竖边、巨幅等。网幅广告是以GIF、JPG、Flash等格式建立的图像文件，定位在网页中，大多用来表现广告内容。但是，现在的广告形式往往在使用图像文件的同时使用Java等语言使其产生交互性，用Shockwave等插件工具增强表现力，这种新型网络手段就是富媒体（Rich Media）。这些效果的使用是否有效，一方面取决于站点的服务器端设置，另一方面取决于访问者的浏览器是否能查看。一般来说，能表现更多、更精彩的广告内容。

（4）插播式广告（弹出式广告）。访客在请求登录网页时强制插入一个广告页面或弹出广告窗口。它们有点类似电视广告，都是打断正常节目的播放，强迫观看。插播式广告有各种尺寸，有全屏的也有小窗口的，而且互动的程度也不同，从静态的到全部动态的都有。浏览者可以通过关闭窗口不看广告（电视广告是无法做到的），但是它们的出现没有任何征兆，而且肯定会被浏览者看到。

（5）赞助式广告。赞助式广告多种多样，比传统的网络广告给予广告主更多的选择。与内容的结合可以说是赞助式广告的一种，从表面上看起来它们更像网页上的内容而并非广告。在传统的印刷媒体上，这类广告都会有明显的标示，指出这是广告，而在网页上通常没有清楚的界限。

（6）来电付费广告。叮铃铃是中国搜索引擎优化营销中心（SEO服务中心）和中国搜索引擎优化营销研究所（SEO研究所）联合推出的一项网络广告，即叮铃铃来电付费网络广告 www.dinglingling.net，实现了策划不收费、展示不收费、点击不收费，只有接到客户有效电话才收费。

（7）其他新型广告。除了上述的广告形式，网络广告还有视频广告、路演广告、巨幅连播广告、翻页广告、祝贺广告等等。随着技术与社会进步，网络广告也在不断更新换代，博客、播客、微博等新型广告媒体还在进一步发展和变化。

2．网络广告媒体的优点

（1）传播范围最广。网络广告的传播不受时间和空间的限制，通过国际互联网络，把广告信息24小时不间断地传播到世界各地。只要具备上网条件，任何人在任何地点、任何时间都可以阅读，这是传统媒体无法达到的。

（2）交互性强。交互性是互联网络媒体的最大的优势，它不同于传统媒体的信息单向传播，而是信息互动传播，用户可以方便地在线提交申请表，向厂商请求咨询或服务，可以随时通过文字、图像、声音等方式向服务商提出自己的意见和要求，服务商也能够在很短的时间里收到反馈信息，并根据访问者的要求和建议及时回应。

（3）针对性强。根据分析结果显示，网络广告的受众是最年轻、最具活力、受教育程度最高、购买力最强的群体，网络广告可以帮您直接命中最有可能的潜在用户。

（4）受众数量可准确统计。利用传统媒体做广告，很难准确地知道有多少人接收到广告信息，而在互联网上，可通过权威公正的访客流量统计系统精确统计出每个客户的广告被多少个用户看过，以及这些用户查阅的时间分布和地域分布，从而有助于客商正确评估广告效果，审定广告投放策略。

（5）实时、灵活、成本低。在传统媒体上做广告，发版后很难更改，即使可改动往往也须付出很大的经济代价。而在 Internet 上做广告能按照需要及时变更广告内容。这样，经营决策的变化也能及时实施和推广。

与其他媒体广告相比，互联网广告成本极低。在产品的生命周期日益缩短、技术日益复杂、市场多变的今天，这一特点有着重要的意义。目前，世界上大型的计算机公司和软件厂商大都建立了在线的 FAQS（经常问到的问题），用来解决客户的售后服务。如 Microsoft、IBM、SUN 等均建立了网站来进行广告宣传和售后服务。

（6）强烈的感官性。网络广告的载体基本上是多媒体、超文本格式文件，受众可以针对某感兴趣的产品了解更为详细的信息，使消费者能亲身体验产品、服务与品牌。这种以图、文、声、像的形式，传送多感官的信息，让顾客如身临其境般感受商品或服务，并能在网上预订、交易与结算，大大增强了网络广告的实效。

3. 网络广告媒体的缺点

（1）接触率低。由于世界各地的教育普及程度不同，因特网技术开发应用的水平差距很大，因特网广告还不能够在特定的地理区域内有很高的接触率。目前互联网的用户主要集中在欧美发达国家，经济落后的第三世界国家的网民数量很少，确切点说是网民占总人口的比重还很低，网络广告的接触率自然相应降低。这种低接触率，意味着因特网还不能作为企业最基本的广告媒体形式，如果企业要面向大众市场进行宣传，只用因特网这一种媒体是很不够的。

（2）测量手段尚不可靠。企划如何在互联网上测量广告的效果，是亟待解决的一个问题。目前，企业主要依赖自己站点的计算机服务器测量站点被点击的次数。但这只能相对测量网民接触率，因为对网络服务器的任何一次请求（包括站点上的按钮、图画被用户点击），都在站点上被记录为"击中"。因此，"击中"并不能反映访客人数或网页被看的真正次数。许多人击中图标只是出于好奇，也可能是操作错误，这并不表明他们真正看了企业的站点，他们可能只是匆匆而过，根本就不在站点花费任何时间。

（八）售点广告媒体

1. 售点广告媒体的概念

售点广告媒体是指零售点或销售现场广告，英文是 POP（Point of Purchase）。售点广告媒体有明确的诱导动机，旨在吸引消费者，唤起消费者的购买欲，具有无声却十分直观的推销效力。它可直接影响销售业绩,是完成购买阶段任务的主要推销工具。许多售点广告作品属平面广告范畴。

2. 售点广告媒体的类型

(1) 按广告形式及内容分为室外售点广告和室内售点广告。室外售点广告主要有广告牌、霓虹灯、招贴画和橱窗等;室内售点广告主要有柜台、壁面和模特等。

(2) 按广告设置场所分为高悬吊挂式、橱窗式、柜台式和立式陈列。

(3) 按广告媒体类型分为电子类、印刷类和实物类。电子类主要有电视幕墙、闭路电视、广播广告;印刷类主要有产品样本、商品包装、导购牌;实物类主要有产品广告、模特广告等。

(4) 按制作者不同分为商店自选设置、厂家直接提供、新产品发售用作促销的售点广告和常规促销活动使用售点广告。

(5) 按使用目的分为现场展示活动售点广告、大众传播媒体陈列售点广告、户外活动售点广告和庆典活动售点广告。

3. 售点广告媒体的优点

(1) 替商店招徕顾客。富有艺术性的橱窗陈列、规模巨大的招牌等可以提升售点的品位,显示售点的经营能力和经营水平,吸引追求时尚和高档消费的顾客;而店面小、陈列拥挤的商店意味着商品价格低廉的经济型消费,这些都是吸引不同消费者走入商店进行消费的诱因。

(2) 美化城市和社区。评价一个城市的经济发展水平的一个重要指标就是霓虹灯的数量和质量,拥有众多商场的区域,由于霓虹灯的色彩和闪烁而变得美丽而富有生机。

(3) 创造购物气氛。售点播放的悠扬的乐曲,敞开式的货柜陈列,使得人们的购物环境更舒适,购物的心情更放松;而在节假日播放的节奏快、强度高的音乐,各种打折促销的悬挂式售点广告,以及商场广播的促销信息,都可以创造促销时消费者抢购的紧张气氛。

(4) 体现企业整体形象。售点广告的水平是衡量企业实力和经营水平的重要标志,舒适整洁的购物环境、设计精美和信息传递迅速的售点广告,可以提升企业的品位和消费者对产品质量的信任度,塑造良好的企业形象。

4. 售点广告媒体的缺点

(1) 受时间限制。有些售点广告只能在节假日或厂庆、店庆等特殊的日子运用,这就使得售点广告的宣传效果受到一定影响。

(2) 往往不能单独使用。由于售点是固定在一个位置上,除非亲身来到该售点,否则不会达到广告宣传效果。因此,无论是卖场自身,还是选择在卖场进行促销的厂商,很少单独使用售点广告,往往要与报纸广告、电视广告等媒体形式配合使用,以便达到促销目的。

(九) 礼品广告媒体

1. 礼品广告媒体的概念

礼品广告媒体,是指销售人员送给潜在用户和顾客的一些有用的、低成本的商品的广告活动，该商品上含有公司的名称和地址以及一些广告信息，是经营或商务活动中为了提高或扩大其知名度，提高产品的市场占有率，获取更高销售业绩和利润而特别采取的广告媒体形式。

2. 礼品广告媒体的类型

（1）广告礼品。广告礼品是在一个促销活动中用来加强受众印象的物品，正因其目的在于加强印象，广告礼品的设计与选择必须注意其独特性，最好是市面上买不到的产品，而且最好与公司的产品相关。

（2）广告日历。广告日历是指广告主将本企业有特色的产品印刷成一年或两年的日历或台历，由于其占有空间小，对消费者又能带来实际利益，而且其影响的时间很长，就成为很好的礼品广告形式。

（3）商业礼品。商业礼品是在附赠式销售中，购买者购买了主商品后，经营者附带提供给购买者的物品，如购买微波炉赠送玻璃器皿、购买电视赠送 DVD 机等。

3. 礼品广告媒体的优点

（1）亲和性。任何一个消费者都不会拒绝免费提供的各种礼品，而且礼品不论价格高低都会给消费者一种意外收获的满足感，增强了消费者对所购商品品牌的好感，容易培养品牌忠诚者。

（2）媒体生命周期长。各种礼品的生命周期最少在其被使用完为止，像一些使用价值高的礼品，如买高清晰电视赠送的 DVD 播放机，其保留时间就更长些。相对于其他的媒体形式，它对消费者的影响时间最长。

（3）灵活性好。媒体广告的类型多种多样，没有一个固定的模式，因此，企业可以配合其他的促销活动，灵活的选择新奇独特的礼品，以吸引消费者购买，也可以根据当期的广告预算，适时调整广告礼品。

4. 礼品广告的缺点

（1）成本居高不下。由于消费者对于礼品广告的偏爱，使得很多消费者因竞争对手的促销礼品而流失，迫使广告主在选择广告礼品时，必须参照竞争对手的广告礼品的价格，要么与其持平，要么高于对方，这就使得礼品广告的成本居高不下。

（2）广告信息容量有限。由于广告礼品的大小差异，以及消费者对于使用带有明显广告宣传意味的广告礼品的态度，使得广告主无法将大量的广告信息印制在广告商品上。

（3）广告礼品发放控制难度大。有些品牌在卖场进行促销时，提供的礼品数量与发放到消费者手中的数量有很大差距。如果广告主提供的广告礼品价值过高，或者非常精美，可能会促使卖场销售员占为己有，或者仅向他所熟悉的亲人朋友提供礼品，这就使得广告促销的效果大打折扣。

（4）只适合短期促销。如果长期提供广告礼品，消费者会认为该礼品为产品的附属部分，是理所应当的部分，失去对广告礼品提供的额外收益的兴奋点，而失去购买欲望。

（十）包装广告媒体

1. 包装广告媒体的概念

包装广告媒体，是指在商品的外包装上简单介绍产品和企业名称的一种广告方式。

有人把包装广告媒体称为"无声的推销员"。商品的包装是企业宣传产品、推销产品的重要策略之一。精明的厂商利用包装商品的纸、盒、罐子，介绍商品的内容，具有亲切感，它随着商品深入消费者的家庭，而且广告费用可以计入包装费用之中，对企业来说，既方便又省钱。这种广告形式主客两宜，获得了普遍欢迎。

2. 包装的分类

包装分类有以下几种方法：

（1）按包装容器形状分类，可分为箱、桶、袋、包、筐、坛、罐、缸、瓶等。

（2）按包装材料分类，可分为木制品、纸制品、金属制品、玻璃制品、陶瓷制品和塑料制品包装等。

（3）按包装货物种类分类，可分为食品、医药、轻工产品、针棉织品、家用电器、机电产品和果菜类包装等。

（4）按安全为目的进行分类，可分为一般货物包装和危险货物包装等。

3. 包装广告媒体的优点

（1）传播面广。由于包装广告是商品的一部分，只要有商品的地方就会有包装广告进行广告宣传，最易使顾客下定决心进行购买，因此，包装广告具有极强的验证性。此外，包装广告往往较其他媒体广告更令人放心，广告宣传理所当然，因而极少给人"广告味道"。

（2）设计制作取材灵活。包装广告的设计制作可以依据商品的价格和品质差别、企业广告经费多少以及购买对象的不同，而选择不同的包装材料，设计不同的包装尺寸，来吸引不同购物动机和不同购物需求的消费者，达到更好的促销目的。

（3）具有"无声推销"的优点。包装广告具有促销的功能，尤其是十分精美的包装，可能直接刺激到潜在购买者。另外，"无声推销"的属性还使某些特殊的商品如治疗"难言之隐"的药物、男士化妆品等商品的推销变得简单迅速。

（4）具有重复使用的价值。在我国，精美而结实的包装纸和购物袋很少被人丢弃，大都被挪作他用，因而其广告宣传效果便会以更高的频度和更长的时间来影响人们，其影响也不只扩展到消费者的家人和同事，而且还会扩展到更多的陌生的路人。

4. 包装广告媒体的缺点

（1）促使成本增加。有些企业过于重视包装造成了产品成本的增加，从而促使产品价格提高，最终将这部分成本转嫁到消费者身上，造成不必要的浪费。

（2）增加了环境负担。由于企业的包装材料采用塑料成分较多，而且往往是层层包装，产生的大量垃圾对环境产生了污染。

（十一）交通广告媒体

交通广告媒体，是指利用各种交通工具箱体内外或交通要道，以及在车站、码头、候机厅内等场所设置或张贴广告，以便达到广告信息传播的媒体形式均属交通广告范畴。

1. 交通广告媒体的类型

（1）车内广告。车内广告是指设置在公共汽车、地铁、出租车、船舶、火车、飞机等交通工具内部的广告,具体的广告形式有:海报、广告牌、悬挂广告、小型灯箱、电子显示屏、闭路电视、广播、拉手、座椅套、司机背板等,任何可以传播信息的空间都可以被开发成车内广告。

(2) 车体广告。车体广告是指设置在公共汽车、地铁、出租车、船舶、火车、飞机等交通工具外部的广告,具体的形式有绘制和电脑喷绘两种形式,可以直接绘制在车身上,也可以绘制在广告牌上,然后钉在车身上。

(3) 站牌广告。站牌广告是指设置在公共汽车站、地铁站、火车站的站台或候车室以及机场候机大厅的广告,因为这些地方的客流量非常大,广告效果比较明显。

2. 交通广告媒体的优点

(1) 易引起受众注意。对于一般的交通工具而言,人们平均乘坐的时间是 30~40 分钟,在此期间,受众会有意无意地被交通广告所吸引,而交通广告就有充足的展示时间,加上每天都有数以万计的人选择乘坐公共交通工具,每天往返于固定交通线路的受众会重复接触到某一广告,因此,交通广告的接触率非常高,传播的效果也非常好,成为广告主十分关注的广告媒体形式。

(2) 成本低廉。从绝对数量上来说,交通广告制作的技术含量不高,工艺也不复杂,因此,交通广告的设计制作费用是各种广告媒体中最低的一种;从相对数量上来说,交通广告的传播范围广泛,每千人成本和分摊到每件商品上的成本费用也是最低的。

3. 交通广告媒体的缺点

(1) 受众范围有限。尽管交通广告的接触率较高,但是主要是针对那些选择公共交通工具的那部分受众,随着人们生活条件不断改善,拥有私家车的消费者越来越多,无形中缩小了交通广告的受众范围。

(2) 信息容量小。交通广告属于平面广告的一种,在有限的空间范围内很难将所有需要传达的信息表现出来,因此,交通广告往往不能成为企业唯一选择的广告媒体形式,经常作为广告主的媒体组合策略中的一部分。

第二节 广告媒体的评价和选择

广告媒体的评价标准是广告主进行广告策划、选择广告媒体形式的主要依据,也是确保企业能够通过定量分析进行科学经营决策的必要条件。广告媒体的选择除了要考虑不同广告媒体的特点以外,还要分析产品的性能、特点、消费者接触媒体的状况、广告的目的、媒体传播的数量和质量、广告的费用和企业特征等因素。

一、广告媒体的评价标准

(一) 权威性

权威性,是指媒体对广告的宣传能力及对受众的影响力。广告媒体本身对广告影响力大小的衡量指标是权威性。广告能够对消费者产生影响，主要有两方面的原因：一是广告设计创作产生的作用；二是广告在其上推出的媒体产生的作用。媒体既可以给广告带来影响，也可以由权威性指标来定性衡量。从广告媒体的策划角度看，当然希望所选用的媒体权威性愈高愈好，以便于给广告带来重大的影响力。但是，一般说来，权威性越高的媒体，收费标准越高。

此外，权威性的衡量也是相对的，对某一类广告主来讲是权威性高的媒体，对另一类来讲其权威性可能并不高。衡量的标准主要看媒体的受众情况，如果媒体的主要受众同广告主所要针对的目标消费者相一致，对媒体主要受众来说它是具有相对权威性的，对目标消费者来讲则可能就不那么权威了。

（二）覆盖面

覆盖面又称覆盖域，是指媒体对广告的传播范围。任何一种广告媒体都将在一定的范围内发挥影响，超出这一空间范围，其影响将明显地减少甚至消失。我们将广告媒体主要发生影响的空间范围叫作这一媒体的覆盖域。

广告主或广告公司在选择媒体时，首先要考虑的就是这一媒体的覆盖域有多大、在什么位置。之所以如此，主要是看所用的广告媒体是否能够影响营销计划所针对的目标市场。目标市场的消费者虽然散布于社会各个角落，但是在地域空间分布上还是相对集中的，这是广告主产品销售的地理范围。广告主及代理广告公司期望所做的广告运动可以有效地影响这一区域中的消费者，尽可能让其中的产品销售对象接收到广告信息，促成其购买行动。

（三）针对性

针对性，是指媒体对目标市场的影响力。这是表示媒体的主要受众群体的构成指标。以上各项指标没有对媒体受众情况进行评价，涉及的受众被看成是同一性的。诚然，在实际情况中媒体受众的多少并非广告主及其代理广告公司考虑的唯一指标。一个媒体的受众可能很多，但是其中只有一部分是广告主的目标消费者，这一媒体对此特定的广告来说也是不适宜的。故而广告主及代理广告公司要用针对性这一指标，评价分析媒体所针对的受众是否为广告主的目标消费者，这些消费者的构成也会影响媒体的可用程度。针对性指标应包括两项内容：一是媒体受众的组成情况，媒体受众的消费水平和购买力的情况；二是媒体的覆盖域与目标市场消费者分布情况。

媒体的覆盖域与目标市场消费者分布范围之间可有下述几种情况：

第一种，覆盖域与分布范围正好吻合，这是最为理想的情况，从这一指标来看所评价的媒体十分适用。

第二种，覆盖域小于分布范围，容易造成市场遗漏。

第三种，覆盖域大于分布范围，容易造成广告资源的浪费。图9-1中是媒体针对目标市场消费者分布范围的覆盖情况（A—表示媒体覆盖面，B—表示目标市场）：

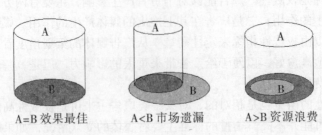

图9-1 广告媒体的针对性

二、广告媒体的评价指标

(一) 到达率

到达率(Reach)是指接触广告至少一次的人数与媒体覆盖总人数的比率。到达率适用于各种媒体形式。就广播、电视媒体而论,通常到达率均以四周期间表示。就杂志报纸而论,到达率通常以某一特定发行期经过全部读者阅读的寿命期间作为计算标准。当媒体提供者"散发"他们的媒体时,每个人都有机会接收到这种媒体。例如,当一个电视节目正在播放时,每个人都有机会调到播放这个节目的频道;当报纸每日出版发行时,每个人都有机会购买到一份。但并不是每个人都收看一个特定的电视节目或阅读报纸的某一期。到达率仅仅是对预期暴露于某种媒体,因而有机会听到或看到广告的受众百分比的一种估计。英国媒介计划者使用"收看机遇"(OTS)代替到达率。

到达率有三个特点:①接触某一则广告的人数不可重复计数;②到达率是对传播范围内的总人数而言;③到达率所表现的时间长短,依媒体不同而不同,一般来说,广播、电视以四周时间表示,报纸杂志以某一特定发行期经过全部读者阅读的寿命期间作为计算标准,如美国《读者文摘》杂志的每期平均阅读寿命为11~12周。

(二) 暴露频次

暴露频次(Reach)是指受众接触广告的平均次数,又称重复率。该项指标强调两个平均:一是平均暴露频次(Average Frequency),通常是指一个月内一则广告信息到达受众的次数;二是暴露频次分配(Frequecy Distribution),是指针对不同类别的人群,在同一广告排期下暴露于每种媒体,但暴露频次有所不同的一种现象。选择暴露频次来衡量广告媒体有两个考虑:一是细分媒体效果,研究广告产生影响的可能性;二是借此研究媒体的使用方法,制订广告推出时间安排,可以令一系列广告获得最佳综合效果。

假设在一周内,某广告在2个电视节目中插播,总计10000户家庭收看这两个电视节目1次或1次以上,其中3000户只看1个节目,7000户看2个节目,则这10000户家庭所看节目总数为:

$$3000 \times 1 + 7000 \times 2 = 17000(个)$$

平均每户家庭看到1.7次,即该广告一周的暴露频次为1.7。

(三) 毛评点

毛评点 (Gross Rating Point, GRP) 是反映受众对广告接触率总和的指标。毛评点指特定个别广告媒体所送达的收视率总和，是一种测量媒体计划总压力和总强度的方法。毛评点提供说明送达的总视（听）众，而不关心重叠和重复暴露于个别广告媒体之下的视（听）众。

毛评点的计算方法是用每一插播播出次数乘以每次插播的收视（听）率。它与收视（听）率相同，用百分数表示，如表 9-1 所示。计算毛评点，可用每一插播播出次数乘以每次插播的收视（听）率。

如果企业选择在三个电视节目插播广告，其中，三个电视节目的收视率以及插播次数见表 9-1，则该企业的毛评点为 130%。

表 9-1 毛评点推算

项 目	收视率（%）	插播次数	毛评点（%）
节目 I	20	2	40
节目 II	10	3	30
节目 III	15	4	60
总计	/	9	130

如果某企业选择在电视、广播和报纸三种媒体上进行广告信息传播，已知在电视上播出 6 次，分别获得 40%、35%、30%、25%、20%、40% 的收视率，在广播电台播出 4 次，4 次都获得 15% 的收听率，在报纸登载 4 期，每期的阅读率是 16%、16%、20%、24%，那么这则广告的毛评点应该是：

电视毛评点 = 40% + 35% + 30% + 25% + 20% + 40% = 190%

广播毛评点 = 15% × 4 = 60%

报纸毛评点 = 16% + 18% + 20% + 22% = 76%

总毛评点 = 190% + 60% + 76% = 326%

毛评点是可以重复计数的，它既可以综合反映每则广告的总效果，又可以反映同一广告在不同媒体的推出效果及该媒体的使用价值。

(四) 千人成本法

千人成本法 (CPM) 是指计算广告主对每一千个受众平均所开支的广告费的方法。

媒体成本就属于此指标范畴，它是可以事先作出估计和比较的。但需特别指出的是，广告成本不应单纯看其媒体费用的绝对值大小，而是看支出的费用与覆盖及听众、观众数量之间的比例关系。比如，若在印刷媒体报纸上发布广告，首先应考虑报纸的发行量，发行量大、覆盖域大，平均到目标消费者身上所花费的广告费相对就少。营销人员按照成本原则选择特定媒体，通常最简捷的办法是千人成本法，或称之为 CPM 法，其公式如下：

$$CPM = \frac{广告费}{受者人数} \times 1000$$

例：A，B 两份性质相近的杂志，对同一广告，收费分别为 8 万元和 5 万元，前者发行量为 100 万份，后者为 50 万份。算式如下：

A 杂志：　$CPM = \frac{80000}{1000000} \times 1000 = 80$（元）

B 杂志：　$CPM = \frac{50000}{500000} \times 1000 = 100$（元）

可得结论：A，B 千人成本分别为 80 元和 100 元。显然，成本绝对值小的 A 可作为优先选择。

显然，运用 CPM 法能较好地反映媒体费用与受众间的比例关系。利用此法可比较四大媒体对于广告运动的适用情况，也可以比较出四大媒体中广播广告是最经济的一种媒体。

例：某广播电台的某一套节目 1 分钟插播费为 150 元，按一天播四次计为 600 元，全国约有 3 亿台收音机和收录机，按每 4 台收音机中只有 1 人在四次播出中听到一次计，即按 1/16 的可能性计，收听广告宣传者为 7500 万人，把上述数据套入公式，得出广播广告千人成本：

$$CPM = \frac{广告费}{受者人数} \times 1000$$

$$= \frac{600}{75000000} \times 1000$$

$$= 0.008 （元）$$

可见，广播广告在 1000 位听众身上的花费仅为 0.008 元钱。

三、广告媒体的选择依据

(一) 产品的性能特点

每种商品及劳务的性能、特点、使用价值、使用范围和广告宣传要求各不相同。例如，有的属生产资料，有的属生活资料；有的是高技术产品，有的是手工产品；有的是日用百货，有的是五金交电；有的是名牌产品，有的是一般产品；等等。这就要求广告人根据工商企业及服务行业所推销的产品或劳务的性质特征及广告的信息表现形式，选择一种或几种广告媒体，以求得最佳的促销效果。例如，对技术性能比较高的产品，可以采用产品样品及提供服务项目书的形式，亦可采用示范性表演的形式等进行宣传和推销。对日用消费品及日常劳务，可采用便于突出其式样、价格、外型、颜色、质感、接触简便、普及率高的画报、杂志封面与插页、电视、展销会等媒体，给消费者留下深刻、真实的印象，从而影响其消费行为。

(二) 消费者接触媒体的状况

针对不同的消费者和用户选择不同的媒体，是增强广告促销效果的有效措施。如果广告对象是城市妇女,则应利用妇女杂志、畅销刊物、家用挂历、商店橱窗等媒体做广告,有利于增强广告效果。如果广告推销的是儿童用品,则电视是最佳广告媒体,特别是在儿童最喜欢的动画片节目前后插播这类广告收效最好。此外,还可以在商场、商店等服务场所,直接利用商品的内外包装做广告,既便于消费者选购商品,也有利于宣传商品,扩大影响。

（三）广告目的

广告目的,是指广告主通过广告活动所要达到的意图或效果。广告最基本的目的是促进销售。广告目标是指在广告计划期间,为达到一定的广告目的和要求而制定的,针对具体广告活动的计划完成指标。广告目标按目标的不同层次可分为总体目标和分目标;按目标涉及的内容可分为外部目标和内部目标;按目标的重要程度可分为主要目标和次要目标。无论何种目标,一经确立,必须制定出实现目标的指标、计量标准和实施方法,使广告目的量化。

如果企业的广告目的是让消费者知晓该品牌,属于创牌阶段,就应该选择覆盖面大、有影响力的媒体集中进行广告宣传,增加品牌曝光率;而如果是为了保持在消费者心目中的认知,就应该长期在某种媒体上进行渗透性的广告宣传,使消费者知道该品牌始终如一地保持着良好的经营状态,并受到消费者的喜爱。

（四）媒体传播的数量和质量

所谓广告媒体的传播数量,主要是指这种媒体所能传播到的读者（观众、听众）的大概数字。例如,报纸、杂志的发行量;广播与电视的收听、收看率,播放次数和信息的覆盖面;霓虹灯的光谱透视数值;橱窗、招贴、路牌等,则应以每分钟视野能见范围内的顾客流量、观看人数来衡量。所谓广告媒体的传播质量,主要是指某种媒体已建立起来的影响和声誉,以及这种媒体在表现上的特长。如《人民日报》、中央电视台和中央人民广播电台的影响和声誉是很高的,每个地区、每个行业又有其自身影响和声誉的宣传媒体。广告选择媒体时就应从媒体的数量和质量各方面权衡,择其最适合者来用。

选择广告媒体要考虑目标市场的范围和媒体信息传播的广度,由于产品和劳务市场受多种因素影响,其供求状况经常变动不定,故选择广告媒体必须对市场情况进行周密的调查研究和科学预测,真正了解市场供求变化和变动趋势。一般地说,面向全国市场销售的产品适宜选择全国发行的报纸杂志和信息覆盖面广的全国性广播、电视等作为广告媒体;在局部地区销售或有特定购买对象的,则选择地区性广播、电视、报刊或路牌、招贴、营业现场等广告媒体。同时,还要根据市场状况的变化,如产品寿命周期、淡旺季和季节性需要等选择不同的最有效的媒体。

（五）广告费用

广告费用即广告主的预算和支付能力。一般说来,信息覆盖面广、影响大的广告媒体,费用较高;相反,信息覆盖面窄、影响小的广告媒体,费用低廉。例如,全国性的大报和电视、广播电台的广告费用比较高;但若考虑一定的宣传面,如以读者或受众的广告费用平均值计算，还是覆盖面广的媒体费用相对低廉。

（六）企业特征

不同的生产经营活动方式适合于不同的广告媒体。从广告的发展过程来看，小规模的生产经营方式，一般采用原始的广告媒体，其中以实物、口头叫卖居多。手工作坊和专业店铺所从事的工商活动，广告媒体形式增多，例如旗帜、灯笼、画匾、音响、商号、招牌等。近现代企业的出现，商品生产和商品交换的范围与规模扩大，生产和销售日益社会化，客观上要求信息传播在时间、空间、速度、效果等方面能适应现代化社会大生产的需要，于是出现了招贴、报纸、杂志、广播、电影、霓虹灯、电视以及路牌、灯箱、车船、气球、卫星等各种现代化信息传播媒体，成为当代企业开拓市场、组织生产和流通、满足消费需求的产品信息载体。可见，企业的经济活动组织形式是决定选用哪种广告媒体的一个重要因素。不同的经济组织形式及其经营规模与产品的商品率、供应范围等因素，是决定其选择哪种媒体做广告的重要影响因素，这是由不同经济组织的财力与经济活动范围的大小决定的。

第三节 广告媒体组合与广告发布策略

广告媒体组合与频率发布是广告主在综合分析不同媒体特点的基础上，结合自身的产品特色和品牌优势，在经济能力允许的范围内，寻求最大广告投资收益率（ROI）的策略。

一、广告媒体组合

（一）媒体组合及其作用

1. 媒体组合的概念

媒体组合，是指在广告发布计划中，在一定的时间段里应用两种以上不同媒体，或是同一媒体应用两种以上不同的发布形式、不同的发布时间的一种组合状态。

2. 媒体组合的方式

（1）视觉媒体与听觉媒体的组合。视觉媒体指借助于视觉要素表现的媒体，如报纸、杂志、户外广告、招贴、公共汽车广告等。听觉媒体主要指借用听觉要素表现的媒体如广播、音响广告，电视可说是视觉、听觉完美结合的媒体。视觉媒体更直观，给人以一种真实感，听觉媒体更抽象，可以给人丰富的想象。

（2）瞬间媒体与长效媒体的组合。瞬间媒体指广告信息瞬时消失的媒体如广播电视等电波电子媒体，由于广告一闪而过，信息不易保留，因而要与能长期保留信息，可供反复查阅的长效媒体配合使用，长效媒体一般是指那些可以较长时间传播同一广告的印刷品、路牌、霓虹灯、公共汽车等媒体。

（3）大众媒体与促销媒体的组合。大众媒体指报纸、电视、广播、杂志等传播面广,声势大的广告媒体,其传播优势在于"面"。但这些媒体与销售现场相脱离,只能起到间接促销作用。促销媒体主要指邮寄、招贴、展销,户外广告等传播面小、传播范围固定,具有直接促销作用的广告,它的优势在于"点",若在采用大众媒体的同时又配合使用促销媒体能使点面结合,起到直接促销的效果。

同时,媒体组合可以在竞争环境较为复杂的状况下使企业能按照自己的策略一步步地稳定推进,取得最明显的推广成果。

3. 媒体组合的作用

媒体组合的作用主要表现在可以恰到好处地使广告的影响力最大、冲击力最强、功效更持久。

(1) 媒体组合可以增强媒体广告效果。一方面,由于各种媒体覆盖的对象有时是重复的,因此媒体组合的使用将使部分广告受众的广告接触次数增加,也就是增加广告传播深度。消费者接触广告次数越多,对产品的注意度、记忆度、理解度就越高,购买的冲动就越强;另一方面,媒体组合可以更全面地发挥不同媒体功效,使其使用的媒体成为一个相对完整、立体的信息网络,将商品或服务信息更全面的传递给受众,补充单一媒体的缺陷,从而形成较强的广告效果,媒体组合也可以通过媒体的交叉使用,充分发挥不同媒体的优势,提高媒体在一定时期内的作用,以达到最佳的影响效果。

(2) 媒体组合可以扩大媒体影响范围。各种媒体都有各自覆盖范围的局限性,假若将媒体组合运用,则可以增加广告传播的广度,延伸广告覆盖范围,使得媒体组合产生 1+1>2 的放大效应,使更多潜在消费群得到认知,加强对品牌及产品的印象,有效抑制及抗击竞争品牌的广告效果,提高产品品牌的普及率,保证在相对较短的时间内更快速、更直接地影响目标消费群,提高产品的占有率和使用率,以期占领更有利的市场机会。也就是说,广告覆盖面越大,产品知名度越高。

(3) 媒体组合可以节省广告费用以实现长期传播。媒体组合对于企业有效利用媒体资源,通过主要媒体获得最佳到达率后,再用较便宜的次要媒体得到重复暴露,避免长期使用费用高的媒体,从而达到节省广高费用支出的目的;媒体组合利用短期媒体的不断积累,作用于相对长期的媒体,使品牌及产品的影响及冲击力得到保持及发展,不至于呈现信息的遗忘及信息曲线下降,在一定时期内维持消费者的忠诚度,达到长期传播功效。

(二) 媒体组合的原则

广告主或广告公司在进行媒体组合选取时要依照以下原则进行。

1. 互补性原则

互补性原则是指在进行媒体组合选取时,注重发挥各种广告媒体的优点,使媒体缺点产生的负面影响降到最低,通过不同媒体间的优势互补,实现媒体运用的"加乘效应"。媒体之间的互补可以是覆盖面上的互补,可以是媒体特性上的互补,也可以是传播时效上的互补。

2. 有效性原则

有效性原则是指所选择的广告媒体及其组合,能有效地展现产品和服务的特点和优势，具有较强的说服力和感染力，同时利用媒体组合产生的影响力，扩大广告覆盖范围，促使广告受众对广告宣传的产品或服务由知晓到熟悉，由熟悉到喜爱，有效地建立起良好的产品或服务的品牌形象和广告主的企业形象。

3. 经济性原则

经济性原则是指选择广告媒体还应当充分考虑各种现实影响因素，如媒体预算是否足够，是否能买到期待的发布时间，当地的政治、经济、法律、文化、自然、交通等条件能否保证所选择的媒体有效地传播广告主的广告信息，以便实现以最少的广告投入获得最大的广告宣传效果。

4. 目的性原则

目的性原则是指在选择广告媒体组合方式时，必须遵循广告主的营销目标，根据创牌、保牌、塑造企业形象、增加市场占有率等不同营销目标制定每次广告活动所要达到的具体目标，选择那些最有利于实现营销目标的广告媒体组合形式。

(三) 媒体组合的策略

媒体组合策略可以分为集中的媒体组合策略和多样的媒体组合策略两种。

1. 集中的媒体组合策略

集中的媒体组合策略是指广告主集中在一种媒体上发布广告。它主要集中影响被特别细分的受众，集中的媒体组合策略能创造出品牌易于被大众接受的氛围，尤其对于那些接触媒体有限的受众。

集中的媒体组合策略的优点在于：集中购买媒体可以获得大的折扣，节省广告费用；使广告主在一种媒体中相对于竞争对手占主要地位；使消费者尤其是接触媒体范围狭窄的受众更加熟悉品牌；激发消费者对产品或品牌的忠诚度。

在高视觉性媒体上采用集中性策略，比如在电视的黄金时间或者在高档杂志中购买大的广告时段或版面，能激发消费者对产品或品牌的忠诚度。

2. 多样的媒体组合策略

多样的媒体组合策略是指选择多种媒体到达目标受众。这种策略对那些有着多样市场细分的商品或服务更加有效，可以通过不同的媒体对不同的目标受众传达不同的信息。

多样的媒体组合策略优点在于：能向不同的目标受众传达关于品类或品牌的各种独特利益；不同媒体的不同信息到达同一目标受众可以加强其对信息理解的效果；运用多样的媒体策略，可以增加广告信息的到达率。受众可以暴露于多种媒体，因而信息到达受众的可能性较大。

但是，多样的媒体组合策略也有自己的缺点：不同的媒体需要不同的创意和制作效果，可能导致成本增加，增大制作费用比例，有可能影响其他重要目标的实现，如毛评点（GRP）和总利用人数（Gross Impressions，$GI = GRP \times 媒体可利用者总数/100$）。

各媒介的组合搭配分析：报纸与广播搭配，可以使不同文化程度的消费者都能够接收到广告信息；电视与广播搭配，可以使城市和乡村的消费者都接到广告信息；报纸或电视与售点广告搭配，经常有利于提醒消费者购买已经有了感知信息的商品。报纸与电视的搭配运用，可以在报纸广告对商品进行了具体解释之后再以电视开展广告攻势，产生强力推销的效果；报纸与杂志的搭配，可以用报纸广告做强力推销，而用杂志广告来稳定市场，或以报纸广告固定市场，以杂志广告拓宽市场；报纸或电视与直邮广告搭配，以直邮广告为先导，做试探性宣传，然后以报纸或电视开展强力推销广告，也可能取得比较显著的成效；直邮广告和售点广告或招贴广告的配合，在对某一特定地区进行广告宣传时，能够起到巩固和发展市场的作用；当然，还有路牌广告与其他广告形式的搭配；等等。

二、广告发布策略

（一）广告频率发布策略

广告频率，是指在一段特定时间内某位被选定的观众接触到某一个广告的次数。在因受欢迎的杂志上登广告会不断地重复阅读以及浏览而享有很高的接触频率。电视或是电台广告依照播出的时段以及与其相关节目的市场份额，可能只需要出现一两次就可以接触到很多的观众。当一家公司面临很严峻的竞争，或当有需要向它的客户提醒产品价值的时候，推出视听性质的商业广告，通常会是一个很有效用的策略。要是客户的品牌忠诚度很低或是在品牌的采用上有迟疑的时候，让广告经常性地出现，可以驱使客户去购买这项产品或服务。

广告以什么样的频率和进度推出，也需要精心策划安排。这主要是依据人们的记忆曲线来进行设计。从总的方面来看，同样数量的广告，如以一年为期计划发稿，可有集中型和分散型两种思路。集中型是把全年需要发布的广告集中在几个月时间内发出。分散型是把广告分散在全年内逐次发出。根据调查研究表明，集中型发稿一般在发稿期间可获得较高的广告再生率，但广告停止后，客户对广告的忘却也快。分散型发稿的广告再生率一般不高，但总体上是上升状态的，在达到最高点时也比较理想。

常见的广告频率发布方式有固定频率和变动频率两种。

1. 固定频率

固定频率指在一段时间内，广告均衡推出，广告费支出呈水平状况，以求有计划地持续地取得广告效果。固定频率有两种类型。

（1）均匀序列型。广告的频率按时限平均运用，如每旬10次，每天1次，或每旬10次，每隔一天2次。

（2）延长序列型。广告频率固定，但间隔距离越来越长。如广告仍按总量10次、1天1次的进度推出，但广告发布时间延长到20天，第一波每天1次间隔，持续4天；第二波每两天1次间隔，持续3次；第三波每三天1次间隔，持续3次。这是为了节约广告费，又按照人们的遗忘规律来设计，使时距由密到疏，在广告费一定的情况下，延长了广告影响时间。

适用于这种媒体进度的广告商品，大都属于人们经常要购买的生活必需品，另外还有一部分产品如药品、电视机、洗衣机等。一般是根据消费者可能采取购买行为的时间和地点，选用传播范围和地区相适应的媒体，适时发布广告信息。

2. 变动频率

即在广告周期内发布广告的频率和进度是不等的。广告费的投入随着广告频度的不同，有时先多后少，有时呈滚雪球式渐进加强。可以有三种类型。

（1）波浪型。在一个广告周期内，广告频率由低到高，再由高到低变化的策略。如电视广告第一天发布 1 次，第二天发布 2 次，第三天发布广告 3 次……直至频率达到最高，以后频率逐次下降……第六天 2 次，第七天 1 次。频率曲线呈波浪形。这种方式适用于季节性、流行性强的商品。

（2）渐进型。在一个广告周期内，广告频率由低到高，至高峰时戛然而止，节日性广告常用此法。如中秋节的月饼、元宵节的汤圆等商品，一般在节日期间消费，多采用此方式进行促销。临近节日前使广告达到高峰，会起到很好的促销作用，增强广告效果。

（3）递减型。在一个广告周期内，广告频率由高到低，直至停止。如开展文娱活动，新影片上映，企业新开张或大酬宾，等等，均可用此法。

（二）广告时间发布策略

广告在媒体上推出的时间，主要是相对于商品进入市场的时间，一般有拖拉推出、即时推出和延时推出等方式。

1. 拖拉推出

拖拉推出，是指广告推出的时间早于商品进入市场的时间，用广告拖拉出商品，目的在于事先制造声势，先声夺人。商品尚未投放市场，由于广告的作用，给消费者制造悬念，形成渴望，让消费者翘首以待。等到商品上市之时，既可形成旺销。

此种方式选用的范围较广泛，首先，使用于全新产品的推出，声势在前，商品在后，能够刺激消费者的好奇心，激发其购买动机。其次，适用于老产品经更新换代或部分改进后重新上市。使消费者"未见其物，先闻其声"，唤起新的消费欲望。再次，适用季节性商品在旺季到来之前。提前做广告，能先入为主，抢先占领消费者的记忆空间，一直延伸到旺季的到来，使消费者始终有较深刻的印象。特别是市场竞争比较激烈的产品，拖拉推出应用更多一些。

需要注意的是，广告推出的时间与商品上市的时间间隔不可过长，否则将失去拖拉的意义和作用。

2. 即时推出

即时推出，是指广告推出时间与商品推向市场的时间相同。选择这种推出广告时间的方式最适合于老产品、供求平衡或供应稍偏紧张的产品。目的在于告知，好处是见到广告，就可买到产品，但此种方式不适应竞争激烈的情况。

3. 延时推出

延时推出，是指推出广告的时间晚于商品进入市场的时间，此种方式用得不多。一般情况下，适用于没有把握的新产品。商品先行上市试销，根据销售情况或少做或多做广告，且针对性强。另外一种情况，就是在商品上市后，先做试探性广告，视情况再决定是否做广告及其投放规模的大小。

（三）广告时机发布策略

利用媒介发布广告，还要善于利用和把握各种时机。企业的一切营销活动都存在着利用和把握时机的问题。抓住了时机，就能事半而功倍；失去了机会，就会失去效益，就是最大的损失。

广告时机，是指在时间上与广告商品、市场行情以及人们的注意程度等有关的一系列机会。发布广告信息的时机要注意把握如下情况。

1. 商品时机

利用商品与时机的内在联系，巧妙地发布广告信息。例如，飞亚达手表的广告选择了中央电视台晚间7时《新闻联播》前的瞬间时段，"飞亚达为您报时"，就得到了较高的收视率，引起观众的关注。

2. 重大活动时机

利用重大活动时机推出广告。一般来说，涉及全国甚至全世界注目的重大活动，如体育比赛、文艺演出、会议等，新闻媒体和受众的关注度高，信息量密度空前，是推出广告的良好时机。如奥运会历来都是广告商重点抓住的时机，许多企业都愿意把巨额的广告费投放其间。北京市大力开展申奥运动，不少广告商都不愿放过这一发布广告的良机。1999年曾在上海举办过"中国：未来50年"的《财富》论坛，此世界瞩目的盛会，亦招引众多广告云集而来。

3. 黄金时机

抓住"黄金时间"，把握人们的记忆最珍贵瞬间。电视和广播均有其"黄金时间"，就是观（听）众收视（听）电视广播节目的高峰时段。在黄金时间，观（听）众收视（听）节目的注意力比较集中，易于接受信息，记忆率比较高。但此时段的广告费也相对比较昂贵。如中央电视台《新闻联播》后与天气预报之间的时段，就是一个黄金时段。所以，很多企业都不惜重金，争取抓住这一时机，在这一时段播出广告，以争取较好的传播效果。

4. 节令时机

节令时机是指以节日和季节为商品销售带来的时机。逢年过节、假日，往往是人们大量消费的时间，会形成销售的旺季，要善于抓住销售旺季前的机会发布广告。属于季节性的商品，也会在季节变换交替之时产生销售旺季，销售旺季前的一段时间便是广告的良好时机。抓住节令时机发布广告，在选择时机时，要考虑安排恰当的提前量，但又不要使广告的持续时间过长。

第四节 新型广告媒体研究

新型广告媒体形式的出现，使媒体市场朝着不断细分化的进程发展。对于企业来说，越精准的广告定位、越有创意的广告模式，越能占有更多的市场份额。而细分后的市场，将会越来越有优势。广告主的选择会更加多样化，广告投放分流的趋势会越来越明显。因此，对新型广告媒体的研究是企业通过有效的媒体策略获得竞争优势的有效手段。

一、新型广告媒体的概念及类型

（一）新型广告媒体的概念

对于新媒体的界定，学者们可谓众说纷纭，至今没有定论。一些传播学期刊上设有"新媒体"专栏，但所刊载文章的研究对象也不尽相同，有对数字电视、移动电视、手机媒体、IPTV 研究等，还有一些刊物把博客、播客等也列入新媒体专栏。

美国《连线》杂志对新媒体的定义为："所有人对所有人的传播。"

清华大学新闻与传播学院熊澄宇教授认为："新媒体是在计算机信息处理技术基础之上出现和影响的媒体形态。"

新传媒产业联盟秘书长王斌认为："新媒体是以数字信息技术为基础，以互动传播为特点并具有创新形态的媒体。"

分众传媒 CEO 江南春认为："分众就是区分受众，分众传媒就是要面对一个特定的受众族群，而这个族群能够被清晰地描述和定义，这个族群恰好是某些商品或品牌的领先消费群或重度消费群。"

阳光文化集团首席执行官吴征认为："相对于旧媒体，新媒体的第一个特点是它的消解力量——即消解传统媒体（电视、广播、报纸、通信）之间的边界，消解国家与国家之间、社群之间、产业之间边界，消解信息发送者与接收者之间的边界，等等。"

BlogBus.com 副总裁兼首席运营官魏武挥认为："新媒体是受众可以广泛且深入参与（主要是通过数字化模式）的媒体形式。"

中国传媒大学黄升民认为："构成新媒体的基本要素是基于网络和数字技术所构筑的三个无限，即需求无限、传输无限和生产无限。"

综合上述观点，本书认为，新型广告媒体的概念可从两个方面界定：一是指伴随着新技术新材料的使用而出现的传统媒体的创新；二是指以前从未使用过的广告媒体形式，也称为媒体形式创新。新型广告媒体区别于传统媒体的最明显的地方在于受众的针对性加强了，广告效率提高了。新型广告媒体形态主要表现为数字杂志、数字报纸、数字广播、手机短信、移动电视、网络、桌面视窗、数字电视、数字电影、触摸媒体等；区别于传统意义上的四大广告媒体，被统称为"第五媒体"。

可以肯定的是，"新传媒"是建立在数字技术和网络技术的基础之上，并且延伸出来的各种媒体形式。"新"最根本体现在技术上，也同时体现在形式上，有些新媒体是崭新的，如互联网；而有些是在旧媒体的基础上引进新技术后，新旧结合的媒体形式，如电子报纸和杂志。最为重要的是，新媒体能对大众同时提供个性化的内容，是传播者和接受者对等、交互、同时进行个性化交流的媒体形式。

（二）新型广告媒体的类型

新型广告模式越来越多，其创意手法也越来越新颖，对市场份额的占有率也不断加大。新型广告媒体的类型众多,而且有时没有统一的模式,因为,企业每一次促销的创新尝试都有可能是一种新型广告媒体的出现。

新型广告媒体类型的划分主要有四大类:

(1) 以数字技术为核心的媒体,如数字电视、移动电视、网络媒体等。

(2) 以文化传播为主要目的的媒体形式,如电影植入式广告,电子游戏植入式广告等。

(3) 以精确传播广告信息给目标顾客的分众传媒,如电梯广告、手机广告、楼宇广告等。

(4) 以媒体创新为标志的新型媒体,如自行车广告、投影广告、车库广告等。

二、新型广告媒体特点分析

由于每一种新型广告媒体的传播载体不同,表现出来的传播特性也有很大的差异。下面是针对当前使用比较广泛的新型广告媒体特点进行的介绍和分析。

(一) 电梯广告

1. 电梯广告的概念

随着城市化进程的加快,我国各城市的高楼林立,为发展电梯广告提供了载体。

电梯广告,是指在写字楼及住宅小区的电梯内外设置的广告。由于现代都市人乘坐电梯的次数越来越多,无论在等待电梯的时候,还是乘坐电梯的时候,都会出现无聊的感受,这就为"注意力经济"提供了发展空间,应运而生了电梯内部广告和电梯外部广告。在电梯进行广告宣传的注目率和重复宣传的效果大大提高,使得电梯广告成为一种备受商家瞩目的新型媒体形式。

乘电梯上下楼对于大多数人来说是一件单调而乏味的事情,通常人们在等电梯、电梯上下运行时,也是最无聊的时候,有强烈的、下意识的视觉需求,广告画面的出现自然成为视觉的中心。所以,如果电梯广告制作精美、有很强的装饰性的话,人们多次阅读也不会产生拒绝的心理。

由于电梯间的广告一般都做得比较精美,尤其是框架式广告,在协助物业部门管理工作的同时,也给人以赏心悦目的美感。对于在电梯间张贴广告,物管部门认为对于业主有益无害,广告的收益主要用于楼宇的物业维修资金,相对减轻了业主的部分负担。据统计,在深圳、广州、佛山、东莞等地的电梯广告,年市场容量可达3.6亿元,仅仅在华南地区,电梯广告的发展空间就十分惊人。

2. 电梯广告的特点

(1) 电梯广告的受众是出入楼宇的人群,通常都是中高档消费阶层。他们普遍属于文化层次较高、收入较高、消费能力较强的群体,在阅读广告后的潜在购买欲远远高于其他阶层,广告效果自然能达到最佳。

(2) 电梯广告具有媒体信息传递量大、展示时间长的特点。这正好可以满足新产品、品牌传播、新产品上市信息、产品促销信息等的传递需要。可以很自然地强化消费者对新产品、新品牌的认同感,以及提升新产品、品牌的知名度、忠诚度和联想度。

(3) 受众到达率高。与受众视平线几乎等高的电梯广告,在相当程度上能产生强制性阅读的效果,广告资源流失率几乎为零。基于电梯的等待时间长、空间狭小和受众反复乘坐等特点,决定了电梯广告阅读的不可避免性和反复性,以及目标客户阅读广告内容的主动性,到达率更高达100%。据测算,居住在高层住宅楼内的用户,每人每天平均至少乘坐电梯上下3.7次,电梯广告每天不可避免地至少4次闯入人们视线,产生了广告阅读的反复性。

(4) 抗干扰性。人们每天接触到大量广告信息,真正记住的仅10条左右。其原因之一,是各种传播信息互相干扰,广告影响力自然大大下降。而电梯广告发布于相对封闭的空间内,这里容纳的信息有限而且单纯,整个环境干扰程度低,受众有可能相对多一些地把注意力集中在广告上,也就避免了广告资源的大量浪费。

(5) 贴近性。电梯广告与受众在一定时间内有着相对静止的关系,电梯媒体直接面对目标受众的特点,成为广告传播渗透性极佳的媒介,可以强烈地刺激消费者的购买欲望。电梯广告作为新兴媒体,其部分受众是传统媒体难以到达的,是现有媒体的重要补充,是进行市场推广的传播途径。例如,乘坐电梯中,电梯广告与乘客有机会相对静止,同时乘客会因为无聊而寻找视觉支撑点,在不经意间仔细读完广告内容。此时广告刊登详细的产品介绍、公关活动日程安排、商品优惠折扣等信息正合时宜。在这个意义上,电梯广告具备了报纸、杂志等媒体的优点。

(6) 电梯广告媒体费用低。电梯广告的价格只相当于报纸或电视广告价格的1/3或1/4,人们一天至少上下2次电梯,所以电梯内广告的反复阅读率远远高于其他媒体,在同等广告支出情况下当然得到事半功倍的效果。除了梯内发布费用比较低以外,由于是尺寸较小的作品,所以制作、投放都简单易行,能够以月、周、日作为发布时间单位。根据广告目的要求制定更加灵活、合理的投放策略,而无需为材料、施工费用的浪费而感到惋惜。

此外,电梯是个相对独立的空间,把广告投放在电梯里,不会影响社区的总体环境和面貌,且人为破坏的可能性自然较低。

(二) 数字电视广告

1. 数字电视广告的概念

数字电视广告,就是指从演播室到发射、传输、接收的所有环节都是使用数字电视类型的广告。数字信号的传播速率是每秒19.39兆字节,如此大的数据流的传递保证了数字电视的高清晰度,克服了模拟电视的先天不足。同时,由于数字电视可以允许几种制式信号的同时存在,每个数字频道下又可分为几个子频道,从而既可以用一个大数据流——每秒19.39兆字节,也可将其分为几个分流,例如4个,每个的速度就是每秒4.85兆字节,这样虽然图像的清晰度大打折扣,却可大大增加信息的种类,满足不同的需求。

电视传媒的快速发展,让人应不暇接。虽然在其文化层面当前面临着其他新媒体(如互联网络等)的挑战,影响力有所下降,但是,这些新媒体的标志性特征,如数字化、分众化(个性化)和互动性,在数字电视这一电视新技术平台中都得到了很好的融合与发展。随着高清晰度电视、移动电视等一大批新技术、新平台的推广实施，数字电视作为提升一个国家文化软实力的理想工具的趋势正在愈演愈烈。20世纪90年代末期，英国广播公司（BBC）率先在全球建立起了"哥伦布"系统。这个系统使得BBC的电视节目储存、编辑、播出全面实现数字化，从而极大地提高了BBC的工作效率，节省了制作成本。现在的电视机构正在逐渐淘汰传统的模拟摄像机和录像带，取而代之的是数字摄像机和各种新兴的记录载体。

2. 数字电视广告的特点

（1）数字电视的传输技术多元化，有效地减轻了信号在传输过程中必然会产生的衰减现象，具有抗干扰能力强、传输效率高的特点。因此，数字电视的收视效果好，图像清晰度高，音频质量高。此外，在满足人们感官需求的同时可以实现双向互动。

（2）没有任何一个媒体能够像数字电视一样兼具众多媒体的特征。数字电视广告既有传统电视媒体高覆盖、内容生动、权威性强的特征；同时具有报刊等平面媒体信息量大的特点；数字电视拥有庞大的、实名的家庭用户数据库，并且能够实时回传，实现广告投放的精确和广告效果的可测，也有互联网媒体独特的特征。作为广告媒介，数字电视为广告主提供了一个空前的多媒体立体传播平台。

（3）提供全新的业务。借助双向网络，数字电视不但可以实现用户自由点播节目、自由选取网上的各种信息，而且可以提供多种数据增值业务。数字电视增值业务的拓展，对个人用户来说，是服务内容、形式上的极大丰富，但这很大程度上取决于硬件基础设施的升级；对企业用户来说，是更加丰富的广告表现形式。

（三）地下车库广告

1. 地下车库广告的概念

地下车库广告，是指在城市大厦楼宇负层地下车库内壁及柱面上制作的广告。在北京、上海、广州、深圳等地一经推出，立即受到包括汽车制造、售卖，石油、石化，橡胶、轮胎，汽车相关服务等众多广告客户的青睐和追捧。阿凡提集成媒体集团所推出的"都市宝藏-GAN地下车库广告媒体网络"可谓是世界首创。该集团竟将广告灯箱做到了从来没有人想到过的地下车库，并以迅雷不及掩耳之势攻城略地，在短短几个月的时间里，网络覆盖了从国贸大厦到摩托罗拉大厦、恒基中心等北京地区100多栋标志性大楼的地下车库。据介绍，该集团下属广告公司将继续扩大这一地下车库媒体服务网络。这一新兴媒体在广告界引起了强烈反应，众多品牌对该媒体都产生了极大的兴趣。

地下车库广告受众细分也是传播业不可逆转的发展趋势，而户外广告要达到细分目的，必须在内容、发布方式、地点方面进行突破，由原来的粗放型向集约型发展。与传统户外广告相比，地下车库广告发布于地下车库内，简单、精致、整齐、美观。

2. 地下车库广告的特点

（1）直接锁定高消费群体的新媒体。直接投放在高尚生活社区、商业社区、CBD社区所在公共地下停车场内，媒体投放地点独特，具有其他户外媒体不可替代的特性。锁定具有高消费能力、时尚引导力的目标受众群体，可以直接、快速、准确和高效地送达广告信息。

(2) 半强制性媒体。地下车库广告媒体由于能够直接面对最终用户，可以与客户直接沟通、交流，最大限度地避免了广告转播中经常存在的媒介到达率、有效率、用户选读率等种种难以预计或需量化的媒体测试数据的获取困难问题，同时也最大限度地避免了目前其他户外媒体最易发生的品牌干扰性强的现象，成为最佳的强力渗透性新媒体。

(3) 高新技术品牌忠实感的媒体。地下车库广告具投放地点准确、受众群体目标准确、针对性强、高重复率、高回忆率、广告品牌干扰负面极小等优点，极易培养受众对广告品牌忠实感，最终导致其购买决定。

可以这样说，地下车库广告属于典型的低购买成本、高传播效果的媒体，其覆盖面广，注目率也高。

(四) 投影广告

1. 投影广告的概念

投影广告是最近几年才出现的一种极具革命性的户外广告形式。

投影广告，是指根据光学成像原理、利用一种强力投影系统，将客户的广告内容投放到户外大型建筑物、天空、云幕、烟幕、水幕等表面上的广告。投影广告具有极强的品牌推广能力及高到达率的特点，1996年起，投影技术就被运用于各类大型庆典、体育盛会和商业推广活动中。

2. 投影广告的特点

(1) 环保、安全。投影广告能克服普通户外广告牌及灯箱耗电量大，日久易退色，易被人为破坏、涂抹污染等局限性；其利用光学原理成像，耗电少，重量轻，不破坏楼面、地面，不影响场地环境及总体规划，没有任何污染，抗风性强。

(2) 新颖、时尚。用灯光演绎广告内容在国际国内都有更广泛的市场，北京、上海、广州、重庆等地都有非常成功的案例。

(3) 费用低廉，具有极佳的性价比。传统的广告牌、灯箱的制作费用非常昂贵，且审批手续非常繁杂。而动态投影广告的制作费用是非常低廉的，derksen 神奇的光束魔力可令一切廉价的受体（墙面、路面、地面等）变成一幅幅精美的广告。传统的灯箱、广告牌只是一幅呆板的画面，日晒雨淋数月即残旧不堪，毫无美感；而 derksen 神奇的光束可令画面长久艳丽，采用五画面转换功能更可在一处廉价的墙面或地面上投放五幅巨型广告图案，既鲜活动感又使利润倍增，能轻松实现利润最大化的商业原则。

(4) 动画及其他新奇的效果。动态是最吸引人的视觉元素，投影广告通过一些特殊技术的应用，可产生许多新奇的效果，例如、环转、钟表、风动、四分等，能更有效地吸引人群的视线。

(5) 更换灵活便捷。传统的灯箱安装起来既费时又费力，消耗不小的人力物力，又不能长时间的吸引住消费者的视线。一般广告一旦制作完成便很难修改。即使出现地址、电话号码更改这样小小的变动，整个广告也必须彻底推翻、重新制作，造成人、财、物力的巨大浪费，而且往往不能很快地迎合瞬息万变的市场，迅速把企业的新观念、新产品表达给消费者。动态投影广告则会省掉所有的不便，可以在短时间内完成以往烦琐的工作,可在几分钟内发布广告画面或更换广告内容,设备一次投入,多次使用,非常适合进行季节性推广。

此外,投影广告还具有技术不够完善,投影广告的市场前景仍然需要不断创新开拓,投影广告的传播对象不够明确,环境选择要求也比较高等缺点。

(五)影视植入式广告

1. 影视植入式广告的概念

植入式广告又称影视植入式营销,是指将产品或品牌及其代表性的视觉符号甚至服务内容等策略性地融入电影、电视剧或电视节目内容中,通过场景的再现,让观众留下对产品及品牌的印象,继而达到营销的目的。

在我国,有人往往将 Product Placement 翻译为隐性广告或称其为软广告。产品植入作为一种广告形式在全球范围内被广泛采用,它可以将广告产品及品牌带入真正的生活场景,对于消费者来说也是最直接最自然的交流形式。

电影植入式广告直接带动起整个电影文化产业,使得广告主与电影制片方最大限度地实现双赢。有据可查的最早的植入式广告出现在 1951 年凯瑟琳·赫本主演的电影《非洲皇后号》中,其明显标志为戈登杜松子酒的商标镜头。最天衣无缝的植入广告则出现在著名导演斯皮尔伯格的作品《E.T》中:小主人公用好时公司生产的"里斯"巧克力豆把外星人吸引到屋子里来,影片首映的第一周,里斯巧克力的销售量增长两倍,几个月之后,全美有超过 800 家电影院的小卖部开始大量购进里斯巧克力,这是好时公司食品首次进驻电影院。电影 007 系列,尽管每集的剧情不同,但神通广大的 007 总是特别钟情于宝马车、喜欢欧米茄手表,宝马汽车在影片中的展现方式不断推陈出新,迎合观众求新求异的欣赏品位,让高端跑车的运动和安全性与职业特工的多变性和冒险性完美结合,相得益彰,品牌特质与主角个性浑然一体。

在国内,20 世纪 90 年代的电视剧《编辑部的故事》首次采用了类似植入式广告的表现形式,播出了百龙矿泉壶的随片广告。而植入式广告在民族电影业界全面开花,则要归功于冯小刚执导的《手机》、《天下无贼》等电影;在影片《天下无贼》中,共出现了惠普、中国移动、佳能等 10 余家全程赞助商,广告投入 2000 多万元,加上荣誉赞助等其他项目,广告收入已达 4000 万元。

植入式广告从来都是直面消费者的,影视作品中的植入式广告根据电影、电视的剧情需求,巧妙地展示企业产品及品牌形象,能达到产品促销和品牌形象传播目的。

2. 影视植入式广告的特点

(1) 不可分割性。广告通过植入的形式,与植入对象成为不可分割的整体,成为媒介产品中图像、道具、场景、角色和情节的一部分。人们再也不能通过数字技术手段把广告与媒介产品分割开来。如果你要欣赏节目,就不得不同时欣赏广告。这种强制性带来的好处是显而易见的:它更能吸引人们的注意力。尽管是强制性的,但是,笔者做的一次小型调查结果显示:98.28% 的被访者在"与媒介内容风格风马牛不相及的打断式广告"和"与媒介内容风格密切相关联的植入式广告"之间,更倾向于后者。

(2) 真实性。媒介产品都是来源于现实,应该真实地反映现实。比如,《天下无贼》本身就来源于现实生活，是现实生活真实而艺术的再现，而现实中我们的确使用了诺基亚手机，通过中国移动发短信。把这种广告植入电影，其实也是反映社会真实，不仅没有破坏电影的艺术性，反而增添了真实性。调查结果显示：90.91% 的被访者认为优秀的植入式广告既阐述清楚了产品的功能，又使得产品增加了情感元素。

（3）多赢性。在广告有机植入媒介产品的过程中，广告主、消费者和媒介三方是共赢的。受众免费欣赏了节目，又没有花多余的时间；媒介得到了资助，可以靠节目本身赚钱；而广告主得到的实惠最大，他们总算把不知道浪费到哪里去的广告费也派上了用场。更重要的是，它更少引起人们的反感。

（4）灵活性。广电新闻出版总局的第17号令限定了电视台的广告播出时间，而涨价又难以成为收入增长的支撑点。因此，电视节目中的植入式广告则是最佳选择，既可以在非常规广告时段中进行的，又能够有效规避管制。

（六）游戏广告

1. 游戏广告的概念

游戏广告，是指在游戏内置的广告模式类似于电影中的无缝嵌入广告，玩家对广告的接收属互动形式。游戏广告作为一个新的网络媒体形式，在面对特定族群的定向传播上，有着传统媒体无可比拟的优势。网络游戏虚拟广告的受众群体相对集中在16~35岁之间，虽然这部分群体中的大部分人尚处于零收入或是低收入的阶段，但在数码产品、快速消费品、服装等方面却具有相当的消费能力。据AC尼尔森的最新统计数据，年轻男性平均每周会花费12.5个小时来玩游戏，却只看9.8小时电视。在以18~34岁男性为抢夺目标的市场上，作为新媒体平台的游戏正在逐步取代电视而成为广告商关注的新焦点。

2. 游戏广告的特点

（1）受众集中度高，针对性强。网络游戏的玩家主要是16~35岁的年轻人，集中度极高。针对该年龄段玩家的消费心理和特点，通过合适的制作和策划，广告主可以将这类人群热衷消费的商品广告在网络游戏中发布，如电子数码产品、体育用品、速食产品等，取得在其他媒体上难以达到的精准效果。

（2）地域性强，便于灵活、高效地投放广告。网络游戏一般通过在各地架设的服务器进行运营。如由盛大网络公司运营的网络游戏《热血传奇》，服务器遍及全国多个城市。玩家对服务器的选择受多种因素影响，如网速、服务器架设时间等。但最新的调查表明，玩家最喜欢选择离自己所处地方最近的服务器，此类玩家占据了46%。因此，通过服务器的选择，游戏玩家被细分，有助于有地域针对性销售计划的广告主在特定的服务器内发布广告，命中率极高，减少无效宣传，从而节省广告成本。

（3）到达率高，传播效果较为理想。网络游戏广告的特殊形式使广告的传播也具有多种形式，玩家从启动游戏到关闭游戏的整个过程中，有多次机会接触到广告信息，并且受到的干扰小。通过反复传播，广告信息将有效地到达受众，加深受众对产品和品牌的印象，甚至促使受众由被动接受转为主动接受。

（4）便于互动推广营销。玩家对网络游戏的喜爱，会显著增加其对所玩游戏的关注度，包括游戏与其他行业产品的合作。第六届中国网络游戏市场调查报告结果显示，有近50%的网络游戏玩家接受网络游戏与其他产业产品合作推广活动，并希望在今后能加强此方面的合作。通过网络游戏媒体，商家不仅可以直接将广告传递到受众，而且可以通过线上线下的互动营销活动，达到最充分的广告宣传效果，促进产品的销售与品牌知名度的提高。

游戏广告最具代表性的案例当属2005年《魔兽世界》游戏与可口可乐的营销合作。《魔兽世界》在中国大陆的付费玩家数量超过150万人，通过线上的广告宣传和线下的捆绑营销活动，可口可乐的人气一路飙升，直接促进了可口可乐的销售量大幅上升。据可口可乐发布的2005年第二季度业绩显示：可口可乐（中国）净利润比2004年同期增长15%，达到12.9亿美元，第二季度收入也增长了15%，此案例因此入选"2005年十大营销事件"。

（七）商务楼宇联播网广告

1. 商务楼宇联播网广告的概念

商务楼宇联播网广告，是指在商务楼宇建立起的电视联播网信息传播媒体。例如，由日本软银注资4000万美元风险投资的分众传媒（中国）控股公司，于2003年底建成覆盖上海150幢商业楼宇、50个知名商厦、40个四五星级酒店及高级公寓会所的电梯液晶电视联播网，并陆续在全国52个城市的写字楼建立起电视联播网，网络覆盖面从最初的50多栋发展到2万多栋楼宇；液晶信息终端从300多个发展至3.7万多个；收益从最初每月100多万元营业额到现在每月5000万元营业额，并拥有75%以上的市场占有率。

在北京发行量达到100万份以上的报纸上做一个彩色通栏大约是每天5万元，大概相当于商务楼宇广告网一条5秒广告的价格。而一般一天在同一报纸上会有70～80条通栏，每天通栏的收视机会与一条5秒广告在联播网滚动播出的6分15秒广告总内容中的收视机会是基本相同的。一份100万发行量的大报，其购买者月收入真正超过5000元的不足15%，而商务楼宇的受众平均月收入超过了7000元，有效人群要多得多。更重要的是，在商务楼宇联播网中同样的价格可以持续15天、平均每天播放102次，其成本优势显而易见。

2. 商务楼宇联播网广告的特点

（1）针对性。接受此类广告信息人群的消费层次较高，消费能力较强，收入较为稳定，平均家庭年收入均在10万元以上，是广告产品最终的消费人群。消费需求与消费力是最终把广告信息转化为消费行为的关键，公共楼宇电视联播网打破传统的广而告之的广告理念，提出一种全新的广告理念，那就是"分众传媒"。

（2）强迫性。凡居住在高层楼宇的用户，每人每天平均四次乘坐电梯上下，等候电梯时的无聊使得电视广告不可避免地闯入他们的视线，这就决定了广告欣赏的不可避免性，因此一旦出现这种声色俱全的电视广告，其视觉冲击力和强迫欣赏性无疑会相当大。

（3）反复性。由于电梯是乘梯者必经之路，其广告欣赏的有效频次非常高，到达率更能达到100%。加上商务楼宇联播网的广告资源流失几乎为零，直接面对最终用户的特点，成为广告传播渗透性极佳媒介的经典。

（4）装饰性。采用的液晶电视时尚超薄，无须布线，内置DVD及音响系统，超强定时功能，同步发射功能，多台机器可同步循环播放，不仅可与高档建筑本身的装潢融为一体，更增加其视觉冲击力和装饰亮点，因此，广告的视觉吸引力非一般媒体可比。

（5）公益性。作为区域互动的信息，它除展示播报城市中包罗衣食住行等各方面的商业动态外，还编排了大量娱乐、旅游、政府信息等内容，说明媒体的公益性很强，也就顺理成章地对商业广告投放商的公益形象起了提升的作用。

（八）手机广告

1. 手机广告的概念

手机广告，是指以手机为视听终端、手机上网为平台的个性化即时信息广告。手机广告承载业务内容的方式，仍是对其他媒体的延伸，我们从这个角度，将手机广告业务划分为"手机报"、"手机音频广播"、"手机视频/电影"、"手机电视"、"手机小说"等五种常用业务。手机互联网作为一种特殊的应用形式，如微博、微信、APP等将会在以后的研究中单独研究。

2. 手机广告的特点

（1）多媒体融合。手机媒体融合了报纸、杂志、电视、广播、网络等所有媒体的内容和形式，成为一种新的媒体。手机媒体的传播方式也融合了大众传播和人际传播、单向传播和双向传播、一对一和一对多、多对多等多种形式，形成一张相对复杂的传播网。与此同时，手机还可以配合报纸、电视、广播、网络等媒体进行互动，实现"全媒体"传播的新局面。

（2）广告传播速度快、范围广。借助移动通信网，手机短信、手机报可以在最短的时间内群发给每一个用户。

（3）互动性强。手机广告可以随时随地发出和接收信息，不仅可以进行个体间联络，还可以进行群体间联络，用户既是受众，又是内容生产者。

（4）传播效果强大。手机是"带着体温的媒体"，具有私密、随身的特点，并且人们对手机媒体的信赖程度较高，以手机报为例，只有24.8%的手机报用户认为手机报对其不太重要。手机媒体能够产生更为直接而强大的效果，影响人们的思考和行动。这对于我们广泛传播健康、和谐的文化是十分有益的。

（九）其他新型网络媒体

1. 博客

"博客"（Blog或Weblog）一词是"Web Log"（网络日志）的缩写，是一种十分简易的傻瓜化个人信息发布方式。随着博客的迅速发展，某些博主的点击率不断攀升，这也同时为在博客中进行广告宣传提供了可能。博客在网络上已经取代了口口相传的地位，人们阅读某个人的博客，似乎也相信他博客上的广告。据调查，人们对各种媒体广告的信任度分别是：博客24%、电视17%和邮件推销14%，不过，这些媒体都还低于报纸的30%。拥有数量众多的用户，也有足够的被信任感，博客成为广告商的目标也不足为奇了。

国外博客靠广告盈利走向职业化。法国《论坛报》报道，2006年，全世界有影响力的博客大约5万多个，他们大多集中在美国，他们当年实现广告收入5亿美元。但这笔财富的90%，只集中在15%博主手中，因此，博主与网站之间如何进行利益分配成为当今的热点话题。2009年6月19日，雅虎日本在网站上正式发布通知：从今年9月开始，雅虎日本的博客用户在自己的博客上发布雅虎提供的广告，将可能得到现金报酬。这表明，博客用户可以选择雅虎日本上各家网上商店的一部分，将其广告放到自己的博客上，雅虎日本方面会提供各个广告的HTML代码。如果读者通过这个博客的链接，进入某家网上商店并成功购物，该博客作者将得到一定的现金报酬，广告费将通过银行转账方式，每个月支付一次。比起原先向用户赠送网站积分，这是BSP服务的一大进步。

2005年11月，和讯网在国内首开在个人博客上投放广告的先河。尽管我国在相关领域的法律缺失使得这一新生事物的发展必然受到来自多方面的挤压，但随着网络经济的发展，博客作为网络媒体的一种新型广告模式，其发展前景还是非常乐观的。

2. 播客

"播客"是2005年新闻传播学术期刊上的又一个让人们耳目一新的词汇。播客（Podcast）一词，源于苹果公司的音乐播放器（iPod）和广播（broadcast）。美国著名互联网评论者杰克·勒丁顿对其定义是：这种技术简便易行，使你订阅音频和视频节目，自动下载到你的电脑，以便你的便携式播放器随时播放。播客的发展潜力还远不止于此。2004年11月，喜力啤酒赞助了著名DJ的"播客"节目，来进行全球酒吧推广活动。2005年4月，避孕套品牌杜蕾斯也和"播客"站点PodcastAlley.com签署了产品植入广告的协议。播客站点正在成为广告商的新宠儿。作为美国最大播客公司之一的TWiT公司，已经跻身于美国播客网站的前10名，一年之内取得了200万美元的收入。

有人认为，"如果说博客是新一代的报纸，那么播客就是新一代的广播。"从广告商角度来讲，播客给广告产品提供了大面积接触目标群体的机会。比如，用广播的价格，甚至更低一些的价格购买播客广告，但是却能够在更长的时间里和更广泛的空间传遍全球。与传统广播的即时传送特性相比，这是一场技术性和影响力的革新。在即将到来的3G时代，视频点播将成为移动增值服务的增长爆发点。

美国的最新研究表明，尽管该业务曙光无限，但下面一组数据值得业内人士思考：①网民中有28%的用户知道播客，但只有2%的人订阅；②播客用户平均每周下载6.6个节目，每周大约花费4.1个小时来阅读这些节目；③网民对RSS技术的认识率偏低，只有12%的用户知道RSS，只有4%的用户使用它；④从用户群的分布来看，大约有7500万的RSS用户在美国和英国；⑤在使用播客RSS的网民中，大部分是科技意识强的男性，他们年轻、受过高等教育并且有钱，其中61%的人认为自己是网络专家。

我国的第一家播客网站是王微创建的土豆网，同博客的发展一样尚处于起步阶段，但是，在互联网迅速发展的今天，中国的博客网站以及在播客上进行的广告活动都会得到进一步地普及和完善。

3. 微博

微博是微型博客（MicroBlog）的简称，即一句话博客，是一种通过关注机制，分享简短实时信息的广播式的社交网络平台。用户可以通过 WEB、WAP 等各种客户端组建个人社区，以 140 字（包括标点符号）的文字更新信息，并实现即时分享。微博的关注机制分为可单向、可双向两种。

最早也是最著名的微博平台是美国的 Twitter，我国主要微博平台有腾讯、新浪、搜狐、网易等。2013 年上半年，新浪微博注册用户达到 5.36 亿，2012 年第三季度，腾讯微博注册用户达到 5.07 亿，微博成为中国网民上网的主要活动之一。大多数人写微博只是为了快乐，但不排除有先入行的"玩家"将微博发展成生意。广告主为微博广告开出了不菲的价格，"粉丝"众多的草根博主仅依靠发布广告，每个月收入上万元毫不困难。

广告公司列出了覆盖各大微博的"有广告价值"的微博主的报价单，这份报价单已经在一些网络营销公司中流传并进入广告主的视线。报价单显示，这些微博的"粉丝"数量最少也有几万人，报价最低的是 200 元/条，具体报价按照"粉丝"的数量而调整。"粉丝"数量超过 60 万，报价为 2000 元/条；"粉丝"数量接近 50 万，报价为 1500 元/条；"粉丝"数量接近 30 万，报价超过 1000 元/条；"粉丝"数量在 10 万至 30 万之间，报价为 500 元/条至 800 元/条。因此，自从微博成为网络营销的重要组成部分以来，一些网络公关公司开始在微博上"养号"，以便在需要的时候通过多个渠道帮助客户发布信息和发起商业活动，有时帮助厂商发起一些回馈活动，维护客户关系。

4. 微信

微信是腾讯公司于 2011 年初推出的一款快速发送文字和照片、支持多人语音对讲的手机聊天软件。用户可通过手机、平板、网页快速发送语音、视频、图片和文字。微信提供公众平台、朋友圈、消息推送等功能，用户可通过摇一摇、搜索号码、附近的人、扫二维码等方式添加好友和关注公众平台，同时，微信用户可以把内容分享给好友以及把用户看到的精彩内容分享到微信朋友圈。2012 年 3 月底，微信用户破 1 亿，耗时 433 天。2012 年 9 月 17 日，微信用户破 2 亿，耗时缩短至不到 6 个月。截至 2013 年 1 月 15 日，微信用户达 3 亿。2013 年 8 月 5 日，微信 5.0 上线，其游戏中心内置游戏《经典飞机大战》。2014 年 2 月 27 日，腾讯微信官方推出微信 Mac 版本客户端，用户数增至 4 亿。

微信营销（WeChat Marketing）是网络经济时代企业营销模式的一种创新，是伴随着微信的火热而兴起的一种网络营销方式。微信营销具有立体化、高速度、便捷性、广泛性的特点及高到达率、高曝光率、高接受率、高精准度、高便利性的优势。微信一对一的互动交流方式具有良好的互动性，精准推送信息的同时更能形成一种朋友关系。如果说微博的天然特性更适合品牌传播，作为一个自媒体平台，微博的传播广度和速度惊人，但是传播深度及互动深度不及微信。微信广告接入门槛将逐步降低，由 10 万降至 5 万，进而降至 1 万直到 500，但对于具体的时间进度，目前还没有确定。据了解，在广告收入之外，微信公众平台还将尝试更多功能，为流量主（订阅号）增收。

5. APP

APP 是英文 Application 的简称，由于 iPhone 等智能手机的流行，APP 智能手机的第三方应用程序影响日益增大。比较著名的 APP 商店有 Apple 的 iTunes 商店，Blackberry 用户的 BlackBerry App World，Android 的 Android Market，诺基亚的 Ovi store，以及微软的应用商城。

随着移动互联网的兴起，越来越多的互联网企业、电商平台把 APP 作为销售的主战场之一。数据表明，APP 给手机电商带来的流量远远超过了传统互联网（PC 端）的流量，通过 APP 进行盈利也是各大电商平台的发展方向。事实表明，各大电商平台向移动 APP 的倾斜也是十分明显的，原因不仅仅是每天增加的流量，更重要的是由于手机移动终端的便捷，为企业积累了更多的用户，更有一些用户体验不错的 APP 使得用户的忠诚度、活跃度都得到了很大程度的提升，从而为企业的创收和未来的发展起到了关键性的作用。

在美国，目前有超过 110 万的智能手机应用程序，半数百人以上的企业都已有自己的移动应用程序，消费者开始期望每个企业都提供 APP，世界五百强企业中的 90% 以上都做了自己品牌的 APP，传统企业运用 APP 与 9 亿用户互动，会是移动互联网行业一个巨大的市场。全球各大品牌商已经意识到应用商店可以为其提供推广品牌、接触消费者，甚至销售内容的渠道。媒体、商业服务以及汽车制造业在这一方面的认识更加深刻，非常积极地把应用商店作为他们发布内容的渠道。从 2008 年苹果 App Store、GooglePlay Store 上线以来，大众、奔驰、丰田、宝马、本田、保时捷等国际汽车品牌，甲骨文、惠普、思科、英特尔、通用电气、西门子、施乐、三星、飞利浦、戴尔等商业服务公司，可口可乐、百事可乐、古弛、耐克、阿迪达斯、麦当劳、宜家等消费品公司都相继在主流平台应用商店推出了自己的品牌 APP。

此外，还有脚踏车、超市购物袋、会议材料、ATM 取款机、移动电视等新型媒体，近年来也陆续被开发和利用。

三、新型广告媒体的发展趋势

（一）广告媒体的数字化与网络化

随着以计算机技术和互联网技术为标志的数字技术的发展，人们的社会生活因此发生了巨大的变化，广告媒体的发展也必然是依存于现在的高科技，传统的电视媒体发展成现在的数字电视、移动电视，传统的杂志也出现了电子杂志，网络已经成为诉诸视觉和听觉符号，能够传播文字、声音、图片、运动图像的一种新的传播媒体，互联网广告具有互动性强、成本低、无区域限制、表现形式丰富等特点，成为近年来增长飞速的新型广告媒体。与互联网广告的阅读率低、浏览性强不同的是，手机广告能做到非常高的阅读性。而且，手机广告非常容易通过点击来判断广告的实际到达率；而由于手机终端与个人联系紧密，可以通过对个人特性、偏好的判断来传递一些有针对性的广告，因此传播的精准性也特别高。

(二) 广告媒体受众更加细分化

随着消费者需求多样性和个性化发展趋势,产品市场进一步细分和定制化生产的趋势会更明显,为了顺应时代发展的要求,媒体也会依据媒体受众的分层来经营,传统媒体逐渐分裂,产生更多的新媒体,以顺应"分众化"的潮流,更加细分化地适应社会多样化的需求,丰富人们的选择,最终实现广告行业自身的提升、完善,增强广告主的信息传播效率。大众媒体的概念也会逐渐消失,少数电视和广播网、几家主要杂志和报纸满足大多数受众的时代已不存在,数量极大的媒体向细分得更小的受众提供服务。小众媒体及分众媒体是未来的趋势,因此针对各种专业市场、各具特色的专业媒体会成为广告主的新宠。

(三) 创新媒体形式多元化

由于企业促销过程中会因为追求吸引力和促销效果推出更多的新奇的媒体形式,从媒体发生和发展的过程当中,我们可以看到新媒体是伴随着媒体的历史演进而在不断变化。媒体革命是一个动态的过程。在此过程中,媒体逐渐呈现出新的面貌,特征也被完全改变。最有可能给媒体带来变革的就是新媒体的涌现和成长。大量的新媒体正在出现,虽然它们不可能在一夜之间成为主流媒体,但有一些确实有这种潜质。随着经济的发展和社会的进步,以及广告主媒体需求的扩张,会出现更多的新兴媒介,互联网、电子游戏、手机短信等毫无疑问已经成为新媒体,企业对新媒体的认识大多持观望的态度。事实上,新媒体的传播力已经呈现出来,和传统主流媒体互通有无、取长补短,实现信息传播的最大效率。

尽管新媒体是适应传统媒体形式而出现的,但传统媒介也通过汲取新媒体的某些优势来不断适应变化。例如,几乎每种媒体载体都有一个或多个网站——这就产生了媒体融合。尤根海默提到:"报纸有自己的网站,广告可以通过电子邮件传送,电视节目可以下载到 iPod 上。"此外,产品目录上线了,广播上线了,视频放在电脑上了,手机和书也电子化了。电视不仅仅局限用来看节目,还变成了数字客厅中心,人们可以通过 Wii 电子游戏和其他能在电视屏幕上看到的游戏而获得新体验。

案例 野马汽车的媒体组合策略

20世纪60年代,美国福特汽车公司生产了一种名为"野马"的汽车,这种车一经推出,一年内就销售了41万辆,创纯利11亿美元。当时,购买野马车的人打破了美国的历史最高记录,顾客简直到了饥不择食的地步。不到一年的时间,野马车风行整个美国,连商店里出售的墨镜、帽子、玩具等都贴上了野马的商标。

为什么野马汽车如此受欢迎呢?得从该公司的总经理亚科卡说起。1962年,亚科卡担任福特汽车分公司经理后就想策划、生产一种受顾客喜爱的新车型,他从大量调查材料中发现未来的十年是年轻人的世界。于是,他将未来的新车型定位为:款式新、性能好、能载4人、车子较轻、价钱便宜,以及车型独树一帜,车身容易辨认,容易操作，既像跑车还要胜过跑车，用以吸引年轻人。

亚科卡非常重视广告策划和宣传，为了推出新产品，他委托沃尔特-汤姆森广告公司为新车型进行了一系列广告策划。其实施步骤大致如下。

第一步，组织汽车大赛。在汽车正式投放市场的前四天，公司邀请各报纸的编辑到场，并借给每人一辆野马新型车，组织他们参加野马大赛，并邀请100名记者亲临现场采访，以充分证实野马的可靠性能。几百家报刊都以显著位置报道了野马大赛的盛况和照片，借助新闻力量造成轰动效应。

第二步，采用纸媒广告。在新车型上市前一天，根据媒体选择计划，让2600家报纸用整版篇幅刊登野马车广告。广告画面：一部白色野马车在奔驰。大标题："真想不到"，副标题：售价2368美元。这一步主要用以提升产品知名度，进而为提升市场占有率打基础。在有影响的《时代周刊》和《新闻周刊》杂志上刊登广告画面，广告标题都是："真想不到"。

第三步，采用电视广告。从野马汽车上市开始，在各大电视网天天不断地播放野马车的广告，展开电视广告攻势。采用电视媒体广告的主要目的是扩大广告宣传的覆盖面，进一步提升知名度，达到家喻户晓。

第四步，选择最引人注目的停车场竖立巨型广告牌。广告牌上书"野马栏"，既引起停车者的注重又引起社会公众的关注。

第五步，在美国各地客流量最大、最繁忙的15个飞机场以及200多家度假饭店的门厅里陈列野马汽车。通过这种实物广告形式，进一步激发消费者的购买欲。

第六步，采用直邮形式，向全国各地几百万小汽车用户寄送广告宣传品。通过这种形式，直接与消费者建立联系。

上述分六步实施的广告活动，可谓铺天盖地、排山倒海，仅在一周之内，"野马"轰动整个美国，风行一时。据说，野马上市第一天就有400万人拥到福特代理店购买。通过这一系列媒介广告活动，原来年销5000辆的计划被远远超出，实际年销418812辆。在野马汽车开始销售之后的前两年，公司就获得纯利11亿美元。亚科卡由于这一显赫成绩被视为传奇式人物，被誉为"野马车之父"。而给亚科卡带来奇迹的手段工具正是媒介组合策略。

（资料来源：钟立群：《广告实务》，清华大学出版社2011年版）

[链接思考]
(1) 分析野马汽车媒体组合策略的原因。
(2) 分析野马汽车的媒体组合策略值得借鉴的经验。
(3) 该媒体组合策略是否适合我国的汽车品牌推广？

本章小结

媒体是把信息传输给大众的工具，广告媒体是运载广告信息、达到广告目标的一种物质技术手段，是传播广告信息的载体，企业传播商品、劳务信息都依赖于媒介的信息传播作用。广告媒体的分类方式有很多种，一般情况下可依据受众的数量、信息传播范围等分为大众传播媒体、小众传播媒体和新媒体几类。

广告媒体的选择与组合是广告策划中的重要工作。在进行媒体选择前要根据媒体的权威性、覆盖面和针对性特点，以及各类媒体的到达率、暴露频次、毛评点和千人成本来对不同媒体进行评估。同时依据产品自身特点，消费者的媒体接触习惯和企业的广告目标选择最适宜的传播媒体。在对所选媒体进行的组合过程中应遵循效益型原则、整体性原则和科学性原则，以相互补充，最大限度地发挥所选媒体的传播优势，提高广告信息传播的实效性。相对于传统媒体而言，新媒体在广告媒体中的地位已经越来越高，新型媒体以其具备传统媒体所不具备的诸多优势和特点，成为现代广告媒体的一支生力军，形成强大的竞争力和发展前景。

掌握各种媒体的传播特点，正确理解广告媒体的选择、组合原则，根据公众的信息接受心理特征和企业的营销目标，科学地选择具体的广告媒体，确定行之有效的广告媒体策略，是提高广告宣传效果的保障。

关键概念

广告媒体　媒体选择　到达率　暴露频次　毛评点　千人成本　媒体组合　广告频率

思考题

(1) 试比较各种广告媒体的传播特性。
(2) 广告媒体的标准有哪些？
(3) 如何提高广告媒体策略的宣传效用？
(4) 如何运用广告媒体组合策略？
(5) 新型媒体传播广告信息有哪些优势？
(6) 如何选择合理的广告发布频率？

参考文献

[1] 丁俊杰，康瑾. 现代广告通论 [M]. 2版. 北京：中国传媒大学出版社，2007
[2] 刘超. 广告媒体策略 [M]. 北京：中国建筑工业出版社，2008
[3] 邵培仁. 广告媒体研究 [M]. 北京：中国传媒大学出版社，2008
[4] 舒咏平. 新媒体广告 [M]. 北京：高等教育出版社，2010

第十章 广告预算

本章学习目标

学完本章以后,应掌握以下内容:①了解广告预算的目的和内容;②了解影响广告预算的因素;③了解确定广告预算的方法;④了解广告预算的分配策略。

广告预算对于企业的广告活动起到的作用是毋庸置疑的,合理的广告预算,不仅可以确保企业实现广告目标,提高广告宣传效果,还可以尽可能地为企业节省资金费用。如何合理运用广告预算方法进行科学的广告预算分配,是促使企业广告活动得以顺利进行的保证。

第一节 广告预算概述

广告预算是指企业投入广告活动的费用计划,它规定了在广告计划期间开展广告活动所需要的经费总额、使用范围和使用方法。

一、广告预算的目的

(一) 控制广告规模

广告费用的支出往往是一个无底洞,企业无法判断其投入的广告费究竟有多少发挥了效力,而且不是广告费用投入得越多获得的广告效果越好。因此,进行合理的广告预算可以避免企业在竞争过程中的头脑发热现象,将广告费用支出控制在企业可以承受的范围之内。

(二) 评价广告效果

评价广告效果的主要标准就是看广告活动在多大程度上实现了广告目标。广告预算对广告经费的使用提出了明确的目标,可以进一步使广告活动的每一具体步骤尽可能达到较为理想的效果。

(三) 规划经费使用

科学规划经费使用的目的是为了使广告费用的投入保持适度,避免盲目投入造成浪费,使投入的经费有计划地进行媒体、区域、产品和时间上进行合理分配,以便让有限的广告费满足多方面的需求。

（四）提高广告效率

通过广告预算，使广告经费的每一项开支都有合理安排，可以发挥更大、更有效的作用，为企业带来更大的经济效益。广告投入如果不能为企业带来效益或不能达到预期目的，就意味着是企业的无效投入。

二、广告预算的内容

广告预算内容主要包括广告调研费、广告设计制作费、媒体租用费和组织管理费。

（一）广告调研费

广告调研费包括试产调查、消费者调查、产品调查、调查策划、咨询费用，广告效果检测、购买统计部门和调研机构的资料所支付的费用等。这一部分经费约占广告费用总额的5%。

（二）广告设计制作费

根据不同的媒体需要，广告设计制作费的标准也有所不同，电视广告的设计制作费远远高于广播广告和印刷广告，而同一媒体的广告制作费也往往差异较大。设计制作费主要包括广告设计人员的报酬、广告设计制作的材料费用、工艺费用、运输费用等，占广告费用总额的5%～15%。

（三）媒体租用费

媒体租用费主要指购买媒体的时间和空间的费用，这部分费用是广告预算中份额最大的一笔支出，占广告费用总额的80%～85%。

（四）组织管理费

组织管理费包括广告人员的工资费、办公费、广告活动业务费、公关费、与其他营销活动的协调费用等，约占广告费用总额的2%～7%。

目前国际上公认的广告费用开支表，是由美国最权威的广告刊物之一《印刷者墨汁》于1960年刊出的。1981年，美国的查尔斯·帕蒂和文森特·布拉斯特通过对100家著名广告公司的调查，验证了该表。该杂志把广告费用的支出划为三大类：列入白色单的费用可以作为广告费用支出；列入灰色单的费用可考虑作为广告费用的支出，也可以不作为广告费用支出；列入黑色单的费用不能作为广告费用支出（如表10-1所示）。

表 10-1 广告费用的支出

分类		主要费用
白色单	可支出的广告费 — 广告媒体	报纸、杂志、电视、电台、电影、户外、POP、宣传品、DM、幻灯、招贴、展示等
	制作费	美术、印刷、制版、照相、电台与电视设计、与广告有关的制作费
	管理费	广告部门人员薪金、广告部门事务费、顾问费、推销员费、房租费以及广告部门人员的工作旅费
	杂费	广告材料运费、邮费、橱窗展示安装费、其他
灰色单	考虑支出的广告费	样本费、示范费、客户访问费、宣传卡用纸费、赠品费、办公室报刊费、研究调查费
黑色单	不得支出的广告费	社会慈善费、旅游费、赠品费、包装费、广告部门以外消耗品费、潜在顾客招待费、从业人员福利费等

三、影响广告预算的因素

(一) 产品生命周期

产品生命周期理论是美国哈佛大学教授费农于 1966 年在其《产品周期中的国际投资与国际贸易》一文中首次提出的。产品生命周期一般分为导入期、成长期、成熟期、衰退期四个阶段。产品生命周期与广告费支出的关系可用图 10-1 表示。

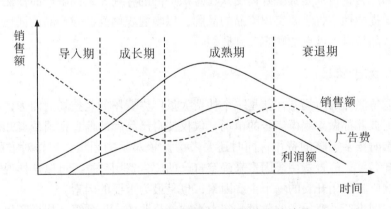

图 10-1 产品生命周期与广告费支出的关系

导入期是指产品进入市场的第一个阶段,此时,目标市场上的消费者还不了解产品的功能,产品的品牌还没有给大家留下任何印象。产品的销售量增长缓慢,加上前期投入(如产品的研制费用、开发费用、材料成本以及销售网络的建设费用等)较大,企业基本上处于无利经营状态,企业经营者为了提高产品品牌的知名度,树立品牌形象,必须投入大量的广告费用，充分利用各种媒体进行广告宣传，以增加产品的暴露度，使广告受众对产品产生初步的印象。因此，这一阶段的广告宣传是一种典型的"信息型广告"。它主要是针对产品的基本情况向目标市场"广而告之"，例如将产品的价格、功能、品牌、产地、售后承诺等情况告诉媒体受众。

成长期是指产品在目标市场上已有一定的知名度，一些消费者对产品已建立了初步的品牌认知。产品的销售网络已基本建成，销售利润逐步增加，市场上出现了竞争对手，一部分顾客由于产品的质量而成了企业的回头客，他们已形成了一定的品牌忠诚感。企业在这一阶段的广告宣传，已由信息型转向"个性诉求型"。广告规模较导入期有所缩小，广告内容侧重于突出产品的特征，增加了广告的艺术含量，以求通过良好的视听形式来促使受众产生固定的品牌联想。

成熟期是指市场上观望类消费者也已购买了产品，企业的利润达到最大化。由于利润的诱惑，市场上涌现出大量替代产品或类似产品，竞争达到白热化的程度。由于竞争的加剧，企业的广告费用又开始增加，企业利用多种媒体进行广告宣传，以突出"人无我有，人有我新，人新我全，人全我精"的特征。在这一阶段，企业进行广告宣传的目的主要有两个：一是维持市场份额，通过各种形式的促销活动使受众购买本品牌产品；二是扩大产品的市场占有率，通过开发产品的新用途和增加产品的使用量，以增加产品的销售量。

衰退期是指产品销售额大幅度下降，企业利润大幅度减少。许多竞争对手纷纷转产，即使增加产品的广告投入，市场也不会得到明显改善。针对以上情况，企业应该开发新产品，或者进行品牌延伸，将成功的品牌引用到新产品上，使受众将对原有品牌的认知自然过渡到新产品上，从而为新产品打开市场奠定基础。可口可乐就是利用这种策略，成功地开发了健怡可乐、樱桃可乐等新产品，确保了企业的市场领导地位。企业在这一阶段的广告宣传只是提醒媒体受众注意该产品的存在，某品牌产品依然是消费者忠实的朋友。提醒性广告主要突出产品的品牌，以唤起媒体受众对产品的回忆，同时也使对本品牌产品持有忠诚感的顾客感到欣慰。

（二）竞争状况

一个竞争激烈的市场，往往是一个耗费大量广告费用的竞技场。因为，在一个竞争者众多、但彼此都做大规模广告的市场，仅仅使自己品牌的信息被消费者知晓，就需要投入比正常时候多得多的费用，同时还要考虑竞争对手的因素，根据对方的市场占有率、品牌知名度、广告费用等因素来确定自己的广告费用预算。可以这样说，市场竞争状况是影响广告费用开支的一个主要因素，也是最为重要的因素。

首先，同类产品竞争者的数量与实力影响着企业的广告预算，如果竞争对手进行大规模的广告宣传，本企业必然要扩大广告宣传的规模，广告预算也随之增加，否则本企业的广告活动就收效甚微，达不到预期的目标。

其次，目标市场上的"广告拥挤度"的大小也影响企业的广告预算规模。广告拥挤度是指单位时间内，某一特定媒体刊播的广告数量。消费者的注意力是有限的，如果广告拥挤度非常大，注意力被铺天盖地的广告所分散，那么，广告宣传的效果就会大打折扣,此时,较少的广告预算根本无法与竞争企业相抗衡。

最后,广告主题与广告效果也是增强企业广告竞争的重中之重。只有在企业的广告是众多广告中最响亮的情况下,才有可能引起媒体受众的注意,促使他们产生购买欲望。这个道理如同在一间有30多位同学说话的教室里,每一个人都向老师(只有一位老师)诉说,但在这吵闹的环境里,如果想让老师听清你的话,你的声音只有比其他同学说话声响亮,才会引起老师的注意;而"响亮的声音"需要花费更多气力。这个道理在"广告爆炸"的年代里同样适用。

(三)营销目标

企业的营销目标主要包括销售数量、销售额、销售利润等直观数值,还包括品牌价值这一无形资产。一般来说,销售量大的产品的广告投入较高;利润率高的产品的广告投入较高。但是,品牌价值与广告投入之间的关系要复杂得多,大致可从两个角度来分析:产品品牌的市场地位和产品的替代品牌。

通常情况下,保持现有的市场占有率的广告费用远远低于扩大市场占有率的广告费用。如果品牌属于领导型品牌,由于它有成熟的销售网络,有较高的品牌知名度和美誉度,老顾客对产品品牌的忠诚是领导型产品独具的一份经营优势,其广告宣传活动的目的只是为了维持老顾客的重复购买,这就决定企业没有必要进行大规模的广告推广。如果品牌处于挑战型的市场地位,不太高的知名度与不太成熟的销售网络都迫使企业进行大规模的广告宣传,以提高目标市场上媒体受众对产品品牌的认同意识。据研究,如果维持一名老顾客需要花费一元钱,那么吸引一名新顾客则需要花费六元钱。对挑战型品牌的经营者来说,进行广告宣传是企业将挑战型品牌发展成为领导型品牌的主要手段之一,在这一发展过程中,较大规模的广告预算是不可避免的。

同样,产品的替代品牌越多,就需要进行较多的广告宣传来突出产品的个性,树立品牌形象。有些产品,如香烟、化妆品等,产品之间的同质性使消费者很难将它们区分开来,广告策划者必须通过艺术化的广告促销,将品牌中的文化附加值突出出来,使该品牌显得与其他品牌不同,为媒体受众识别产品创造条件。这一形象塑造过程,需要大量的广告费投入,为的是使得自己的品牌严格区分于竞争对手。

(四)企业财力

显而易见,如果企业实力强大、资金雄厚,其广告费投入的数量自然可观,如果企业资金匮乏,广告费投入自然难如人愿。单纯从媒体费用来说,广告投放量充足,用于媒体投放的部分就会游刃有余,因为广告媒体费用占广告费的80%以上,广告主在编制预算时,对媒体费用格外关注。而不同媒体,因覆盖面、接收率、接收效果的不同以及广告制作过程的不同,使得广告的发布价格也不一样。加上媒体播放频次与广告效果之间的关系也很复杂,企业自然要力求在一段时间内、在特定媒体上增加某一广告出现的次数,以强化受众的记忆力,这必然要花费更多费用。

当然,影响广告费投入的因素不止这些,还有消费者、社会环境、经济发展状况等,为了使广告预算减少盲目性、主观性,必须充分考虑各种因素。

第二节 确定广告预算的方法

广告预算的方法是企业进行量化管理、科学管理的重要手段,也是确保广告活动能够顺利进行,并发挥应有效率的工具。确定广告预算的方法主要有营销比率法、竞争对抗法、目标达成法、量力而行法和投资预算法。

一、营销比率法

(一)销售百分比法

销售百分比法是以销售额的百分比确定广告费的数量,常用的方法有上年度销售额百分比法、计划销售额百分比法、平均销售百分比法和计划增加销售额百分比法。

1. 上年度销售额百分比法

上年度销售额百分比法是指根据企业上一年度产品的销售额情况来确定本年度广告费用的一种方法。它以上一年度的销售额为基数,抽取其中的百分之几作为次年广告投入的费用。例如,去年某产品销售额为100万元,抽取其中的10%作为今年的广告开支,则今年的广告费用为10万元。这种方法的优点是确定的基础实际、客观,广告预算的总额与分配情况都有据可依,不会出现大的失误。

2. 计划销售额百分比法

计划销售额百分比法又称下年销售额百分比法,是以下一年度预计的产品销售额的百分比作为应投入的广告费。下年销售额百分比法有一定的预测性,经营者在预测下一年度销售额情况的基础上来确定企业的广告费用。这种方法适合企业的发展要求,但也有一定的风险。在市场上,有许多因素都是未知的,这些因素对企业经营活动的影响有可能是突发性的,常常具有破坏性,它们改变事物的发展规律,使市场处于无序状态。例如,当经济不景气时,再多的广告宣传也无法阻止产品销售额下降的趋势,此时执行的预测计划就是一种"非理性"的经营行为。

3. 平均销售额百分比法

平均销售额百分比法,即以若干年(近3年)销售额的平均数为基数,或者取上一年的销售额与本年度销售额的平均数作为基数。

4. 计划增加销售额百分比法

计划增加销售额百分比法是以本年度与上一年度销售额增加的百分比为基数。例如:某企业去年的销售额为100万元,今年计划增加到150万元,增长比率为:

$$\frac{150-100}{100} \times 100\% = 50\%$$

则广告费应为: $150 \times 10\% \times (1+50\%) = 22.5$(万元)

综合以上各种方法可得出销售比例法的特点,其优点在于计算简单、方便,能直接反映产品的销售情况,保持广告投入与营销状况的平衡。缺点是比较死板、缺乏弹性、不能适应市场环境的变化，使广告费用分配与实际需求相反，造成短缺或浪费。

（二）销售单位法

销售单位法是以每单位产品的广告费用来确定计划期的广告预算的一种方法。商品销售数量的基本单位，既可以是一件商品，也可以是一个零售经销店。销售单位法是以每件商品或每个零售经销店的广告分摊费来计算广告费用，公式如下：

$$广告费用 = 每个销售单位的广告费 \times 销售单位数量$$

例如：某一汽车企业在每辆汽车上的广告费投入为 30 美元，并预测将销售 10 万台汽车，那么，广告总额为：

$$广告费 = 30 \times 10 = 300（万美元）$$

再如：某方便面企业本年度要在 20 个城市做广告，每个城市 100 万广告费，那么，广告总额为：

$$100 \times 20 = 2000 万元$$

这种方法的优点是操作起来非常简便，可以随时掌握企业广告活动的效果，适用于那些薄利产品确定广告费用。其缺点是方法相对比较繁琐，而且不实用、灵活性较差，没有考虑经营多种产品的企业和市场上的变化因素。

二、竞争对抗法

竞争对抗法是指广告主根据竞争对手的广告费开支来确定自己的广告预算，希望通过针锋相对的广告大战来增强竞争优势的一种方法。竞争对抗法是由 D. A. 艾肯和 J. G. 迈尔提出的。运用竞争对抗法的关键是要了解主要竞争对手的市场地位与广告费用，计算出竞争对手每个市场占有率的广告投入，再依此来确定企业的广告预算。如果企业想保持与竞争对手相同的市场地位，则可以根据竞争对手的广告费率来确定自己的广告规模；如果企业想扩大市场地位，则可根据比竞争对手高的广告费率来预算自己的广告费用总额。

（一）市场占有率法

市场占有率法是先计算出竞争对手单位市场占有率的广告费，以此为基数乘以本企业预计市场占有率，公式如下：

$$广告预算 = \frac{竞争对手广告费用总额}{竞争对手市场占有率} \times 本企业希望的市场占有率$$

（二）增减百分比法

增减百分比法是以竞争对手今年的广告费的增减百分比数作为本企业广告费增减的百分比参数，公式如下：

$$广告费用 = (1 \pm 竞争对手广告费增减率) \times 上年广告费$$

竞争对抗法的优点是编制的广告预算具有针对性，适用于竞争激烈的产品和企业，尤其是当同类产品市场上有三个以上的竞争对手时，有利于企业在竞争中赢得主动权。缺点是这种方法要冒一定风险，适用于资金雄厚的大企业，而且广告预算属于企业的经营秘密,大多数企业都不愿将它公布于众,竞争对手的广告预算的具体资料的取得不易,这就给本企业编制广告预算带来一定困难。如果有些企业为了竞争的需要故意散布一些假情报,据此确定的广告费用会导致决策失误。

三、目标达成法

(一) 目标达成法的含义

目标达成法是 1961 年瑞瑟·科利(Russell H. Colley)在《制定广告目标以测定定广告效果》一书中提出来的。目标达成法也叫目标任务法,是指根据广告主的营销目标来确定企业的广告目标。

根据广告目标编制广告计划,如根据广告媒体的选择、广告表现形式、广告发布时间和频率等逐项估算出所需费用,最后累加起来,就是广告费用总额。

(二) 目标达成法的步骤

美国市场营销专家阿尔伯特·费雷(Albert Fery)将目标任务法的操作程序归纳为 7 个步骤:

(1) 确定广告主在特定时间内所要达到的营销目标。

(2) 确定企业的潜在市场并勾画出市场的基本特征,具体包括:①值得企业去争取的消费者对广告产品的知晓程度以及他们对产品所持有的态度;②现有消费者购买产品的情况。

(3) 计算潜在消费者对广告产品的知晓程度和态度变化情况,以及广告产品销售增长状况。

(4) 选择恰当形式的广告媒体,以提高产品的知名度,改变消费者对产品所持有的不利于产品销售的态度。

(5) 确定广告暴露频次,制定恰当的广告媒体策略。

(6) 计算为达到既定广告目标所需的广告暴露频次。

(7) 计算实现上述暴露频次所需的最低的广告费用,这一费用就是广告主的广告预算总额。

目标达成法的具体操作过程可参照图 10-2。

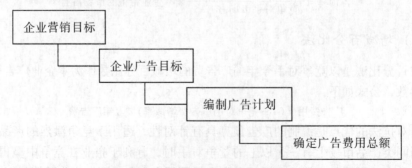

图 10-2 目标任务法的操作过程

目标达成法的优点是：系统性和逻辑性较强，能够适应市场营销变化；使每种广告支出目标明确、效果明显，既不会造成浪费，也不会产生短缺。其缺点是：比较繁琐，难以确定达成这些目标到底需要多少钱，在计算过程中，如果有一步计算不准确，最后得出的广告预算总额就会有较大的偏差。

四、量力而行法

量力而行法又称支出可能法，是指企业根据自己的经济实力或财务承受能力来确定广告费用总额。具体来讲，就是企业将所有不可避免的投资和开支除去之后，再根据剩余来确定了广告费用总额。以下例子可充分说明量力而行法的具体运用（如表10-2所示）。

表10-2　某企业N年的经营状况损益表

项　目	金额（千元）
销售收入	1000
销售成本	600
销售毛利	400
销售费用	200
广告费用	100
纯利润	100

假如该企业（$N+1$）年的销售额预测为1250千元，并且企业的销售成本按比例同步增加，如果（$N+1$）年的销售成本为X，那么，（$N+1$）年的销售成本为：

$$\frac{1000}{600}=\frac{1250}{X}$$

$$X=750（千元）$$

如果该企业的纯利润水平仍为10%，则（$N+1$）年的纯利润额应为125千元。在销售总额扣除销售成本后，企业财务部门核算得出企业正常水平的奖金和其他管理费用总额应该是270千元，那么，企业在（$N+1$）年度所要投入的广告总费用为：

$$1250-750-270-125=105（千元）$$

支出可能法的优点是：它一种最简单的预算方法，适用于新产品上市、非牟利企业或一般小型企业。其缺点是：很难确定所花费用是否有效，而且不易反映出广告支出与销量变化的关系。

五、投资预算法

投资预算法，是指企业在全部产品生命周期的长期计划期限内，计算该产品的盈亏，最终达到所规定的利润水平，并且发挥期望的销售效果的长期广告预算的决定方法。由于广告费对销售额的效果估计往往缺乏客观、合理的论据，而且还没有制定出相对客观的决定模式，加上广告费产生的最终效果往往被忽视，从而使销售额受到影响。

因此，把包括本企业广告费的销售混合的各变数、竞争对手销售混合的各变数、本公司不能控制（调整）的各变数等所产生的销售额作为确实的数值，并对它们进行预测是不客观的；如果它的实际数值比预想的要低，就会使企业受到很大损失。

第三节 广告预算的分配策略

广告预算的分配策略主要包括时间分配策略、区域分配策略、产品分配策略和媒体分配策略。

一、时间分配策略

时间分配策略，是指广告主根据广告刊播的不同时段来具体分配广告费用的一种策略。根据时间来分配广告费用是为了取得理想的广告效果，因为在不同时间里，媒体受众的人数以及生活习惯是不同的。广告费用的时间分配策略包含五层含义：广告费用的季节时间分配、集中时间分配、均衡时间分配、节假日时间分配和广告费用在一天内的时段性安排。

广告费用的季节性分配是指在不同的季节里，由于市场需求情况的变化，要求广告活动的规模有所侧重。以店面广告为例，我国每年的12月到次年的2月是零售业的销售旺季，这时的店面广告可以营造一种节日的气氛，调动媒体受众的购买欲望，其广告效果非常好，一份广告投入可能取得数倍的广告收益，这一段时间内，广告主应该扩大店面广告的规模，提高店面广告的艺术品味，要多投入；6—8月是销售淡季，再多的广告投入也难以改变商品销售不旺的规律，这一段时间内，广告主应理智地缩小广告规模，否则就是一种非理性的经营行为。

集中时间分配是指在短时间内对目标市场进行突击性的广告攻势，迅速扩大广告影响，提高企业或商品的知名度和美誉度。这种方法适用于新企业开张前后和新产品投入市场前后，或者广告竞争激烈之时，以及商品处于衰退期、销量急剧下降之际。

均衡时间分配是指有计划地反复地对目标市场进行广告宣传的策略，以提醒或保持消费者对企业或商品的印象。这种方法适用于企业品牌广告目标的实施。在广告的表现形式上要特别强调变化，不断给人以新鲜感和刺激感，而不要长期地、机械地重复同一广告内容。

节假日时间分配是指服务业或零售企业在节假日之前推出广告，而在节假日之后便停止推出，比如"春节大放送"、"买一赠一，迎六一"等。这种方法是基于中国人的消费习惯，以及近些年兴起的假日经济浪潮等因素影响而越发地发展和壮大。

广告费用在一天内的时段性安排是指在一天的时间内，大多数消费者都表现出一个明显的生活规律：白天工作，晚上休息。广告策划者在选用电视媒体进行广告宣传时，应该侧重于18：00—23：00这一时段，因为大多数媒体受众在入睡以前，常常对电视留恋忘返，这一时段的电视广告具有较高的注目率，因此广告主的广告费用安排也应侧重于这一时段。

二、区域分配策略

区域分配策略,是指广告主根据消费者的某一特征将目标市场分割成若干个地理区域,然后再将广告费用在各个区域市场上进行分配的一种策略。广告主可以根据不同区域市场上的销售额指标,来制定有效的视听众暴露度,最终确定所要投入的数量。例如,N 企业在全国销售 M 品牌产品,根据产品销售情况可以将全国市场划分为 A,B,C 三个区域市场,N 企业计划投入的电视广告费用为 3500 万元,根据区域市场分配如表 10-3 所示。

表 10-3 N 企业电视广告费用的区域分配情况

市场名称	占销售总额的比例(%)	视听众暴露度(千次)	每千人成本(元)	广告费用(万元)	费用比例(%)
A 区域	50	32000	500	1600	45.70
B 区域	30	28000	500	1400	40.00
C 区域	20	10000	500	500	14.30
总 计	100	700000	500	3500	100

表 10-3 就是 N 企业根据产品在不同区域市场上的销售比例,制定了有效的视(听)众暴露次数标准,再据此分配不同数额的广告费用。其中,A 区域市场的产品销售份额为 50%,其广告费投入为 1600 万元,占总投入的 45.70%;在 B 区域市场上,产品的销售份额为 30%,计划投入广告费用为 1400 万元,占广告预算总额的 40%;C 区域市场上产品的销售占总销售额的比例为 20%,所以计划只投入 500 万元的资金进行广告宣传。

按地理区域分配广告投入,看起来简便易行,但操作起来很难兼顾各个市场的实际情况,通常的做法是:广告主将几个区域市场的广告费用拨付给某个选定的广告代理商,再由广告代理商根据各个市场的特点进行重新分配,以确保广告投资的效果。通常情况下,按照电视覆盖区域、电视市场、广播市场、都市区县城规模区等方面考虑广告费投入。

三、产品分配策略

产品分配策略,是指广告主根据不同产品在企业经营中的地位,有所侧重地分配广告费用的一种策略。这种分配策略使产品的广告费用和销售额密切联系在一起,贯彻了重点产品投入的经营方针。分配广告费用的依据可以是产品的销售比例,产品处在不同的生命周期,产品的潜在购买力,等等。广告费的品牌分配法也属于产品分配法。

以美国宝洁公司为例,该公司的洗涤类产品有汰渍、快乐、象牙、洁拂、奥克多、Exa、Solo 等品牌,其中象牙品牌是一个成熟品牌,其广告投入可以相应少一点。Exa、Solo 等品牌是新品牌,需要大量的广告推广,以提高品牌的知名度,其广告费用就需要多一些。当然，这是在考虑不同品牌对企业的重要程度不同，带来的经济利益不同的基础上，结合某品牌的产品生命周期阶段而进行的广告分配策略。

如果企业采用的是同一品牌策略，即生产的产品只有一个品牌（如 SONY 公司），企业的广告费就不能采用按产品（分配法）进行分配。

四、媒体分配策略

媒体分配策略，是指广告主根据不同的媒体或同一媒体不同的频次，将广告预算有所侧重地进行分配的一种策略。媒体分配策略通常有两种分配形式：一是广告媒体之间的分配，即根据不同的媒体需求分配广告经费，常用于组合媒体的广告宣传。二是广告媒体内部的分配，即根据同一媒体在不同时期的需求分配广告经费，常用于单一媒体的广告宣传。按媒体分配广告预算时，既要考虑产品的特性和市场定位，又要考虑目标市场消费群体接触媒体的习惯，使所选用的媒体能够充分展现广告产品的个性，针对这类媒体要进行较多的广告投入。

总体看来，在广告预算分配中无论采取哪一种策略，都应以增强广告效果为前提，并保证广告经费的合理使用。

案例　特仑苏的广告预算

1. 广告预算时间：2010 年 5 月 10 日。
2. 广告执行时间：2010 年 6 月 1 日—2011 年 6 月 1 日。
3. 广告预算总额：
(1) 市场调研费。
(2) 广告设计费。
(3) 广告媒体投放费预算（见下表），总费用 5275.5 万元。
(4) 管理费：110 万元（3 名营销经理，年薪共 50 万元；营销人员工资共 50 万元；其他 10 万元）
(5) 机动费用：50 万元。

媒体投放费用预算表

媒体投放	投放媒体	投放方式	投放时间	投放总次数	投放费用/元
电视	央视一套	15 秒广告	11：55 19：54 22：30	1—3月一天3次 其他月份一天 1次	32175000
	央视二套	15 秒广告	a 段	200 次	4340000
网络	腾讯 新浪	矩形广告	首页	100 天	6400000
杂志	《家庭》 《知音》	封三	10/6—11/6	据广告活动 内容刊登	50000

续上表

媒体投放	投放媒体	投放方式	投放时间	投放总次数	投放费用/元
报纸	《扬子晚报》	整版	周末	50次	9790000
总费用					52755000

(资料来源：王丽娇：《特仑苏的广告预算》，见百度文库，http://wenku.baidu.com)

[链接思考]
(1) 分析特仑苏广告预算制定是否合理？
(2) 试预估特仑苏市场调研费和广告设计费。

本章小结

广告预算是对企业投入广告活动费用的策划，规定在一定计划期限内从事广告活动所需的经费总额和使用范围。正确地制定广告预算是广告策划的重要内容之一，可以起到控制广告规模、评估广告效果、规划经费使用、提高广告收益的作用，是企业广告活动顺利开展的保证。

广告预算包括对广告调研、设计制作、媒体租用和组织管理等费用的预算，其中，产品生命周期、市场竞争状况、企业营销目标和企业财力都有可能影响到企业的广告预算。确定广告预算的方法包括营销比率法、竞争对抗法、目标达成法、量力而行法和投资预算法。

企业在决定了广告预算后，还要按照时间分配策略、区域分配策略、产品分配策略和媒体分配策略对广告预算进行合理的分配，从而加强对广告预算的控制和管理。

关键概念

广告预算　广告费　营销比率法　竞争对抗法　目标达成法　量力而行法　投资预算法　时间分配策略　区域分配策略　产品分配策略　媒体分配策略

思考题

(1) 什么是广告预算？广告预算的目的是什么？
(2) 确定广告预算的方法有哪些？
(3) 广告预算的分配策略有哪些？
(4) 影响广告预算的因素有哪些？
(5) 广告预算包括哪些内容？

参考文献

[1] 邵培仁. 媒介管理学 [M]. 北京：高等教育出版社，2004
[2] (美) 巴茨，等. 广告管理 [M]. 5版. 北京：清华大学出版社，2003
[3] 钟立群. 广告实务 [M]. 北京：清华大学出版社，2011
[4] 卫军英，王佳. 广告经营管理 [M]. 北京：北京大学出版社，2013

第十一章 广告效果评估

本章学习目标

学完本章后,应该掌握以下内容:①了解广告效果的概念、特征;②了解广告效果评估的内容和程序;③了解广告传播效果评估的方法;④了解广告销售效果的评估方法。

广告效果评估是广告主的广告活动的最后一项重大任务,同时又是下一次广告活动的开端,即广告调查。这样周而复始,保证企业的广告活动持续有效地进行。科学客观地评价本企业某一阶段的广告效果,可以为下一阶段的广告活动提供有利的参考依据,也是提高企业广告决策效率的保证。

第一节 广告效果概述

明确广告效果的概念、广告效果的分类及广告效果的特征是进行广告效果评价的基础,也是正确认识广告效果必要性的关键所在。广告效果不能独立于企业的经济活动,其评价必须综合分析广告投入与广告效果的比例关系。

一、广告效果的概念、特征及其意义

(一)广告效果的概念

广告效果有狭义和广义之分。

狭义的广告效果是指广告所获得的经济效益,即广告传播促进产品销售的增加程度,也就是广告带来的销售效果。

广义的广告效果则是指广告活动目的的实现程度,是广告信息在传播过程中所引起的直接或间接变化的总和,它包括广告的经济效果、心理效果和社会效果。

(二)广告效果的类别

1. 按涵盖内容和影响范围划分

按涵盖内容和影响范围划分,可分为经济效果、心理效果和社会效果。

(1)广告的经济效果。这是指广告对生产、流通、消费等社会经济各环节具有促进、推动作用。广告活动可以促进生产、加速流通、刺激消费,既可以为企业带来立竿见影的经济效益,又可以活跃整个社会的经济活动气氛。广告的经济效果是广告的核心

效益，也是广告效果测评的主要内容

（2）广告的心理效果。这是指广告在消费者心中所产生的影响。比如，消费者对广告的注意度、记忆度、兴趣度以及购买行为等。广告的心理效果可以分为四个阶段，即广告到达效果、广告注意效果、广告态度效果和广告行动效果。

（3）广告的社会效果。这是指广告对于社会精神文化生活所产生的影响。比如，广告所倡导的消费观念、道德规范、文化意识都会产生一定的社会影响，广告的社会效果往往被人们所忽视。有的企业片面追求经济效益，制作一些庸俗、低劣甚至虚假的广告，给社会造成了很多不良影响。

2. 按产生效果的时间关系划分

按产生效果的时间关系划分，可分为即时效果、近期效果和长期效果。

（1）广告的即时效果。这是指广告发布后立即产生的效果。比如，在某个顾客看到 POP 广告后，立刻采取购买行为。

（2）广告的近期效果。这是指广告发布后，在较短的时间内产生的效果。比如，广告发布后的一个月内、一个季度内或者一年内商品销售额有了大幅度的增长。大部分商品广告追求的就是这种近期效果，近期效果是衡量一则广告是否成功的一个主要指标。

（3）广告的长期效果。这是指在消费者心目中所产生的长远影响。一般来说，消费者接受广告信息之后，并不会立即采取行动，他可能会把这些信息保存积累起来，作为将来是否购买的一个依据。大多数广告效果的产生都需要一个较长的周期，广告效果的这种潜在性，必须给予高度重视。

（三）广告效果的特征

1. 时间的滞后性

广告对媒体受众的影响程度由经济、文化、风俗、习惯等多种因素综合决定。有的媒体受众可能反应快一些，有的则慢一些；有的可能是连贯的、继起的，有的则可能是间断的、迟效的。实际上，广告是短暂的，即便是招牌广告，由于媒体受众的流动性，广告留下的影响也可能是片刻之间的。在这短暂的时间里，有的消费者被激起了购买欲望，很快就购买了广告宣传的商品；有的则要等到时机成熟时才购买该商品。这就是广告效果时间上的滞后性。

时间的滞后性使广告宣传的效果不能很快、很明显地显示出来。因此，评估广告宣传的效果首先要把握广告产生作用的周期，准确地确定效果发生的时间间隔，区别广告的即时性和迟效性。只有这样，才能准确地预测某次广告活动的效果。

2. 效果的积累性

广告宣传活动往往是反复进行的。某一次广告宣传由于其传输信息的偶然性与易失性，很难立竿见影。媒体受众由于多种因素的影响而没有很快产生购买行为。这段时间就是广告效果的积累期。某一时点的广告效果都是这一时点以前的多次广告宣传积累的结果。

这一特点，为广告效果的产生造成了一个难以逾越的时间障碍。这就要求广告主在进行广告策划时,既要追求近期效果,又要追求长远效果,在进行广告宣传时突出广告的诉求点,以鲜明的特色来打动消费者,使他们产生购买欲望,最终达成交易行为。

3. 效果的复合性

广告效果的复合性是指广告效果的产生是各种复杂因素集合的结果。广告活动最终效果和最明显的效果就是促进产品的销售、市场环境的改善。然而,产品销售额的增长、市场占有率的提升绝不是单一的与广告活动形成函数关系,其影响因素包括价格、开发策略、消费者购买力、竞争环境、公关活动、新闻宣传、CI 导入等,而广告效果的产生绝不是单一的、纯粹的广告行为的结果。

广告宣传活动由于媒体不同,其形式也就多种多样。随着经济、科技的不断发展,新的媒体大量出现,极大地丰富了广告市场。不同的广告媒体具有不同的特点,广告主可以综合加以利用,因而广告效果具有复合性,某一时期的广告效果也许是多种媒体广而告之的结果。在测定广告效果时,要分清影响广告效果或决定广告效果的主要因素,以确保测定的客观性与真实性。

4. 影响的间接性

广告效果的间接性主要表现在两个方面:一是受广告宣传影响的消费者,在购买商品之后的使用或消费过程中,会对商品的质量和功能有一个全面的认识。如果商品质量上乘并且价格合理,消费者就会对该品牌商品产生信任感,就会重复购买;二是对某一品牌商品产生信任感的消费者就会将该品牌推荐给亲朋好友,从而间接地扩大了广告影响的效果。

5. 促销的相对性

促销的相对性又称促销的两面性,是指广告不仅有促进产品或使劳务销售增加的功能,同时还具有延缓产品或劳务销售下降的功能。促销是广告的基本功能,促销效果是评定广告效果的一项重要内容。但从实际情况来看,由于产品的生命周期不同,广告在不同市场条件下所产生的效果也不一样。如果在市场景气、产品处于导入期或成长期时,广告能够起到促进销售、扩大市场的作用;而在市场不景气、产品处于成熟后期或衰退期时,广告的效果就在于延缓商品销售量的下降。在这种情况下,若简单地从是否提高销售量方面评价广告效果,显然是不实际和不客观的。

广告效果存在的上述特性,决定了企业在广告效果的评估过程中,必须从实际出发,充分考虑到影响广告效果的各种复杂因素,从而正确、有效地评价广告效果。

(四)广告效果评估的意义

1. 检验企业广告目标是否正确

在某一项广告活动之后,可以通过检验广告定位、广告策划、广告目标是否准确,广告媒介运用得是否恰当,广告发布时间和频率是否合适,广告费用投入是否合理,来全面评价广告活动,以便制定更加有效的广告策略,同时进一步指导未来的广告活动。

2. 帮助企业选择有效的传播媒介

不同的受众群体接触媒介的情况是有一定差异的,尤其是在传播产业异常发达的今天,这种差异更加突出:一方面,媒介的种类、数量越来越多,人们的选择余地越来越大,仅以电视频道的增加为例,20世纪90年代以前,市民可以接收的电视频道仅为3～4个。而今天,任何一家有线电视网的用户,都可以收到至少20个电视频道;另一方面,随着媒介种类的迅速增加和选择余地的极度扩展,受众群体则越分越细,不同受众群体接触媒介的差异也越来越大,这就使得受众接触媒介的情况变得更加难以把握。

因此,通过研究目标消费群体接触媒介的偏好和习惯,有针对性地选择有效的媒介和时间进行广告投放,就能大大提高广告的有效性。媒介即效果,有效的媒介选择不仅能创造良好的广告效果,更重要的是,它创造了良好的广告效益。

3. 帮助企业提高广告作品的质量

只有优秀的、有创意的广告作品才能在浩瀚的信息海洋中脱颖而出,才能吸引广告受众日渐挑剔的目光和耳朵,才能给忙忙碌碌的受众留下一点记忆,才能最终促成消费者的购买行为。因而广告"说什么"和"怎么说"就成为能否吸引受众的注意力,增强受众的记忆力,激发受众的购买动机的决定因素。

通过研究消费者对广告记忆点和如何对广告进行理解,可以发现广告传播效果是否与广告设计的预期贴合,提高广告作品质量,节约广告成本。

4. 帮助企业选择合适的发布时机

发布时机的选择是否得当,对广告效果有重大影响。时机选择得当,则可以充分利用有利时机造成的有利的媒介条件,增强广告的传播效果;如果时机选择不当,则可能由于不利条件的影响,使广告效果大打折扣。广告发布时机有利还是不利,与产品和服务的种类相关,也与目标消费群体的关注率有关,如世界杯足球赛期间,对运动服装、运动饮料等产品来说,是千载难逢的大好时机;而对绝大多数与运动无关的产品或服务来说,则不啻是一场灾难。其次,广告发布的量也是影响广告效果的重要因素。发布数量不足,信息传播的范围有限,也使受众的接触率过低,难以形成记忆;而发布数量过多,一则增加广告预算的绝对量,使边际效用下降,实际上形成了投资浪费。最后,发布时段或位置的选择,对广告效果的发挥也很重要。以电视广告的发布时段来说,黄金时段的发布效果和半夜十二点的发布效果之间有天壤之别。

二、广告投入与广告效果的关系

(一)"临限"程度和"最高销售点"理论

美国著名广告学家肯尼斯·朗曼曾经对广告投入成本与销售的关系进行了深入的研究。他认为,任何品牌的产品销售都有一个"临限"程度和"最高销售点"。"临限"是指某一品牌即使不做广告也有一个最低销售额;"最高销售点"是指由于受到产品含量、市场状况、原材料供应、生命周期等因素的影响,产品的销售额在达到顶峰的时候,就不可能再增加了。如图11-1所示。

朗曼认为,在"临限"程度和"最高销售点"之间,广告的确可以促进产品的销售。这时,商品的销售量和广告的相对费用(即平摊在每一件商品上的广告费)是呈反比的。但是,由于受到产品含量、市场状况、原材料供应、生命周期等因素的影响,产品的销售不会永无止境地增长下去,理想的广告宣传活动应该是以最小的广告投入取

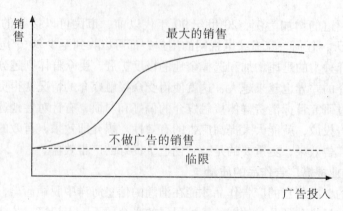

图 11-1 广告效果与广告投入之间的关系

得最大的广告效果。当广告效果达到一定规模时,再继续进行广告投入就变成一种资源浪费。此时如果继续增加广告投入,不但不会提高销售额,反而会增加生产成本和推销成本,造成巨大浪费。一个企业,如果广告投入不得法,就好像把钱扔入了"黑洞",成千上万的资金毫无反响的就不见了。可见,对于企业来说,不能简单地追求增加广告投入数量,而应该讲求广告投入策略的效果。

(二) 广告的投资回报率

当前对广告投入研究领域使用投资回报率（Return On Investment, ROI）是比较新的评价指标。投资回报率是指建立在历史资料上的一种传统的财务分析方法,是对如何提高企业的经营成果的未来展望,强调的是对投资的自我判断,而不是持续不断地提高投入。

投资回报率的计算公式为：

$$投资回报率 = \frac{(总收益 - 总成本)}{总成本} \times 100\%$$

式中：

总收益包括企业节省的资金、新增加的资金以及直接或间接促使收益增加的项目收益。

总成本包括开发、学习和教育成本以及原材料成本等。

广告的投资回报率指的是单位广告花费所得到的回报,即广告中每一块钱的投入所取得的广告效果。

广告的投资回报率公式为：

$$广告的投资回报率 = \frac{广告投入后的收益}{广告投入的数量} \times 100\%$$

广告的投放要讲求效果,讲求投入与产出的比较,广告的投资回报率就是每单位广告投放额所取得的广告效果。因此,广告投入 ROI 的衡量,就是对企业的广告目标和广告预期效果的衡量。它可以是每单位广告成本的销售额或市场份额,也可能是每单位广告成本效果,当然还可能是每单位广告成本的股价上扬等。

为确定广告投资回报率,就要考虑广告投放的开始和结束时间、媒体特点及费用、广告投入总量等因素。广告投资回报率不仅可以整合原有的衡量指标,而且可以针对新的情况解决问题,如果广告活动的目标既定,就可以用经济学的理论和方法来制定最优的广告投入决策,从而使广告投资回报率最大化。这就为把广告学以及广告投入的研究与普遍的经济学研究相结合提供了新的思路,尽管这并不能从根本上解决广告投入的量的问题,但至少可以为企业提高广告投放的效率方面和更好地与竞争对手进行广告战提供新的思路。

(三)提高广告投资回报率的方法

1. 选择恰当的媒体及媒体组合

广告活动是一项复杂的商业运作,单靠做一次广告、使用一种媒体,很难达到预期的广告目标。为了充分发挥各类媒体在功能层次、覆盖面、表现力等方面的个性优势,企业往往选用多种媒体发布内容基本相同的广告,以增强广告的接触率和到达率,充分保证广告的效果。对于同一广告内容,受众分别在广播、电视、报纸上各接触一次,其效果比在同一媒体接触三次要好得多。

对于同等资金的广告投入来讲,传播广泛的全国媒体的广告价格高于地方媒体,广告主为了在传播的广泛媒体进行广告宣传就要付出减少播放频次的代价。相反,覆盖面小的媒体,虽然传播范围受限,但其广告费低,广告就要达到一定的播出频次。因为,如果对一万个人说三遍,就不如对一千个人说三十遍,因为一万个人虽多,但听了三遍可能毫无印象,可听了三十遍的一千个人却开始行动了。

2. 注重媒体形式的创新

尽管传统的广告媒体在宣传效果、表现形式等方面显示出无法被替代的作用,但是,随着人民生活水平不断提高,审美观点和价值观念不断变化,越来越多的新型广告媒体不断出现,并显示出迅猛的发展趋势。

正如第九章介绍的各种新型广告媒体,在当今的品牌推广和营销策划中所起到的作用越来越突出,企业必须尽快地适应各种新型媒体形式,并掌握每一种媒体形式的优缺点,促使通过该媒体形式能最好地表现自己的产品给消费者带来的利益。当然,企业也要根据每一次促销的特点进行媒体创新,这样必然会吸引大量的新闻媒体的报道和宣传,达到吸引眼球的目的。

3. 巧妙利用公益性商业广告

以公益性的广告内容或广告语,来塑造企业关注公益事业、关心百姓生活的形象的广告形式,被称为公益性商业广告。由于它兼顾了广告主的经济利益和公众的社会利益,因而比较容易得到广告主和公众的共同支持。企业在宣传其经营理念和企业文化的同时,把人们共同关注的社会问题作为企业的一种使命。

公益性商业广告有利于实现广告受众与企业之间的沟通,通过对人类共同关注的问题的探讨以及企业造福社会主旨的宣传,改变了过去那种"假、大、空"式的商业广告宣传模式,将企业的价值观与所提出的公益主张不露痕迹地融为一体,而这种淡化商业色彩的公益广告赢得了受众的信赖,也提升了企业和媒体服务大众的责任感。

公益广告能受社会各界如此器重,一方面在于公益广告在企业形象塑造上所取得的良好效果,另一方面还应归功于其相对较高的播放频率和相对低廉的广告费用。例如,我国在广电部暂行办法中第16条明确规定"电视台每天播放的公益广告的数量不得少于广告总播出量的3%",这就使得公益广告有更多的机会出现在黄金时间段,而公益广告的媒体播放价格是商业广告价格的1/4,也就是说,花100万可以达到相当于400万元的广告投入所能达到的广告效果。

4. 有效结合其他促销方式

当前很少有企业单纯依靠广告这一种促销手段进行宣传,而是将公共关系、销售促进等促销手段结合起来以提高促销效果,提升企业的知名度和美誉度,这些有特色的促销手段被称为体育营销、文化营销和事件营销。

(1) 体育营销。体育营销就是以体育活动为载体来推广自己的产品和品牌的一种市场营销活动,是市场营销的一种手段。体育营销包括两个层面:一是指将体育本身作为产品营销。从一支球队和它的运动员,到一场赛事、一次运动会,都可视为营销学意义上的产品,这个层面可以称之为"体育产业营销"。二是指运用营销学的原理,以体育赛事为载体而进行的非体育产品的推广和品牌传播等营销现象。比如我们在世界杯中所看到的赞助商的一切活动和身影,以及它们的产品、品牌的巧妙展示等。我们通常所说的体育营销是指后一个层面。

某国外机构测算,企业进行普通广告投入,每付出1亿美元,平均品牌知名度提高1%,而赞助奥运,投入1亿美元,知名度可提高3%,回报率足足是普通广告的3倍。耐克、可口可乐、柯达等企业因为在奥运期间的大手笔投入获得了惊人的广告效果,而在体育营销这一领域执着了近20年的三星更可谓其中典范。

1998年长野冬季奥运会和2000年悉尼奥运会上,三星的品牌认知度已经从最初的5%上升至16.2%,提升度高达224%。

2002年盐湖城冬季奥运会后,三星集团总销售额已达到1140亿美元,品牌美誉度上升到72%。

(2) 文化营销。文化营销系一组合概念,简单地说,就是利用文化力进行营销,是指企业营销人员及相关人员在企业核心价值观念的影响下所形成的营销理念,以及所塑造出的营销形象,两者在具体的市场运作过程中所形成的一种营销模式。

随着人们生活水平不断提高,文化营销对企业知名度和美誉度的影响力日益引起企业的重视,从麦当劳叔叔,到肯德基的奇奇,到米老鼠和唐老鸭,一系列耳熟能详的可爱形象渐渐为人们接受,它们也成了美国民间的"英雄",成为美国文化的一种象征。这种文化给品牌带来的增值效用是其他广告手段所无法比拟的。在影响着人们生活、影响着全社会的同时,也大大提升了企业的品牌资产价值。

(3) 事件营销。事件营销(Event Marketing)是企业通过策划、组织和利用具有名人效应、新闻价值以及社会影响的人物或事件,引起媒体、社会团体和消费者的兴趣与关注,以求提高企业或产品的知名度、美誉度,树立良好品牌形象,并最终促成产品或服务的销售目的的手段和方式,事件营销也被称为"活动营销"。进行事件营销,企业必须整合本身的资源,通过具有吸引力和创意性的活动,使之成为大众关心的话题、议题，以达到吸引消费者的目的。成功的事件营销就是成功的新闻，而一个读者接受新闻是他接受一则广告的6倍。

事件营销的优势在于其"投入小，产出大"。对于拥有好的产品却囊中羞涩的企业来说，事件营销是一个好选择，借助或炒作一些事件、新闻将企业的信息在短时间内达到最大最优传播效果。2008年最值得大家关注的王老吉事件营销的成功。一篇"封杀王老吉"的帖子在2008年的中国互联网世界可谓掀起了一阵狂潮。这个帖子的背景是王老吉在四川地震中捐款1亿元。一个刚刚让全中国人民都念念不忘、交相称赞的名字，怎么突然之间成了"通缉犯"？引起的好奇和震撼可想而知。仔细阅读帖子，原来此"封杀"不是彼"封杀"，是号召大家都去买，买断王老吉！与此同时，王老吉被买断的消息通过各个媒体源源不断地被传播开，关注度直线升级，线上线下的相互作用，硬是让王老吉实实在在地火了一把。很多人在王老吉捐款1亿元之前，可以说只是知道这个名字，然后，这些事件的推波助澜，在短短一个星期内，使王老吉成为家喻户晓的一个品牌，并且是人们竞相讨论的话题。就传播效果来说，王老吉捐款1亿元绝对是物有所值，比花1亿元做电视广告效果好上几百倍。

第二节　广告传播效果的评估

广告效果依据不同的分类标准有不同的界定。作为广告活动产生的众多效果之一的传播效果是企业进行广告效果评价的最重要的指标。对于广告传播效果的评估主要有事前评估、事中评估和事后评估。

一、事前评估

广告传播效果的事前评估主要是指广告市场环境评估和广告创意脚本测试。

（一）事前评估的目的

事前评估的目的在于提前发现广告作品和媒体组合中存在的问题，及时提出修改广告原本、调整广告媒体组合的意见，以保障广告正式发布之后能产生最佳的传播效应。

（二）事前评估的方法

1. 专家意见综合法

专家意见综合法是指将设计好的广告文本和媒体组合计划交给若干有经验的广告专家、社会学家、心理学家、推销专家，从各个角度、各个层次，预测出将会产生的广告效果。这种方法简便易行，效果好、费用低，但在选择专家时，一定要注意其权威性，而且各位专家要能代表不同的创意风格，以保证专家评价的全面性、准确性。

2. 消费者意见法

消费者意见法是指让消费者给广告文本和媒体组合方式打分。一般有两种方式：积分计算法和配对比较法。

积分计算法是让消费者在选定的态度量表上划上自己对广告的态度，然后再将这些态度汇总统计，进行量化分析。这种方法简便易行，但必须注意所选择的消费者应有一定的代表性，他们对广告的态度能真实反映出实际消费者的反应。

配对比较法是指每次只测试两个广告方案，让消费者两两对比，选择出最喜欢的一个，再将第一轮选出的方案两两一组，让消费者再次选择，经过一轮一轮的对比筛选，直到消费者最后选定一份最满意的广告方案为止。再将每一位消费者选择的结果综合起来分析，就可以预测出正式推出广告方案时的情况，这种方法成功的关键也是要求被调查的消费者要有一定的代表性，能反映实际消费者的心态。

3．投射法

投射法是指用引导的手段，诱使调查对象在看了广告资料以后，自由发表意见。比如，将一幅广告作品做短暂的展示，让消费者立刻讲出或写出几个他当时想到的台词，以此判断消费者在看到广告作品后的心理反应。投射法具体包括自由联想法和语句完成法两种方法。

（1）自由联想法是根据调查需要，向调查对象揭示联想方向，然后让其自由想象。例如，由冬天联想到寒冷，由小鸟联想到唱歌，由打斗联想到受伤……通过调查对象联想出的这些词组，可预测出消费者的态度。

（2）语句完成法就是填空，先给出几个不完整的句子让调查对象填充完成。例如：要买彩电就买_____，要买果汁就买_____。

4．机械测试法

机械测试法是指运用若干心理、生理测定仪器来测定消费者看到或听到广告作品后的心理、生理反应。这种方法能更真实、更细致地了解消费者对广告作品的态度，为修改广告作品提供充分的依据。常用的仪器有生理电流计、瞳孔照相机、视觉摄影机和瞬间显露器等。

生理电流计又叫皮肤电气反映测验器，即让被检测者看或听广告作品，与此同时，通过监视仪，观察被检测者的不同情绪反应而引起的不同电流变化，以此为根据来检测广告作品的优劣。

瞳孔照相机是一种记录眼球活动的装置，此法是根据被调查者注视广告作品时，瞳孔扩张程度的大小来判断广告作品的吸引力。

视觉摄影机可以记录被检测者注视广告作品时，眼球移动的时间长短和顺序，检测作品引人注目的程度，使消费者感兴趣的部分以及视觉流程路线的轨迹。

瞬间显露器是通过广告作品的瞬间闪现，让测定对象予以辨认，借以判断广告作品的辨认度和记忆度。

二、事中评估

广告效果事中评估的内容与事前评估相同，也是对广告作品和广告媒体组合方式的评估。

(一) 事中评估的目的

通过广告效果的事中评估，可以准确地了解在实际环境中，消费者对广告作品的反应，评估的结果更加准确可靠。

(二) 事中评估方法

1. 市场试验法

市场试验法是指先选择一两个试验地区推出广告，然后同时观察试验地区和未推出的一般地区的消费者反应、销售反应，比较两者的差别，以此检测广告活动的效果。这种方法简便易行，能比较直接、客观地了解消费者的反应和实际销售情况；可以及时、有效地调整整个广告运动的方向，特别是用于周转率很高的商品，如节令商品、流行商品等。

市场试验法的缺陷在于受广告效果滞后性的影响，广告效果的检测时间不易确定，过早或过晚都会影响广告效果的真实性、准确性。另外，试验地区的选择一定要有代表性，最好能够代表整个销售区的情况。

2. 回条法

回条法是指在报纸、杂志、商品包装等印刷广告上设一特定的回条，让受众阅读广告后将其剪下寄回，以此来了解广告的接收情况。

这种评估法一般是将同一则广告作品在各种印刷媒体上同时推出，通过统计各媒体的回条回收情况，判断哪一种或几种广告媒体更加有效，为广告公司确定媒体组合提供依据。这种方法可以有效地了解消费者阅读广告的情况。但运用这一方法必须经过周密的策划和安排，同时要给寄回"回条"的消费者提供一定的优惠条件或奖品，如凭回条优惠购物或摇奖开奖等。

3. 分割测定法

分割测定法是回条法的变形，它比回条法更复杂和严格，具体操作是将两种广告文本分别在同一期的广告媒体公开刊出。一半份数刊登一种广告文本，另一个半份数刊登另一种广告文本，通过回条的回收情况，测定哪一种广告文本效果更好。此法在国外很常见，但在国内则几乎没有使用过，关键在于印刷排版比较困难，广告媒体拒绝接受这种做法。

三、事后评估

(一) 事后评估的内容

广告发布后所体现的传播效果，主要包括达到效果、认知效果和心理变化效果。

1. 达到效果

广告能否被消费者接触，要看有关广告媒体的"覆盖率"如何，如目标消费者是否订阅刊载广告的报纸，是否收视（听）带有广告的广播电视节目。这要注意对广告媒体覆盖率的有关指标（如印刷媒体的发行量、电子媒体的视听率等）的测评，为选择广告媒体指出方向。但这种效果,只能表明消费者日常接触广告媒体的表层形态。

2. 认知效果

认知效果是指消费者在接触广告媒体的基础上,对广告有所关心并能够记忆的程度。主要测定和分析广告实施后给予消费者的印象深浅、记忆程度等,反映广告受众在多大程度上"听过或看过"广告。一般通过事后调查获取的有关结果,是衡量广告是否取得效果的重要尺度之一。

3. 心理变化效果

消费者通过广告的接触和认知,对商品或劳务产生好感以及消费欲望的变化程度,一般经过知晓—理解—信赖(喜爱)等阶段,最后形成购买行动。这些态度变化,是消费者欲采取购买行动的酝酿和准备。因此,测评消费者的心理变化过程中的各项指标(如知晓率、理解率、喜爱率、购买欲望率等)备受关注。消费者接触广告时所产生的心理变化,往往只能通过调查、实验室测试等方法间接得到。

(二) 事后评估的指标

1. 到达率

到达率是指不同的个人或家庭在一段时间内暴露于某一媒体特定广告信息中的人数,一般以百分数表示。

2. 知晓度

知晓度是指媒体受众通过多种媒体知道某则广告的比率,其计算公式是:

$$知晓度 = \frac{被调查者中知道该广告的人数}{被调查者总人数}$$

3. 理解度

理解度是指知晓某广告的人中理解该广告的人数,其计算公式是:

$$理解度 = \frac{理解广告的人数}{知晓广告的人数}$$

4. 美誉度

美誉度是指知晓广告的人中赞美广告产品的人数的比率,其计算公式是:

$$美誉度 = \frac{赞美广告产品的人数}{理解广告的人数}$$

(三) 广告效果评估的新标准

2008 年 1 月 8 日,IMI(创研)市场信息研究所在北京召开新闻发布会,发布受众媒体接触新指标——广告消费指数(Advertising Consumption Index,ACI)。所谓广告消费,是指被访者看到了广告并且阅读、收看、收听到了其中的内容,当然也包括被动、非自愿的阅读、收看、收听。对于出现在视野中但未在脑海中留下任何印象的广告不能算作一条,如弹出的网络广告,如果没有阅读其信息就直接关闭窗口便不算"接触"或"消费"。

ACI 在技术上引入了受众广告接触率和接触时间份额两个变量,其计算公式为:

$$ACI = 接触率 \times 接触时间份额 \times 100$$

其中，接触率是指受众接触某类广告的比例，是根据受众是否接触某类广告来计算的；接触时间份额是指通过记录受众接触某类广告的时间长度，计算在总的广告接触时间中，某类广告进行横向比较，接触率、广告接触时间份额越高的广告类别，说明其受众的广告接触程度越高，广告效果也越好。

ACI 从理念上引发了广告效果测定领域的变革，摆脱了传统的电视收视率、报纸阅读率等媒体接触率的测定，也不同于单一产品广告效果测试，而是站在受众的角度考虑问题，从受众的广告接触行为出发来测定广告消费程度，所得到的测定结果是纯粹的受众广告接触情况的真实、客观反映。这就将不同属性、不同类型的广告，纳入统一的测量平台上，使不同媒体的广告效果具有可比性。

第三节 广告销售效果的评估

对广告销售效果的评估主要采用市场实验法，并借助事前事后法、小组比较法等相关指标进行测定。市场实验法是以实际的零售店和销售地区为对象，在特定期间，以广告商品的销售量为中心，进行各种方式的测定。虽然有关测定的准确性还存在问题，但仍不失为广告销售效果的一种简便的评估方法。目前仍被欧美一些国家所采用。

一、市场实验法及其运用

（一）什么是市场实验法

市场实验法是指在不同的地区投放不同支出水平的广告，观察不同广告支出对促进产品销售影响的一种方法。比如，当年脑白金广告在各个地区都有不同的效果，城市人可拿100元送礼，但农村人拿100元送礼，经济就很紧张，由此可见，在不同地区广告效果是不同的。市场实验法也可观察在同一地区不同时期投放广告对产品促销的影响。

（二）市场实验法的运用

运用市场实验法时，首先应把两个条件相似的地区（规模、人口因素、商品分配情况、竞争关系、广告媒体等不能有太大差异）划分为"实验区"和"控制区"，在实验区内进行广告活动，控制区内不进行广告活动。在实验进行前，将两个地区的其他影响因素（经济波动、重大事件的影响等）控制在相对稳定的状态下，其次，将两个区的销售结果进行比较，可测出广告的促销效果。这种方法也可应用于对选样家庭的比较分析。在计算销售额（量）的增长比例公式中，实验区的广告效果按照控制区的增减比率调整，如表11-1所示。

表 11-1 控制地区与实验地区市场比较

项目	控制地区		实验地区	
	销售额	销售量	销售额	销售量
实验广告前销售	300（美元）	300（件）	400（美元）	400（件）
实验广告期间销售	270（美元）	250（件）	480（美元）	460（件）
增减比率	10.0%	16.7%	20.0%	15.0%
调整增减比率	—	—	30.0%	31.7%

二、广告销售效果的指标评估

广告销售效果的指标评估主要有以下几种方法。

（一）事前事后法

1. 费用比率法

费用比率法用来测定完成一定的销售额或利润额所开支的广告费用。销售费用率越低，广告费用开支越少，表明广告效果越好；反之则越差。

其公式为：

$$销售（或利润）费用率 = \frac{本期广告费总额}{本期广告销售（或利润）总额} \times 100\%$$

2. 边际效果指标法

边际广告费用指标法包括销售效果比率和利润效果比率，表明广告费用每提高一个百分点，能增加多少个百分点的销售额或利润额，反映出广告费用变化快慢程度与销售额或利润额变化程度的对比关系。销售效果比率或利润效果比率越大，表明广告效果越好；反之，则效果越差。

其公式为：

$$销售（或利润）效果比率 = \frac{本期销售（或利润）额增长率}{本期广告费用增长率} \times 100\%$$

3. 广告效益指标法

广告效益指标法表明，每支付单位价值的广告费用能够使销售额或利润额增加的数量。该指标反映出广告费用与广告后销售额增加值或利润增加额的对比关系，包括单位费用销售增加额，即广告的销售效益和单位费用利润增加额。

其公式为：

$$单位费用销售增加额 = \frac{本期广告后销售总额 - 上期广告后销售总额}{本期广告费总额} \times 100\%$$

（二）小组比较法

小组比较法主要包括广告效果指数法和相关系数法。

1. 广告效果指数法

广告效果指数（adverting effectiveness index，AEI）法，是指在抽样调查中，将有

没有看过广告和有没有购买广告的商品的人数，按 2×2 分割成四个矩阵（如表 11 - 2），将矩阵中的变量代入以下公式，得出广告效果指数。

表 11 - 2 唤起购买效果的四分割表

单位：人数

	看过广告	未看广告	合计人数
购买广告商品	a	b	$a+b$
未购买广告商品	c	d	$b+d$
合计人数	$a+c$	$c+d$	n

$$AEI = \frac{1}{n}\left[a - (a+c) \times \frac{b}{b+d}\right] \times 100\%$$

其中，a：看过广告而购买的人数；

　　b：未看过广告而购买的人数；

　　c：看过广告而未购买的人数；

　　d：未看过广告也未购买的人数。

从表 11 - 2 可以看出，在没有广告的测验中，也有 $b/b+d$ 比例的人买了商品，因此，从看到广告而购买的 a 人当中，减去受其他因素影响而购买的 $(a+c) \times b/b+d$ 的人数，才是真正受广告影响而购买的人数，由此的计算结果就是广告效果指数。

2．相关系数法

按照表 11 - 2 这个分割表可计算出广告的相关系数。

公式为：

$$\varphi = \frac{ad - bc}{(a+b)(c+d)(a+c)(b+d)}$$

其中：φ 为相关系数；

　　a 为看过广告而购买的人数；

　　b 为未看过广告而购买的人数；

　　c 为看过广告而未购买的人数；

　　d 为未看过广告也未购买的人数。

算出来的相关系数关系如图 11 - 2 所示：

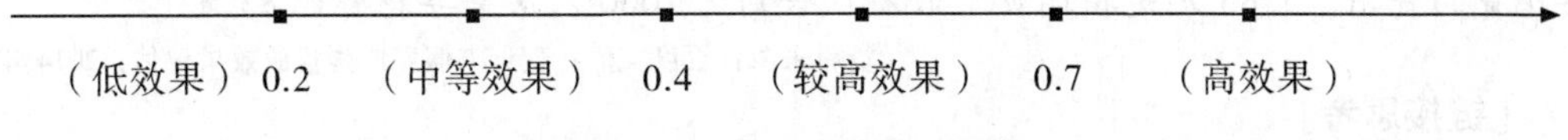

```
───────■──────────■──────────■──────────■──────→
 （低效果） 0.2  （中等效果） 0.4  （较高效果） 0.7  （高效果）
```

图 11 - 2 相关系数关系示意

一般来说，相关系数 φ 在 0.2 以下称为低效果，在 0.2～0.4 之间称为中等效果，在 0.4～0.7 之间称为较高效果，而在 0.7 以上则为高效果。

案例 瑞贝卡假发广告投放效果评估

1. 瑞贝卡假发广告策略执行情况

广告投播栏目：CCTV-1《精品全天套》

具体执行：周一至周五，08:32《朝闻天下》后；09:23《精选剧场》中；11:35《精选剧场》中插；12:58《今日说法》后；16:30《情感剧场》中；23:15《星夜剧场》中；23:50《星夜剧场》中。

广告投播时期：2010年8月9日至2010年10月25日。

广告投播天数：39天，其中5秒20天、15秒19天。

广告投播版本：5秒，15秒。

广告投放形式：隔日播。

2. 瑞贝卡假发广告传播效果在各地区均有出色表现

瑞贝卡假发广告在中央电视台的投放收到了普遍良好的广告传播效果，尤其是华东、北京和西南地区效果更明显。

3. 瑞贝卡假发广告效果量化分析

瑞贝卡假发广告覆盖总体人口：11.15亿人，投放费用3061600元，总播出次数304次，毛评点1200.8%，暴露度3.65亿人次，到达率22.7%，平均暴露频次2.4次，千人成本3.83元。

(1) 广告传播强度指标。毛评点是全球通用的表现广告活动强度的方法，表示投放期间收视率总和。1200.8%是表示在投放期间，瑞贝卡假发广告的总收视率为1200.8%。

暴露度即有3.65亿人次在此期间看到瑞贝卡假发的广告片，其中包括重复性收视人次。

(2) 广告传播广度和深度指标：①到达率：指看到某广告片的人占所投放频道覆盖人口的比例，反映广告到达广度。22.7%是指看到瑞贝卡假发广告的非重复性观众人数占媒体覆盖人口的22.7%。②平均暴露频次：平均每位观众收看瑞贝卡假发广告的次数。2.4次/人是指收看过瑞贝卡假发广告的观众平均每人收看2.4次瑞贝卡假发广告。

(3) 广告传播成本。千人成本是反映广告投资成本的指标，广告到达1000人次需要花费的费用。3.83元是指瑞贝卡假发广告到达1000人次需要花费3.83元。

(资料来源：百度文库：瑞贝卡假发广告投放效果评估，2014年)

[链接思考]

(1) 根据媒介量化指标客观评价瑞贝卡假发广告的传播效果。

(2) 简述瑞贝卡假发广告选择CCTV-1《精品全天套》进行广告投放的原因。

(3) 提出对瑞贝卡假发广告进一步提高广告传播效果的建议。

本章小结

广告效果有狭义和广义之分。狭义的广告效果是指广告所获得的经济效益，即广告传播促进产品销售的增加程度，也就是广告带来的销售效果。广义的广告效果则是指广告活动目的的实现程度，是广告信息在传播过程中所引起的直接或间接变化的总和，它包括广告的传播效果、销售效果和社会效果。一般而言，广告投入与广告效果成正比关系，但广告效果并非随广告投入同步持续增长。

广告效果测定，就是运用科学的方法来鉴定广告的效益，主要包括对广告传播效果和广告销售效果的测定。广告传播效果的评估可从事前效果和事后效果两方面进行。广告效果的事前评估，是在广告未正式传播之前对广告中的文案、脚本以及其他广告形式讯息内容进行检测；广告效果的事后评估是整个广告活动进行之后的效果评估。

对于广告销售效果的评估主要以市场实验法为主，即把不同市场或同一市场不同时期作为实验对象，通过对比广告活动所引起销售变化来测定广告的销售效果；同时，以费用销售率和小组比较法中的相关指标考察广告销售效果的高低。

关键概念

广告效果　广告效果测定　广告投入　广告传播效果　广告销售效果　市场实验法　事前评估　事中评估　事后评估

思考题

(1) 什么是广告效果？广告效果有哪些特征？
(2) 简述广告投入与广告效果之间的关系。
(3) 简述评估广告的传播效果。
(4) 什么是市场实验法？其运用条件是什么？
(5) 广告销售效果测定的指标有哪些？

参考文献

[1] 樊志育. 广告效果研究 [M]. 北京：中国友谊出版公司，1995
[2] 宋若涛. 广告效果分析 [M]. 郑州：郑州大学出版社，2008
[3] 苗杰. 现代广告学 [M]. 5版. 北京：中国人民大学出版社，2011
[4] (美) 威廉·威尔斯. 广告学原理与实务 [M]. 桂世河，汤梅，译. 北京：中国人民大学出版社，2013

第十二章 广告公司经营

本章学习目标

学完本章后,应该掌握以下内容:①了解现代广告公司的发展过程和我国广告公司的经营管理;②了解现代广告公司的特点和类型;③了解现代广告公司的经营内容、经营管理方式;④了解广告人才应具备的素质及培养途径。

所谓广告公司经营,是指各类广告代理公司、广告制作机构以及各类媒体单位,经国家广告管理机关批准,利用一定的技术和设备,为广告宣传者(广告主)提供广告策划、设计、制作、代理或发布方面的服务,并从中获取经济收益的行为。

广告公司经营的业务范畴和活动形式随着广告产业的发展而不断扩大和增多,现代广告公司经营涉及的范围很广,甚至包括公共关系、促销、CI策划与执行等所有营销传播业务活动。

第一节 现代广告公司概述

一、广告经营业与广告公司

代理制是广告经营业最显著的特征,以至于"广告业"或"广告经营"可以看作"广告代理业"或"广告代理经营"的简称,即广告公司接受广告主委托代理提供各种广告服务业务。广告经营业的基本组织形态就是"广告公司",可以说,广告公司及其经营管理活动是整个广告代理运营框架体系的核心或轴心。

(一)广告经营业的构成

广告经营业本身是一个系统,包括广告主体、广告中介、广告内容和广告客体四个构成要素。下面对四个要素进行简要的介绍。

1. 广告主体

广告主体是广告活动的基础。广告主体包括广告主、广告经营者和广告发布者。凡是提议开展广告宣传、策划、制作和发布广告的组织甚至个人,都属于广告主体。但是,在商业活动中,广告主体的界定是十分严格的,根据《中华人民共和国广告法》的理解,广告主特指"为推销商品或者提供服务,自行或者委托他人设计制作和发布广告的法人、其他经济组织或个人";广告经营者特指"受委托提供广告设计、制作、代理服务的法人、其他经济组织或个人";广告发布者特指"为广告主或者广告主委托的广告经营者发布广告的法人或者其他经济组织"。广告包容着广告主的市场动机和投资回报欲望，渗透着广告策划者的精神劳动成果。

2. 广告中介

广告中介是主体传递信息、影响公众的纽带，包括传播媒介和宣传活动两个方面。传播媒介是广告信息的物质载体，是影响公众价值观念的中间纽带，它在广告主与公众之间起着沟通双方信息的作用，即向公众传播信息，使双方在互动感应过程中获得关于商品的共识，建立和强化企业与公众之间的一致性，为企业的存在与发展创造良好的公众基础和市场基础。宣传活动是企业向公众传递信息、施加影响的形式载体，由于其具有较强的感性色彩和娱乐功能，能够把信息融入活动之中传递给公众，使公众在不知不觉中接受影响，因而成为现代广告的重要中介。

3. 广告内容

广告内容是广告宣传的基本信息。在广告宣传中，需要向公众传递的信息很多，企业过去、现在和未来的信息，只要能够影响公众，都是广告传播的内容，如企业的产品信息、管理信息、人才信息以及整体形象信息。但是，在受制于时间和版面的具体广告中，我们不可能也没有必要进行面面俱到的宣传，因此往往根据目标公众的特性加以选择。所以说，在某一次广告宣传活动中，其涉及的内容是十分有限的。这些被广告策划者选用的信息，才是真正意义上的广告内容。这些经过策划者精心挑选的内容，意图明确、特点鲜明、材料集中，具有较强的说服力和感染力，能够有效地冲击公众的感觉系统和心理世界，进而产生较好的市场效应。

4. 广告客体

广告客体就是广告宣传需要影响的公众，包括显在的消费者和潜在的消费者。作为信息接受者，广告客体具有被动的一面，广告主宣传什么，他们就只能接受什么。但是作为信息的理解者，他们又具有主观能动性，能够选择性地注意、理解和记忆广告内容，甚至拒绝广告信息。特别是在网络广告中，企业仅仅是被动地寻找目标，公众的能动性则更加显著了。因此，在广告宣传中，应该重视广告客体的能动作用，以公众需求为导向，以公众心理为依据，策划出符合公众接受要求的宣传作品、宣传活动，从根本上提高广告活动的市场影响力。

广告经营业的四个构成要素相互关联、彼此制约，是一个有机的整体，同时受到市场环境的影响。广告经营业构成要素与运作框架如图12-1所示。

一般来说，广告活动首先由广告主（客户）提出，委托广告公司策划制订广告实施方案，创制广告作品，购买媒体的时间和空间。广告公司与有关媒体联系申请，约定一定媒体的时间、版面等，经过一定的手续后，在适当的版面或时间里刊播出来，与目标消费者沟通，即完成一个作业流程。在这个流程中，广告主要与广告公司进行交易，广告公司与媒体有一个交换关系，每年都要有大量的广告费支出。

（二）广告经营业与广告公司

在经营上，广告公司是独立的企业组织，它居于企业与媒体之间，与它们没有从属关系，主要通过双向代理的桥梁式服务，实现其传播信息、沟通产销、引导消费、推动

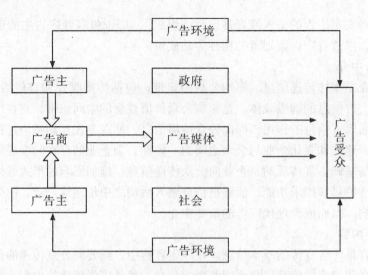

图 12-1 广告经营业构成要素与运作框架

经营的存在价值。

广告公司是广告经营业的基本组织形态。它是指受委托专门提供广告设计、制作、代理服务的法人;具备必要的专业技术人员、制作设备,并依法办理公司登记,从事广告活动的组织。广告公司属第三产业,是服务性行业,是社会分工的产物。广告公司的发展是推动广告事业发展的重要因素之一。

广告主进行广告活动一般有两条途径:一是对于一些大企业,它可以利用自己的广告部门完成全部广告活动,最后委托媒体单位进行传播;二是委托广告公司进行广告。目前,从发达国家看,第一种情况已越来越少,只有少数自身拥有广告公司的大企业才这样做。与此相反,我国目前自己组织和实施广告的企业比重仍很大。其主要原因就是我国广告经营业发展滞后。虽然从绝对数看,我国广告公司的数量并不少,但是,真正能从广告策划到传播全过程进行代理并具有一定水平的广告公司数量并不多。1992 年以后,我国广告公司曾出现空前的发展速度。仅北京地区,1992 年底到 1994 年,广告公司就从 144 家一跃超过 2000 家。我们认为,这是大分化、大改组、大兼并走上成熟道路的前奏。一是经营水平比较低。其中广告调查与策划水平低是最突出问题,重广告表现、轻广告策划,重艺术、轻市场是普遍现象,从我国培养广告高级人才的专业设置也可看到这一点。二是对广告经营业的宏观管理与微观管理都很薄弱,很多广告公司的经营策略是"三年不开张,开张吃三年",高费用、一锤子买卖现象严重。三是草台班子对广告公司的冲击很大。由于上述情况,很多企业宁愿自行进行广告,也不请广告公司。而所谓自行广告,很多就是找草台班子"策划制作"和联系媒体。这也导致了广告效果差、广告水平难提高的状况。因此,进一步加强对广告公司的宏观管理、规范广告公司的经营与管理、提高素质等,是促进我国广告事业进一步发展的大问题。

二、广告公司的发展沿革

广告公司是商品经济发展的必然产物。从 1800 年世界上最早的广告公司出现到今天，广告公司的作用、职能发生了很大的变化，其过程大致可分为以下四个阶段。

（一）版面销售时代

版面销售时代，可以说是广告代理公司的发轫期。在这一时期，广告公司的主要业务是为媒体拉广告，出售报纸的广告版面。世界上最早的一家广告公司，是1800年英国伦敦的詹姆斯·怀特（James White）所创立的White & Sun公司。怀特在伦敦完成学业后，留在母校担任会计工作，当时他有位同学任职于地方报社，委托怀特在工作之余，招揽伦敦地区的广告，并允给重酬。结果这种业务的工作所得，反比本职薪俸还高，于是怀特辞掉正业，专营销售版面业务，成为所谓的版面销售员。

1841年，美国费城一家名叫沃尔尼·B. 帕尔默（Volney B. Palmer）的公司成立。由于当时帕尔默的父亲在新泽西经营《镜报》，这家广告公司营业的主要目的也就顺理成章地是替《镜报》招揽广告。

由此可见，早期的广告公司以媒体公司代理者的身份出现，它属于某个报社，将报社的报纸版面推销给广告主，然后收取报社所给的佣金。所以，早期的广告公司业务上并不独立，而是从属于媒介。

（二）版面经纪人时代

随着经济的发展，广告业逐渐繁荣，广告主需要在更多的媒介上发布广告，而原先专为一家报社代理业务的广告公司为了谋取更大的发展，也开始推销其他报社的版面，进而脱离媒介，各自独立，变成版面经纪人（space broker）。这时，这些公司已不再是某个媒介的业务代表，而是介于媒介和广告主之间的中介。这些公司以批发价大量购买媒介版面，再将其分割，高价出售给广告主，赚取差价。这些公司拥有一些客户后，就有和媒介讨价还价的资本，他们以推销版面为条件，要求更多的佣金或更低的批发价。

继帕尔默之后，乔治·P. 罗威尔（George P. Rowell）是美国广告史上另一位令人瞩目的早期广告代理商。他的业务与帕尔默不同，是从报纸、杂志社大量购进版面，随后以略高的价格转卖给广告主。由于他能替广告主预付资金，受到出版商的特别欢迎。1869年，罗威尔首开先例，精心编辑了一份报纸目录，列有当时美国5411家报社名称以及各自确切的发行量，极大地方便了广告主和广告代理商。1888年，罗威尔创办了美国第一家广告专业杂志《印刷者油墨》（*Printers' Ink*）。类似于罗威尔的广告代理商在19世纪末20世纪初更是大量涌现，但据广告专家鲍尔·戴瑞克斯（Paul Derricks）的观察，这些人中的大部分除了倒卖版面，不提供其他服务。1907年时的336个所谓的英国"广告代理商"中，有300个充其量只是版面"掮客"。

广告公司的独立并充当媒介的经纪人是社会分工的需要，公司可不断地开发新客户，而报社也无需为招徕广告费心。但这时的广告公司在职能上仍然是媒介的代表，它和现代的提供全面服务的广告公司有很大不同。

（三）技术服务时代

随着企业的广告活动愈益频繁，充当媒介经纪人的广告公司不断增加，彼此间竞争日益激烈，任由版面掮客削价竞争，难保业务稳定，所以，一部分报纸、杂志社为了拓展广告业务，纷纷在自己组织内设置版面推广部。另一方面，由于企业广告水准提升，它们迫切希望有具备媒体知识，专门为广告主设计、制作广告的专业广告公司出现，这样的广告公司是站在客户的立场而不是媒介的立场上为客户提供服务。于是部分推销媒介版面的公司转向成为广告主的业务代表，其主要业务并非推销空白版面，而是转向广告设计和制作业务（black space）。

以广告设计、制作为业务的广告公司随着企业广告活动的发展，不仅为客户提供广告制作技术服务，也在选择媒体、广告创意方面提供建议，其服务范围日益扩大。到19世纪末期，这些广告代理公司逐渐能够为广告主提供一些简单的市场资料，供广告主在商业活动时作为决策依据。

类似这种概念的广告代理公司，最早出现在美国费城。1869年，一个年仅20岁的年轻人F. 魏兰德·艾耶（F. Wayland Ayer），向他父亲借了250美元和他的名义，开设了艾耶父子广告公司。起初，他也像别人一样，只做掮客生意。1890年左右，艾耶设计了一份"公开"广告费率，并告诉客户自己购买版面的真实价钱，加上适当的佣金，就是他的转卖价。他还为客户设计、撰写文案，建议和安排适当的媒介，并制作广告。艾耶父子广告公司被广告历史学家称为"现代广告公司的先驱"，开张不久就深受欢迎，成为美国最大的广告公司。在大西洋对岸，到1894年，英国的美瑟暨克劳瑟公司（Mather & Growther，奥美广告公司的前身）已有员工100人，并已提供类似艾耶父子广告公司的那种深度服务。

（四）全面服务的代理广告公司时代

20世纪50年代，随着西方国家市场从卖方市场转向买方市场，企业的经营观念也从推销观念转向了市场营销观念，掌握消费者需求、为消费者提供满意的产品和劳务，成为企业市场营销的重点。企业需要广告公司能够提供市场研究、产品策划、广告创作、广告效果研究等方面的服务，这涉及市场营销的所有领域。同时，广告公司自身的服务经验也日渐丰富，技术手段更趋完善，因此，从20世纪70年代起，全面服务的广告公司开始出现，英、美、日各国的广告公司开始强调为市场营销服务，搞广告策划竞争不仅限于广告创作，还辐射到市场调研、促销公关、直邮等各种服务上。到20世纪80年代，大中型广告公司都能向客户提供全面的服务。随着广告公司向客户提供服务的范围日益拓展和层次的深化，广告公司本身的规模和实力也得到增强，出现了一些大型的广告公司和集团。

全面服务型的广告公司，其职能是给广告主提供优良的专业服务，但它并不排斥媒介代理公司、广告制作公司和专业性广告公司，而是和它们一起组成广告代理的合作体，充当媒介和广告主的中介。

三、现代广告公司类型的划分

根据不同的标准，可以把现代广告公司区分成多种类型。

（一）按照担负的职能划分

1. 综合性广告公司

综合性广告公司又称全功能广告公司，这类广告公司组织机构比较健全，是一种综合性、多功能的"市场营销代理公司"，有能力在多种媒体上开展广告活动；能够进行包括市场调查、广告策划、广告预算、广告制作、选择媒体、测定广告效果等各项业务。随着整合营销传播战略的展开，还能策划如博览会、竞赛等大型文化活动，组织促销，开展公关活动，等等。进一步还可细分为一般消费者广告公司（客户是为广大消费者提供服务的企业）和企业对企业广告公司（客户是把产品销售给同行业其他企业的企业）。

2. 专业性广告公司

专业性广告公司相对于综合性广告公司而言，是只承担其中一部分业务内容，仅提供专业服务的广告公司。这类公司规模不大，功能有限，往往依靠其"一技之长"，在广告行业中取得一席之地，经营特点比较突出。如创意公司、媒体购买公司、交通广告公司、邮政广告公司等，专业性强，服务有特色，可能在某一方面胜过全功能的广告公司。近年来，很多专业广告公司都出现在广告活动中科技含量较高的领域，如广告监测、网络广告等。

现代主要的专业广告公司有以下几类。

（1）广告调查和监测公司。这类公司专为广告主提供有关广告活动信息。目前我国很多咨询机构和调查公司内也设有专门的广告调查部门，调查和监测的内容主要包括：市场信息，如广告对象特点及分布、竞争对手情况等；媒体信息、各类媒体的主要特点及各类有关指标确定、发行量调查等；广告效果的监测和调查，包括对广告作品的分析和监测、对广告效果各方面的调查等。广告调查和监测公司由于总是处于第三者的位置，所以可以客观地提供有关广告的各类信息，有利于广告主正确地进行广告决策。

（2）广告策划公司。这类公司专门为广告主进行广告及营销整体策划和提供有关咨询服务。从世界范围看，这类公司为数不多，其中一个重要原因是，一般广告策划大多由综合性广告公司进行，尤其是一些大的广告公司，一般都负责总体营销策划。但这类公司仍有发展趋势。在我国，近年来也出现了不少类似的公司。这类公司一般由各类专家学者组成，策划常带有权威性。

（3）专业媒体代理公司。这类公司主要进行各类媒体的代理。专业媒体代理是市场经济与社会分工发展的必然趋势。过去很长时期，我国媒体都是自己经营广告，包括广告的策划、设计和制作。结果一方面不利于整体广告水平的提高；另一方面造成了人为的条块分割，使广告媒体组合发生困难，给广告主进行广告带来诸多不便。这方面问题过去在户外广告媒体中尤为突出，如铁路、邮电、商业企业、娱乐中心都画地为牢，自行进行广告经营，其结果也是到处拉广告，草台班子满天飞，很难真正做到广告的科学管理，而且很多媒体单位在广告策划、设计制作上并没有专门人才。目前，我国正向着媒体全面代理方向发展，这将促进我国广告事业的发展。

(4) 广告设计、制作公司。这类公司主要为广告主提供广告表现设计制作，公司人员很多是从影视行业中分离出来的，有较高的导演和摄制力量。

(二) 按照经营的范围划分

1. 全国性与区域性广告公司

全国性与区域性广告公司是指能够在较大区域、大城市以及全国开展广告活动的广告公司。一般服务功能比较健全，业务能力较强，但由于日常开支较大，无法接受业务量较小、预算较低的委托。在广告业发达的国家和地区，全国性的广告公司也往往是国际广告公司，多在世界各地设立办事处或分公司，为客户提供国际性或全球化服务。

2. 地方性广告公司

地方性广告公司主要为地方性企业提供专业服务。一般为规模较小的广告公司，其经营范围限定在某一个地区，承揽预算不大的广告业务。这类公司能够获得一定的生存空间，实际上是为大型广告公司拾遗补缺，满足地方性广告主的需要。有实力的广告公司甚至能向地方性广告主提供全面服务。

(三) 按照隶属关系划分

1. 专属广告公司

专属广告公司是指由企业自己建立、完全附属于自身的广告公司。这往往是企业为了节省广告开支、便于广告管理而设立的，其功能类似独立的全面服务的广告公司，在广告创意、制作、媒体投放、宣传、促销等方面都能发挥作用。企业建立专属广告公司，多是希望把广告的代理费省下来，节约一些资金，并能加强对广告公司的监控，更加用心地为本公司服务。但一般来说，企业建立这样的公司有些得不偿失。专属公司难以吸纳优秀人才，广告运作的创造性、独立性较差，看起来肥水不流外人田，不需要再另付代理费等项费用，但实际上所获取的效益与可能节约的资金不能成正相关。不如把广告业务交给更有经验、更多技能、更富创意的独立的广告公司代理。

2. 兼营广告公司

在我国的广告公司中，有一类是兼营广告公司，性质与专属广告公司相似。不同的是，兼营广告业务的单位机构比较乱，有企业兼营的，有媒体兼营的，甚至还有行政事业单位兼营的。在我国广告业恢复之初、广告代理制不太健全的情况下，一定比例的兼营广告公司可以为我国的广告活动做些弥补和补充。但随着我国广告市场的逐步成熟完善和行业专门化程度的不断提高，这类公司的作用已日渐减退，规模和数量也将会逐渐萎缩。据 2002 年我国广告业统计数据分析，我国兼营广告企业 11501 家，比上年又减少 22%；广告营业额 33.52 亿人民币，比 2001 年也缩减 22% 多，仅占广告总额的 0.11%，衰退之势已很明显。

随着广告公司的发展，广告主从事广告业务可以有两种模式（如图 12-2 所示）。图 12-2 中，虚线以内构成一种模式，即广告主通过综合性广告公司进行全部广告

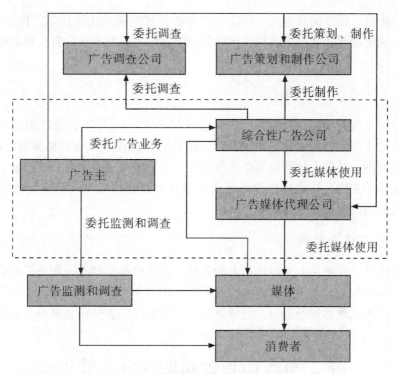

图 12-2 广告主进行广告的两种模式

活动;虚线以外加上虚线内有关部分又构成分工协作的模式。广告主分别通过各专业广告公司进行广告全过程;同时,综合性广告公司与专业广告公司也存在着分工协作关系。

四、我国广告公司的类型

我国目前各类广告公司已发展到近 14 万家,大体上可分为如下四种类型。

(一) 大型综合性广告公司

大型综合性广告公司如中国广告联合总公司、北京广告公司、上海广告公司、广东广告公司等,属于国有企业。这些公司大多成立于改革开放之初,在资金、规模等方面与国内同行相比有一定的优势,与政府、媒体拥有良好的关系,业务上有一定的经验,能够替客户垫付购买媒体的费用,户外广告如路牌等媒体的占有率较高,具有较强的竞争力。但限于其代理的客户和自身实力,这类公司跨入国际性的广告公司还要有一番努力。

(二) 合资广告公司

1986 年,首家合资广告公司——电扬广告公司在上海成立。以后,国外大跨国广告公司和集团纷纷来我国设立合资公司或办事处,如盛世长城国际广告公司、精信广告公司、麦肯-光明广告公司、上海奥美广告公司等。这类广告公司资金雄厚,广告代理服务的经验丰富，服务网络全球一体化，广告经营管理模式比较科学，作业水准较高。这类广告公司的经营和管理方式值得国内公司学习借鉴，是本土广告公司的强有力竞争对手。

（三）中小型广告公司

这类公司年营业额相对较小，一般营业额在3000万元以下，在我国整个广告公司中占有一定的比例。公司成分也比较复杂，既有国有企业的，也有集体的，还有合资、私有、股份制的。经营上往往以某个专项见长，在广告市场中占有一席之地。随着我国广告经营竞争的加剧，这类广告公司可能会分化，要么壮大发展为更大规模的广告公司，要么遭到淘汰或被兼并。

（四）广告作业机构

这类机构从严格意义上来说称不上为公司。这类机构多拥有一两个广告制作室，或担当媒体掮客的角色。主要靠灵活的经营手段在市场上生存，竞争压力不大，但进一步发展却非常困难。虽然规模较小，但数量不少，在我国广告公司总量中占有较大比例。

第二节　广告公司的经营与管理

在市场经济条件下，广告公司与其他企业一样，要在竞争激烈的市场中生存与发展，必须靠高质量的广告策划和制作、较高的广告成功率，真正把顾客作为经营活动的中心，不断提高科学管理水平。

一、广告公司的经营业务

有关广告公司的经营内容涉及面广，现仅择美国和我国广告公司的经营内容加以介绍。

（一）美国广告公司的经营业务

美国广告公司协会为本国广告公司制定了经营业务准则，规定了广告公司必须具备的能力和必须开展的经营活动，主要包括以下方面。

1. 研究广告主所要进行广告的商品或劳务在市场竞争中的地位

广告公司要研究与其他同类商品或可替代品相比，广告商品或劳务具有什么优点和缺点。

2. 对广告主的商品和劳务的显现市场和潜在市场进行确定

广告公司必须进行以下几项市场调研：

（1）广告主的商品或劳务的目标市场状况。

（2）广告主的商品在市场上可能有多大销售量。

（3）销售时期和季节变动。

(4) 目前市场上同类商品的销售情况。
(5) 广告主的主要竞争对象、竞争对象的数量及竞争能力。

3. 研究影响广告主的商品与劳务销售的各种主要因素

广告公司人员应具备商业知识、销售方法及策略等方面的知识。

4. 了解各种媒体的性能、特点、传播对象、使用条件等方面的情况

广告公司要研究广告主用什么媒体，或用什么样的媒体组合才能实现销售目标。为了做到这一点，广告公司必须研究以下问题：

(1) 各种媒体的特点、影响力、传播范围等方面的情况。
(2) 不同媒体的广告制作知识。
(3) 各种媒体的费用。

5. 广告公司向广告主提出广告计划和建议

广告公司要经常保持与广告主的业务联系，根据广告的经营状况向广告主提出广告计划和建议。

6. 实施广告计划

广告计划包括以下内容：

(1) 进行广告设计和制作。
(2) 与媒体公司签订媒体使用的时间与空间合同。
(3) 将制成的广告送往媒体公司。
(4) 进行广告效果测定。
(5) 请拨广告费。

7. 协助广告主进行营业推广活动

进行营业推广活动包括庆典活动、发布新闻报道、社会福利资助等公共关系活动及营业推广的一些活动。

8. 开展其他项目活动

开展其他项目活动包括包装设计、销售调查、推销员培训、推销商品使用的宣传手册设计等。

（二）我国广告公司的经营业务

我国广告公司主要的经营业务如下：

(1) 向广告主介绍各类广告的作用。
(2) 根据广告主提供的商品样品和提出的要求进行市场调研。
(3) 向广告主提出广告建议。
(4) 联系广告媒体。
(5) 负责广告设计和制作。
(6) 负责外贸广告。
(7) 负责包装设计、承办展览布置及有关广告技术咨询等。
(8) 负责国家有关广告的方针、政策、法令的宣传及贯彻。

从以上内容看，我国广告公司经营的经营业务与发达国家相比还有一定差距。首先，我国广告公司仍以设计、制作广告和联系广告媒体为主要经营内容，而且怎样设计、联系什么媒体要以广告主的意愿为转移。其次，制作广告的出发点是商品本身，而不是广告主的销售目标，因此，它与广告主的营销计划联系并不密切。最后，我国广告公司很少负责广告效果测定，因此承担的责任较小。

我国一些大的广告公司的经营内容已接近发达国家，特别是在一些沿海开放城市。比如，有代表性的广东广告公司就把为客户提供全面策划和多功能现代广告服务作为发展方向。近几年，该公司在机构设置上，按照专业化的要求设置了多个客户部门和市场调查、创作、媒体等专业部门。由客户部门牵头，与市场调查、创作、媒体等专业部门配合，共同派出人员组成专门客户工作小组，具体负责客户的广告代理工作。在整个工作中向客户提供以策划为主导，市场调查为基础，创意为中心，媒体策略的实施为重要手段，辅之以多种手段的全面服务。

以策划为主导，创意为中心，为客户提供全面优质服务，已成为我国很多广告公司的经营准则。这种提法最早见于中国广告联合总公司，后来为很多广告公司所接受。我们认为，这对于指导我国广告公司的发展具有一定意义。

广告策划不是由一两个人闭门造车。广告策划应建立在市场调查研究的基础上，需要广告公司有关人员密切配合。策划应包括以下内容：①市场调查、预测；②产品市场定位；③广告对象确定；④营销渠道确定；⑤广告主题的研究与确定；⑥企业统一形象及识别系统设计；⑦广告表现设计；⑧广告媒体策略；⑨广告实施方案；⑩广告效果测定方案；⑪整个营销活动配合；等等。整个策划应有详尽的论证及可行性研究。

我国广告公司应根据自身特点及所处环境，借鉴发达国家的经验，使广告经营内容进一步科学化和规范化。只有这样，才能不断提高经营水平，在市场竞争中赢得更多的客户。

二、广告公司的机构设置与职能划分

广告公司的机构设置可以根据具体情况有所不同。一般来说，广告公司的机构大体可以分为客户部门、制作部门和媒体部门三类（如图12-3所示）。

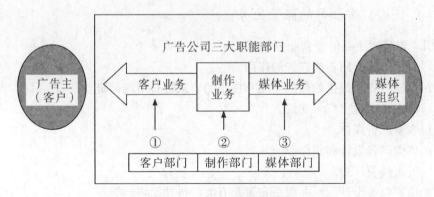

图12-3 广告公司机构设置

（资料来源：李宝元：《广告学教程（第二版）》，人民邮电出版社2008年版）

广告公司机构职能如下。

（一）客户部门

客户部的任务主要是开拓客户并保持联络，与公司内其他各部门保持密切的联系。客户部是直接与客户发生接触的专职部门，负责接洽客户，协调广告客户与广告公司间的关系。在广告公司接触到一位客户时，首先由客户部作初步接洽，向广告客户提取有关必需的资料，如产品知识、市场情况、广告费预算及市场计划等。客户部在对这些资料加以整理后，会同其他有关部门，研究这些资料，制订出初步的广告计划方案和工作日程，分由各部门执行。在广告活动进行过程中，客户部还负责与广告客户的联络工作和信息反馈，通报有关市场调查结果和广告活动进展情况。同时，还代客户负责对广告的设计、制作和实施过程进行监督。因此，广告公司的客户部在职能上扮演双重角色，对外代表广告公司的整体利益，对内则代表广告客户的利益。此外，在广告公司内，客户部还应承担公司的公共关系方面的工作。

（二）制作部门

广告制作部门的任务是负责广告的创作、设计和制作。他们对广告客户部和市场调查部提供的有关资料和意见加以分析，依照广告计划的要求，配合消费者的心态，完成创意方案，然后会同客户部门和调研部门制定出整套广告方案，供客户审核，并在客户审核同意后进行制作，包括拍片、配音、印刷或摄影、绘画等。

这一部门一般又可具体地细分为创意、文稿、美工、摄影和制作合成等专职小组或专职人员，各负其责。创意人员搞创作意图，文稿负责广告内容的撰写，美工负责广告绘画和版式设计，摄影人员负责广告摄影、摄像，而制作合成人员则专门负责广告稿的合成制作，包括校对、印刷、配音制作等。

（三）媒体部门

媒体部门的任务是根据广告计划，制定广告活动的媒体策略，负责媒体的选择，并负责与有关媒体单位接洽和联络。在广告实施过程中，负责对广告的实施进行监督，检查印刷质量或播放质量。在广告实施后，代理媒体单位向客户部要求收取广告费。

此外，根据业务需要还可增设市场部。市场部的任务是按照广告活动的要求，对目标市场开展调查，为广告主和广告公司制订广告计划，提供有关市场潜力和市场环境的背景材料，并就有关问题向广告主和广告公司提供咨询意见和建议，为广告决策以至广告主的市场决策提供客观依据。

三、广告公司的经营管理

（一）广告公司经营管理的内容

管理是从经营中分离出来的一项职能，管理的目的应服从于经营的目的。企业管理的规律与方法完全适用于广告公司的管理。广告公司具体的经营管理内容一般包括行政管理与业务管理两大部分。

1. **行政管理**

以广告计划为中心,围绕计划的制订、组织实施、控制、分工协调展开。计划部门负责长远发展计划、年度工作计划和经营计划的制订和控制工作,包括审计、机要、后勤、财务、人事等行政管理工作。

人事管理的主要职责是,根据业务需要从事录用、聘任、考核及晋级、奖惩等方面的管理事务。财务部门主要对公司财务运作状况实施全面管理,包括制订和监督广告预算,收取广告代理费,缴纳各种税款,核发职员工资,核算企业盈亏,对广告活动和行政性支出实施控制,等等。

2. **业务管理**

业务管理包括广告策划、媒体选择、广告制作、有关调查和市场服务业务、专项广告活动策划与执行等。具体包括以下方面:

(1) 了解广告主公司发展情况,广告商品或劳务的市场竞争地位及市场占有率和市场潜力,研究广告主整体营销网络和营销能力。

(2) 了解各种媒体的性能、特点、传播范围、费用高低、使用情况。

(3) 向广告主提供广告计划方案及建议。

(4) 具体组织实施广告计划,进行广告设计制作,选择和确定媒体发布合同,将制成的广告作品送交媒体公司,交付有关账款。

(5) 协助广告主进行有关营销活动,包括庆典、新闻发布、福利资助等公共活动。

(6) 其他经营项目,如包装设计、销售调查、人员培训等委托代理业务。

(二) 广告公司业务经营过程

广告公司业务经营过程是:首先,接受广告主委托,经过广告策划、创作及实施环节;其次,送交媒体发布;最后,通过市场调查和监测,把广告效果反馈给广告主和自身有关部门,以调整广告策略和改善工作方式方法。

许多广告公司在经营管理中存在着沟通上的障碍,客户和公司、管理层和员工达不成共识,对新员工培训时间长但达不到预期目的,这些问题的根源就在于公司没有一套正规的广告经营运作机制,因而广告计划和广告策略在公司得不到贯彻。很显然,如果公司不能让员工清楚地了解公司的广告经营运作过程和策略模式,每个员工对工作各环节的理解就会存在差异,从而给业务的展开带来不必要的麻烦。

专业的广告公司是为客户提供"广告"这种特殊的商品,其服务内容一般包括行销研究、创意、制作广告、业务沟通以及媒体购买五个部分。广告公司的广告经营过程便是以完成上述五个方面的服务而展开的(如表12-1所示)。

表 12-1 广告公司经营过程

阶 段	内 容 说 明	参 与 人 员
1. 客户说明会	客户说明：产品特性/通路状况/市场状况趋势/营销目的、策略/可能目标对象、竞争对象等，以协助代理公司迅速进入状态	业务、公司的高层管理、创意、市场调查
2. 代理公司第一次提案会议	代理公司相关人员内部讨论：检查资料完整性/决定是否调查或搜集其他资料/排定工作进度、工作项目鉴定及指定专门人员负责	业务、市场调查、创意
3. 策略发展	发展过程： 市场分析/看法 目标对象/竞争范畴的界定 传播功能及角色（广告、公关、促销、活动等） 相关的营销建议	业务、市场调查、创意
4. 广告策略形成	广告策略包括： 目标对象 创意策略 媒体策略 执行计划及进度表 做出广告预算	业务、媒体、创意、营销研究
5. 策略委员会审核	策略审核委员会由资深人员组成。审核是为确保策略的精确性及可执行性（每年必须定期审核：策略与执行的结果及修正）	业务总监、创意、总监、调研总指导、媒体总指导
6. 策略提案与决定	策略为整体广告活动长期执行的核心。必须是客户与代理公司共同的认定	业务、创意、媒体
7. 广告创意	代理公司根据决定的策略发展广告活动相关创意，如电视/报纸/杂志/广播/POP 等	创意人员、创意总监、业务总指导
8. 正式提案	提案内容分年度计划或单一活动。任何提案必须以策略为依据（每年年度提案前必须重新检查策略是否必须修正）	业务、创意公司的高层管理
9. 调查与修正	沟通性调查包括： 概念测试 脚本测试 效果测试 上述调查内容与方法视目的而定，实施时间亦因目的而不同 修正系根据调查结果考虑修正执行	业务、调研创意

续表 12-1

阶　段	内容说明	参与人员
10. 广告执行阶段	平面作品由相关作业人员负责制作，由相关人员签署，并经客户最后签名确认 电视或广播广告由制片人员监督至完成交片	业务、创意制作

（资料来源：汪涛：《广告学通论》，北京大学出版社 2004 年版，第 474～475 页。）

现就表 12-1 广告经营过程进行具体说明：

（1）客户说明会。广告公司的广告经营运作过程从客户服务人员（AE）开始，AE 通过对市场、广告主的了解，将广告主想做广告的需要和欲望传达给本广告公司，把本公司的能力和对业务的兴趣传达给广告主，从而先建立起广告公司和客户双方彼此了解的桥梁。在此基础上召开客户说明会，由客户代表说明客户的产品特性、配销状况、市场状况、营销目的等。广告公司的参与人员有总经理（或业务副总经理）、客户服务人员、市场研究人员、创意人员。在说明会上，广告公司应创造良好的会谈条件和气氛，使客户畅所欲言，尽可能地提供更详尽的背景资料。

（2）第一次提案会议。第一次提案会议是广告公司内部人员的讨论。广告公司在与客户接触、了解到客户的目的和基本情况后，就广告公司的专业知识检查客户的资料是否完整，是否需要市场调查或其他资料收集工作，安排工作进度、工作项目及指定负责人员。这次会议也是广告公司的计划会议。

（3）策略发展。广告公司提供的行销策划、创意要有策略性。在策略发展过程中，公司要在掌握大量资料的基础上（委托专业调查公司或自己实施调查）分析市场，明确传播的功能及角色（如实施广告、公关、促销、大型活动等），提出公司的营销建议。这个过程由客户服务人员、调研人员、创意人员参加。

（4）广告策略形成。通过策略发展过程，公司逐渐形成对客户所委托产品或服务的广告策略。广告策略包括目标对象、创意策略、媒体策略。广告策略中还应包括执行计划、进度表和广告预算。客户委托所形成的业务小组中的公司成员都要参加。

（5）策略审核。广告策略形成后，由广告公司的策略委员会审核其策略。策略审核委员会由广告公司各部门主管和资深人员组成。审核的目的是确保策略的精确性及可执行性，从而保证广告公司产品的质量。

（6）策略提案与决定。广告策略如果得不到客户的认可就不能实施，因此广告公司客户服务人员、创意人员、媒体人员就如何向客户提出提案作精心准备。

（7）广告创意。广告公司最重要的产品是创意。在某种程度上，广告公司的一切活动都是围绕形成创意并出售创意。创意人员根据调研人员、媒介人员、客户服务人员提供的资料，在考虑广告目的、媒介特性等多项因素的基础上形成广告创意。

（8）正式提案。在正式提案会上，广告公司就客户委托的广告业务提出一揽子计划，并征得广告客户的同意。提案可分为年度计划或单一活动计划。广告公司的提案是提案会前一切活动的总结，所以除了客户服务人员、创意人员参与提案外，公司的高层主管、负责业务的总经理或副总经理要出席,以示对客户业务的重视。

(9) 调查与修正。在公司的提案获得客户的认可,客户在创意脚本、实施方案上签字后,公司还要对其策略和创意进行沟通性调查,包括概念测试、脚本测试、效果测试。因为在广告制作和媒介投放之前的修正成本不会太大。广告公司的目的不是为了通过提案,而是保证服务的质量,赢得客户的长期信任。

(10) 广告执行阶段。平面作品由公司相关人员负责制作,有些也可由制作公司完成,广播或电视广告由公司制作部或委托专门的制作公司完成。但负责制作的人员一定要保证沟通的准确和作品的质量,否则会前功尽弃。

事实上,完整的广告业务流程所要进行的还有媒介的投放、广告效果的监测和总结、消费者对广告效果的回馈,以及广告效果总结,等等,最后形成一个完整的业务流程(如图12-4所示)。

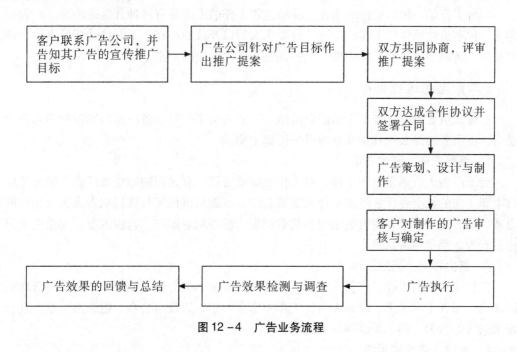

图12-4 广告业务流程

第三节 广告人才培养

任何竞争归根结底都是人才的竞争。广告人才得选拔与培养是广告事业发展的基础之一,是广告公司成败的关键。

一、广告从业人员应具备的素质

凡是从事广告工作的人一般都被称为广告从业人员。购买广告版面、时间者,为媒体进行代理,从事广告策划、创作和各项服务者,一般都被称为广告人。

广告从业人员应具备以下素质。

(一) 心理素质

1. 自信和进取的心理

自信和进取是对广告人员职业心理的最基本的要求。一个人有了自信和进取，才会激发出极大的勇气和毅力，最终创造出奇迹。

2. 热情的心理

从事广告工作的人员应有一种热情的心理。热情的心理，能使广告人员兴趣广泛，对事物的变化有保持敏感，且充满想象力和创造力。广告人员也需要凭借热情的心理，来与各种各样的人打交道，结交众多的朋友，拓展工作的渠道。

3. 开放的心理

广告工作是一种开放性的工作，从事这种工作的人需要有一种开放的心理。广告工作是一种创造性很强的工作，这种工作要求人们以开放的心理，不断接受新的事物、新的知识、新的观念，在工作中敢于大胆创新，作出突出的贡献。

(二) 思想道德素质

广告人员要讲究广告工作的职业道德。广告人员不仅要具备广博的知识和多方面的能力，更重要的是必须具备良好的思想道德素质。

1. 恪尽职守，诚信守诺

要求广告人员热爱本职工作，对工作极端负责任，有强烈的职业责任感，能充分履行本职工作的社会责任、经济责任和道德责任。不能从事任何与履行职责无关或相悖的事务，不能违背国家和政府的法纪和规章制度。那些玩忽职守、自由散漫、无组织无纪律的行为，都是不道德的。

2. 努力学习，高效工作

广告是实干的事业，广告人员只有积极钻研业务、努力勤奋学习，才能维持工作的高水准。那种不学无术、碌碌无为，工作中常出差错，以致给公众、组织乃至整个社会带来损失的行为，都是不道德的表现。

3. 知法、守法和用法

广告人员与任何公民一样，受法律的约束。要知法、守法，还要懂得运用法律来保护组织的权益。具有法律意识，在遇到有违法乱纪的行为时，能勇敢地站出来予以揭露、控告或制止，绝不能听之任之，更不能同流合污、知法犯法。

(三) 知识结构和能力结构

广告从业人员的知识结构和能力结构是广告从业人员基本素质的重要组成部分。健全的知识结构不仅是广告从业人员基本素质的重要组成部分，而且是其创造性地开展广告工作的保证。

1. 广告从业人员的知识结构

(1) 广告专业知识。广告专业的学科知识包括：广告组织、广告管理、广告媒体、广告策划、广告战略、广告调研、广告心理、广告文案、广告创意、广告制作、广告传播、广告效果等。

（2）背景学科知识。背景学科知识包括：①管理学类学科（含管理学、行为科学、市场学、营销学等）；②传播学类学科（含传播学、新闻学、公共关系学等）；③社会学和心理学类学科（含社会学、心理学、社会心理学等）。

（3）操作性学科知识。操作性学科知识对提高广告从业人员的实际工作能力有直接的帮助，如写作学、演讲学、社会调查学、计算机应用、社交礼仪知识等。

（4）方针政策知识。广告从业人员应熟知党和政府的有关政策、法令、法规，了解社会的政治、经济、文化诸方面的现状及未来的发展趋势。

另外，广告从业人员有时也会根据特定的需要，开展某些特定的广告工作，例如，企业的产品由内销转为外销，组织需要开展国际广告工作，这时，广告人员就有必要了解国际关系、国际市场营销、国际广告等方面的专业知识和有关国家的政治和经济情况。

广告从业人员的知识结构应该是一种动态、开放的结构，它能够随时吸收新的知识，不断丰富和发展自己。静态和封闭的知识结构是没有发展前途的，它会因跟不上时代前进的步伐而被淘汰。

2. 广告从业人员的能力结构

（1）书面和口头表达能力。能写会说是广告工作对广告从业人员的最基本要求。广告人的卓越沟通能力主要体现在两个方面：一是书面沟通的能力，能很好地把策略与创意思想以书面的形式呈现出来；二是口头表达的能力，也就是业内常说的"提案贩卖能力"。

（2）组织协调能力。广告计划、方案的实施，工作千头万绪、具体繁杂，没有良好的组织能力是很难顺利做好工作的。组织协调能力是广告从业人员从事广告活动的重要保证。例如，在筹划一项广告活动时要深思熟虑，制定详细周密的计划、措施方案，设想可能发生的种种情况；在活动开展过程中，要穿针引线、烘托气氛、左右逢源、应付自如；在活动结束后更要认真总结，仔细归纳得失利弊，任何经验教训都是下一次活动的基础和依据。协调能力是广告从业人员要随时并善于发现组织内外、组织与公众之间的矛盾和不平衡；善于发现各类公众对组织产生的误解或不信任，及时加以沟通和协调。

（3）广告策划能力。广告策划能力可以说是广告从业人员最为重要的职业化能力之一。虽然广告从业人员的其他能力也非常重要，但广告策划能力可以说是这些要素的集中外在体现。广告从业人员必须具备把科学的广告策划普遍规律（程序）和艺术的广告创造思路结合起来的能力，必须能够迅速、专业地策划出各种创新性的广告方案，来解决面临的各种广告难题。

（4）信息捕捉能力。广告人员要具备眼观六路、耳听八方的能力，保持灵敏的信息嗅觉，善于观察别人不易察觉的信息，并设法把信息转化为企业的广告机会。牛顿提出万有引力定律是受到了苹果落地的启发、笛卡尔把二维空间发展成三维空间、门捷列夫把化学元素排列成周期表的形式，据说都是做梦捕捉到的灵感。

（5）人际交往能力。广告人必须具有与人打交道、与人沟通的能力。完整准确的信息传递、周密细致的策划执行、文字画面的完美表现，无不依赖于人与人的精诚合作。衡量一个广告从业人员能否适应现代社会需求的标准之一，是看他是否具备善于与他人交往的能力。广告从业人员必须懂得各种场合的礼仪、礼节，善于待人接物，善于处理各类复杂的人际关系。广告从业人员在平时要注意培养自己的良好性格、儒雅风度、学识修养，在社交活动中要热情、自信；注意仪表、举止；面带微笑、运用温和、幽默的语言处理广告事务。在社交活动中应对领导、同事、合作者和其他公众表示关心和尊重。

（6）持续学习能力。在不断变化、飞速发展的信息社会中，广告从业人员还须具备持续学习、不断更新、与时俱进的新知识、新观念辨别吸收能力。广告从业人员只有具备一个良好、开放的学习心态和归纳新知识、新方法的头脑，才能在迅速变动的社会发展环境中与时俱进，及时调整与充实自己的广告基础知识、专业要素和广告技巧能力。

（7）顽强的毅力。广告工作不可能是一帆风顺的，这就要求广告从业人员在受挫折时能百折不挠，要求具备"不达目的不罢休"的韧劲。

（8）倾听与理解能力。广告从业人员在开展广告活动中，要善于倾听。态度要诚恳、耐心，要能从别人冗长、反复的发言中抓住要领，或从众口交加、激烈言辞中找出问题症结。分析问题，并用简洁清晰的语言加以复述，表示理解，并作出一定的解释，或提出解决问题的办法。

（9）开拓创新能力。创意是广告的灵魂，创造性贯穿于整个广告活动运作的始终。要求广告从业人员具备丰富的想象力和创造力。有强烈的主体意识和主观能动性，才能引起公众的兴趣和好感，把广告工作做得别具一格、卓有成效。为此，广告从业人员应具有广博的知识、多样的爱好，耳聪目明、勤于思索、精于构思。只有博采众长、融会贯通，立志刻意求新，才能独创一家。

（10）审美能力。广告是科学性和艺术性的结合，广告人在整个广告活动的全过程，都必须不断体验美和表现美。所以，广告人应该具有一定的美术知识和较强的文字驾驭能力。广告从业人员的审美能力必须从理论和实践两方面来提高，要靠平时的观察、学习，要靠长期的培养、积累。

二、广告人才的培养

在现代高度发达的信息社会，国力竞争归根到底就是人才的竞争。而作为现代信息产业一部分的广告行业，更将成为知识、信息、技术密集型的新型产业，在未来社会中占有十分特殊的重要位置，也必将对社会经济体系和人们的生活方式产生深刻的影响。

（一）广告人才的需求推动我国广告教育事业的发展

1993年7月，国家计委和国家工商局共同制定了《关于加快广告业发展的规划纲要》，把培养广告专业人才的任务提到了非常突出的地位，对广告行业培训和广告学历教育提出了具体目标和要求，提出了适合我国广告业发展现状的行业培训和学历教育并重、"两条腿走路"的基本方针。广告业对专门人才的巨大需求，有力推动了广告学历教育的发展。

中国经济的高速发展，造就了中国广告业，也推动了中国广告教育事业的迅猛发展。中国30年广告教育发展的成绩令人振奋。这不仅表现为办学数量的增长和规模的扩张，还表现为办学规模的科学化以及办学质量的显著提升。我国的广告教育呈现如下特点：起步晚、发展快、由少到多、由低到高。1983年6月，厦门大学新闻传播系创办了我国第一个广告学专业，从而结束了我国高等教育中广告学专业空白的历史，开创了我国大专院校广告知识的正规教育。1993年，北京广播学院广告专业正式招收广告学方向的硕士研究生，标志我国的广告教育开始向高层次迈进。从1983年到1992年，全国只有6所院校成立了广告学专业。而随后的10年可谓是突飞猛进，至2003年底，全国已有200所左右的院校开设了广告学系或专业。

我国的广告教育在广告学专业设置发展过程中逐渐形成了专科生、本科生、研究生的多层次专业结构，以及导师专门指导、面授、函授、双学位的多样化办学模式，广告专业设置的体系在不断完善。广告教育正从高速走向高质，这是广告学科发展的内在需求和必然趋势。

（二）广告业急需高素质人才

21世纪，人类社会进入一个加速发展时期，其发展速度和发展结果都难以预测。而全球化经济、全球化贸易对全球化广告传播的现实需求对21世纪的广告实践和广告人也提出了新要求。根据WTO广告服务承诺时间表确定的外商进入我国广告市场的条件和程序，外资广告公司和本土广告公司将在同样环境下公平竞争。全球市场一体化趋势的不断加强以及中国开放程度的不断提高，就更需要能够胜任国际市场营销、国际传播的人才。

调查资料显示，现代广告业急需的五类人才是：①了解国际市场、通晓国际广告运作经验和具备较强沟通能力的人才；②有敏锐洞察力和市场驾驭能力的高级管理人才；③具有整合营销、传播、策划能力的复合型人才；④能够自己进行创作、设计的人才；⑤各类广告制作特别是擅长影视广告策划设计和制作的专门人才。

同发达国家广告业发展水平相比，我国的广告业已经落后于世界广告的发展水平，主要存在以下欠缺与不足：①尚未形成具有国际竞争力的民族广告企业集团；②能够为企业提供全面品牌服务的广告公司为数甚少；③广告创意、设计水平同国际先进水平差距明显；④先进设备、技术、材料在广告业中的应用还不够广泛。许多跨国广告公司人员总体水平高、复合型人才多；我国本土广告业缺乏高水平的广告人才，特别缺乏整合营销传播、广告策划、市场调研、创意整合制作方面的人才。这是急需解决的突出矛盾和问题。而加快发展我国广告事业的关键是培养人才，培养人才的核心就是教育。

（三）广告人才要注重实际能力和创新精神的培养

广告学是在许多边缘学科的基础上发展起来的一门综合性的独立学科，广告作为一个充满竞争性的行业，对人才的素质要求是很高的。同时，广告面临的是瞬息万变的国际、国内市场，对广告信息进行审定、检索、选择、组织、评价和交流的能力就成为衡量广告人才的一个很重要的因素。因此，现代信息社会对广告人才的培养首先就是要注重实际能力和创新精神的培养，使其能适应快速变化的社会环境。

广告学又是一门实践性很强的应用学科，因此要注重教学、科研、与实践相结合，大力加强实践性教学环节，为业界培养和输送大批既熟悉中国传统文化、对现代社会消费时尚有着敏锐洞察力，又懂得国际市场营销、广告策划创意和媒介组合运作的创新型、复合型的高级广告专业人才。不仅培养学生的广告技能，而且培养他们对中国传统文化的深刻认识，以及熟练运用新媒介技术、熟悉国际化背景下的营销策划、资本运作和广告信息传播的综合能力，做到知识的"广博"与"专门"的完美结合。这就要求学生不仅要有宽厚的专业基础知识、基本技能和创新意识，而且还要具有扎实的文化功底、艺术修养，开阔的眼界、富有激情的创作欲，以及良好的团队合作精神。

广告人才的培养必须加强系统性。继续坚持"两条腿走路"：一方面，抓好行业培训和职业教育，区分不同的档次，除了一般的从业资格培训外，广告监督管理机关和行业组织要注意抓好高级广告经营人才的培训和业务交流，为我国的民族广告业开辟国际市场做好人才储备。另一方面，抓好学历教育，注意广告业内部专业人才的定向培养，各院校结合自己的学术和教学优势，各有侧重地办好广告专业。例如，新闻院系可以侧重于媒介经营人才的培养和传播学基础的教学；经济院系可以侧重于市场调查、品牌策划的人才培养和工商管理学基础的教学；艺术院系可以侧重于广告设计、制作人才的培养和美术基础的教学，而专门的广告院系要注重广告学基础理论的教学，注重有中国特色的广告市场环境、法制环境的教学，为广告企业管理、广告行政管理和广告学研究培养后备人才。

（四）广告人才培养的途径

（1）发展高等广告教育，培养高层次的广告专业人才和骨干。现代广告人已不是单靠职业教育和训练就够的，只有对现代广告及其他相关知识有充分了解的人，才可能有较高的起点。

（2）开办各种类型的进修及研讨班，加强对广告中新问题、新技术、新成果的深入研究，进一步提高广告教育人员和研究人员的水平。

（3）在高等教育中淡化专业界限，既要使经济管理专业的学生懂得广告，又要使艺术系、新闻传播专业学生懂得经营与管理。在淡化专业的同时，增加专业方向，使广告某一领域的问题得到更深入的研究。

（4）加强中等广告专业队伍的建设，培养操作性人员和广告事务性人员。

（5）加强函授教育，进一步普及广告基本知识和普遍对广告从业人员进行继续教育。

（6）加强广告实际训练。广告与一切实用科学一样，广告人员只有实践，才能练出真本领。

美国用了大约100年的时间来建立和完善广告学。同样，建立符合中国国情的广告教育体系和现代广告学，也需要每一位广告管理者、广告从业者、广告教育者、广告研究者长期不懈的努力。

案例 阳光广告有限责任公司的组织结构变革

阳光广告有限责任公司（简称阳光公司）是西北地区古城的一家中小型广告公司，公司主要业务为户外广告、印刷广告的设计与制作，有一定的业务量、盈利及同业影响。

进入21世纪以来，广告市场发生了很多变化：一方面，随着西部大开发和西部崛起，社会与企业的广告及投入有所增加；另一方面，又出现了一批新的广告公司，沿海与南方一些有实力的广告公司，也开始将业务向西部开拓，古城广告市场的竞争逐渐激烈起来。公司在经营方面已经拥有了一批稳定的客户，每年有一定的业务量，公司对这些业务的运作已十分熟练。新业务方面，一是由于近年会展广告增多，每年可努力争取一二项大的业务，但要专人负责，需时较久，投入较大，只能自己去跑，但公司内部的活动与管理也须亲自去抓，往往分身乏术。二是已与有关方面草签了协议，由公司主办一份商讯刊物，发布有关市场、行业的各类信息广告，以此来联系市场与客户，发展前景较好，但需做大量的工作。

基于公司原本的业务量，在进入新市场之后，公司的原本结构适应不了业务的扩张，导致完成项目的时间变长，工作量变大，导致人员配置不足。同时，公司管理结构不够牢固，并缺少完善的制度。公司内部原采用直线制结构，设有办公室、财务室、客户部、设计室等部门，但每个部门往往只有一二个人，多是身兼数职，接了大业务，大家一起干，或临时招聘数人。往往存在苦乐不均、干多干少报酬区别不大的现象，同时，人员流动性很大，几乎没有干满两年以上的员工，很难形成骨干力量。

综合考虑阳光公司面临的现状，管理层决定采用矩阵式组织管理（如下图所示），对公司进行改革，明确公司的三个主要业务：一是旧的业务，运作这一部分业务熟练，这是公司发展的基础，可由一个项目组跟进；二是每年的会展大业务，成立一个项目组专门负责，针对性服务客户，能够更好地满足客户的需求；三是公司主办的一份商讯刊

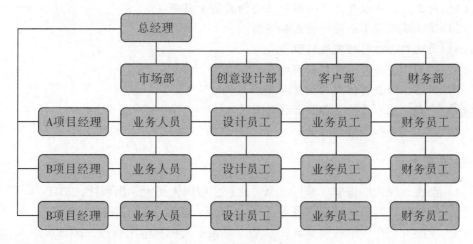

阳光公司矩阵式组织管理示意图

物，虽然工作量巨大，但发展前景较好，需成立为一个项目组进行跟进。

古城广告一般规模不大，使用矩阵式组织可以充分利用其优势，促使人力资源在多个项目间得到灵活的共享，适合阳光公司现阶段业务发展需要。

（资料来源：百度文库/广告传媒，2014年）

[链接思考]
（1）分析阳光广告公司内外环境发生了哪些变化？
（2）阳光广告公司为什么要采用矩阵式组织结构？

本章小结

广告经营业是指专门从事为广告主进行广告活动的行业。广告公司是广告经营业的基本组织形态。现代广告公司主要由以下几种类型的企业组成：综合性广告公司、专业性广告公司、其他类型。

在市场经济条件下，广告公司与其他企业一样，要在竞争激烈的市场中生存与发展，必须靠高质量的广告策划和制作、较高的广告成功率，真正把顾客作为经营活动的中心，不断提高科学管理水平。

我国广告公司的经营内容主要包括：向广告主介绍各类广告的作用、根据广告主提供的商品样品和提出的要求进行市场调研、向广告主提出广告建议、联系广告媒体、负责广告设计和制作、负责包装设计等。

任何竞争归根到底都是人才的竞争。广告人才的选拔与培养是广告事业发展的基础之一，是广告公司成败的关键。

关键概念

广告经营　广告代理　广告主体　广告中介　广告客体　广告公司　综合性广告公司　专业性广告公司

思考题

（1）什么是广告经营？广告经营业的构成要素有哪些？
（2）简述现代广告公司的特点和类型。
（3）简述广告公司的发展过程。
（4）我国广告公司经营包括哪些内容？
（5）简述广告公司的机构设置和职能。
（6）广告从业人员应具备什么样的素质？
（7）简述广告人才培养的途径。

参考文献

[1] 苗杰. 现代广告学 [M]. 5版. 北京：中国人民大学出版社，2011
[2] 朱强. 广告公司经营与管理 [M]. 武汉：武汉大学出版社，2007
[3] 李宝元. 广告学教程 [M]. 2版. 北京：人民邮电出版社，2008
[4] 余序州. 广告管理 [M]. 武汉：华中科技大学出版社，2011

第十三章 广告的宏观管理

本章学习目标

学完本章以后，应掌握以下内容：①了解广告宏观管理的概念、特点和作用；②了解广告立法的基本原则及法律管理；③了解消费者组织监督和行业自律的内容。

第一节 广告宏观管理概述

一、广告宏观管理的概念

广告宏观管理的概念有两层意思：从广义方面讲，广告宏观管理能够对从事广告活动的广告主、机构和人员行为产生监督、检查、控制和约束作用的管理。从狭义方面讲，广告宏观管理是工商行政管理部门依据《中华人民共和国广告法》（以下简称《广告法》）和其他有关的法律和法规，对广告活动进行监督、检查、控制和指导。《广告法》中规定：县级以上人民政府工商行政管理部门是广告监督管理机关。

二、广告宏观管理的内容

广告宏观管理的目的是为了促进商品生产、扩大商品流通、发展国际贸易、维持正常的社会经济秩序、保护消费者的合法权益，使广告更好地为建设社会主义精神文明与物质文明服务。广告宏观管理的内容有以下方面。

（一）广告必须依法管理

1982年2月6日，国务院颁布《广告管理暂行条例》，这是中国第一部全国性、综合性的广告管理法规，它的颁布标志着中国的广告管理工作进入了一个新的历史时期。《暂行条例》明确规定由国家和地方各级工商行政管理部门负责管理全国广告。随后，工商行政管理总局依据《广告管理暂行条例》制定了《广告管理暂行条例实施细则》，对《广告管理暂行条例》规定的内容做了详细、具体的规定。从1982年2月到1987年10月这5年间，《广告管理暂行条例》和《广告管理暂行条例实施细则》成为工商行政管理机关开展广告管理工作的基本依据，成为各行各业从事广告活动的行为规范，并为新的广告管理法规的诞生奠定了基础。

随着广告业的发展，《广告管理暂行条例》中的某些规定已不适应形势的要求。在总结经验的基础上，吸收过去五年中颁布的广告管理单行法规的有关内容，借鉴国外广告管理的经验，国务院于1987年10月26日正式颁布《广告管理条例》，从12月1日起施行。《广告管理条例》的颁布实施，标志着中国广告管理法规的进一步健全和完善，它不仅为广告管理提供了更为全面、具体的法律依据，而且用法规的形式把广告宣传和广告经营的行为规范确立下来，为广告事业的健康发展提供了保障。

1992年，国家工商局根据党的"十四大"确定的经济体制改革总目标和中共中央、国务院《关于加快发展第三产业的决定》，就事关广告业发展大计的两项大事作出规划和安排。一是开始市场流通领域重要立法之一的《广告法》的调研、论证、起草工作。二是着手制定广告业恢复10年来的第一部发展规划纲要，并于1992年年底报送国务院。1994年10月27日，第八届全国人民代表大会常务委员会第十次会议通过了《中华人民共和国广告法》，自1995年2月1日起施行。《广告法》的实施，标志着中国广告业在法制化轨道上更进了一步，标志着中国广告发展进入了一个新的里程。

（二）广告的消费者监督与管理

各种类型的消费者组织是消费者为维护自身合法权益不受侵犯而形成的社会团体。从国内外情况看，消费者组织对广告的监督以及由此而形成的间接管理对广告产生着越来越重要的影响。

美国对于禁止虚伪和欺骗性广告的最主要机构（消费者组织性质）叫经营改善协会（B.B.D，即Better Business Bureau），在美国已有70多年历史，它对于消费者的诉愿和质询提供详细解答。它承担着调查虚伪与欺骗性广告，并予以揭发和保护消费者合法利益的任务。消费者同盟是美国消费者的最大组织，它从事商品比较试验，并将试验结果向消费者公布，以供购买商品时识别，该组织每年提供的报告多达几百万份。

日本民间的主要消费者组织是主妇联合会和消费者协会，主要职责是确保公正的竞争；保证消费者自由选择商品；保证正确的商品知识的传播和普及；尊重消费者的意志和保证消费者的社会责任。

法国1951年创立了消费者联盟，其主要活动目标在于对消费者问题进行调查研究，提供商品性能、质量、价格和使用方法等方面资料。

我国1984年成立了中国消费者协会。它的宗旨是对商品和服务进行社会监督、保护消费者的利益；指导广大群众的消费，促进社会主义市场经济的发展。消费者组织的形成和发展使原本分散的力量形成了集合力量，由这种力量对广告活动形成的监督、控制和约束力量已越来越强大，对于进行欺骗性广告的广告主，这种力量有时是致命的。从我国情况看，消费者对自己权益的保护意识在加强，这对于我国广告的健康发展和进入良性循环有着重要意义。

（三）广告行业的自律制度

它包括广告的专业机构、广告媒体和工商企业的广告部门所制定的广告自律条文和规定，或同行业团体机构共同制定的广告公约。作为行业或企业执行国家有关广告法规的具体行动准则，进行自我约束，承担责任，保证所发布的广告能奉公守法。行业管理是广告宏观管理的重要组成部分。随着我国市场经济的发展和广告事业的发展，它将显示越来越重要的作用。

（四）广告的职业道德管理

广告道德是指由特定社会经济关系决定的，在广告活动中所发生的人们之间关系的行为准则和规范的总和。道德在社会生活中发挥的作用比法律广泛得多，比如，欺骗属于不道德的行为，轻者受到社会舆论的谴责，重者要受到法律的制裁。道德与法律的关系是相互补充的关系，同时还包括相互渗透的作用。解决广告问题不仅要依靠法律的力量，而且有很大部分得靠社会舆论与职业道德来约束和调整。

三、广告宏观管理的作用

广告宏观管理的作用也就是广告管理所要达到的最终目的。广告宏观管理具有如下作用。

（一）维护广告的真实性

维护广告的真实性是广告管理最重要的内容之一。它直接关系到消费者的利益能否得到保护，社会再生产能否顺利进行，广告事业能否健康发展。广告是消费者进行购买的依据之一，消费者要维护自己的切身利益，首先要学会区分欺骗性广告和真实性广告。

1. **欺骗性广告**

凡广告内容与事实不符，广告主的许诺没有兑现的广告均属欺骗性广告。欺骗性广告有以下三种：

（1）以骗人骗钱为出发点的广告。如有的邮购广告根本没有商品，或商品的质量、价值远低于广告承诺，广告主骗到钱后便不知去向；有的"致富"广告以提供良种、原料、技术及包收购等虚假承诺让人上当受骗；还有的广告推销"增高器"、"近视灵"等假冒伪劣商品。这类广告是有预谋的彻头彻尾的欺骗广告。

（2）夸大商品性能、质量或服务的广告。如有的广告，说某种药既能壮阳又能滋阴，既能治男性特有的疾病又能治女性特有的疾病；说某种止咳冲剂"十分钟去痰，五分钟止咳"；说某些食品、化妆品也能治病，一吃、一用立竿见影。

（3）用比较手法贬低其他生产经营者的商品或服务、误导消费者的广告。如某广告说普通香皂只能去污，不能去细菌，×××能有效去除细菌；有的广告甚至称"打败了南方所有的竞争者"。

上述第一种欺骗性广告，其出发点是骗人骗钱，故必须依法从严查处，构成犯罪的，依法追究刑事责任。上述第二种、第三种欺骗消费者的广告，有的同样存在骗人骗钱的动机，有的则主要是广告信息使大众产生误解。对于这两类广告，应视其情节轻重及其对消费者造成的损害程度，承担相应的法律责任。

2. **真实性广告**

对于广告真实性各国都有明确规定，但不同的国家对真实性的表述内容有所不同。例如，我国规定：广告内容必须清晰明白，实事求是，不得以任何形式弄虚作假、蒙蔽或欺骗用户和消费者。有缺陷的处理商品、试制和试销商品，都应当在广告中注明。美国联邦最高法院对广告的真实性也有规定：①作为广告，不仅每段叙述文字都应是真实的，而且作为一个整体，广告也不应给人以误解的印象；②广告不得模糊或掩盖事实真相；③广告不得巧妙地设法使读者对其真实含义和对一项保证的实际内容产生忽视和误解；④广告不得施展圈套和伎俩来博取人们的购买行动。

广告的真实性是对广告的一般要求。对企业来说，真实的广告是提高企业信誉、树立良好形象的关键之一。一则诈骗性广告或不真实的广告对企业形象的损害是不可估量的。因此，保持广告的真实性是企业在市场经济条件下生存与发展的前提。

广告经营者要保证广告的真实性，必须做到以下几点：

（1）要实事求是，不随意夸大商品的优点或特点。广告要忠实地致力于提供确实的信息，不能以"合法的谎言"和夸大不实之词来蒙骗公众。

（2）广告表现不能给人造成错觉或误解，要坚持艺术性和真实性的统一。要把制作与使用广告的重点放在为消费者提供最佳服务和提高产品的销量上。产品在某些条件下可能会对消费者生理或心理造成损害的，必须在广告中注明。

（3）广告不能用某些给消费者设圈套的办法达到销售目的。广告在向消费者做宣传时，要把他们看作受尊重的人，是你服务的对象。

（4）广告主的许诺是有根据的，是能够实现的。有关商品知识的宣传是正确的。

（二）正确引导消费，弘扬良好社会风气

广告是社会意识形态的反映，是社会经济、文化发展到一定阶段的产物。广告管理要促进广告正确地引导消费者，既要实现企业和个人物质利益的满足，又要有利于社会精神文明的建设，弘扬良好的社会风气。为此，必须做到以下几点：

（1）对那些具有反动、淫秽、丑恶、迷信内容的广告要坚决清除。

（2）广告业的发展应与我国经济发展相适应，为整个经济发展战略服务。

（3）广告应维护民族尊严，树立民族自尊心和自信心，反对无原则的崇洋媚外。

（4）广告应当遵守有关的法律、法规，不能违反保密规定。

（三）保护合法的广告宣传，维护正常的经济秩序

保护合法的广告宣传，处罚和取缔非法广告是维护正常经济秩序的基本手段。一方面，随着我国经济的不断发展，卖方市场在层次、规模上逐渐扩大，广告作为一种促销手段，其竞争也日益加剧，难免会出现一些企业利用广告宣传攻击、诋毁其他同类产品，假冒名牌以推销伪劣产品等不正当竞争手段。另一方面，随着广告业的发展，比较广告作为一种趋势也会日益频繁地出现在社会生活中。这种广告形式在以对比方式传输信息的过程中，很难做到完全的公平与公正，常会损害其他广告主的权益。只有通过政府对广告的管理，对广告中的不实或不良行为进行取缔和处罚，才能保护经营者的合法权益，维护正常的经济秩序，促进国民经济的健康发展。

第二节　广告业的法律管理

　　广告的法律管理是市场经济发展的必然产物，它在广告管理中占有重要地位。在发达国家，广告法已有较长的历史，并不断地推出新的法规。例如，英国 1910 年颁布的《广告法》对广告发布的范围进行了规定，1927 年又进一步完善；美国 1911 年制定了《善令泰因克广告法案》，并在 1938 年和 20 世纪 70 年代进一步完善。我国台湾和香港地区也较早发布了各类广告法。以台湾地区为例，截至 1980 年，已有各种广告法规达 40 种以上。我国在 1995 年 2 月颁布了《广告法》。

　　2014 年 2 月，我国工商行政管理局为进一步规范广告活动，起草了《中华人民共和国广告法（修订草案）（征求意见稿）》，全国人大常委会于 2015 年 4 月通过了该法修订草案征求意见稿，并颁布了新修订的《广告法》。新修订的《广告法》对禁止发布的广告内容等有了更具体的规定；放宽了广告版面和播放时间的限制以及广告价格管理的方式方法；加强了对广告验证制度的管理和违法行为的查处；等等。

一、广告立法的基本原则

　　广告立法除了遵循民法的平等、自愿、诚信、公平原则和经济法的平等互利、协商一致、等价有偿的原则外，还应有自己的独特原则。

（一）真实性原则

　　广告真实性原则是广告活动中最基本的原则。无论是树立企业形象，还是推销商品、提供服务，广告内容都必须真实。真实是广告的生命之所在，广告必须以真实得到社会的信赖，不得以任何形式欺骗、误导消费者，使消费者作出与自身利益不相符合的商品选择，从而蒙受经济上的损失。

（二）公平竞争原则

　　公平竞争是我国民事活动中必须遵循的一个原则，广告活动当然必须遵循。竞争是市场经济最基本的运行机制，是市场经济的内在要求。只有竞争，企业才会将压力变为动力，才会按照市场的供求关系、流通规律，不断调整自己的经营行为。而广告作为企业参与市场竞争的重要手段之一，它能使竞争的激烈程度加剧，由"商品战"引发"广告战"。但是竞争要遵循规则，公平竞争，大家在同等条件下，公正、平等地进行竞争，不得采用欺骗、胁迫、贿赂等不正当手段进行竞争；更不能为了竞争而故意贬低其他生产经营者的商品或服务；广告主不得采用有奖销售的手段引诱消费者购买；广告经营者不得以"回扣"的形式拉广告。

（三）社会公众利益原则

　　广告应以公众利益为中心，从消费者利益出发，而不是片面强调企业的赢利。以消费者利益为中心,正是现代企业经营思想的核心。广告虽然是企业竞争的手段,但是如果不能从消费者的角度出发,就得不到公众的认可和信任,因而也就在大的方面失去了企业竞争力,这就需要政府在进行广告立法时充分考虑到社会公众利益的需要,通过广告立法禁止各类有损公众利益的广告活动行为。如宣传封建迷信,损害国家、民族利益,有种族歧视的,违反社会公众道德的广告宣传,都是违背社会公众利益原则的广告,要加以禁止。

(四) 防范原则

广告是在极其广泛的范围内运用大众传播媒介传播商品、服务信息。广告的内容一旦是虚假的,传播出去的后果是极其严重的,在社会上造成的影响有时是难以挽回的。尽管对虚假广告活动行为,广告监督管理机关在事后会对当事人给予相应的惩罚,但虚假广告给有关方面造成的直接或间接的影响是无法估算的。因此,对于借用大众传播媒介发布信息的广告活动,应遵循以防范为主的原则,将广告违法行为尽量杜绝在广告发布之前。有关单位要依法对广告内容进行严格审查,不符合法律规定的广告不得发布;否则,广告主、广告经营单位要承担相应的法律责任。只有这样,才能逐步减少直至杜绝虚假广告,从而达到净化广告市场的目的。

二、广告法律管理的特点

(一) 约束性

广告管理法规具有国家意志的属性,是广告主、广告经营者、广告发布者的行为准则。他们在从事广告活动时,首先要考虑自己的行为是否符合广告管理法规的要求,并考虑其后果应承担的法律责任,这就使广告的法律管理具有普遍的约束性。

(二) 强制性

广告管理法规具有形式上的强制性,无论何时都会存在。一旦广告活动的主题违反了法律规定,广告管理法规便通过国家政权机关的力量来保证它的实施,并对违法者处以相应的惩罚,这就使得它具有较高的强制性。

(三) 规范性

广告管理法规的每一条文都只能有唯一的解释,不能模棱两可,所以广告的法律管理具有明确的规范性。

(四) 稳定性

广告管理法规的内容往往都是法律化了的、经过实践充分证实了的广告政策措施,一旦制定便在一个较长的时期内保持不变。这就使得广告的法律管理具有相对的稳定性。

三、中国广告业的法律管理体系

中国的广告业法律管理发端于 20 世纪 20 年代的《民律法案》，其中对广告的解释、效力、撤消、悬赏等作了十六条款项之规定。

20 世纪 30 年代开始，国民党政府迫于各界压力，对广告活动进行了少量的管理。例如，国民党政府社会部于 1936 年 10 月颁布《修正取缔树立广告的办法》以及《户外广告物张贴法》等管理法规；1943 年 9 月，重庆市政府社会局颁布《重庆市广告管理规则》和《广告经营标准》；北平（北京）、天津等市政府的社会局也对广告行业进行了组织管理；国民党政府交通部电信局还对广播电台及其广告播出进行直接管理，各地广播电台开设要事先经过电信局核准，经营过程中要接受它的检查。这些都标志着现代意义的广告管理的出现。但是，由于没有一部正规严肃的广告管理法规，国民党政府对广告的管理是软弱无力的。当时许多骗人害人、伤风败俗的广告比比皆是，各界有识之士多有指责，然而屡禁不止。在此情况下，国民党政府也在一些新闻和出版法规中，对广告的内容做了一些大略的限制。如利用新闻媒体限制英、日货广告，但收效甚微，无法保护民族工业。

新中国成立初期，各地大城市对广告业进行了整顿，取缔了国民政府发布的广告管理法规，相继颁布了一些新的广告管理办法和规定。例如，1949 年 4 月，天津市公用局率先公布了《管理广告商规则》；1949 年 12 月，上海市人民政府公布了《广告管理规则》；1950 年，西安市公用局印发了《广告管理暂行办法》；1951 年，西安市工商局发布《关于印刷厂商管理暂行办法》，其中许多条款涉及广告；1951 年底，重庆市人民政府发布了《重庆市广告管理暂行办法》，并成立了广告管理所；1951 年 5 月，广州市人民政府也颁布了《广州市广告管理暂行办法》。有些地方的人民政府对那些影响国家经济发展和人民生活的重点商品广告规定了管理办法，从而进一步深化了对广告的管理。1953 年，我国开始对农业、手工业和资本主义工商业进行社会主义改造，实行计划经济。在这种情况下，市场经济的发展受到阻碍，商业广告作为一种竞争中的促销手段失去了其存在的意义，但许多地方政府仍然继续加强对广告业的管理工作。例如，补充和修改了原有的管理法规，发布新的广告管理法规，或者改进管理办法，等等。

1982 年 2 月 6 日，国务院颁布《广告管理暂行条例》（简称《暂行条例》），这是中国第一部全国性、综合性的广告管理法规，它的颁布标志着中国的广告管理工作进入了一个新的历史时期。《暂行条例》明确规定由国家和地方各级工商行政管理部门负责管理全国广告。随后，工商行政管理总局依据《暂行条例》制定了《广告管理暂行条例实施细则》（以下简称《实施细则》），对《暂行条例》规定的内容做了详细、具体的规定。《暂行条例》和《实施细则》是调整广告管理、广告经营、广告用户以及他们与消费者之间的广告活动的法律规范，其目的在于通过广告管理取缔非法经营，保护合法经营。《暂行条例》的发布为广告管理提供了法律依据和准则，各地在贯彻执行中对广告业进行了一次认真的清理整顿，使广告业在恢复发展起步阶段的某些混乱现象得到有效控制。从 1982 年 2 月到 1987 年 10 月这 5 年间，《暂行条例》和《实施细则》成为工商行政管理机关开展广告管理工作的基本依据，成为各行各业从事广告活动的行为规范，并为新的广告管理法规的诞生奠定了基础。

随着广告业的发展，《暂行条例》中的某些规定已不适应形势的要求，国务院于1987年10月26日正式颁布《广告管理条例》，从12月1日起施行。《广告管理条例》的颁布实施，为广告事业的健康发展提供了保障。

1992年，国家工商局根据党的"十四大"确定的经济体制改革总目标和中共中央、国务院《关于加快发展第三产业的决定》，就事关广告业发展大计的两项大事作出规划和安排。一是开始市场流通领域重要立法之一的《广告法》的调研、论证、起草工作。二是着手制定广告业恢复10年来的第一部发展规划纲要，并于1992年底报送国务院。1994年10月27日，第八届全国人民代表大会常务委员会第十次会议通过了《中华人民共和国广告法》，自1995年2月1日起施行。《广告法》的实施，标志着中国广告业在法制化轨道上更进了一步，标志着中国广告发展进入了一个新的里程。

2003年8月27日，第十届全国人民代表大会常务委员会第四次会议通过了《中华人民共和国行政许可法》，要求各个部门必须规范自行制定的暂行办法、规定、条例等。至此，中国广告管理与监督的法律依据主要有：①一部法律——1994年10月27日第八届全国人民代表大会常务委员会第十次会议通过的《中华人民共和国广告法》；②五部法规——《广告经营许可证管理》、《广告管理条例实施细则》、《印刷品广告管理办法》、《户外广告登记管理规定》和《医疗广告管理办法》；③28条行政规章。除此之外，一些特殊商品的相关法律规章中也有关于广告的法律规定，类似这样的法律也作为广告监管的主要法律依据。例如，2009年2月28日第十一届全国人民代表大会常务委员会第七次会议通过的《中华人民共和国食品安全法》中第四章"食品生产经营"的第五十四第、第五十五条就是关于广告发布的管理要求。有了这一完整的法律体系，使执法者能够有法可依，有效地加强了广告的法制化管理。

2014年2月，为了适应进一步规范广告活动、促进广告业健康发展和保护消费者利益的需要，工商总局在总结监管经验的基础上起草了《中华人民共和国广告法（修订草案）（送审稿）》，上报国务院。国务院法制办公室经征求有关方面意见，会同工商总局对送审稿进行认真研究修改，形成了《中华人民共和国广告法（修订草案）（征求意见稿）》。新修订的《中华人民共和国广告法》于2015年4月24日召开的第十二届全国人民代表大会常务委员会第十四次会议上表决通过，并将于同年9月1日起正式施行。

第三节 广告业的消费者监督与行业自律

从我国商品经济发展的实践和从发达国家广告宏观管理的经验教训来看，大量广告问题的最终解决是在社会舆论的影响及在消费者组织的协调下得以实现的。

一、广告业的消费者监督与消费者组织

(一) 广告业的消费者监督

随着商品经济的发展,广告数量迅速增多,广告管理的任务日益繁重。这就有必要依靠社会各方面的力量,特别是充分发挥消费者监督的作用,更好地对广告经营活动实行监督管理。所谓消费者监督,就是通过群众组织,对不良的广告行为进行检举,并利用新闻媒介对不良广告点名批评,从而限制或制止有危害消费者利益行为的广告出现。消费者是广告行为的直接接受者,广告行为规范与否直接关系到其切身利益;同时,广大消费者对广告行为的监督,也是政府对广告经营活动进行管理的有效保障之一。消费者对广告经营活动进行监督管理是通过成立消费者组织来实现的,消费者组织集中反映了消费者的意愿。

很长时间以来,消费者一直处于被动地位,市场提供什么样的商品和服务,消费者就消费什么样的商品和服务,而无法将自己的意愿及对商品和服务的意见向生产者和提供者反映。"二战"以后,由于消费者运动的蓬勃发展,消费者的地位日益受到各国经济主管部门的重视,世界各国相继成立了各种消费者组织。

(二) 消费者组织

1. 美国的消费者组织

(1) 经营改善协会。该协会成立于1914年,是美国消费者保护运动的最主要机构之一,对消费者的咨询提供比较详细的解答。该协会的活动目标为:①防止扰乱正常商业秩序和揭露虚伪广告宣传,保护消费者的合法权益;②调查虚伪、欺骗广告和销售手段,并予以揭发。

(2) 消费者同盟。这是目前美国消费者运动的最大机构,它的主要活动内容为:做商品比较实验,并把结果向消费者公布。

2. 日本的消费者组织

日本民间有日本消费者协会、主妇联合会、日本广告协会和广告审查机构等。

(1) 日本广告审查机构。它成立于1974年10月,主要活动内容为:①接受和处理消费者对广告的意见;②对广告内容进行审查,如发现问题,责成广告主改正。

(2) 日本消费者组织有六大原则,包括:①确保公开竞争;②确保消费者在丰富的商品中自由选择;③正确普及商品知识;④尊重消费者的意志;⑤完善消费者组织;⑥加强消费者的社会责任感。

除美、日之外,其他发达国家也有各种各样的消费者组织,对广告业进行监督管理,在这里不一一详述。

3. 中国的消费者组织

中国消费者协会成立于1984年,由各人民团体,有关部门,各省、市、自治区以及有关消费者代表组成。该协会成立以来做了大量工作,对商品和服务进行了监督,保护了消费者利益,促进了社会主义商品经济的发展。

中国消费者协会对消费者权利进行了如下概括：①了解商品和服务的权利；②选择商品和服务的权利；③获得商品和服务安全、卫生的权利；④监督商品和服务价格、质量的权利；⑤对商品和服务提出意见的权利；⑥受到商品和服务损害时索取赔偿的权利。

由于我国的消费者组织不是消费者自觉组织起来的，所以还不能充分发挥消费者的积极性与主动性，也就不能有效地发挥其对广告违法行为的监督与控制的作用。我们应当逐步把消费者协会办成"消费者之家"，使消费者积极自觉地参与对广告的监督活动。

（三）消费者监督的特点

1. 监督主体的广泛性

生产者和经营者为使自己的商品和服务在同类商品和服务中占有市场，需要通过不同的渠道提供商品和服务的信息，来自各条渠道的消费者从不同的角度对商品和服务起到监督作用，从而构成一个庞大的监督阵容。

2. 监督客体的集中性

消费者实施对广告的监督，突出了广告管理的个性，形成了监督客体的集中性。

3. 监督权产生的多元性和手段的约束性

根据有关的法律、法规的规定，消费者有权监督社会经济运行，其中包括监督广告的运行。这就使消费者的监督权具有多元性，其手段具有一定的约束性。

4. 监督目的的单一性

消费者对广告实施监督的目的，就在于维护自己的合法权益，这是它的唯一目的。

二、广告行业自律

理想的广告管理体制是实行政府法制管理与广告自我约束（即自律）相结合，又以自我约束为主的管理机制。

广告行业自律，是指各个广告组织根据广告道德制定的行为规范，或同行业团体机构共同制定的广告公约，进行自我约束，承担责任，保证所发布的广告做到守法。

（一）广告行业自律的特点

行业自律是商品经济和社会化大生产发展到相当阶段的产物。行业自律有其自身的特点，主要特点如下：

1. 自愿性

广告的行业自律是其自愿行为。广告公司自愿组成组织，制定共同遵守的行为准则，通过维护行业整体利益来达到维护各自利益的目的。

2. 广泛性

广告的行业自律主要是通过伦理道德准则来实施的，所以它的范围更广。

3. 灵活性

广告的行业自律准则是行业组织在法律法规的指导下拟定的，但无需像法律、法规的制定、修改和废止那样要经过法定的程序。

4. 惩戒性

对违反行业自律规则的广告公司的惩戒，通常的做法是通过舆论监督求实现，但这种惩戒只是道义上的，而非司法性的。

（二）国际商会通过的《国际商业广告从业准则》

在经济发达国家，各行各业出于保护竞争，维护行业信誉，避免过多的法律干预或出于社会责任的考虑，相应制定出比较完善的广告规则，承担起对广告活动的自我规范的义务。

国际商会可以说是在推行广告行业自律方面比较积极的。国际商会1963年通过的《国际商业广告从业准则》对全世界的广告活动影响极大，下面介绍一下它的主要内容。

《国际商业广告从业准则》分为两大部分：一是国际广告从业准则；二是国际电视广告准则。

1. 国际广告从业准则

（1）国际广告从业准则的适用范围：①刊登广告的客户；②负责撰拟广告的客户、广告商或广告代理人；②发行广告的出版商或承揽广告的媒体商。

（2）国际广告从业准则：①应遵守所在国家之法律规定，并应不违背当地固有道德及审美观念。②凡引起轻视或非议之广告，均不应刊登；广告之制作不应利用迷信或一般盲从心理。③广告只应陈述真理，不应虚伪或利用双关语及略语手法来歪曲事实。④广告不应夸大宣传，致使顾客在购买之后有受骗及失望之感。⑤广告中所刊有关商号、机构或个人之介绍，或刊载产品品质、服务周刊等，不应有虚假或不实之记载。凡捏造、过时、不实或无法印证者均不应刊登。引用证词者与作者本人，对证词应负同等责任。⑥未征得当事人同意或许可，不得使用个人、商号或机构的证词，亦不得采用其相片；对已逝人物之证件或言辞及其照片等，倘非依法征得其亲属认同，不得使用。

（3）广告活动的公平原则：①不应采用混淆不清的广告使顾客对于产品，或提供之服务产生误信。②广告应以本身所推销的产品服务为基础，努力获得公众的信誉，不作侵害同业的宣传。

（4）代理商及广告媒体商守则：①代理商及媒体商不应诋毁其竞争者。②本国以外之广告商，应严格遵守当地有关广告业经营的法令，或同行业之约定。③对广告客户作歪曲或夸大之宣传，应予以禁止。④广告客户，对于刊登广告之出版物或其他媒体有权了解其发行量及要求提供确实发行数字之证明。广告客户得以进一步了解广告对象之听众或观众的身份及人数，以及接触广告的方法，广告业者应提供忠实的报告。⑤各类广告的广告费率及折扣，应有明了翔实而公开的刊载，并应确实遵守。

2. 国际电视广告准则

（1）本准则的基本原则：所有电视广告制作内容除真实外，应具有高尚风格。此外，必须符合在广告发行当地国家之法令及同业之不成文法。因电视往往为电视观众一家人共同观赏，故电视广告应特别注意其是否具有高尚道德水准，不得触犯观众尊严。

(2) 本准则所规定的某些特殊广告方式准则：

第一，儿童节目广告准则。在儿童节目中或儿童所喜爱的节目中，不应播放伤害儿童身心及道德的广告，亦不容许利用儿童轻信的天性或童心播放不当广告：①儿童节目发布的广告，不应鼓励儿童进入陌生地方，或鼓励与陌生人交谈。②广告不应该以任何方式暗示，使儿童出钱购买某产品或服务。③广告不应使儿童相信，如果他们不购买广告中之产品，则将不利其健康和身心发展，或前途将受到危害，或如不购买广告中的产品将遭受轻视或嘲笑。④儿童应用的产品，在习惯上并非由儿童自行购买，但儿童仍有表示爱恶的自主权。电视广告，不应促使他们向别人或家长要求购买。

第二，虚伪或误人之广告，不论听觉或视觉广告，不应对某产品之价格，或其顾客之服务，作直接或间接的虚伪、不实的报道：①科学或技术名词和利用统计数字、科学上之说明或技术性文献等资料时，必须对观众负责。②影射及模仿不应采用足以使顾客对所推销的产品或服务发生错觉，借机进行鱼目混珠之广告方式。③不公平的比较及引证。④滥用保证的避免。⑤据实作证的原则。

(三) 我国广告的行业自律

改革开放后，为适应外贸广告业发展的需要，1981年8月21日，中国对外贸易广告协会成立。该协会由全国对外经济贸易系统的专业广告公司和报刊、出版社等兼营广告的单位，以及专业进出口公司、工贸进出口的广告宣传部门联合组成。它从成立之日起，就采用多种形式推动对外经贸广告行业的发展，提高经营管理水平。1983年12月，中国广告协会在北京成立，这是全国性的广告行业组织。其章程规定：中国广告协会在国务院有关部门的指导下，负责对全国广告经营单位进行指导、协调、咨询、服务活动以及开展国际广告交往活动。1987年5月13日，中国广告协会和中国对外经济贸易广告协会共同组成国际广告协会中国分会。中国广告协会和中国对外经济贸易广告协会在领导会员遵守广告法律、法规的同时，开始建立全国广告业者统一的自律规则和行业规范。为了提高广告从业人员的素质，中国广告协会制定的《广告行业岗位职务规范》于1991年试行。它的制定对中国广告行业逐步走向规范化道路，产生了积极的引导和促进作用。1994年中国广告协会第四次会员代表大会通过了《中国广告协会自律规则》，共12条。该规则要求会员树立良好的行业风气，维护正当竞争，抵制不正当竞争，建立良好的广告经营秩序，提高广告业道德水准和整体服务水平。中国对外贸易广告协会也制定了《中国对外贸易广告协会会员关于出口广告工作的自律守则》，共有9条。这对于保障出口广告业务和经营活动的正常开展，促进出口广告工作健康发展，具有十分重要的意义。之后，广告协会又先后颁布了《广告宣传精神文明自律规则》、《广告行业公平竞争自律守则》、《城市公共交通广告发布规范（试行）》等自律性文件，为维护广告行业秩序和促进发展起到了积极作用。进入21世纪以来，政府部门和社会各界都对广告协会发挥自律作用提出了更高的要求，为此，广告协会在充分论证的基础上对原有的自律规则进行了调整和补充，对于各方面普遍关注、尚需完善的建议予以采纳吸收，形成《中国广告行业自律规则》、《广告自律劝诫办法》等相关规范。《奶粉广告自律规则》和《卫生巾广告自律规则》两项规则旨在对某些类别广告中的倾向性问题作出规范,使自律的要求更有针对性、更加具体化和更具可操作性。

三、中国广告业的伦理道德建设

从传播学的角度来讲,广告传播活动是一项需要广告主体和消费者都参与进来的完整的活动。只有当信息的发送者和接受者双方都分享到传播的思想,传播的意义才完整。广告传播过程中的核心概念包括经验、思想、符号与标志。传播中的经验泛指个体的全部生活经历,在信息发送者和接受者之间共同经历得越多,理解度越高,沟通的效果也就越佳。思想不会直接在传播中交流,它植根在信息使用者的心中。当交流双方背景文化趋同,价值观念趋近,信息发送者发送的信息对于接受者而言也就意味着同样的意义,思想也就随之传播了。在广告传播中,广告人要综合运用多种符号——字形、图案、声音等传递广告信息内容,选择哪些符号以及如何整合符号,不仅取决于传播者的水平和能力,更取决于受众的心态、背景、经验、认同能力等。事实上,传播者的主观意图仅仅是广告传播的一个方面,客观效果如何,取决于受众接受广告之后的反映,这便是广告传播的核心概念。

因此,广告传播活动中所涉及的文化和思想都属于意识形态领域。而意识形态是人们关于世界的一整套信念,本质上是一种行为方式,这种方式通过提供给人们一种世界观而作出行为决策。在面对复杂的各种社会问题,政府的正式制度难以起到一个很好的管制效果时,往往要借助非正式制度,也就是借助伦理道德的力量来克服利益主体的"搭便车"行为,以使社会得到稳定。根据林毅夫的理论,当一个人在组织中服务(无偿或成本大于收益),当一个人无偿捐助,甚至当一个革命者为其事业牺牲生命时,他同时在消费"虔诚",从而获得某种满足。人们行为方式的差异更多地依赖于对虔诚的需要,而产生虔诚主要依赖于个人的意识形态,个人的意识形态强,说明他的意识形态资本大,因而生产虔诚的影子价格低,他配置到虔诚上的时间边际效用高,为此会配置较多的时间、精力来消费虔诚。成功的意识形态可以通过给个人提供有选择性的激励来实现弱化"搭便车"的功能,而且这种激励是较为有效的,因为它能够将外部性内在化,通过个人的伦理道德信念来约束自己的行为。

中华民族在漫长的历史发展中,建构起了十分成熟的道德价值体系,形成了丰富多样的个人伦理、家庭伦理、国家伦理,乃至宇宙伦理的道德规范体系,从内在的情感信念,到外在的行为方式,都提出了比较完备的道德规范。中华民族的传统美德,是中国这个民族大家庭共存共荣的凝聚剂和内聚力,它在价值的意义上形成中华民族道德人格的精髓或精魂。从人与自身、人与他人、人与群体的关系出发,结合广告传播自身的特点,在广告传播中应树立的八大伦理规范:①仁爱孝悌;②谦和好礼;③诚信知报;④精忠爱国;⑤克己奉公;⑥修己慎独;⑦见利思义;⑧勤俭廉正。传承优秀的中华传统文化,无论是对民族的发展还是经济的腾飞,都具有积极的意义。因此,在教育体系里应加强中国思想史和中华传统文化的课程设置,在广告管理中要加强对广告主体尤其是广告经营单位和广告发布单位的思想文化教育。

案例 违法广告为何屡禁不止

现摘近年来较为典型的违法广告介绍如下。

1. "媒购委"通报央视主持人涉嫌代言违法广告

近日,"媒购委"通报了31则涉嫌违法违规的电视购物短片广告,其中3则涉嫌违法的广告都是由央视《健康之路》栏目主持人张某"代言","好享购物"和"天津大港"两个购物频道也被点名。

据"媒购委"近期监测,有个别明星、名人具有故意违规行为。如央视主持人张某所做的亦芝堂百癣片电视购物短片广告、汪某主持的药品国药701(郁金银屑片)短片广告,均含有不科学地表示功效的断言或保证,而且采用了新闻访谈、名人推荐、患者现身说法和专家证言的禁播方式。

另外,在31种违法电视购物广告中,"媒购委"还发现了侯某某、赵某某、李某某等名人参与,经调查后发现,企业并未取得这些名人的授权,这几位名人均是在不知情的情况下被企业"设计"。有的明星为企业做的是品牌广告代言,但是却被企业私自编纂成电视购物广告,诱导消费者。

在这些涉嫌违法违规广告中,拿普通产品、保健食品忽悠消费者的大有人在。像医疗器械808活心砭短片广告,宣称1~2个月彻底告别冠心病、心绞痛、心律不齐、心肌缺血等心脏疾病。但据查,国家批准的产品是刮痧板,而电视购物一"包装"就成了能治病的救心砭,涉嫌虚假宣传。

还有"好享购物"频道播出的减肥产品"婷美308强力纤体组合"电视购物广告,宣称不论男女,从老到少,10天腰围少一圈,30天圆脸变瓜子脸,从此告别月亮脸、大象腿、狮子臀、水桶腰等。但据查,该产品的批号是"卫食健字",批准日期是2002年,10年过去了,这个批号已过期,产品的质量能有多少保障?

媒体购物长期以来如此混乱,主要是缺失行业标准和相应法规的护航。据"媒购委"透露,媒体购物行业标准经商务部批准已正式立项,"媒购委"计划在2012年完成。该标准将涉及电视购物、广播购物、网络购物、平媒购物、型录购物和手机购物等领域。

(资料来源:《北京晚报》2012-05-06)

2. 上海工商行政管理局曝光违法网络广告:"天猫"、"易迅"、"1号店"等上榜

2014年6月18日,上海市工商行政管理局在微博上发布了2014年上海市工商行政管理局第2号虚假违法广告公告。公告中对上海市工商部门发现和查处的"国美在线"、"天猫"、"易迅"、"1号店"等典型违法广告予以曝光。

此次曝光的典型案例涉及普通食品、保健食品、化妆品等类别广告,网络媒体多为电子商务网站,主要违法表现为:普通食品借助成分作用夸大宣传保健功能,并使用消费者的名义或者评价对产品的功效作证明,使用医疗术语或易与药品相混淆的用语;保健食品超出核准的保健功能等进行虚假宣传;化妆品宣传对疾病具有治疗作用;等等。除备案虚假的网站主体工商部门已提请通信管理部门关闭网站外,其余违法广告工商部门均已立案查处。

上海市工商政策管理局表示，将进一步加大互联网广告监管力度，维护上海广告市场秩序，保障消费者合法权益，同时也提醒广大消费者加强自我防范，自觉抵制和举报各类虚假违法互联网广告。

（资料来源：中国新闻网，http://www.chinanews.com）

[链接思考]

(1) 结合上述案例，分析违法广告对社会产生的危害。

(2) 试述违法广告为何屡禁不止，如何减少或杜绝违法广告的行为。

本章小结

加强广告管理，有助于规范广告活动、保护消费者的合法权益和促进广告事业的健康发展。广告管理主要通过广告行业自律、消费者监督和法律约束等三方面来进行。《中华人民共和国广告法》对广告主、广告经营者、广告发布者的广告活动、法律责任，以及特殊商品广告、专项广告的管理均有明确规定。

关键概念

广告宏观管理　广告主　广告经营者　广告发布者　欺骗性广告　真实性广告　法律管理　消费者监督　行业自律

思考题

(1) 什么是广告业的宏观管理？加强广告宏观管理的作用是什么？

(2) 我国广告业法律管理的主要依据有哪些？

(3) 什么是消费者监督？有哪些特点？

(4) 加强广告行业自律对广告管理有何意义？

参考文献

[1] 刘林清. 广告监督与自律 [M]. 长沙：中南大学出版社，2003

[2] 温智，王桂霞. 广告道德与法规 [M]. 北京：清华大学出版社，2009

[3] 张建华. 广告学概论 [M]. 2版. 北京：机械工业出版社，2013

第十四章 国际广告

本章学习目标

学完本章以后，应掌握以下内容：①了解国际广告的概念、特点和发展状况；②了解国际广告调查的内容；③了解国际广告的特殊性；④了解国际广告策划与实施的原理和方法。

第一节 国际广告概述

一、国际广告的概念

国际广告，是指广告主通过国际性媒体、广告代理商和国际营销渠道，对进口国家或地区的特定消费者所进行的有关商品、劳务或观念的信息传播活动。国际广告是在开放性的市场经济条件下，一国广告业适应国际贸易发展和经济全球化要求而向国际市场自然拓展的结果，但它具有一系列不同于一般国内广告运作的规律和机制。国际广告是随着国际贸易的发展而逐渐发展起来的。

当今世界已经形成一个大市场，各国都将国际贸易作为发展本国经济的主要手段。企业进入国际市场有直接出口和间接出口两种方式。直接出口，就可以直接接受国外订货，直接与国外客户签订合同，直接参加国外投标，直接在国外寻找中间商和代理商，直接在国外建立销售机构。间接出口，包括进出口公司收购、进出口公司或国外机构代理出口。企业进入国际市场的方式的不同，决定着国际广告的方式和方法。

二、国际广告与国内广告的区别

国际广告同国际营销有着密不可分的联系，并且也具有广告的一般特点。国际广告与国内广告在原理和实际操作中具有许多共性。例如，根据广告目的的不同也可以分为商品广告、企业形象广告等类别；在具体实施中，也必须首先进行市场调研，寻求广告代理公司，作出全面的广告战略规划和具体的广告策划与执行等；在广告发布后，也需要广告信息传播效果的反馈和评估。

与国内广告相比，因其实施范围不同、服务对象不同、所产生的影响与作用不同，国际广告具有更大难度和更高要求，这就决定了国际广告具有以下特点。

(一) 国际广告运作的市场活动范围具有全球性

随着国际市场的日益开放，运用国际广告参与国际市场竞争的企业，逐步放弃旧有的生产经营模式，开始采取全球性的营销战略，向国际化、集团化方向发展，极大地改变了原有的世界贸易格局，其广告活动也大大地超越了一般广告活动区域、国别市场的地域限制，带有全球性的特征。服务于国际市场营销，满足国际化广告主的全球营销和整体营销的需要，在一个极为广大而又复杂多元的国际市场范围和环境里进行广告运作，是国际广告的一大特点。因此，在具体展开国际广告活动之前，对相关产品的市场适应性、市场容量、市场前景进行分析和预测，是成功开展国际广告活动的前提和基础。国际广告必须具有对目标国市场的高度适应性，才能充分发挥其配合对外贸易、对外营销的作用，实现成功开拓国际市场的目标。

(二) 国际广告活动面临的市场环境特征明显

国际市场环境中，各国的政治、经济、文化、科技发展状况不同，其生产方式、生活方式、文化习俗、宗教信仰等具有极大差异性。国际广告活动要取得成功，并有效地规避市场风险，就不能不首先考虑到目标国具体市场环境中的政治环境、经济环境、法律环境、科技环境、媒介环境、文化环境的多重特异性及其变化因素，同时还要尽力克服语言和习俗这最大最难的两个障碍。这些都将深刻地影响到国际广告的传播方式和传播效果，也加大了国际广告运作的难度。

(三) 国际广告活动的各要素具有差异性

1. 广告主不同

一般国内广告主要是生产企业或经营企业，而国际广告是出口商品生产企业或进出口企业，他们的经营方式是完全不同的，这就决定了其采取的促销与广告方式的不同。

2. 广告对象不同

国际广告除了面对国外不同的消费者外，其贸易广告的对象主要是国外的进口商、批发商，这也决定了国际广告的特殊性。

3. 广告诉求方式不同

一般来说，面对消费者的广告，多侧重于感性诉求，而当国际广告以进口商和批发商为目标对象时，则多侧重于理性诉求，着重传播有关产品客观特性的信息。

4. 广告媒介选择不同

因广告诉求方式的不同，国内广告多选择大众化媒介和新兴媒介，如电视、报纸、杂志、网络等媒介。国际广告中的贸易广告，由于广告对象是企业决策人士或经营专门人士，媒介的选择就多考虑专业性杂志和经济贸易性杂志。

三、国际广告的特殊性

从广告内容来看，国内广告直接宣传产品功能的较为普遍，而国际广告在广告重点上则更加注重宣传企业形象。这是因为，外国人对国际广告主的国情了解不多，对出口企业情况更是多不了解，而且往往多持偏见或误会，为此，国际广告主要使其商品被外国消费者所接受，首先在广告宣传上重点塑造企业和品牌形象，使外国人了解出口国和出口企业的真面目和基本情况。

从广告对象来看，国际广告主要以国际市场为对象。在国际市场上，不同的国家和地区在语言沟通问题、传统习惯差异、宗教信仰以及政策法规等方面都存在着极大差异，这些差别决定了国际广告的特殊性。

（一）语言沟通障碍

语言文字是开展国际广告活动最主要的信息传播障碍。世界各国语言种类繁杂，例如，仅西欧地区就有十余种语言，要想在此地做全面广告至少须精通这些国家的语言文字，而要写出"感人肺腑"的广告文案来，即使是世界最高水准的广告代理商也很难办到，更不用说向方言复杂的发展中国家做广告时极难排除的语言障碍了。广告文案翻译人员必须透彻了解广告地区的习惯语言和方言，尤其要注意惯用语、成语、暗示语、双关语等。广告文案应尽可能符合当地的风俗民情，否则不但不能收到应有的广告效果，而且会因为发生歧义而酿成危机事件。

（二）传统习惯差异

国际广告所面临的更大问题乃是各国的文化传统差异、生活习俗不同。风俗习惯是一个民族国家在较长的历史演变过程中形成的文化传统、行为倾向或社会风尚，往往存在很大差异。例如，传统上中国多把黄色作为尊严和高贵的象征，但在欧洲各国却视黄色为猜疑和颓废之色。意大利奉菊花为国花，但拉丁美洲一些国家视菊花为"妖花"，只在送葬时才用它供奉死者。孔雀在中国人看来是吉祥的象征，但欧洲人却把它作为灾难和蔑视的象征。在泰国，脚被认为是可鄙的，因此在治疗脚病的药品包装和广告上如果有脚的形象就不受欢迎。在喜吃槟榔的东南亚地区，以牙齿黑黄为美和尊严的象征，以洁白牙齿为号召的厂商就必须改变其广告策略。

不同的国家与地区有不同的风俗习惯，其民众对广告的心理反应也就有很大差别，国际广告必须符合与尊重进口国的风俗习惯。不注意这一点很容易吃苦头。如我国出口英国的"三羊"牌闹钟广告和商标图案上画有山羊，而山羊图案在英国被喻为"不正经的男子"，英国的家庭主妇当然不会买这种牌子的闹钟。又如我国出口的"白象"电池在美国市场上三年无人问津，其原因不是电池本身的质量问题，而是白象在美国英语中的第二层意思是指无用而累赘的负担。

另外需要特别注意的是，世界每个民族的发展都不是一帆风顺的，既有辉煌的历史传统也有不堪回首的悲惨史。在国际广告实务中，必须详细地了解该民族的历史，尊重民族情感，了解目标市场的文化传统，尽量不要涉及敏感问题。

（三）宗教信仰不同

宗教信仰是一种强硬的意识形态，它在根本的做人原则上决定人们的思想行为，而且切实影响着人们的消费观念和偏好。例如，基督教中的新教（耶稣教）讲求勤俭、重视清洁，北欧国家新教势力较大，所以瑞典家庭主妇认为买洗衣机乃极度奢侈之举。英国妇女多用香皂洗澡；而旧教（天主教）则把洗澡妆扮看作不当行为，法国天主教盛行，大部分妇女用肥皂洗澡。印度视牛为神圣；伊斯兰教国家则认为牛肉是营养珍品，每日三餐皆食牛肉。由于宗教信仰不同，不同国家的人们对广告表现和商品使用价值持有不同甚至相反的态度，这是国际广告要特别加以注意的。

（四）政策法规各异

国际性共同的广告法规，主要是国际商会 1973 年通过并修改的《国际商业广告从业准则》。它对各国广告行业相关法规的制定起到了相当强的指导作用，许多国家均以此为范本制定本国的广告法规体系。该准则将广告的基本原则规定为合法、公平、真实和诚实。它针对公平、诚实、如实描述、比较、证明、贬低、保护人身权、信誉宣传、模仿、广告的识别、安全、儿童和青少年等做了详细的解释，并做了相应的规定；对广告主、广告从业者、广告公司、出版商、媒介和承包商规定了相应的职责，并规定广告主应对其发布的广告承担全部责任。

现实中的问题绝对不是因遵守了该准则就能完全避免的。国与国之间的广告政策和法规差别相当大，其中有共同点，但更多的是差异。国际广告经常涉及"国境"难题。国际广告必须尊重对象国的独立主权和政治制度，受其政策法规限制。这些限制包括：对虚假广告、证人广告的特别界定；对于食品、饮料、药品等类商品广告、标签特别规定要标明其主要内容成分；等等。例如，在德国，百事可乐饮料的广告上必须写上"内含咖啡因"。在法国，药品广告只准刊登在医药学杂志上；威士忌和白兰地等烈酒不得做广告，只有酒精含量很低的开胃佐餐酒才可以发布广告，但必须标明酒精含量。另外，世界大部分地区严禁使用比较广告，否则就要被指控。有些国家对广告媒体中的报纸、广播、电视等媒体的使用有严格的限制性规定，如日本法律规定一则电视广告不能超过 15 秒。除政府法规政策的差异而外，发达国家的行业自律规范体系也有各自的特殊性。

制作和发布国际广告，一定要对进口国有关广告的政策法规和自律规范有全面系统的了解，否则违犯东道国政策、法规，轻则被处以罚款或其他处罚，重则引发国际政治矛盾和民族纠纷。

此外，国际广告还涉及各国的自然环境条件、人民收入水平和国民文化教育水平等方面的问题或障碍。在国际广告实务中，一定要认真研究上述因素，综合考虑方方面面的背景知识；要立足于目标市场本土，从当地居民的角度出发思考问题；要避免自以为是、不进行深入切实的思考，不能简单地套用自己的思维模式，落入定势思维的陷阱。

四、国际广告的作用

（一）有利于开拓国际市场和塑造国际品牌

由于国际市场与国内市场的巨大差异，国际广告需要做更多的市场调研和更周密的广告策划，才能使消费者对产品有新的认识和较详尽的了解，并形成深刻印象。成功的国际广告使广告主同消费者之间有了良好的沟通，提高了产品的知名度和美誉度，建立起良好的品牌形象，为产品真正进入国际市场埋下伏笔。

（二）有利于配合商品出口贸易计划的实施和增强国际贸易的竞争能力

对外贸易是一个国家或地区经济发展的重要组成部分。国际广告的中心任务就是为外贸出口商品进行促销推广，降低企业成本，为国家多创外汇。西方发达国家为配合其对外贸易，投入国际广告宣传的费用每年高达上千亿美元。我国对外贸易的广告费用虽然在近年有较大增长，但比起世界贸易强国来说，差距还是很大。因此，开展有效的国际广告信息传播，是一个国家或地区成功实施外贸商品出口贸易计划的必要条件和有力保障。国际广告可以不断增强外贸出口商品的竞争能力，加速一个国家和地区对外贸易的发展，从而不断提升其国际经济地位和经济实力。

（三）有利于促进国际商品信息的交流和国际新产品的开发

国际广告活动从本质上来说，是一种国际商品的信息传播与交流活动。在国际市场上，新商品、新技术不断涌现，国际广告活动可以通过经常的市场调研来捕获有关世界商品生产和商品消费的现状和最新发展趋潮的信息，以利于广告主适时调整和改进自己的产品策略和广告策略；同时也可以从国外经销商和消费者方面得到有关自身产品信息的反馈。这些对出口商品的企业和经营单位都是十分必要的。

（四）有利于促进世界经济的发展和推进全球经济一体化的进程

随着国际贸易和国际营销的发展，全球一体化的进程使世界各区域逐渐融合成一个较为统一的大市场。越来越多的国家参与国际经济活动和日益激烈的国际竞争。从国际广告在世界经济中的地位和作用来看，国际广告是应国际贸易和国际营销的需要而产生的，但它也极大地激活了世界经济的发展，将更多的贸易国纳入一体化的范畴，推进了全球一体化的进程。

五、国际广告业的发展状况与趋势

（一）国际广告业的发展状况

20世纪70年代以后，广告业进入国际营销和国际广告的时代，国际市场亦形成大量生产、大量消费、大量传播三大支柱。在国际市场上，所谓"大量传播"的支柱就是国际广告的大规模发展。随着政治、经济和关税壁垒的消除，全球贸易更加简便可行。市场扩大化、贸易自由化和经济集团化发展，对于国际广告的传播技术和代理经营水平要求也越来越高。因此，国际广告业逐渐走向集团化，规模激增，发展速度突飞猛进。

20世纪90年代以来，世界政治、经济格局发生重大变化。欧洲主要国家组成共同体，北美经济联合态势已经形成，亚洲经济正在崛起并将成为世界经济重心。虽然北美、西欧和日本的市场仍很大，但已开始显示出饱和及增长缓慢的势头；成熟市场中的主要品牌越来越趋向于价格竞争，越来越多的消费者更倾向于购买物美价廉的产品。与此相反，亚洲许多国家的经济增长率很高，亚洲市场上的消费者更看重品牌知名度，以满足不断变化的社会时尚。

在经济全球化的大背景下，国际大广告公司尽力在国外寻求代理或合作，许多广告公司也开始建立全球分支和网络，新的跨国广告公司不断涌现，公司兼并重组活动日益频繁，广告公司经营将朝综合信息服务型方向发展，广告规模呈爆炸性增长，信息传递速度加快。

广告公司兼并重组日益频繁。特别值得一提的是，2002 年 3 月，总部在法国巴黎的 Publicis 集团收购了总部在美国芝加哥的 Bcom3 集团（1999 年由达美高、李奥贝纳合并成立），造就了具有 47.7 亿美元营业额和在全球五大洲 107 个国家拥有 37000 员工的全球第四大广告传播业控股集团。2003 年 1 月，达美高分布在全球 72 个国家和地区的 121 家公司彻底停止运营，其客户分别转入 Publicis 集团旗下的三家广告公司：阳狮、盛世和李奥贝纳；原服务团队也随品牌分流，当地各分支机构则并入阳狮。

国际广告公司朝着综合信息型方向发展。许多国际公司，如 WPP、WCRS、萨奇兄弟公司及罗威公司等，目前都在快速横向多元化发展，并同时与几个客户在不同领域进行业务合作。此外，广告信息呈爆炸性增长，信息传递速度加快，广告媒体日新月异，广告空间不断扩大，使国内市场与国外市场逐渐融为一体，发展为"世界市场"，全球营销和广告在当今社会中越来越具有决定性意义。

（二）国际广告业的发展趋势

随着国际贸易的迅速扩大和增长，国际广告越来越受到各贸易国的重视。但因为国际广告业的发达程度，取决于各国或各地区的经济发展水平和国际贸易的发展状况。就目前的全球形势来说，发达国家或地区与发展中国家或地区之间的广告业发展却极不平衡。发达国家或地区的国际广告业高度发达，在全球国际广告业中占绝对优势。由于全球经济一体化趋势不断加强，作为国际贸易开路先锋的国际广告，也正有力地支持着发达国家或地区参与全球性的市场竞争，有力推进着发达国家或地区对发展中国家或地区的全面经济渗透。在这样的国际背景下，国际贸易的新格局、高科技的新发展与信息传播的新方式，都对国际广告的发展具有重大而直接的影响。

这样的国际背景下，国际广告的总体发展趋势主要表现为以下方面。

（1）国际广告的一体化运作。全球一体化趋势、世界经济贸易的新格局及信息传播的全球化，将使国家、地区、民族之间的价值观念、生活方式等方面的差异逐渐缩小，为国际广告的一体化运作创造了前提条件，国际广告业也将朝着大广告公司的方向发展。

（2）国际广告市场的竞争将更为激烈。以国际互联网为代表的信息传播网络的高速发展、以卫星传播为代表的信息传播手段的不断进步、世界市场的不断扩大，将导致国际广告从运作方式到传播内容与形式的深刻变革，国际广告业将面临全方位的挑战。

（3）世界信息技术的不断发展，使新兴广告媒体不断涌现。传统媒体将与新兴媒体共存，二者相互融合、取长补短、共同繁荣。处于多元化的媒体时代，国际广告传播会有更大的媒介选择空间。特别是网络作为一种最具活力的新兴媒体迅速崛起,发挥着巨大的传播能量和影响力,为国际广告、营销及服务提供了一个潜在的大市场和渠道。随着网络在全世界的风行和普及,借助网络媒介进行的广告传播显示出了巨大的传播能量和影响力。网络广告传播也对传统的广告思维模式产生新的冲击,广告信息策略日益向个性化、咨询化的方向发展。

(4) 国际或地区间经济发展不均衡,使国际广告业的发展也极不均衡。发展中国家与发达国家在国际广告业的差距将会进一步拉大。如何防止由于发展不均衡造成的发达国家对发展中国家伴随广告传播而来的文化浸染,是发展中国家或地区应该充分关注和重视的问题。

第二节 国际广告调查

一、国际广告调查概述

在国际市场调查中,一般性的信息可从国外政府机关或民间调查机构获得,如果要做某一特定外国市场的广告,还必须深入当地进行特殊的市场调查。国际市场调查与一般国内市场调查在方法上没有什么区别,但在调查技巧上必须因地制宜、随机应变。对于被调查地区人们的宗教信仰、民族性格等,调查人员均应了如指掌。

一般而言,日本和欧美等发达国家的市场调查较易进行。发展中国家如非洲诸国、南美诸国则较困难,原因是:①这些国家的调查机构一般都不完善;②有些国家或地区连人口统计等基本资料、电话簿和市区行政图都没有;③在一些文盲率较高的国家,完全无法开展文字问卷调查;④复杂的语言也成为国际市场调查的最大障碍,有的国家通用多种语言或多种方言,这都给国际广告调查人员增加了沟通上的困难。

承担国际广告调查的机构一般采用四种形式:①广告主自设国际市场调查机构,通过长期调查较准确地把握市场趋势;②广告主委托国外分支机构调查;③委托经办本企业广告业务的专业广告公司调查;④委托专门的调查机构针对一两个国家和地区进行调查。

国际广告同国内商业广告相比具有很多特点,因此,在开展国际广告活动之前,必须做好国际广告调查工作。这对于整个国际广告活动的开展与实施,具有举足轻重的作用。

开展国际广告调查工作,应对所在国的市场进行全面、系统的调查与研究。包括所在国的政治、经济、社会、文化、法律、科学技术、竞争机制等各个方面。这些调查程序及方法与国内广告调查基本相同,不再赘述。

二、国际广告调查的内容

国际广告调查的内容主要包括以下方面。

（一）政治情况

政治情况主要包括政治制度、政府行政机构、政治局势、政治信仰、意识形态、政府对经济的干预情况以及政治上的排外情况。

（二）法规情况

法规情况主要包括海关法、进口商品的管理条例与法规、广告管理法规、税收制度等。

（三）经济情况

经济情况包括的范围比较广泛。

（1）要了解进口国近期经济发展的总体情况和对以后一定时期经济发展预测的情况。

（2）要了解进口国的货币情况，如货币币值的稳定度、金融保险情况。

（3）商业情况，包括超级市场发展情况，它涉及包装广告问题。

（4）与经济有关的一般情况，包括进口国人口、购买水平、生活水平、消费模式、竞争情况等。此外，还要了解度量衡情况。

（四）风俗习惯情况

（1）要了解进口国的忌讳。各国对颜色、商品、语言等都有忌讳。比如，绿色在日本被认为是不吉祥的颜色。

（2）要了解进口国更喜欢什么，即在颜色、商品造型、装饰、语言等方面的偏好特点。比如，美国人喜欢绿色；日本人喜欢互赠白色毛巾。

（3）要了解进口国的宗教信仰情况。

（4）要了解进口国的民族性格。比如，西欧人更容易接受幽默的广告。

（5）要了解进口国的购买习惯和消费习惯。比如，交通发达国家以一次性大量购买为特点；有的国家喜欢小包装，以一次性少量购买为特点。

（五）自然环境情况

应了解进口国的经济地理资料、自然资料分布情况、主要城市和商业分布情况，以及气候和季节变化情况。

（六）商业广告条件情况

了解所在国的广告条件，根据所在国的广告条件，有效地开展广告业务活动。商业广告条件情况的调查主要包括以下项目。

（1）所在国的广告传播媒体情况。应了解所在国有什么媒体、常用媒体是什么、最容易被接受的媒体是什么、所在国对媒体的使用有何限制等。例如，在美国，除了传统的四大媒体仍在传播中起主导作用外，国际互联网广告、电子广告、投影广告、飞船广告、卫星广告、电视报纸、闭路电视、有线电视、激光广告、电话广告等正在步入现代社会生活。在法国，海报广告特别讲究，并为大众所喜爱。在卢森堡，广播广告可同时用五种语言播放，听众达 4000 万人以上。

（2）所在国商业广告经营业发展情况。国际广告一般都得委托当地商业广告经营业经办，因此应特别重视这些被委托公司的经营水平、价格及广告费用等。

（3）所在国广告普及程度及国民的文化教育水平。在广告竞争激烈的国家和在广告并不多的国家进行广告活动，情况显然是不同的。在文化水准较低的国家，可更多地利用路牌广告。

（4）所在国调查广告媒体发行数量的公共调查机关的情况。有些国家无这类调查机关，造成发行数量被大大夸大，而使广告相对费用增大，又达不到应有的广告效果。

以上仅为国际广告调查的一般资料，其中很多资料可以从本国有关部门获得。但是，仅仅进行以上调查是很不够的。国际广告作为国际营销的重要手段，必然要配合国际营销的需要，对国际目标市场其他项目进行调查。

第三节 国际广告的策划与实施

国际广告经营是一项相当复杂的业务工作。其困难在于，它面临着一系列不同于国内广告的运作规律和机制，广告代理商进入的是一个完全不同的陌生领域，在其他国家和地区取得的成功经验不能简单地移植到新的市场，这对于任何一家国际性经营的广告公司而言，都是一个巨大的挑战。

一、国际广告策划的全球化与本土化

在国际广告中，所要解决的一个基本矛盾和核心问题是：如何兼顾国际一体化市场与跨文化沟通和交流，简单地说，就是全球化与本土化的矛盾。

全球标准化理论认为，随着科技和交通的发展，世界已经成为一个相同的市场，全世界消费者都需要同样的产品和生活方式，各国的消费群都是相似的；因此，在营销实践中，全球化公司应将自身的运作标准化。而采用本土化战略的公司，则把每个国家都作为一个不同的市场单独对待；决策的权力并不集中在本部，而是分散在各个分支上，每个分支拥有极大的自主权；公司总部制定营销战略，并通常对某些特定市场进行用户差异化定制。

全球标准化看重的是成本优势，本土化战略则看重差别优势，两者各有利弊。全球标准化能够实现规模经济，提高产品和服务的质量，促进生产、分销、营销及管理成本的下降；本土化则能够减弱消费者的抵触心理，降低市场进入壁垒，使生产要素得到适用于目标市场的合理配置，降低交易成本和信息成本，同时能够更好地满足不同市场的需求，还能够缓解国际商务人才的匮乏问题。

如何才能找到二者之间的平衡点呢？解决这一矛盾的基本原则是，在立足全球化战略（Globalization）进行国际广告全面策划的同时，要将那些能造成品牌差异的最有效

活动本土化。在具体实施时要按照本土化的要求,针对当地市场进行局部修正和调整,但在多重市场间要尽可能保持一致性,公司要尽可能形成整合营销系统,对有关活动进行统一管理和协调,以便在广告推广中寻求某种潜在的全球性规模经济效应。具体运作中,应立足企业自身实际情况,在价值链形成的各个环节(如原材料采购、产品开发、生产制造、市场营销、售后服务),根据自己的竞争优势所在,合理设置标准化和本土化的程度。产品开发是价值活动的上游环节,与产品的技术特性密切相关;与此相反,下游环节价值活动的中心是顾客,各种价值活动如促销、售后服务都与消费者的特性密切相关;由于不同地区、不同种族、不同文化背景的顾客有着不同的需求,这些环节往往要求带有明显的地方特色。因此,如果企业的竞争优势处于价值链的上游,采用标准化营销策略就能够实现规模效益、降低成本;如果企业的竞争优势处于价值链的下游,就应该采用本土化营销策略。

在完全标准化和完全本土化之间时常存在一系列折中形式,如地区性标准化、国家群体标准化或细分市场标准化等。国际性的市场调查显示,世界各国的富人之间的共同需求,要比国内贫富阶层的共同需求多得多;无论哪个国家,其12～19岁的青少年对软饮料、运动鞋和口香糖的需求都大体相似。另外,对于功能性强的产品,消费者也有着相似的需求,如洗衣粉在任何情况下都要能够干净地清洗衣物,这便是广告营销的核心。要引起注意的是,产品规格与广告策略要有所改变和调整,以便与不同地区、国家群体和细分市场的具体情况相匹配,但品牌形象和广告传播的基本理念在该地区、国家群体或细分市场间仍要保持起码的一致性,一般可以利用地理便利条件、人口统计特征、建立消费者群体的共同需要等来解决协调问题。

许多全球性广告公司在制定广告时,首先邀请各地创意小组到总部来参与广告策划;然后将在总部统一制作的广告在各地区市场上进行检测(甚至像万宝路香烟广告中的西部牛仔也要在世界各地仔细检测);最后,当地区性测试表明需要对广告做适当调整时,广告公司就会召集地方创意人员来帮助改进广告。

不论实际战略遵循什么准则,全球市场营销方案都要充分考虑当地营销部门的意见和经验,允许当地子公司经理具有充分的自主权,实施与所在国相适应的营销传播方案。例如,宝洁公司在中国台湾地区进行的潘婷香波广告定位非常成功,但这一定位是否也在委内瑞拉起作用,则应由在委内瑞拉的当地经理来自主决定;像雀巢这样的全球性公司,大都精心建立了跨区协调机制和系统,以确保在某个市场使用的营销传播理念和策略能迅速传递给其他市场的经理,但是否采用及何时采用,其最终决策权通常掌握在当地经理手中。

二、国际广告策划应注意的问题

经过全面系统的国际广告调查工作后,就开始了国际广告的策划工作。国际广告策划与国内广告策划的方法、程序基本相同。但由于各个国家在政治、经济、社会、文化等方面的情况不同,形成了不同的市场特征,因而必须在广告主题确定与表现创作、媒体策略等方面充分注意这些特征,才能适应国际市场的需要,取得满意的营销效果。

国际广告策划中应注意以下问题。

（一）广告民族化问题

从内容上，民族化反映了一个国家、民族独特的气质、精神和传统；从形式上，表现为民族的美学观念以及特有的形象表达的色彩、文字和图案。通过民族特色来宣扬产品的特点，就能形成独特的广告风格。例如，可口可乐的广告是通过美国青年的生活方式来展示产品的，多年来一直很成功；法国的香水广告要展示法国人的特征；万宝路广告要告诉消费者的却是来自"牛仔之国"的产品；等等。鲜明的个性与风格特征，基于广泛调查之后确立的战略，这是世界上一切优秀广告的共同特点。没有广告的个性与风格，没有战略安排，广告就流于平庸无味，无法把商品与服务信息送入消费者的记忆之中，从而促进购买与销售。

（二）广告具有跨国性

在广告表现中以描述人类普遍情感为基础，没有国限之分。例如，大众汽车广告：一个女士决定和她的男友分手却不会和她的汽车告别，标题是"大众汽车，被嘲弄的男人"。

（三）广告主题确定与广告定位

广告主题确定与广告定位是必不可少的。例如，妇女卫生用品的吸水性被西尔豪公司的广告展现得既高雅又能为几种文化所同时接受。产品的特性被进一步强化，通过鸟的洗浴来展示产品的特点，极富想象力。

（四）用有关国际知名人士对产品加以确认

知名人士可以将产品的价值有效而得体地传达给广告宣传的对象，如果使用得当，收效甚佳。例如，歌星杰克逊为百事可乐做广告、国际著名影星娜达莎·金斯基为力士香皂做广告、美国总统为电话做广告等，都收到很好的效果。

（五）媒体组合策略

世界各地的媒体有不同特点，广告管理法规亦有所不同。因此，在运用媒体组合策略时，必须考虑各国媒体的具体情况。

在国际市场上，一般都以报纸为主要媒体，很少做杂志广告。在某些国家只需选用几份广告报纸，即可影响整个目标市场；但在另一些国家则不同，要选用更多的媒体才能向多数消费者传播信息。广播广告在拉美国家是最强有力的媒体。但在欧洲国家，多数广播电台受政府控制，不易接受广告。有些国家不准使用电视广告，有些虽然允许，但对节目安排有很多特殊限制，如不得在娱乐节目中插播，只能在节目首尾播映，等等。

三、国际广告的实施

国际广告在经过周密的策划之后，便进入了广告实施阶段。国际广告的实施主要涉及国际广告代理商的选择和国际广告媒体的选择两个问题。限于篇幅，这里对此不再展开，只对国际广告代理商进行简要讨论。

国际广告代理商的选择主要有两大类型：一是本国的广告代理商；二是国外当地的广告代理商。这两类国际广告代理商又各自具有不同的形式。

（一）本国广告代理商兼营国际广告业务

（1）无国外分支机构的本国广告代理商。这类代理商必须具有强有力的国际广告策划能力、创作能力与发布能力，否则就无法胜任国际广告业务。

（2）有国外分支机构的本国广告代理商。这类广告代理商必须具有雄厚的财力、人力和设备，而且必须具备丰富的国际广告经验。

（二）本国专业国际广告代理商

（1）部分国际广告业务代理商。这类广告代理商的人员、资金及设备有限，只能承担企业国际广告中的部分业务，如代购媒体、承担部分广告制作或部分国家与地区的广告业务。

（2）全面国际广告业务代理商。这类广告代理商具有充分的国际广告实施的条件、经验和能力，能为企业提供全面的服务。此外，它们之中多数有国外广告分支机构，并和国外的广告代理商、经销商有着经常性的密切联系，因而更有利于国际广告业务的开展。

（三）国外当地广告代理商

（1）部分国际广告进口国广告代理商。这类广告代理商只能为企业提供部分国际广告业务服务。如代购媒体、广告设计及制作。

（2）全面国际广告进口国广告代理商。这类广告代理商规模庞大、设备完善、人才济济，能为企业提供全面性的较高水平的广告服务。

（四）合作式广告代理商

（1）本国广告代理商与专业国际广告代理商合作。这种代理形式是以本国广告代理商为主体，专业国际广告代理商作为本国广告代理商的国外部从事广告活动。这种合作形式，既可为企业提供国际广告的专门技术与知识，又可节约广告开支，充分利用两种代理商的优势。

（2）本国广告代理商与进口国代理商合作。这是国际广告间互通有无的方式，两国代理商互相代办各自的广告业务，通过契约达成短期或长期的合作。

（3）本国专业国际广告代理商与进口国代理商合作。这种合作方式适用于专业国际广告代理商无国外分支机构，或国外分支机构不够健全尚需进口国广告代理商配合工作的情况。但是目前，即使是具有强大的分支机构的国际广告代理商也多与进口国代理商实行合作，以便制作出高水平的广告。

对国际广告代理商的选择关系到企业国际广告的成败，企业应根据自身的情况及广告代理商的情况充分研究，谨慎选择。

案例 丰田汽车在中国的广告风波

2003年，两则丰田公司汽车广告在中国引起不小的风波：其一，《汽车之友》杂志第12期上刊登的"丰田霸道"广告：一辆霸道汽车停在两只石狮子之前，一只石狮子抬起右爪做敬礼状；另一只石狮子向下俯首；背景为高楼大厦；配图广告语为"霸道，你不得不尊敬"。其二，"丰田陆地巡洋舰"广告：在可可西里无人区的崎岖山路上，一辆丰田"陆地巡洋舰"迎坡而上，后面的铁链上拉着一辆笨重的、军绿色的、看似"东风"的大卡车，在画面左侧还挂着追捕盗猎者所用的军大衣、冲锋枪等。

很多华人认为，石狮子有象征中国的意味，"丰田霸道"广告却让它们向一辆日本品牌的汽车"敬礼"、"鞠躬"，考虑到卢沟桥、石狮子、抗日三者之间的关系，更加让人愤恨。很多人认为，在"丰田陆地巡洋舰"广告中被拖拽的卡车系国产东风卡车，绿色的东风卡车与中国的军车非常相像，用丰田车拉着"东风"的大卡车跑，有贬低中国落后之嫌。众多网友在新浪汽车频道、tom以及xcar等专业网站发表言论，认为丰田公司的两则广告侮辱了中国人的感情，伤害了中国人的自尊。

2003年12月1日上午，北京市工商行政管理局责成负责《汽车之友》杂志社所在辖区工商行政管理的西城区工商行政管理局广告科对有关《汽车之友》该广告的材料进行收集整理。《汽车之友》杂志社广告部负责人也表示会积极配合工商管理部门的工作，鉴于该广告引发的强烈反响，工商管理部门决定停止该广告的刊登。12月3日，新华社对"问题广告"进行了报道，随后，国内的许多媒体都不同程度地对此事进行了追踪。在日本颇有影响的报纸《朝日新闻》也用"有两盒香烟大小的版面"报道了此事，并带动了其他日本媒体的关注。

《北京青年报》在题为《丰田霸道广告事件是无心还是有意》的报道中指出："霸道——现代汉语词典解释为：蛮横，不讲理。丰田的两则广告则正是准确传达了这样蛮横不讲理的信息：在恶劣条件下，东风卡车只有被丰田车拖着才能前进；在城市中，丰田驶过，连石狮子也'不得不尊重'，丰田公司这两年在中国汽车市场表面看起来动作很大，事实上将中国视为出口车市场的战略从未改变。丰田从未用心去了解中国汽车市场；霸道广告的背后，其实是一种恶俗的价值取向，是一种浅薄的自夸，也是丰田对中国汽车市场的无知。"

2003年12月3日晚上9点，丰田公司在紧急磋商之后，启动了危机公关程序。4日，丰田汽车中国事务所及其合资公司——一汽丰田汽车销售有限公司召开座谈会，就"丰田霸道"和"丰田陆地巡洋舰"两款汽车的广告向中国消费者致歉。丰田汽车中国事务所理事、总代表服部悦雄，代表杉之原克之，一汽丰田汽车销售有限公司总经理古谷俊男，副总经理董海洋、藤原启税等出席了座谈会。古谷俊男代表丰田公司通过到会的新闻媒体向中国消费者道歉："虽然我们在投放广告之前没有任何意思，但由于我们

后 记

现代广告学是一门综合性边缘学科，它不仅涉及经济学和管理学，而且还涉及心理学、传播学和社会学；同时，广告活动又是通过文学、美学、音乐等艺术手段来进行的。从广告学的应用角度来看，它与市场营销学、消费行为学和传播学密切相关。本教材是为了适应高等学校市场营销、工商管理和广告学等专业的教学需要而编写的，也可作为广告从业者和广告研究工作者的参考用书。

本教材的编写着重体现了系统性、实践性、前瞻性和创新性。全书共十四章，分为四个模块：广告基础理论（第一章至第三章），广告运作实务（第四章至第十一章），广告经营管理（第十二章至第十三章），国际广告（第十四章）。每章后均附有典型案例、本章小结、关键概念、思考题和参考文献等，以方便教学及帮助学生阅读。本教材编写力求理论和实践相结合，突出案例教学，以培养学生的实践操作思路和应用能力。

本书第一版于2010年问世后，得到了国内广告学专家、学者，及广大读者的关爱和支持。近年来，随着我国现代市场经济的快速发展，营销和广告环境发生了较大变化，客观上要求广告学教材的编写须适应时代发展的需要。基于这一背景，本书在第一版内容的基础上做了以下修改：更新了书中第一章至第十四章的所有典型案例；鉴于广告现状的时效性和保持教材内容的相对稳定性，删除了第一章第三节中的"我国广告业发展现状"；为体现章节内容的系统性和实用性，第三章第三节内容修改为"广告策划书的编写"；补充和完善了部分章节内容，如第五章的"广告感觉与知觉"、第九章的"其他新型网络媒体"、第十一章的"广告传播效果的事中评估"等。同时，对书中各章节部分内容进行了重新表述；根据章节内容需要，对每章的参考文献作了调整。

本书由内蒙古财经大学商务学院实践教学指导中心主任李景东教授担任主编，负责拟定大纲，并对全书进行修改和定稿。副主编为吉林农业大学赵春雷副教授、哈尔滨理工大学崔文丹副教授、兰州商学院郭晓云副教授、西安财经学院刘晓红副教授和五邑大学樊建锋副教授。参加编写人员分工如下：内蒙古财经大学李景东撰写第二章、关青撰写第五章、包迎春撰写第八章；吉林农业大学王磊、赵春雷撰写第三章、第七章，张守莉、孙梅红撰写第四章；崔文丹撰写第九章、第十章、第十一章；刘晓红撰写第十二章；郭晓云撰写第一章、第六章、第十三章；刘晓红、樊建锋撰写第十四章，樊建锋参与案例收集和整理。上述参编人员在编写过程中付出了艰辛的劳动，书中部分章节内容还融入了参编人员在广告学科领域的研究成果。此外，西安交通大学研究生常亮、余啸、韩喜梅在资料收集方面做了大量的基础工作，在此表示感谢。

　　本书在编写和修订中借鉴参考了同行专家、学者的相关文献和研究成果，在此表示诚挚的谢意。本书的修订得到了西安交通大学经济与金融学院郝渊晓教授、西安邮电大学经济与管理学院院长张鸿教授、中山大学出版社蔡浩然编审的大力支持和帮助，在此一并表示由衷感谢！由于编者水平有限，书中难免有疏漏，敬请广大读者和业界同仁批评指正。

编　者

2015 年 5 月

表达的不妥，在中国消费者中引发了不愉快、不好的情绪，对此我们表示非常遗憾。公司在事件发生后首先停发了这两个广告，并在一些媒体发布致歉信，同时也在丰田网站上登出。为了防止类似事件发生，公司正在采取相应措施，以坚决杜绝类似事件的发生，我们希望在最短的时间内取得消费者的谅解和信任。"从 2003 年 12 月 5 日起，丰田在全国 30 家媒体上刊登致歉信，并就此事向工商行政管理部门递交了书面解释。

在丰田公开道歉的前后，刊登这两则广告的杂志《汽车之友》和这两则广告的制作公司盛世长城国际广告公司也公开致歉，均表示将坚决杜绝此类事情的再次发生。

(资料来源：李宝元：《广告学教程》，人民邮电出版社 2008 年版)

[链接思考]
(1) 丰田霸道广告给我们带来哪些启示？
(2) 结合本案例谈如何做好国际广告？

本章小结

国际广告是指广告主通过国际性媒体、广告代理商和国际营销渠道，对进口国家或地区的特定消费者所进行的有关商品、劳务或观念的信息传播活动。国际广告有其特点。国际广告是在开放性的市场经济条件下，一国广告业适应国际贸易发展和经济全球化要求而向国际市场自然拓展的结果，但它具有一系列不同于一般国内广告运作的规律和机制。

在开展国际广告活动之前，必须做好国际广告调查工作。这对于整个国际广告活动的开展与实施，具有举足轻重的作用。开展国际广告调查工作，应对所在国的市场进行全面、系统的调查与研究。包括所在国的政治、经济、社会、文化、法律、科学技术、竞争机制等各个方面。

经过全面系统的国际广告调查工作后，就开始了国际广告的策划工作。国际广告策划与国内广告策划的方法、程序基本相同。但由于各个国家在政治、经济、社会、文化等方面的情况不同，形成了不同的市场特性，因而必须在广告主题确定与表现创作、媒体策略等方面充分注意这些特征，以适应国际市场的需要，取得满意的营销效果。

国际广告在经过周密的策划之后，便进入了广告实施阶段。国际广告的实施主要涉及国际广告代理商的选择和国际广告媒体的选择两个问题。

关键概念

国际广告　国际广告调查　国际广告策划　全球化战略　本土化策略

思考题

(1) 什么是国际广告？国际广告活动的主要目的是什么？
(2) 简述国际广告的特点。
(3) 国际广告调查的主要内容有哪些？
(4) 国际广告代理的类型主要有哪些？

(5) 试分析说明国际广告的全球化战略和本土化策略实施的关系。

参考文献

[1] 李宝元. 广告学教程 [M]. 2版. 北京：人民邮电出版社，2008
[2] 陶应虎，徐立岗. 广告理论与策划 [M]. 北京：清华大学出版社，2007
[3] 郝树人. 广告学 [M]. 大连：东北财经大学出版社，2011